坚守与吸纳

——小学生国际理解教育课程设计与实践

姚凤 王晓 等著

上海三联书店

共筑人类美好家园,赖以明赖以强

(代序)

　　遥想当年,捐资创办"明强学堂"的上海七宝镇贡生杨光霖、张之珍,力倡走教育救国之路,培养地方人才,抵御帝国主义列强的文化侵略。他们据此将前世的明强学堂校训确立为"民生国势,赖以明赖以强也",一百多年过去,时光荏苒、沧海桑田,初心不变。今生的明强小学以新的理念联通"中国梦"和"地球村",以新的姿态建设教育学意义上的"人类命运共同体",这本书就是真实的记录和有力的见证。

　　学校在三任校长的带领下,从学校的实际出发提出了"坚守与吸纳"这一设计和实施小学国际理解教育的课程愿景,确立了凸显"规则礼仪、民族精神、科学精神、人文素养"的育人目标,旨在培养具有民族情怀与全球眼光的新时代小公民。从国家和地方课程再开发、学校课程自主开发两个维度架构"国际理解教育"课程内容与结构,又经由"学科渗透、专题教育、主题活动"三条途径,探寻实施"国际理解教育"的有效路径与方法。

　　翻开本书的目录,一股清风迎面而来:"走向地球村"、"百年新起点"、"育人新架构"、"推进新路径"、"聚焦新素养"、"校园新景观"、"成长新故事"……相信你一定会期待这些题目之下的丰富与精彩,一睹为快!从全球化到他山石再到中国梦,首章为读者展开了一个宏大的背景;从新内涵、新起点到新生态、新资源,阐述了明强小学如何开启国际理解教育的新征程,以及"成长四季"和"七彩童年"这两个经典板块如何开拓新的内涵空间;经由国家课程与学校课程的双重路径,聚集课程的五大要素,置于国际理解的目标定位之下,构成一个完整的育人新架构;学科渗透为普及、专题教育求深化、主题活动重体验,共同构成国际理解课程的实施路径;聚焦国际规则、民族情怀、科学精神和人文内涵,明强小学探索形成了多元立体的国际理解课程评价体系;令人耳目一新的是让学生以他们特有的视角和笔法,为精彩纷呈的校园十景立传,并围绕熟悉国际规则、坚守民族情怀、树立科学精神,积淀人文内涵,讲述孩子们自己的故事。

事实上,明强小学的国际理解教育,不是作为一个项目来做,而是与学校全部工作融为一体,从国际理解教育的视角,看到的就是家国情怀与世界眼光融合的教育过程。下面谈谈我从这本书中得到的几点启示。

坚守什么? 吸纳什么? 坚守和吸纳,既是表达了一种课程发展愿景,也表明了一种辩证的态度。我们要坚守的,是传承数千年的中华民族优良文化传统,是从小耳濡目染、身体力行、始终不忘的家国情怀,也是既自主自强又兼容并包的本土立场;我们要吸纳的,是西方世界那些先发型内生型现代化进程中值得借鉴的经验与教训,是让人新奇的风俗习惯和令人感动的风土人情,当然也是教育发展上那些先进的理念及有效的做法。既坚守又吸纳,就不会因为坚守而忘记吸纳,也不会因为吸纳而放弃立场,夜郎自大与盲目崇洋都是非此即彼的僵化,会阻碍国际理解课程的健康发展,尤其需要高度警惕。

明什么? 强什么? 当年提出的"民生国势,赖以明赖以强也"这一初衷,似乎从一开始就为明强小学一百多年来的发展定下了基调。"既明且强"、"明甚强谁"这一独特的"校训体"阐述模式,在明强小学发展的不同历史时期被用来阐发出不同的新意。

改革开放不仅催生了市场经济的大潮,也在呼唤精神文明与物质文明的同步发展。为探索一条继承校训传统、适应市场经济发展的素质教育之路,明强小学于1996年将校训改进为:明礼仪,明责任;进取心强,耐挫力强。旨在强调培养学生良好的礼仪修养、高度的时代责任感、积极的进取心和坚韧的耐挫力。2002年，在学校新的发展历史时期，又与时俱进地制定了新的校训：明事理，明自我；强精神，强体魄。"明事理"是对外部世界的了解，"明自我"则是指向主体自身的理解和认同；精神与体魄的"两强"，涵括了个体的身心健康发展。明强小学还将"两明两强"渗透到学校工作的各个领域，如在教师发展方面，提出不同梯队教师"明"与"强"的不同侧重点：第三梯队教师明自我，明理念，强好学精神，强教学基本功，成为合格教师；第二梯队教师明目标，明差距，强学科素养，强研究能力，成为骨干教师；第一梯队教师明特色，明责任，强理论素养，强专业引领，成为品牌教师。如此一来，高大上的顶层理念便妥妥地落到了实处。

按照这样一种思路，具体到国际理解教育这一主题，我们应该明什么强什么？我尝试提出这一表述：明大义、明路径；强文化、强创意。大义即宗旨，远大的理想要靠路径和策略来落实。国际理解说到底是文化的理解，从自我理解开始，进入国际理解，才顺理成章地将理解置于不同文化交织的"意义之网"；惟有充分发挥创意和想象力，才能将国际理解教育的内涵及品位，提到一个新的高度。

今天有什么？未来会怎样？本书不仅呈现了丰富多彩的知识内容，而且提供了可操作的对策、实施路径与有效方法，这对大多数学校开展"国际理解教育"具有一定的借鉴意义和参考价值。也许读者会对这本书抱有更高更远的期待，相信明强学校的老师们，也将继续探寻这一课程的新的生长点。以往人们说起国际化或者国际理解教育，容易想到的是与西方发达国家的交往和与西方学校的对接；人们意念中的国际交往圈，除了环大西洋就是环太平洋，而"一带一路"创想的提出，在大西洋圈和太平洋圈之外画出了第三个圈——"丝绸之路经济带和海上丝绸之路"。这一创想和倡议的提出，无疑给我们发展国际理解教育带来重要的启迪，也将引出国际理解教育课程新的开发思路、实施路径和丰富的文化资源。笔者正在与合作的中小学一起酝酿一项名为"丝路春雨"课程研发计划，我们自信这将为国际理解教育带来新的发展契机，也将为新时代学校变革与发展注入新的活力！

　　包括明强小学在内的所有锐意创新课程和学校文化的志同道合者，将始终以基础教育的名义，为共建人类命运共同体而不懈努力！

杨小微

2018 年 3 月 3 日

目　　录

第一章　走向地球村：营造人类共同的家园

> 地球是个美丽的圆，我在这边你在那边，
> 有时候感觉很遥远，一下你就来到我面前。
> 地球是个美丽的圆，我在东边你在西边，
> 我欣赏你的神曲，你喜爱我的飞天。
> 同一阳光下的朋友，共织艺术的花环，
> 让我们更加亲密牵手，在绿色星球狂欢。
> 同一阳光下的朋友，共织艺术的花环，
> 让我们更加亲密牵手，在绿色星球狂欢。

这首名为《地球是个美丽的圆》的歌是创立于 1999 年的上海国际艺术节的会歌。歌词形象地描绘了这一国际性艺术大家庭的合作与交流，表达了在这一绿色的星球上，人类为了共同的艺术而牵手狂欢的盛景。

今天我们常喜欢把"地球村"这个说法挂在嘴边，但鲜有人知第一个提出该名词的人是加拿大著名传播学家、文学学者、媒介环境学的开山祖师——马歇尔·麦克卢汉①（Marshall McLuhan，1911—1980）。"地球村"（global village）最初是传播学领域的概念，后来因为这种比喻很形象，这种说法开始变得家喻户晓。

世纪之交，人们开始扩展地球村的概念，赋予其更多的含义。比方说，

---

① 马歇尔·麦克卢汉（Marshall McLuhan，1911—1980）。被誉为信息社会、电子世界的"圣人"、"先驱"和"先知"。

用其来形容信息便捷,地球就像一个村庄,地球上的人们不管相隔多远都能实现信息的及时传递;形容各个国家应该和睦相处,既然大家都居住在同一个地球上,那么就应团结一致。人们开始将村庄的寓意赋予地球村。

从另一个层面上看,现代科技的飞速发展,在某种程度上缩小了地球上不同地域的空间距离,信息传递的延迟日益缩短,国际交流日益频繁,因此整个地球在茫茫无垠的浩瀚宇宙中,就像一个小村庄一样。

第一节　全球化——国际理解教育的由来

一、时代背景

(一)　冲突·发展:呼唤和平

战争,曾是国与国之间解决矛盾冲突的重要途径,但众所周知,战争和冲突,尤其是两次世界大战为世界各国带来巨大伤痛与灾难也是刻骨铭心的。世界大战这种国家集团之间进行的全球性战争,是进入帝国主义时代出现的一种特殊的社会现象。帝国主义时代初期,各国列强为重新瓜分殖民地、争夺世界霸权,先后引发了两次世界大战。第二次工业革命带来了经济、科技的飞速发展,但与此同时,对原材料产地、商品销售市场和投资场所的依赖也日益凸显,当时的世界大国们无一例外地不断对外扩张,新老殖民者之间的矛盾日益激化,萨拉热窝事件①作为导火线引爆了第一次世界大战。

第一次世界大战结束后帝国主义国家间经济政治发展不平衡的问题仍然没能得到真正解决。凡尔赛 – 华盛顿体系虽然建立了一种新的国际关系制度,但其实并没有真正消除大国之间的矛盾,反而潜在地激化了帝国主义国家之间的矛盾。19世纪30年代爆发的经济危机加速了法西斯专政②的

---

①　张佩侠.萨拉热窝事件与"一战"的爆发[J].聊城大学学报(社会科学版),2005,(05):68 – 70.

②　陈祥超等.法西斯运动和法西斯专政[M].北京:中国青年出版社,1999.

建立,法西斯是战争的直接发起者。再加上许多大国为自身利益采取的绥靖政策亦加速了战争的到来。因而在第一次世界大战爆发 20 多年后,第二次世界大战到来了。

战争带来了巨大的人员伤亡和经济损失,对所有人民都造成了巨大的伤害,战争是任何人都不愿意看到的局面,和平才是所有人衷心的诉求。国际矛盾在所难免,但和平的处理方式才是各国共同发展的前提和基础。和平的发展环境也需要各国捍卫,因而,各国之间的交流、合作、相互理解十分重要。

(二) 困惑·希望:诞生联合国

直面一战留下的一片废墟,各当事国都曾进行沉重的反思,如何摆脱战争的阴影一度成为各国思考的重要议题。因而,作为国与国对话与交流的国际联盟也应运而生。在这一背景下,人们构想了"国际联盟"组织,简称"国联"。1920 年 1 月 10 日《凡尔赛和约》正式生效,这一天,时任美国总统威尔逊宣告"国联"组织正式成立。其宗旨是:减少武器数量、平息国际纠纷、提高民众的生活水平以及促进国际合作和国际贸易,实现世界和平和安全。但由于"国联"设计上的不完善性,最终未能制止第二次世界大战的爆发,而人类也无法再承受一次世界大战的摧残,为了维护世界和平,为了推动各国在经济、人权、社会方面的合作,多个主权国家决定创建联合国以取代"国联"组织。

早在 1939 年,美国国务院就率先提出了成立一个新世界组织的计划。1941 年在英国伦敦签署的《同盟国宣言》,各签署国在宣言中承认"持久和平的唯一真正基础是,自由的人民在一个摆脱了侵略威胁、人人都可以享有经济与社会保障的世界中的自愿合作",宣言提出了制止侵略、维护和平和促成国际合作的原则,这是为建立联合国迈出的第一步。经过数年发展,直到 1945 年 4 月 25 日,来自 50 个国家的代表和 1 个非政府组织代表齐聚旧金山,参加联合国家国际组织大会。会上,代表们起草了《宪章》,该宪章草案于 6 月 25 日在旧金山歌剧院全票通过。次日,代表们共同签署了宪章。

10 月 24 日,经安理会五个常任理事国(法国、中国、苏联、英国和美国)和大多数签署国的批准,《联合国宪章》正式生效,联合国正式成立。

联合国的成立,为建立国际规则、开展国际对话、增进国际理解提供可能,也为困惑的国家和人民,带来了和平与发展的希望。联合国建立后,在国际事务中发挥了巨大作用:第一,有效避免了世界大战的爆发,大量减少了局部战争。《联合国宪章》中确立的新型国际关系准则、维和行动、调停斡旋和强制措施对缓和已爆发的冲突和遏制矛盾的激化起了很大的作用。第二,从根本上废除了殖民主义,为结束延续数百年的黑暗殖民统治做了巨大贡献。第三,从政策上,理念上,行动上都为推动世界经济的发展和社会的进步做了许多努力。第四,推动了国际立法进程。以 1945 年正式实行的《联合国宪章》为例,《宪章》构成了国际法的基础,他所确立的诸如主权平等以及和平解决国际争端等国际关系准则,为世界和平和稳定奠定了深厚的基石。但联合国权利的行使和作用的发挥,有赖于全球人民的配合,为了保证联合国职能的有效行使,开展国际理解教育刻不容缓。

(三) 对峙·包容:倡导国际理解教育

文化冲突是国际冲突、国家对峙(如冷战时期以美国为首的资本主义与以前苏联为首的社会主义两大阵营之间的对峙)的重要形式,一定程度上,也是文化差异与意识形态的差异,甚至是国际冲突的根本所在。国家之间的和平共处,除了依靠硬性的国际规则制定与遵守之外,更为重要、更为长久的乃是增进相互之间的文化交流,在价值观碰撞过程中实现包容与理解。唯有如此,才有可能增进国际间的理解与文化认同,从而实现相互包容、和平共处。

联合国正因为意识到这一问题的重要性,因而在其成立不久,便设置联合国教育、科学及文化组织,简称联合国教科文组织(UNESCO)。这一组织致力于建立"人类智力上和道义上的团结",与以往各国之间的政治互动、经济合作相区别,该组织通过教学、科学、文化等更为"软"的方面,促进国际之间的合作和交流,这样的合作形式,有助于各国抛开政治上的意识形态,经济中的利益纠纷,以新的姿态和视角开展国际友好交流。而文化互动与交流,可进一步促进各国间的相互尊重、相互理解,缔造和平的时代。因而,联合国教科文组织的成立为有效增进各国之间更为深层次的国际理解奠定了坚实基础。

　　为了进一步促进国际理解,教科文组织自成立之日起就把国际理解教育(EIU)作为其日常工作的核心内容和长期的事业。教科文组织多次组织国际专家探讨国际理解教育课程设置和实施的指导意见,就各国如何在学校课程中充分融入国际理解教育进行指导,以确保国际理解教育的理念能在各国的各级各类学校中充分落实,这样的举措为国际理解教育的开展提供相对科学、统一的文本依据和方向性参考。联合国教科文组织还在不同的国家和地区专门设立国际理解教育中心,如亚太教育国际理解教育中心(APCEIU),从而为国际理解教育的开展提供机构与人员保障。以上种种,都可以看出,国际理解教育已经成为促进各国相互包容的重要形式。

二、方针及标准[①]

　　开展国际理解教育,基本依据在于国际理解课程的设置和开发。因此,1991年,教科文组织在澳大利亚布里斯班(Brisbane)组织召开了国际专家研讨会议,发布了《为促进教育中的国际维度开发、评价和修订国际教育的课程、教科书和其他教育材料的指导方针和标准》,(以下简称《标准》)。《标准》中详细地阐述了各国开设国际教育课程应该遵循的原则,并对课程的目标和内容的选择和确定设定了详细标准。(此处的"国际教育"即本文中的"国际理解教育")。这些标准对于我国正在蓬勃开展的国际化人才培养无疑具有重要的借鉴和启发作用。

――――――――――

① 郑彩华.教科文组织视域中的国际理解教育课程[J].外国中小学教育,2013,(8):1-7.

（一）国际理解教育课程的目标

《标准》提出，在课程、教科书和其他教育材料中对国际理解教育目标的描述可以从知识、态度、价值观和能力四个维度来进行。这四个维度需要综合地促进国际理解、合作、和平和人权的原则，反之这些原则的不可分割性和教育的整体性本质又意味着四个维度目标的表达是相互联系的一个整体。国际理解教育课程的目标体现在知识、态度、价值观和能力四个维度上，应包括如下的具体内容。

1. 知识维度

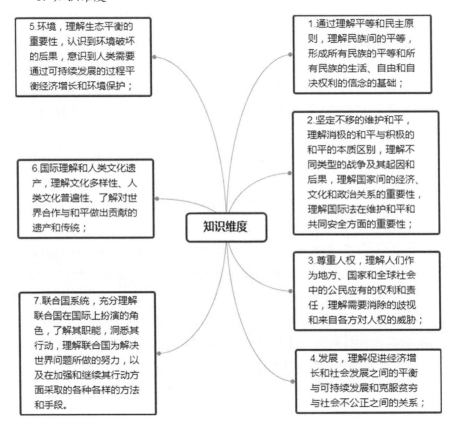

5. 环境，理解生态平衡的重要性，认识到环境破坏的后果，意识到人类需要通过可持续发展的过程平衡经济增长和环境保护；

1. 通过理解平等和民主原则，理解民族间的平等，形成所有民族的平等和所有民族的生活、自由和自决权利的信念的基础；

6. 国际理解和人类文化遗产，理解文化多样性、人类文化普遍性、了解对世界合作与和平做出贡献的遗产和传统；

2. 坚定不移的维护和平，理解消极的和平与积极的和平的本质区别，理解不同类型的战争及其起因和后果，理解国家间的经济、文化和政治关系的重要性，理解国际法在维护和平和共同安全方面的重要性；

知识维度

3. 尊重人权，理解人们作为地方、国家和全球社会中的公民应有的权利和责任，理解需要消除的歧视和来自各方对人权的威胁；

7. 联合国系统，充分理解联合国在国际上扮演的角色，了解其职能，洞悉其行动，理解联合国为解决世界问题所做的努力，以及在加强和继续其行动方面采取的各种各样的方法和手段。

4. 发展，理解促进经济增长和社会发展之间的平衡与可持续发展和克服贫穷与社会不公正之间的关系；

　　《标准》建议国际理解教育课程的知识维度的目标应包括七个方面。详见下图：

　　2. 态度和价值观维度

　　《标准》建议国际理解教育课程中态度和价值观维度的目标应包括以下六个方面内容：

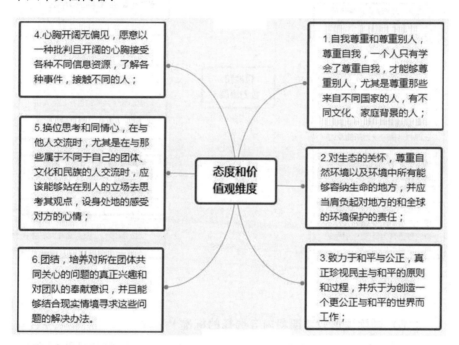

　　3. 技能和能力维度

　　《标准》建议国际理解教育课程的技能和能力维度的目标应包括以下九个方面内容：

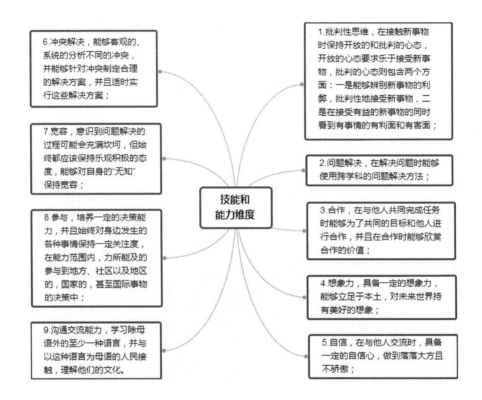

6.冲突解决，能够客观的、系统的分析不同的冲突，并能够针对冲突制定合理的解决方案，并且适时实行这些解决方案；

7.宽容，意识到问题解决的过程可能会充满坎坷，但始终都应该保持乐观积极的态度，能够对自身的"无知"保持宽容；

8.参与，培养一定的决策能力，并且始终对身边发生的各种事情保持一定关注度，在能力范围内，力所能及的参与到地方、社区以及地区的，国家的，甚至国际事物的决策中；

9.沟通交流能力，学习除母语外的至少一种语言，并与以这种语言为母语的人民接触，理解他们的文化。

技能和能力维度

1.批判性思维，在接触新事物时保持开放的和批判的心态，开放的心态要求乐于接受新事物，批判的心态则包含两个方面：一是能够辨别新事物的利弊，批判性地接受新事物，二是在接受有益的新事物的同时看到有事情的有利面和有害面；

2.问题解决，在解决问题时能够使用跨学科的问题解决方法；

3.合作，在与他人共同完成任务时能够为了共同的目标和他人进行合作，并且在合作时能够欣赏合作的价值；

4.想象力，具备一定的想象力，能够立足于本土，对未来世界持有美好的想象；

5.自信，在与他人交流时，具备一定的自信心，做到落落大方且不骄傲；

（二）国际理解教育课程内容选择的标准①

《标准》提出了国际理解教育课程内容选择的一般标准和具体标准，一般标准适用于研究和介绍国际理解教育所有方面，具体标准则是根据特定的全球问题而确定。需要说明的是，具体标准并不意味着要列出一个穷尽一切内容的清单，不同具体标准之间亦不是相互排斥的。在一个全球性问题更具有地方化意义的特定社区或情境中，也可能会识别出与已经拥有的具体标准相关的新的具体标准。

---

① 郑彩华.教科文组织视域中的国际理解教育课程[J].外国中小学教育,2013,(8):1-7.

1. 国际理解教育课程内容选择的一般标准

《标准》建议国际理解教育课程内容选择的一般标准应包括真实性，文化的观点，普遍的伦理原则，理解性和操作性五个方面。见表1-1-2-1：

表1-1-2-1 《标准》建议国际理解教育课程内容选择的一般标准

标准项目	所涉话题的关注要求
真实性	着重于反映话题的本质，例如其原因、影响和解决方法，致力于培养学生的科学思想；
	问题呈现的先后顺序应当与其最基本组成部分的介绍保持一致性，要求能够准确、适当的解释话题的本质；
	能够在合适的情境中对话题进行概括，赋予话题有争议性的或重要的理论支撑，并给予足够的证据支持；
	保证作为例证的材料的直观性和实时性，且例证应该能够反映教材和其他支持性的材料中所包含的信息；
	避免对信息的错误解读和传递，保证定义的准确性并做到准确无误的呈现事实。
文化的观点	有明确的基本假设（比如国家的、意识形态的、宗教的和哲学的假设）；
	表明各种关系间的结构，诸如文化和民族间的独立性和相互依赖性等，以利于学习者理清问题的起因，并据此制定合适的解决方案；
	留有解读的空间，不同学习者可以对同一个话题作出不同的解释，制定不同的解决方案，保证学习者能够试行其制定的解决方案；
	能够反映出不同民族和文化调查世界问题的方式可能各不相同；
	最小化国家主义的解释和思维方式，避免国家中心主义；
	避免民族中心的观点，公正地介绍其他民族和文化的真实状况和经历，避免刻板印象和偏见。
普适的伦理原则	全面的介绍世界问题；
	选择的全面的观点要反映经济公正、尊重人权、可持续发展与和平的原则；
	鼓励学习者在他们的日常生活中运用材料中所反映的原则；
	考虑到诸如不断变化的本质以及解释的可变性，应该介绍各种观点的理论基础，并指出关于观念的普遍性的争议。

（续表）

标准项目	所涉话题的关注要求
理解性	平衡地介绍为理解一个话题所必需的了解的所有核心问题；
	揭示所介绍问题的基本假设；
	在选择和介绍问题时,应该采用系统的方式,做到清楚地说明话题的基本组织结构。
操作性	呈现关于世界问题的知识应该与学生的年龄和能力水平相适应；
	重视批判性思维技能的发展,以便于学生学会发现、解释、分析和评价各种信息；
	全面、系统地为学生提供比较和评价世界问题的观点及其解释；
	为学习者留有提出观点和进行分析的空间,同时能够鼓励学习者制定合理可行的解决方案,并对之进行证明；
	鼓励学习者清楚地表达他们对特定世界问题的态度；
	为学习者参与实施在地方层面上解决全球问题的解决方案提供参考。

2. 国际理解教育课程内容选择的具体标准

《标准》建议国际理解教育课程内容选择的具体标准,应具有以下七个方面的内容。见表1-1-2-2：

表1-1-2-2 《标准》建议国际理解教育课程内容选择的具体标准

标准项目	所涉话题的关注要求
所有民族的权利平等	反映《联合国宪章》及相关文件中所确定的所有民族和国家的权利平等原则,并对之保持肯定。应对民族或国家平等还未得到承认的地区保持一定的关注度,对于这种不平等相伴随的暴力问题进行关注,同时鼓励学习者为补救这种情形进行国际努力；
	肯定所有民族自我决定的权利,在历史的、政治的和经济的情境中积极地看待为自我决定而进行的斗争；
	客观地看待直接的暴力(那些为自我决定而进行斗争的一部分)和结构性暴力(压迫一些民族权利的暴力),关注在地方、国家和国际层面上的各种暴力事件。

（续表）

标准项目	所涉话题的关注要求
和平的维护	呈现能使学习者评价其真实性、拒绝其悲观论和能为建构和平话题内容时,话题材料首先应该明确地介绍联合国《世界人权宣言》和两个国际理想扫清障碍的材料;
	在个人、家庭、地方、国家和全球层面上为学习者提供探索在和平中生活的方法建议,帮助其形成看待和平问题的个人视角;
	提供在地区、国家、区域和全球层面等各种情况下的不同的和平案例,帮助学习者对消极的和积极的和平概念形成清楚的认识,能够在生活中对其进行辨析;
	学会积极地看待经济、文化和政治关系,以及通过维护国际法创造和平、维护和平的多种方法;
	介绍不同类型的武装冲突和冲突原因及其对人类、发展和环境所造成的后果;
	引导学习者关注军备,尤其是对各种军事武器主要生产者和购买者的关注,以及对战争的经济的、社会的和政治的成本的关注;
	将科技用于促进和平、社会和经济发展的积极方式;
	合理看待促进裁军的国际协商和会议。
人权	在选择国际理解教育课程的公约,即《关于公民和政治权利的公约》和《经济和社会权利公约》,并且把联合国的各种宣言中所倡导的人权原则作为所有民族、机构和政府管理其行动应该遵守的一套综合道德原则;
	包括有关基本人权的普遍性内容,如生命、平等和自由等适用于所有人的权利;
	对涉及歧视的内容进行谴责,如种族歧视和性别歧视等与《世界人权宣言》和相关国际文件相矛盾的内容;
	明确地解释和介绍在国家和国际情境中难民的权利,形成允许别人像自己一样享受同样权利的个人责任。

（续表）

标准项目	所涉话题的关注要求
经济发展	给不同形式的发展以平衡地对待，一个国家采取哪种发展形势应该在历史的、政治的和经济的情境中予以考虑，对比强调满足基本需要并保护文化遗产的发展方式和只以经济增长为基础的增长方式，并给予前者优先的对待；
	根据经济状况等条件对不同国家的历史进程发展阶段进行介绍；
	关注世界的贫富不均，和导致部分国家贫穷的原因，并应把贫穷解释为国际的、国家的和地区经济发展的直接结果；
	基于发展中国家需要追赶上那些比较富裕的国家，发展的任何一个阶段应该包括经济增长在内的一系列因素的平衡这种假说，对经济追赶进行解释；
	把发展援助视为一种国际责任，援助可以出于人道主义的、历史和或经济的目的进行，援助是捐助者和受助者之间的双赢；
	将获得健康的体魄、充足的住所和适当的教育视为基本的人权，应对那些旨在提高所有人的生活质量的运动施加特别关注，应该把人口问题建立在国家发展标准、对全球资源和可持续发展的意识和关注的基础上；
	在土地的拥有权、农业决策和变化控制的情境中，对食物和饥饿问题所作出的解释；
	提供检查国际上不平等的贸易关系的本质的机会，如在富国和穷国间不平等的贸易关系；
	解释资源的使用和发展之间的关系，包括一些高度发达国家对全球资源的比例不均衡的使用趋势，及其对资源过渡的开发。
环境	坚定的坚持可持续发展原则，保持经济增长和环境保护之间的平衡，把在地方、国家和全球的规模上阻止破坏生态系统的行为看作是及其紧迫的事情；
	对多种类型的环境问题例如沙漠化、城市衰败和污染等都加以关注，并把这些问题视为现存的社会和经济模式导致的结果；
	强调环境退化、发展与和平之间密不可分的关系；
	了解采取国际行动补救人类面临的许多环境威胁的重要性，并为学习者呈现解决环境问题的各种方法。

（续表）

标准项目	所涉话题的关注要求
国际理解和人类文化遗产	揭示,所有文化在他们自己的情境中都能够得到合理表达,应该鼓励学习者培养一种对其他文化的移情的理解;
	鼓励学生重视文化经历的多样性,重视对其他人的观点和生活习惯的理解和包容;
	让学生了解普适性的伦理道德,鼓励学生拒绝那些违背《世界人权宣言》的文化实践;
	将学生的个人生活与世界文化相联系,例如学生个人的生活由于来自国内外具有不同文化的人们的参与而得到丰富;
	积极看待全球保护组织对合作保护世界遗产所做的努力,认识到国际间合作的重要性。
联合国系统	将重点放在联合国系统的组织和结构及其作用和功能上,强调联合国通过它的各种机构为和平积极创造条件的努力,为克服部分地区欠发展、食物供给不足等做的努力,为改进公民健康状况所做的努力;
	关注联合国的历史,给予联合国的历史及其过去的工作与它当前工作和未来计划平等的关注;
	展示在联合国系统中经济发达国家的利益、联合国中特定集团的利益与其他国家和集团的利益具有一致性。

《标准》中提出的以上这些国际理解教育课程内容选择的一般和具体标准为不同国家开设国际理解教育课程提供了基本框架和依据。

（三）国际理解教育课程的教学方式选择的原则[①]

教科文组织 1991 年的《标准》要求国际理解教育的教学方式遵循以下

---

① 郑彩华. 教科文组织视域中的国际理解教育课程[J]. 外国中小学教育,2013,(8):1-7.

原则：

第一，贴合学生实际，体现"针对性"。课程内容的组织和教学方式应该适合不同年龄和不同能力学生的不同学习需要和兴趣。不同学习阶段的学生有其各自的发展特点，不同的内容也应该采取不同的组织和教学方式，如态度和价值观方面的教学内容，更有可能通过促进某种认知和知觉的能力发展而得到实现，所以应尽量采用促进认知和知觉能力发展的活动方式，包括角色扮演、运用移情、模仿关键原则、有计划地连续地应用这些关键原则、个人间的接触等，因而要根据学生需求、课程内容等采取不同的教学组织形式。

第二，关注各方联系，保持"一致性"。确保在国际理解教育课程中使用的方法与它所传递的信息之间保持一致性。比如，学校的制度环境和教与学的过程必须与和平、合作、公正、人权和生态环境可持续发展的目标相一致，国际理解教育课程教与学的过程应促进教师和学生之间以及课堂上学习者之间的合作性实践。

第三，采用合适方式，激发"主动性"。应采用积极主动的、基于过程的教学方式，以使学习者参与到对所学习的话题和重要事件的调查以及解决方案的构想中。

第四，关注问题研究，注重"科学性"。国际理解教育课程的教学应该通过对所有观点的批判性分析以及对有争议问题的研究，避免武断的结论和相对主义的价值观。在评价可供选择的观点和证据时，应注意锻炼和培养学生广泛的研究能力和思维技能，并且培养学习者阐明自己的观点的能力。

第五，联系实际生活，发挥"实效性"。国际理解教育的学习经历应该通过引导学生个人行为的改变，鼓励学习者积极主动参与社会的行动，切实参与到现实问题的解决中，尤其是地方的层面上的问题解决过程中。

以上这些适合国际理解教育课程的教学方式的原则充分体现了以学生为学习的主体和中心，以参与、体验、探究和合作为主要活动方式的教学观。

（四）教科文组织亚太国际理解教育中心（APCEIU）的课程框架①

除了上面提到的教科文组织 1991 年颁布的《标准》，教科文组织的二级机构亚太国际理解教育中心（APCEIU）也组织专家对国际理解教育课程进行了深入的研究和探索。2006 年 8 月亚太国际理解教育中心和联合国教科文组织亚太地区曼谷教育办公室（UNESCO Bangkok Office）的 12 位专家在汇总了在亚太地区举行的多次项目会议、专家会议及各种培训活动的经验和成果的基础上，共同编写了《国际理解教育（EIU）和可持续发展教育（ESD）培训项目设计培训者指南》（以下称《指南》），并列出了如何开发国际理解教育课程的课程框架对如下照表，其中不但提出了国际理解教育课程的内容主题、学习过程与教学方式的建议，还对国际理解教育课程适用的评价方式提出了可供选择的建议。

表 1 - 1 - 2 - 3　亚太地区国际理解教育（EIU）课程框架对照表

内容/主题	社会公正、人权（在特定背景意义下）、文化尊重与团结、相互依存、可持续发展、冲突解决、包容、改革、性别平等、民主、消除贫困
学习过程	合作活动课程、课外活动、以行动为基础、态度形成、教师定位、认知与移情作用部分、将问题客观化
教学方式	受文化影响的应答体系、民主课堂、包容、冲突转移、合作学习、鼓励创新、小组学习、非语言方法、对和平与人权的敏感度
对照表	原住民权利、提供参与机会、共同思考、对话、授权、价值观形成、批判性世界观、语言敏感度
评估	基于事实、基于调查、成果、具有改革能力的知识、教学实践

《指南》还列出了一个建议性的矩阵，如表 1 - 1 - 2 - 4，使国际理解教

---

① 本节引用郑彩华.教科文组织视域中的国际理解教育课程［J］.外国中小学教育，2013，
（8）：1 - 7.

育的五个主题分别与学习过程与教学方式相对应,并对列出了针对学习过程与教学方式的评估和鉴定的方法。这个矩阵与以上的对照表搭配使用有助于设计国际理解教育课程的内容和教学方式。

表1-1-2-4 开发亚太地区国际理解教育(EIU)课程的框架:建议性的矩阵

主题/内容	学习过程和教学方式	评估和鉴定
·全球化与社会公正 ·文化多样性,尊重与团结 ·可持续性 ·人权 ·和平与公正	·合作活动课程,课外活动 ·基于行动 ·态度形成 ·教师定位 ·认知与同感部分 ·解决问题 ·受文化影响的应答 ·民主课堂 ·包容 ·冲突解决与转移 ·合作学习 ·鼓励创新 ·小组学习 ·非语言方法 ·对和平与人权的敏感度 ·讲述故事	·提供参与机会 ·共同思考 ·对话 ·授权 ·价值观形成 ·教学实践 ·具有改革能力的知识 ·对和平与人权的敏感度 ·批判性世界观 ·语言敏感度 ·性别问题敏感度 ·原住民权利 ·事实 ·调查 ·成果

当前,我国各级各类学校正在为培养《国家中长期教育改革和发展规划纲要(2010—2020年)》中提出的"具有国际视野、通晓国际规则、能够参与国际事务和国际竞争的国际化人才"而努力,相信教科文组织关于国际理解教育课程的《标准》以及亚太地区国际理解教育(EIU)提出的国际理解教育课程的框架会为研究者和中小学实践者研究和开发国际理解教育课程提供极其有用的指导和借鉴。

第二节 他山石——国际理解教育的域外经验

一、日韩等东亚国家的国际理解教育研究实践综述

(一) 日本

日本开展国际理解教育活动大概有三个阶段①：

第一个阶段是第二次世界大战后。当时日本民间和平组织大力呼吁对战争进行反省,民间性质的"日本联合国教科文组织合作协会"最先推动设立国际理解教育合作学校,并翻译出版了《中小学国际理解教育指针》等参考资料和指导书。这一时期日本的国际理解教育主要是按照教科文组织的要求实施,教育内容以人权、对其他国家和民族的理解等为主。

第二个阶段是 1974 至 1984。教科文组织颁布了《1974 年建议》,倡导以全球共同繁荣为目标开展国际理解教育,但因此时日本因行政主管的改动,脱离了教科文组织的直接指导,在国际化为对策的目的导向指引下,其主题转变为教育要培养"具有国际素质的日本人"。1984 年日本临时教育审议会在其咨询报告中提出要促进国际交流,完善和发展回国人员子女教育、海外子女教育等与国际化相关的建议政策。日本国际理解教育的这一变动,使得该时期日本的国际理解教育合作学校变得有名无实。

第三个阶段是进入 20 世纪 80 年代后。国际理解教育呈现多元化趋势,既有与教科文组织所倡导的精神相一致的国际理解教育,也有以对外援助为主要内容的发展教育,还有 90 年代出现的国际教育、全球教育等。

令人遗憾的是当代日本存在与国际理解教育不相协调的现象。如果单从日本文部省颁布的《学校学习指导要领》(大藏省 1999 年 12 月发行,并于 2003 年施行)来看,其在教育目标方面提出的诸如"养成国民宽广视

---

① 洪文梅. 当代日本国际理解教育的考察与思考[D]. 太原:西北师范大学,2005.

野"、"培养生存于国际社会的日本人的自觉"、"关于与日本有关的各国历史,应着眼尊重他国历史的观点看他国与日本的关系,并以此明确世界历史中的日本应有的位置"等,确实非常注重培养学生的国际意识。日本教育界关于国际理解教育的实践和探索有很多值得世界各国借鉴和学习的地方。

但在一些实质性的国际性事件处理方面,日本政府所表现的态度令人质疑。一是对战争责任的回避态度。近年来,日本文部省在"日本历史教科书"上采取的模糊姿态,一直备受亚洲人民的谴责,连德国人也斥之为"这是一个倒退"。日本的历史教科书,也存在着好几种版本,部分涉及侵华问题的内容,存在不符合史实的情况,简单归纳,可概括为以下几种:极力回避针对对华战争性质的讨论,拒绝承担责任;蓄意淡化和掩盖日军的侵略暴行;刻意借助日本遭受美国原子弹轰炸的事实,过分渲染日本民众遭受核打击的凄凉与悲惨;企图凭借日本民众支持战争来将战争歪曲成具有正义性的战争,例如在某些历史教科书中,教科书编写者有意设置了一些诸如"日本民众欢送出征士兵"、"庆祝攻陷南京的东京街头的民众"等插图,然而其"司马昭之心,路人皆知"。正如《中国青年报》(2001 年 4 月 16 日)所指出的,无疑揭示了日本政界长期袒护、纵容右翼势力和右翼言论,甚至与右翼分子沆瀣一气、为虎作伥的本质。这一行为引起了民众的极度反感,日本国内的学者们都联合声明反对编订这样的教科书,批评说:"历史教育的目的被规定为制造向天皇尽忠的'臣民'的模具中。"①

自 20 世纪 80 年代起,每年都有近半数以上的日本政府阁员无视国际社会的指责参拜靖国神社。日本广播协会(NHK)2000 年 5 月进行的题为"日本人的战争"的舆论调查结果显示:日本国民中,承认日本发动侵略战争的占 51%,认为当年的日本国民没有责任的占 43%,认为有责任的占 29%。正如我国研究者所说:"《新历史教科书》事件的发生绝非偶然,它既

---

① 杨宁一译. 日本学者声明——不能把历史教育委于歪曲历史的教科书[J]. 抗日战争研究, 2001(1).

是日本右其猖獗的表现，又有其'群众基础'和官方的默许，同时还有了许多日本大企业、大财团的财力支持。"①

揭露侵略战争的罪行，是为了更好地发扬历史教育"资治通鉴"的功能，是为了避免重蹈历史惨痛教训的覆辙，不让历史重演；是为了更好地进行国家之间的交流和往来。1995年8月德国前总统魏茨泽克访问日本时，就曾公开告诫，"为了公正地判断战争中的罪，不能对历史的真相视而不见"，"否认过去的人将冒重蹈覆辙的危险"。虽然，日本国民，特别是战后出生的一代日本国民承担战争的罪责是不公平的，也是不现实的。但是他们至少必须承担政治上和道义上的责任，做到揭露并深刻反省这段最黑暗的历史，防止法西斯势力死灰复燃。

二是近年来，在日本保守化潮流的影响下，出现的国家主义教育倾向。日本国内出现了强化国家观念和推行所谓爱国主义教育的趋势。2003年10月，东京都教育委员会发布通告，要求都立学校在入学和毕业仪式上必须举行升国旗的仪式，所有师生必须参加升国旗仪式"日之丸"，还得起立齐唱日本国歌"君之代"。"日之丸"和"君之代"曾是日本军国主义的象征，东京都教委的规定伤害了在日外国师生的民族情感。因此，不少师生拒绝执行这一规定。结果，东京都教委断然决定对176名"不听话"的教师实行惩戒，其中包括两名华人教师。这两名华人教师愤然辞职，并决定把东京都教委告上法庭。东京都教委的规定恰恰违反了日本一直提倡的国际理解教育的宗旨。②

日本教师工会。③（JTU）就对临时教育审议会报告中的关于"国际化"的提法表示质疑。审议报告中经常强调培养"面向世界的日本人"，"培养国际社会中日本人的觉悟"。教师工会的有关人员认为，临时教育审议会

---

① 陈景彦. 也谈日本《新历史教科书》问题[J]. 东北亚论坛,2002,(2).

② 孙建和. 师生被迫起立唱日本国歌,华人教师怒讨说法[J]. 北京青年报,2004,(4).

③ 朱永新,王智新. 当代日本教育改革[M]. 太原:山西教育出版社,1992:238.

所说的"日本人的觉悟",其含义更多的偏重于对日本文化、历史、传统的理解和认识及对日本社会和文化的个性形成自我见解,试图在"适应国际化社会"的美名下,灌输国家主义思想。在当今世界,军备裁减、反对核武器、保障人权、寻求民主才是最主要的课题,而在审议报告中却不曾出现。

三是谋求日本文化在东亚甚至世界的霸主地位。随着日本经济实力的进一步增强和国际地位的逐步提高,日本社会中一部分人大国主义意识滋长,极力鼓吹日本文化的国际化,主张日本要从文化接受国转变为文化传播国,积极扩大日本文化在世界上的影响。今天日本的国际化情况已然和明治维新时期的西方化、二战以后的美国化不一样。今天日本所处的国际环境的发展变化决定了,日本文化由传统的吸收、消化型转为对外输出、传播型,由被动转为主动。日本统治集团及其他一些人,带着自己的政治意图极力宣扬日本文化,企图在"世界文明衰落"的今天,用"优秀的日本文化"拯救世界文明。为迎接世界文明中心向亚太地区的转移,谋求日本在这一地区的霸主地位日本积极倡导"东洋文化",主张建立以日本文化为代表的"东洋文化圈"。

四是国际化过程中存在歧视现象。日本国内对侨民的态度有许多令人觉得不可思议的地方。在日朝鲜人及其他国家和民族的侨民及其后裔在求学、生活、求职和各种法规中受到极不公平待遇,这让人难免对日本的国际化产生虚有其表的印象。

这些不尽如人意的表现与独特的日本文化和政治思想有着密不可分的关系,在此不再阐述。

(二) 韩国①

韩国将国际理解教育作为摆脱殖民地影响、走向国际社会的重要途径。

---

① 施永达.中、日、韩国际理解教育发展比较[J].外国中小学教育,2009,(11):42-45.

韩国学校中,有四所作为首批联合国教科文组织国际理解教育合作学校,在开展这 4 所合作学校的工作时,韩国较为遵照教科文组织的精神,其国际理解教育发展也可分为三个阶段。

第一个阶段是 20 世纪 70 年代,4 所合作学校的国际理解教育由于朴正熙的军事独裁统治,暂时停滞。

进入 80 年代后便开启了第二个阶段,韩国重新启动国际理解教育,并且将韩国教育的国际化需求作为开展国际理解教育的出发点。1997 年韩国教育部长提出建立亚太地区国际理解教育研究院,并在 2000 年和联合国教科文组织签署设立该研究院,这促进了韩国国际理解教育的开展并使得韩国成为了亚太地区国际理解教育的主要阵地。

同时,韩国教育人力资源部于 2002 年发布了提高国际竞争力的新举措,其中一条就是要进一步加强学生对国际社会理解的教育,并决定于 2003 年起,在全国范围内指定 10 所"国际理解教育示范学校"进行试点,同时要求各市、道教育厅积极开发"国际理解教育课程",并为其制定具体实施方案。① 韩国很注重通过外语教学中领悟世界文化,外语教学大多聘请的是外籍教师,根据韩国政府所制定的国际理解教育计划,自 2003 年开始,计划每年邀请 1000 名外籍教师,到 2007 年达到 5000 人,保证现有的 10060 所中小学平均每两所学校拥有一名外籍教师。外籍教师对学生的影响不仅可以让学生学习更纯正的外语,同时可以从外籍教师的教学生活中更真实、更生动地了解教师所处国家的文化,通过语言学习和文化熏染的融合促进了学生的国际理解和包容情愫。②

第三个阶段开始于 2006 年,随着时代的发展以及整个世界的巨变,韩国的国际理解教育的内涵也在发生着变化,2006 年 10 月韩国国际理解教育学会第七届年会提出了"多元文化时代的国际理解教育"这一主题,其实

---

① 韩国使馆教育处.韩国为提高教育竞争力出台新举措[J].云南教育,2003,(4):24.
② 杨海燕.中小学国际理解课程研究[D].上海:华东师范大学,2009.

质是全球市民的培养,具体涉及南北韩相互理解问题、北朝鲜移民教育问题、国际婚姻家庭儿童教育问题等。

二、欧美等国家国际理解教育研究实践综述

(一) 美国①

1. 美国在国际理解教育方面所做的工作

为了能够与世界进行交流和合作,为了能够融入世界,为了能够让美国的孩子对世界各国进行有效的沟通,美国开展了国际理解教育,其中主要的方法和措施包括四类:

(1) 学习外语

(2) 学习世界史、世界地理、世界比较研究以及其他科目

(3) 学生和老师的国际交流

(4) 参与在线交流和其他相关项目

这些都是学生了解世界所必需的手段,当然教育的目的是为了让世界各地相互理解,这对于公民教育而言是非常必要的,也是非常重要的。因此,美国国务卿科林·鲍威尔认为:"我们彼此之间的相互了解和理解越深入,就能够更有效地创建一个世界公民的世界,就能够为依赖性日益增强的世界赢得和平创造更好的机会。"美国一位名为安琪儿·戈登 - 威尔逊的教师认为:"全球化学习打开了孩子情感的心扉,呼唤他们要换位思考,要富有同情心。教育的这些作用和目的是远非课堂教学所能达到的。"

随着 21 世纪的来临、全球化程度的加深和国际间交流的增强,《21 世纪合作需要具备的技能》对本世纪学生所需要掌握的技能进行了归纳和总结,主要包括:

① 苏珊·斯克拉法妮,田毅松翻译. 美国青少年国际理解教育现状［C］. 北京:北京 2006 年青少年学生公民教育国际论坛会议论文,2006. 101 - 105.

（1）掌握关键内容中的核心知识。比如数学,自然科学和外语等,当然还要学以致用；

（2）明确个人责任,包括与别人合作的能力,目的是为了能够学习别人的经验知识；

（3）与不同文化背景的人进行流畅交流的技能,既可以是口头的,也可以是书面的,还要多种语言进行交流；

（4）运用信息通信技术的能力,并具有在现实世界应用计算机的能力。

美国的学生也非常期望有机会来了解世界。当然学生了解世界的途径也是常规性的,比如根据 2003 年对美国青年进行的年度调查报告显示,58％的学生认为学校班级工作和布置的家庭作业是他们了解世界大事和其他文化非常重要的信息资源。而 2004 年的年度调查报告则表明,76％的学生想对世界了解更多。而且,28％的学生把国外新闻作为了解世界大事的重要途径。

2. 教育行政部门领导在国际理解教育中的地位和作用

美国教育行政部门的领导对于学生之间的国际交流合作起着至关重要的作用,他们能够通过行政上的手段和措施帮助学生获取国际交流技能。以下是美国部分州所进行的国际交流活动(主要介绍的是美国和中国之间的交流)：

康涅狄格州:通过课程交流和与山东省之间建立合作伙伴关系整合了国际教育内容。

特拉华州:以亚洲为主题举办教育领导研讨会,设置国际研究、国际技能以及国际发展的国际教育课程。

爱达荷州:国际事务部(International Task Force)实施州社会研究标准,向 6～12 年级的学生教授国际教育方面的知识,形成全球化视角。为教师和高年级学生建立了资源网站,帮助他们完成有关国际研究课程的高级项目。

堪萨斯州:修订了本州的社会研究标准,比如"堪萨斯、美国和世界"。访华代表团在堪萨斯州和中国湖南省之间建立了合作伙伴关系,签订了一个新的交流项目。

肯塔基州:通过政策的变革、信息和其他资源的分配等途径使本州的教育系统国际化,加强公私合作伙伴关系,那些真正国际化的高中与中国的教育部建立了合作伙伴关系。

俄克拉荷马州:斥资举办 14 个地方性大学论坛,讨论国际理解教育的需要,目前正在优秀教师筹办职业发展协会,通过这个地区性机构传播那些教师在国际理解教育方面最好的实践经验。此外还以全球化为主题组织了青年领导人讨论会。这个州还与四川省 10 所学校建立了合作伙伴关系。

进言之,教育行政部门领导应该通过给青少年创建和营造一个相对宽松的环境,实现各国青少年之间的直接交流,进而提高青少年的国际交往和国际合作能力。

3. 外语教学以及中小学进行的国际研究情况

(1) 语言是人们交流的工具,语言不同是青少年之间交流最大的障碍。为了克服这些障碍,美国各级各类学校都开展了丰富多彩的外语教育教学工作。

为了满足 AP 课程(Advanced Placement,即选修课程,或称跳级生课程,选修大学课程,通过考试获得大学学分,这是为那些学有余力的学生开设的)要求,扩大外语学习的备选范围,高校校务委员会新引进四门外语考试,分别是:意大利语、俄语(2006)、中文和日语(2007)。

(2) 美国中小学对国际社会的研究。我们主要来看一下美国青少年学生对亚洲社会的研究情况。这些研究主要是通过校园网进行的。所以学校对高中毕业生提出了如下要求,或者说新型小规模高中毕业生应该具备如下素质:

① 有一定的学术修养;

② 能够审慎思考和熟练解决问题；

③ 具有一定的文化意识；

④ 能够了解世界大事和全球演进趋势；

⑤ 具备能够适应 21 世纪的人文素养；

⑥ 能够融入团队进行有效合作；

⑦ 能够有效利用计算机和国际互联网等信息技术；

⑧ 应该做一个有责任感和道德感的公民。

4. 其他

美国与世界各国之间的交流非常多。我们可以从两个方面来分析；首先是美国学生的海外留学情况，根据国会认定的国际教育标准来审定，在 2003～2004 学年，至少有 2200 多名高中生至少在国外求学一学期；其次是世界各国学生到美国求学情况，毫无疑问这方面的成绩也是非常显赫的，2003～2004 年间，24000 多名国外学生在美国高中学习。

随着交往的扩大，世界各国之间的联系越来越紧密，美国的青少年学生已经做好了准备，期待着与各国进行友好交流。

（二）英国①

英国中小学国际理解教育的发展存在起步较晚发展曲折、推动发展的组织机构类型多样化、利用现代网络技术的力量推动发展、通过课程渗透开展国际理解教育等特点，具体如下：

1. 起步较晚发展曲折

英国的中小学国际理解教育比起美国和日本要晚的多。美国自 1984 年起便开始推行国际理解教育，日本的国际理解教育开始于 1951 年，而英国政府则是在 20 世纪 90 年代起才开始真正鼓励中小学推行国际理解教育。

英国国际理解教育的发展过程蜿蜒曲折，并非一帆风顺。在英国国际

---

① 李文晶.英国中小学国际理解教育发展历程、特点及启示[J].教育与教学研究,2017,(2).

理解教育发展之初,政府并未介入,由于缺乏政策和资金的支持,一些非政府组织在中小学开展国际理解教育时,由于资金、师资的缺乏只能选择放弃。直到后来,英国政府认识到了国际理解教育的重要性并开始大力参与到国际理解教育中去,并给予大量的资金和政策支持后,英国国际理解教育才得到迅速发展,并取得了巨大的成就。

2. 推动发展的组织机构类型多样化

英国政府机构例如儿童、学校与家庭部和国际发展部等在推动英国中小学国际理解教育的发展上,起着引领和指导的作用,半官方机构例如资格与课程局、英国文化协会等则在其中扮演着主力军的角色,非政府组织例如"乐施会"、发展教育协会等则是重要的参与者。除此之外,英国学校亦为推动国际理解教育的发展做了很大的努力。在各大组织多种力量的推动下,英国国际理解教育在短期内得到了迅速发展。

3. 利用现代网络技术的力量推动发展

科技是国家第一生产力,英国在推动中小学国际理解教育发展时,充分利用了现代网络技术。例如,英国通过属于中小学公民教育课程信息通讯技术课程开展贯彻"国际理解",在信息通讯技术课程中融入"国际理解",并鼓励中小学生运用信息通讯技术获取国外教育资源;除此之外,英国教育与技能部,儿童、学校与家庭部先后分别建立了全球教育网站和全球教育网站的附属网站——电子语言网站(e Languages)。剧英国文化协会统计,截至 2015 年末,全球通过网络媒介与英国人联系在一起的有 2490 万人,这个数据比 2014 年增加了 800 多万。

网络技术的普及,国际间交流提供了极大的便利。在网络技术走进千家万户的时代背景下,英国全球教育网站的建立,为英国中小学与全球学教搭建了沟通的桥梁,极大程度上地推进了英国中小学国际理解教育的发展。

4. 通过课程渗透开展国际理解教育

从开始实施国际理解教育至今,英国只开设了少量独立的国际理解教育课程,其国际理解教育的理念大多通过学科课程渗透的方式进行传播,将国际理解理念融合在外语、地理、信息通讯等课程中。例如，英格兰东部的诺里奇圣母高中将外国文化融入到课程中；北桑朴顿市的一所学校在历史和地理课程教学中设计"中国周"活动、巧克力游戏等。

除此之外，国际小学课程的设立、全球公民教育课程的实施同样推动了际理解教育在英国中小学的发展。

通过在课程中渗透国际理解的理念，能够帮助学生潜移默化地感受外国文化的熏陶，从而培养对世界上其他民族与文化的理解与包容意识。

（三）澳大利亚

在过去的半个多世纪中，澳大利亚引来了来自世界150多个国家的近560万移民。来自世界各地的移民为澳大利亚带来了丰富的多元文化，各种文化相互交融碰撞，为澳大利亚民族文化之间的融合带来了巨大的挑战。随着国家间的交流日益密切，国际间的人员流动也愈加频繁，这种旨在培养具有国际视野、全球意识及相应行为能力的全球公民的国际理解教育也为澳大利亚社会稳定带来积极的作用。因此，在全球化的背景下，澳大利亚在中小学的国际理解教育方面一直不懈地努力，加上政府部门和各种非政府组织的关注和重视，澳大利亚中小学的国际理解教育发展得相当迅速。① 很快，澳大利亚成为了世界上国际理解教育较为发达的国家之一，澳大利亚的国际理解教育很快受到了全社会的关注，赢得了社会组织的支持，开始渐渐走出学校，进入社区、医院、工厂。现今，澳大利亚的国际理解教育已得到全世界的认可，其特点主要可以归纳为以下几个方面。

1. 强调实践层面的国际理解教育

毋庸置疑，全球知识和观念的传授，是国际理解教育实施过程中不可缺少的一块，但在进行知识和观念的传授时，非常容易出现知识和实践脱节的

---

① 靳文卿. 澳大利亚中小学国际理解教育发展历程、特点及启示[J]. 教育与教学研究,2017,(2).

现象,因而在传授观念的同时一定要注重观念与实践的结合,强调实践的重要性。澳大利亚的国际理解教育便非常强调国际理解教育在实践层面的开展。例如,在我国国际理解教育仍然停留在"应该做全球公民"的观念层面上时,澳大利亚已然开始强调"如何做全球公民";在《全球视角下澳大利亚学校国际理解教育的框架》中尤其强调指出国际理解教育应提高学生的参与度和创造力,培养"去改变"的思维和行为方式;澳大利亚的中小学国际理解教育实践课程,尤为重视实践活动方面的教育。

2. 政府和相关部门的重视

21世纪的澳大利亚,已经与美国、英国、日本、欧盟同处于国际理解教育的前列,而这些成就的取得离不开本国政府对国际理解教育的重视和支持,政府对国际理解教育的支持主要表现在制定和实施了各项政策。例如,澳大利亚政府颁布的《国家议程》、澳大利亚教育理事会的《霍巴特宣言》、澳大利亚国际发展署(AUSAID)和澳大利亚援助基金(Australian Aid Foundation)的资助以及澳大利亚教育部颁布的《全球视角下澳大利亚学校国际理解教育的框架》等都体现了澳大利亚政府和相关的教育部门对国际理解教育的关注和重视。

3. 非政府组织的积极参与

在澳大利亚,非政府组织在教育、卫生、环境、国际援助等方面发挥着重要作用。早在20世纪60年代,一些非政府组织就已积极参与到国家的发展教育活动中。目前,在澳大利亚国际理解教育方面比较著名的非政府组织有:澳大利亚国际计划(Plan of International Australia)、澳大利亚红十字会(Australian Red Cross)、澳大利亚国际志愿者(Australian Volunteers International)组织、澳大利亚爱心协会(CARE Australia)、澳大利亚明爱协会(Caritas Australia)、澳大利亚乐施会(Oxfam Australia)、澳大利亚宣明会(World Vision Australia),等等。

4. 建立了完整的中小学国际理解教育课程体系

澳大利亚的国际理解教育,从小学低年级阶段到小学高年级阶段,从中学低年级阶段再到中学高年级阶段,全球视角及框架贯穿始终,形成了完整的课程体系。课程体系具有如下几个特点。首先是对全球视角培养的关注,从小学到中学,课程体系始终贯穿全球视角这一理念。全球视角是重视和考虑如何改善整个人类社会和环境的有效途径;是探索一些重要的主题的机遇,例如全球变化、个性化与多样性、人权与责任等;是对合作学习与实践、对共同承担责任的关注。其次是对架构包含五个模块的全球教育框架。从低年级到高年级的国际理解教育课程都包含相互性和全球化、文化同一性和多样性、社会公正和人权、建设和平与解决冲突及可持续发展这五个模块,学校和教师可以自主地安排教学内容。再次是课程中全球教育理念的渗透。在小学阶段,要求学生探索个体与他人的关系,形成广阔的世界理解意识以及不同的社会和文化意识,逐步识别不同的人、地方、文化、宗教之间的异同。在中学阶段,要求深化学生对全球性问题的关注与理解,探索其他国家保护人权与政治权利的做法和在保护环境问题上国际合作的方法。作为一名全球公民,在理解会给本地、国家以及全球带来的影响和潜在问题时,有必要学会使用更高级的思考技巧,学会识别影响澳大利亚的全球事件以及澳大利亚影响全球发展的事件等。

现在,澳大利亚全境的中小学几乎都已开展各具特色的国际理解教育教学活动。国际理解教育活动涉及人权、环境、贫困、艾滋病、难民、健康、和平、食品、科学等多个领域的问题。在教学活动中,除了使用传统的教学方法外,还增加了实践活动、角色扮演、头脑风暴、案例研究、问题教学等多种特色方法。为配合教学活动,澳大利亚已开发出多种国际理解教育的教材和读物。

5. 提供了丰富的国际理解教育资源

澳大利亚教育服务部(Education Services Australia)专门建立了中小学的国际理解教育网站(www. globaleducation. edu. au),该网站内容丰富,拥有全球热点问题、教学课程、小学和中学的学习目标、学习方法、教学策略、教学案例、活动案例等各种教学资源,还设有案例和资源的分享平台。

澳大利亚教育统计服务局（Australian Bureau of Statistics Education Services）网站（www. abs. gov. au）上提供了大量适于小学和中学与国际理解教育有关的真实统计数据，包括数学和地理活动、学校调查（Census At School）、互动游戏、经济、社区、人口和环境等数据，教师可以借助这些数据和信息开展教学。在课外实践活动方面，澳大利亚中小学国际理解教育的开展形式有，社区与学校合作，举办主题活动等。例如，维多利亚州的诺斯科特中学（Northcote High School）与当地社区联合开展了学习合作（Learning about cooperatives）、可持续的领导力（sustainability leadership）等活动。

确切地说，澳大利亚的国际理解教育更多涉及理念的渗透，是一种全球观的实践教育过程。近十年里，澳大利亚的大多数州和领地已经试用了国际理解教育的教学大纲和国际理解教育教材。大多数学校都设有本校国际理解教育的网站或论坛等，正在实践国际理解教育的理念，把理念转变成实际行动。例如，在布里斯班有个全球学习中心，在珀斯州设置了"一个世界中心"的机构为教师提供专业的学习；维多利亚州设置了地理教师协会和新南威尔士州专业教师理事会；塔斯马尼亚大学校园提供有关国际理解教育的在线服务与研究生单位；南澳大利亚的麻吉尔小学（Magill Primary School）开展小额信贷年庆祝日活动；澳大利亚西部的滩涂小学（Beachlands Primary School）开展有关人权的实践活动；梅非尔德的圣·克鲁布斯小学（St Columbans Primary School）每年都进行世界和谐日活动；南澳大利亚的布莱尔学校（Belair Schools）制作"为健康洗手"的课外活动；昆士兰州克利夫兰地区高中（Cleveland District State High School）开展科学和回收利用的课题；还有维多利亚州的格伦威弗利小学（Glen Waverley Primary School）为建立一个"多元文化校园"而努力等。

国际理解教育的重点不仅在知识和理解，还在于培养积极的价值观，培养学生关键的技能，国际理解教育领域为学生提供了许多优秀的学习实践机会。

第三节 中国梦——国际理解教育的本土实践

一、孕育国际理解教育本土实践的土壤

（一）古代中国及其文化影响力

中国发源于黄河流域，是四大文明古国之一。据已有历史文献记载，自黄帝时代始，已逐渐形成了华夏族，四千年前出现了中国历史上第一个世袭王朝——夏朝。夏朝与之后的商、周皆采用封建制，封建制发展到周朝已经非常完善。春秋战国时期，封建制度逐步瓦解，世袭制度和世袭阶级逐渐被打破，取而代之的是高度统一的中央集权制，延续千年。四大文明古国（古埃及、古巴比伦、古印度和中国）中，其他古文明或衰亡、或中断，而只有中华文明传承至今，未曾中断。中华文明绵延不绝，因而中国也成为最古老的文明古国之一。

古代中国具有较大的文化影响力，虽然中国历朝历代在发展过程中受到外来民族的侵袭，但他们的文化很快被中华文明所同化、所融合。所谓同化，在社会学中指不同文化单位融合成一个同质文化单位的渐进或缓慢的过程。不同的文化群体之间的同化经历了一个由表及里、由局部到全部融合的过程。被同化的群体起初并未意识到同化群体文化的优越性，只是后来迫于外力而不自觉地模仿。同化速度在起始阶段比较缓慢，被同化群体一旦意识到所接受的文化优于原来的主体文化，就主动放弃自己的文化模式与传统，积极学习同化者的文化。如南北朝时期，匈奴、氐、羯、羌、鲜卑登少数民族先后进入中原，虽然他们可以短时间内征服可以征服中国的疆土，但征服不了中华文明。只过了两百年，他们就完全被中国文明吸纳，所谓"胡人有妇解汉音，汉女亦解调胡琴"，正是古代中国民族融合、寻求"国际理解"的真实写照。

古代中国以其文化影响力，扎根本土、走向世界，已多次主动尝试进行国际交流。最为典型的是盛唐时期，当时中国疆土广阔，被世界各国奉为天

朝,时任皇帝也被四夷各族尊为天可汗,唐朝的文化可谓"海纳百川",尽显多元、繁盛之态。南诏、新罗、渤海国、日本等各个藩属国亦积极学习唐朝政治、经济与文化制度。唐朝时,中国的造纸术传到朝鲜、日本,又西传至阿拉伯,经阿拉伯传入欧洲,这是中国对世界文明的一大贡献;中国的算数专著《缀术》传入朝鲜、日本,成为他们的学校学习教材。此外,宋朝时,中国的印刷术传遍朝鲜、日本、埃及和欧洲,促使了知识的传播,在世界范围内帮助更多的人接受教育。这些历史事实反映出历史上的中国曾在国际交流与国际理解方面作出过突出贡献,这也奠定了我国当前勇于寻求国际理解,探索国际理解教育的历史基础。

(二) 近代中国被迫融入世界

中华文明没有被历史的尘埃所淹没,反而随着时间的推移,不断得到积淀和发展,但是近代西方列强的军舰与枪炮却硬生生炸开了清政府的国门,中华民族遭到了惨无人道的屈辱与杀戮。中国近代史起始于1840年第一次鸦片战争,到1949年南京国民党政权覆亡为止,经历了中国半殖民地半封建社会逐步形成到瓦解,也是中华人民共和国成立的历史。它既是一部落后挨打的屈辱史,也是一部中华民族抵抗侵略,打倒帝国主义以实现民族解放、打倒封建主义以实现人民富强的斗争史,更是中国人民探索救国之路,实现独立、民主的探索史。简单来讲,中国近代史可以分为两个阶段。第一阶段即旧民主主义革命阶段,从1840年鸦片战争到1919年五四运动前夕;第二阶段为新民主主义阶段,从1919年五四运动到1949年中华人民共和国成立前夕。这段历史时期,中国处于"被"融入世界的阶段,接踵而至的外来入侵,使得中国在国际交流与国际理解的道路上步履维艰、受尽屈辱。但是,中国并没有放弃,取而代之的是其不屈不挠的反抗与革命,最终改变了"跪着外交"的局面。

鸦片战争,是中国被迫打开国门的开始。这一战争由英国发动,持续两年之久,并于1842年8月强迫清政府签订中英《南京条约》,该条约的签订,使得中国沦为半殖民地半封建社会。随后,1856 年,英法以修改条约为借口,发动了第二次鸦片战争,于 1858 年至 1860 年间先后与清政府签订了《天津条约》《北京条约》,侵略国加紧了对中国的政治控制和经济、文化侵略。两次鸦片战争让清政府认识到了中国与西方先进国家的差距,1861 年设立总理各国事务的衙门,于第二次鸦片战争后掀起了一场洋务运动,引进西方国家先进的军事装备和科学技术来强大自己,并从教育入手,兴办了一系列现代学堂,这是清政府在外来入侵的状态下,主动向世界学习的重要举措,其中不乏国际理解教育的意味。直至 1894 年,日本为实现征服朝鲜、侵略中国、称霸世界的梦想,实行大东亚共荣圈战略,首先对中国发动了侵略战争,即中日甲午战争,中国战败并于 1895 年同日本在马关签订《马关条约》,甲午战争的失败标志着历时三十多年的洋务运动的破产。随后的八国联军侵华战争,使得中国彻底沦为半殖民地半封建社会。

经历了屡战屡败的屈辱史,中国人民奋发图强,开始寻求自强之路,从辛亥革命,到 1919 年的五四运动,再到 1924 年发起的国民革命,继而是 1927 年由周恩来、谭平山、叶挺、朱德、刘伯承等中共人士领导的南昌起义,中国人民团结一致的八年抗日战争,无一不是对外来入侵的反抗,当然,其中不乏对世界各国先进文化技术的吸纳与学习。1949 年,新中国最终建立起来,并开始了新的历史发展时期。建国之初,我国为了尽快实现国家工业化,发展经济、摆脱贫困和落后挨打的局面,在外交上采取了“一边倒”政策,坚定地学习和效仿苏联,同社会主义国家建立良好外交关系,实行“三大改造”与“五年计划”。在教育上,中国也十分推崇苏联的教育模式与教育理念,如引进凯洛夫的《教育学》、马卡连柯等人的教育学说、苏联的教育制度等。以上种种,都可以充分说明新中国在革命时期与建国初期在国际交流、国际理解方面的努力。

（三）现代中国积极寻求国际理解

1978 年 12 月,党的十一届三中全会胜利召开,实现了新中国成立以来我党历史上具有深远意义的伟大转折,翻开了我国改革开放新的历史篇章。从此,党领导全国各族人民在新的历史条件下开始了新的伟大革命。改革开放以来,我国在政治、经济、科技、文化等各方面都发生了翻天覆地的变化,十一届三中全会拉开了改革开放历史新时期的序幕,全面改革的进程从农村延伸到城市、从经济领域扩大到其他各个领域,对外开放的大门从沿海发展到沿江沿边,从东部延伸到中西部。随着设立经济特区、开放沿海城市、引进外资、对外交流与合作的进程进一步加快,我国经济基本摆脱了原来的封闭半封闭状态的束缚,逐渐形成了全方位、多层次、宽领域的对外开放新格局。

改革开放40年了,成就举世瞩目。我国彻底结束闭关锁国状态,逐渐走向世界,与世界经济融为一体。对外开放的基本国策,使得打开国门搞建设成为现实,开放型经济逐步形成,我国无论是经济建设还是文化发挥,都从一味的"引进来"到大踏步"走出去",充分利用国际和国内两个市场,不断提升国际竞争力和影响力。今天,13亿中国人民大踏步赶上了时代潮流,稳步走上了奔向富裕安康的广阔道路,中国特色社会主义充满蓬勃生机,为人类文明进步做出重大贡献的中华民族以前所未有的雄姿巍然屹立在世界东方。

教育方面,1983年9月,邓小平同志提出的"三个面向",即"面向现代化,面向世界,面向未来",成为教育工作的指导方针,具有广泛而深远的意义。"面向现代化"、"面向世界"、"面向未来"三者各有侧重,又相互联系构成整体,其中,教育面向现代化是核心。从这个基础出发,教育需要博采众长,需要吸收和借鉴世界先进技术和经验,不断改革和发展,需要研究并预测未来的发展方向,把握教育发展的趋势,从而使我国能自立世界教育之林于不败之地,使子孙后代能凭借其优良的教育素质主动参与日益激烈的国际竞争。随着全球化进程的加快,特别是中国加入WTO以来,中国与世界的联系日益密切,中国与世界在各个领域的碰撞也日益频繁。留学生数量的攀升、国际学校的兴办、国际课程开设,都表明中国正在逐步形成国际理解教育的良性土壤,中国上海在 PISA 测试中的优异成绩,也表明中国的教育正以高昂的姿态朝着"面向世界"的方向前进。

二、国际理解教育的本土探索

（一）学术研究与理论探索

1. 国际理解教育研究整体状况

课题提出与形成过程中,我们对国内外相关研究作了认真的学习、梳理、归纳与分析综述,以便对照自身改进,这些研究也将进一步深入。具体如下列图表所示:

表 1 − 3 − 2 − 1　2000 年至 2013 年有关"国际理解教育"研究文献的分类列表

主题词 ＼ 年度	00	01	02	03	04	05	06	07	08	09	10	11	12	13	14	15	16	总计
国际理解	5	17	19	22	25	15	18	22	14	47	71	63	51	10	5	2	10	416
国际理解教育	0	7	3	6	5	8	10	11	10	25	32	21	19	4	26	14	13	214
国际理解教育课程	0	0	0	0	1	0	0	0	0	0	1	1	0	0	0	0	0	3

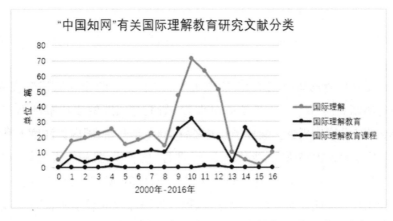

图 1 − 3 − 2 − 1　2000 年至 2013 年有关"国际理解教育"研究文献的分类图表

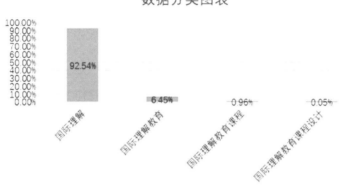

图1-3-2-2 基于百度搜索引擎的有关"国际理解教育"的网页资料数据图表

从图表数据以及相关文献材料分析可见：

一是"国际理解教育"研究与实践是一个不断认识和完善的过程，必将随着全球化和国际形势的变化发展而发展。此情形国内外大致相似。

二是我国中小学开展"国际理解教育"的研究与实践在沿海发达地区已经形成一定的发展态势，这与这类地区的高速发展的经济、优质充沛的教育资源、丰富高端的文化生活、高学历人群的聚集，及老百姓对现代型学校的诉求分不开。

三是从已有的研究成果看，能致力于将"事实上的相互依赖变成为有意识的团结互助"的"国际理解教育课程"研究与实践的成功案例不多，公办小学的成功案例更少。继日、韩、美之后，2009年开始，国内关注度上升，但较多集中于理论策略研究，涉及中小学"课程"的较少，且研究大都集中在民办中小学。目前，该研究还存在观念认识、培养目标、操作路径不平衡。大部分学校比较看重此项研究的工具性，以提升外语课程的教学质量为主，包括应用国外教材原著进行教学，或在学校营造"英语为母语化"教育环境等，未真正强调学生国际理解观念、意识、能力转变。因此，以"国际理解"为前提，增进我国学生对不同文化背景、种族、国家之间人与人相互理解和包容；加强双向合作的研究与实践，在公办中小学确实存在广阔的研究与实践空间。

2. 国际理解课程相关研究

我国国际理解教育实践的发展尚处于摸索、尝试和实验阶段，当前对国际理解教育课程开发等进行思考与研究的主要有以下学者。首先，翁文艳发表于 2004 年第 11 期《课程·教材·教法》上的题为《国际理解教育课程的构建》一文中指出：系统的国际理解教育课程是学科渗透式教学的核心。其内容不仅包括国际视野下的国际共通问题，还包括反映中国国情和地方特色的内容，并教给学生有效的学习方法。该课程的教学具有活动中心、问题引导、小组合作学习的特色，适用于具备条件的城乡学校。[①] 她认为我国中小学国际理解教育课程的内容结构应包括四大板块：

一是根据联合国教科文组织的倡导和建议，引导学生重点关注多元文化共存、国际交流与合作、和平与发展、生态环境等世界基本问题，培养学生与人交往的基本技能，形成对不同文化的理解和尊重态度，这是国际理解教育开展的基础；

二是对学生进行国情教育，引导学生关注中国传统文化在世界的地位和贡献，关注中国与世界其他国家的交流与合作等；

三是在教学过程中穿插学习方法的指导和教学，让学生具备正确认识世界和分析世界的能力，形成全面发展的人格；

四是结合区域特点，充分利用学生的生活资源和社区资源，引导学生主动挖掘生活中的国际理解教育资源。翁文艳依据这四大板块内容初步构建了小学阶段国际理解教育课程的内容结构（见表 1 - 3 - 2 - 2），从四年级开始开设国际理解教育课程。

---

① 翁文艳. 国际理解教育课程的构建[J]. 课程. 教材. 教法,2004,(11):92 - 96.

表 1 - 3 - 2 - 2   小学阶段国际理解教育课程的内容结构①

授课学年	单元课程内容	具体课程目标
第一学年 (四年级)	1. 国际理解教育的基础(A)	1.1 养成自尊与尊重他人的态度。(A) 1.2 养成基本的交流能力。(A) 1.3 养成基本的协作态度与能力。(A)
	2. 世界的相互依存(A、D)	2.1 通过调查讨论的方法,了解班级里的人、物品与世界的联系,了解自己与世界其他人之间的相互关联和相互依存性。(A、C、D) 2.2 通过新闻资料或调查访谈,了解世界的某一个基本问题,从中理解世界各国的相互关联与相互依存性。(A、C、D)
	3. 国外的文化与生活:对国外文化的初步理解及体验(A、D)	3.1 通过体验外国游戏方式与中国游戏方式,促进人与人之间的亲密关系。(A、D) 3.2 了解世界其他一些国家的问候语言与问候方式,懂得即使语言与方式不同,表达的感情却是相同的。(A) 3.3 简单了解一个或几个邻国的文化与生活。(A)
第二学年 (五年级)	1. 在中国看世界、从世界看中国(A、B)	1.1 了解中国与世界的紧密联系,了解自己作为中国人的一员也是世界公民的一员。(A、B) 1.2 了解中国在最近十年中国际地位的重大变化,养成民族自尊与自豪感。(B)
	2. 国际组织与国际协作(A、B)	2.1 了解联合国的基本情况,知道联合国组织的主要目的是维护世界和平。(A) 2.2 了解中国与世界各国的交流与合作,了解全球环境、核武器等世界基本问题,养成维护和平、保护环境的基本态度 。(A、B)

---

① 翁文艳.国际理解教育课程的构建[J].课程.教材.教法,2004,(11):92 - 96.

（续表）

授课学年	单元课程内容	具体课程目标
第三学年 （六年级）	1. 中国与世界上的国家:认识与了解几个有代表性的国家(A、B)	1.1 了解世界上几个不同国家的文化生活,养成理解尊重不同文化生活的基本态度,同时通过中外文化的比较,也进一步理解并尊重传统的中国文化。(A、B)
	2. 面向世界的学习:接受多样性与促进平等(A)	2.1 了解简单的人权概念和平等的概念。(A) 2.2 在人权与平等概念的基础上,初步树立对人的多样性与差异的宽容理解态度,以及消除人与人之间、民族之间偏见的平等与公正态度。(A) 2.3 通过对已学内容的反思,理解不同国家或民族的文化与人的多样性,以及人类的共通性和相互依存性,并初步识别现存的某些偏见与差别观念,从而确立无偏见无差别的基本态度与平等观念,并进一步思考消除现有偏见和差别的解决手段。(A、B)

另外,张静静在《小学国际理解教育课程实施:问题与建议——基于 S 小学的个案研究》一文中,通过对一所小学进行个案研究,发现在国际理解教育课程实施的过程中,还存在着课程实施严重依赖教材、学科知识化倾向严重、缺乏学生参与、技术性倾向严重等问题,为此她提出,要编制更为灵活多样的课程方案并重新定位国际理解教育课程及其存在的价值,要归还学生自主发现问题、自主探究的权利,注重对其精神、道德、价值等方面的关照,要转变教师资源的配置机制等建议。①

（二）区域发展与实践探索

建国初期,由于西方国家实施封锁禁运等政策,我国走向世界的步伐遭

---

① 张静静. 小学国际理解教育课程实施:问题与建议——基于 S 小学的个案研究[J]. 教育导刊,2012,(06):75－77.

到严重阻碍。尽管如此,新中国仍然开展积极外交,与世界一切友好国家进行多方面交流,先后突破了西方的封锁和障碍,恢复了中华人民共和国在联合国的合法地位以及在许多国际性组织中的合法地位,为中国走向世界创造了条件。

改革开放使中国越来越融入世界,经济上大量引进外资,鼓励中国企业走出国门,在科技、文化、教育、外交等领域也开展了越来越频繁的对外交流。在这样的背景下,一方面我国需要善于国际交流的人才,另一方面,如何正确认识随改革开放涌入中国的外国文化,发挥其积极影响,如何应对中国崛起在世界上所引发的关注、赞扬或攻击等,都需要我国以更加开放的姿态展现教育面貌,和联合国教科文组织合作开展国际理解教育,并且在这一教育中凸显出中国特色。

中国香港乐施会在 2002 年资助开展了一项名为《国际视野与公民教育——香港及上海中学状况调查研究》(以下简称《沪港调查》)的课题,其研究结果为二十一世纪后我国开展国际理解教育打开了思路,至今仍有助于我们学习并思考如何开展国际理解教育。

《沪港调查》的调查对象尽管只局限于上海地区的中学生,但其结果在一定程度上反映了中国中学生的现状。从《沪港调查》看,我国中学生具有丰富且开阔的国际视野。在调查"学生对本地和国际议题的兴趣"这一问题时有 50.1% 的教师表示学生"具有同等的兴趣"。这一比例高于同一问题在香港得到的数据[①]。

分析文献、网络等途径整理的资料可以看出,目前较大范围开展国际理解教育的学校主要集中于北京、上海、深圳等经济发达、文化活动丰富、国际交往频繁、教育基础相对较好的东部和沿海大中城市。

1. 北京国际理解教育的开展

1999 年,北京教育学院率先进行国际理解教育的课题研究,为北京市

---

① 李荣安,古人伏.国际视野与公民教育:香港及上海中学状况调查研究[M].上海:上海社会科学院出版社,2004.

中小学国际理解教育课程的开设提供理论指导。随后,北京市朝阳区各小学陆续把国际理解教育纳入促进学校发展的研究课题中。其中,芳草地小学于2006年8月开始的研究项目《小学开展国际理解教育实践的研究》被评选为北京市教育学会"十一五"科研规划重点课题,还将自身实践经验总结并推广至其他学校。目前,北京市已要求在现有的语文、品德、历史、地理、英语、美术、音乐等人文学科中渗透国际理解教育思想,还统一编写了《国际理解》作为北京市国际理解教育课程的地方教材,面向各区县的几十所实验学校开展教材的实验工作。此外,北京市教育部门组织开展了不同形式的国际理解教育教师培训项目,如:2008年10月,北京教育学院教师教育人文学院举办了首届北京市中小学国际理解教育教师培训班,北京教育学院于2009年8月首次将国际理解教育培训纳入"春风化雨"培训项目,集中4天对中小学教师进行100学时的国际理解教育培训;与此同时,各学校还根据自身学校教师的需求自行组织有针对性的专题培训,如2009年3月17日,北京市花家地实验小学为更好地开展"一班一国"特色教育,邀请北京教育学院专家为全体老师进行国际理解教育专题培训。总之,国际理解教育对于北京市中小学而言已经不再是一个陌生的新名词,而成为很多学校日常教学和学校课程的组成部分,成为一些学校的发展特色。①

2. 上海国际理解教育的开展

福山外国语小学是上海市最早以国际理解教育为办学思路的学校。其国际理解教育课程体系可以概括为三个模块、九个方面。

模块一:情感、态度与品德。福山外国语小学认为,走向世界的中国人首先应当是文明人,具有文明社会共有的道德品质,如友爱、礼貌、平等、合作、诚信等社会公德;其次,应该是对本国文化充满自信的爱国者,主动继承中国的传统美德;再次,应该是敢于承担责任、勇于奉献的大气之人,乐于关

---

① 郑彩华,吕杰昕.我国中小学国际理解教育实践研究概述[J].上海教育科研,2010,(08):51-52.

注社会,关注世界;最后,应当有"绅士"之风,懂得尊重他人与他国文化。

模块二:心理素质。走向世界的中国人,应该具备良好的心理素质,具有自信、坚韧的意志品质。

模块三:知识与能力。重视国际视野、合作能力、信息能力与交往能力这四方面的知识与能力。首先,要掌握一定数量的关于世界各国的国情常识,了解不同国家、不同民族的文化和社交礼仪,开阔学生的国际视野。其次,未来的国际竞争是以团队形式开展的竞争,因此,走向世界的中国人必需有合作意识和合作能力。再次,全球化的首要表现在于信息全球化,因此,信息的收集、处理能力是未来中国公民应对全球化的重要能力。最后,国际理解教育视野下的交往能力,既包括学生能够运用第二语言进行国际交流的能力,也包括在交往中克服文化障碍,机智解决突发问题的能力。①

世界外国语小学在建校之初就邀请专家、学者对学校进行整体设计并凝炼出学校的办学宗旨:"让孩子走向世界,让世界走进校园。"以此为基础,提出把男孩培养为绅士,把女孩培养为淑女的目标,从而奠定了世界外国语小学到今天长盛不衰基础。在推进教育国际化发展的过程中,世外小学形成了自己国际化课程——"SAS"课程,其中"S"是 science,即学科中科学的思考方法;"A"是 arts,即人文素养和知识的储备;"S"是 socialstudy,即分析和解决问题的能力。学校在孩子的生涯、学涯和面对未来、面对世界这三个起点之上确定了课程理念,将课程目标指向孩子更宽广、更深远、更长久的责任意识、冒险精神、独立思考能力和行动能力。国际化课程逐步打破学科之间的界限,引进国外、行业外的先进资源,适当降低学生对教师的依赖而强化他们的自主创新意识。

世外小学的教学过程可以总结为四大策略:(1)开展主题式教学,确定"我们是谁"、"身处何时何地"、"如何表达自己"、"如何管理自我"和"共享

---

① 上海福山外国语小学. 我们从这里走向世界——福山外国语小学的国际理解教育课程. [EB/OL]http://blog. sina. com. cn/s/blog_9e25f14c010151lt. html.

星球"等六大主题,形成一个开放的主题范式;(2)在每门学科中渗透主题教学内容之间的横向衔接;(3)同时关注竖向内容的递进式组合和呈现,即持守 SAS 的整体取向性;(4)做出合理化的评价,以此为依据形成对学生个性化培养的方案,并进行跟踪干预。

3. 其他省市国际理解教育的开展

深圳市国际理解教育的开展以深圳罗湖外语学校为代表,该校自 1999 年成立以来就确立以"发挥英语优势,实行双语教学,激发学生潜能,实施国际理解教育"为办学理念和办学宗旨,率先开展"国际理解教育",该校把国际理解教育渗透于学校教育教学各方面并取得良好成果。深圳市蛇口育才教育集团育才第三小学于 2004 年 12 月至 2007 年 5 月期间开展了"国际理解教育行动研究"课题,该课题后被深圳市评为"十一五"期间教育规划重点研究课题。2009 年该校在全校各年级各学科中开展的"小学进行国际理解的行动研究"中,提出了近六十个研究子课题。①

东部地区,浙江省和江苏省的国际理解教育开展时间比较早。瑞安新纪元实验学校最早开始国际理解教育的实践,其研究项目《民办寄宿学校国际理解教育研究》成为温州市教育科学规划 2002 年度研究课题,取得了一系列研究成果。浙江省其他地区中小学校也相继开展国际理解教育,并通过组织国际理解教育研讨会交流经验。江苏作为东部经济发达省份也充分认识到开展国际理解教育对于提高公民素养的重要意义,提出要在中小学开展国际理解教育,并在未来十年全力推进"国际理解教育"。

在东北地区,东北师大附属小学在开展国际理解教育方面取得了显著成绩。不但进行多项课题研究,还在各年级开设了国际理解教育相关的校本课程和丰富的实践活动。2009 年 9 月,东北师范大学附小举办了"国际理解教育校本课程的开发与实施"学术研讨会,该校关于国际理解教育校

---

① 郑彩华,吕杰昕.我国中小学国际理解教育实践研究概述[J].上海教育科研,2010,(08):51-52.

本教育课程的经验也相继出现在《中国教育学刊》、《教育研究》等期刊上，为其他学校国际理解教育校本课程的开设提供借鉴和参考。

在西南地区，国际理解教育也逐步进入中小学课堂。成都青羊区的一所学校作为该地区试点，从 2006 年开始将"国际理解课程"纳入学生课表，并自主编写教材。

三、国际理解教育的反思与创新

（一）对当前"国际理解教育"的反思

首先，我国中小学开展"国际理解教育"的研究与实践在沿海发达地区已经形成一定的发展态势，取得了一定的成果。这与该地区高速发展的经济、优质充沛的教育资源、丰富高端的文化生活、高学历人群的聚集，以及人民对现代型学校的诉求是密不可分的。然而，当前能真正理解并着手开展"国际理解教育"的学校，绝大多数集中在民办中小学，几乎所有的民办学校都以外语特色教学为品牌，这与民办学校具有较大的自主办学权有关。其中有很大一部分学校的办学目标与培养目标往往集中于外语课程教学质量，其中包含单向引进国外或香港教材与读本、营造以英语为母语的国外文化环境、包容与体验其中的多元文化。以我们对"国际理解教育"概念的理解来看，这只是"国际化"教育，而不能称为"国际理解教育"。

其次，当前我国"国际理解教育"的发展不仅存在着地区间的不平衡、校际间的不平衡，更存在着在观念认识上的不平衡、培养目标上的不平衡、操作途径上的不平衡等。很多学校把"双语教学"、"双语学校"等简单视为是"国际理解教育"。以《沪港调查》为例，上海的中学教师绝大多数对"增强学生国际视野"表示"同意"或"非常同意"。然而在对"加强学生国际视野教育"原因的调查时，排第一位的原因是"加强学生在未来社会的竞争力"，其次是"开拓学生的知识领域"和"培养学生认识和接纳多元价值"等。从这一调查来看，很多中学教师更看重"国际视野教育"的工具性，把它视为增强竞争力的工具。因而，在具体开展这一教育时，较为重视外语、国际知识等的传授,而较少地关注到学生观念上的改变,对"国际理解教育"存在片面的认识。

再次,"国际理解教育"研究与实践是一个不断发展、不断完善的过程。从"双语教学"、"国际教育"、"国际视野"到"国际理解教育"直至"国际理解教育课程"的构建等,不同时期的称谓也足以说明了这一发展与完善的过程。上海世界外国语小学的发展是这样,上海市福山外国语小学发展是这样,国内从事"国际理解教育"研究与实践的学校都是这样,而且直到现在依然在不断完善和发展的过程中。

最后,真正以"国际理解"为教育理念而开展的,为增进不同文化背景的、不同种族的、不同宗教信仰的和不同区域、国家、地区的人们之间相互了解和相互宽容;加强双向之间相互合作,以便共同认识和处理全球社会存在的重大共同问题;促使每个人都能够通过对世界的进一步认识来了解自己和了解他人。将事实上的相互依赖变成为有意识的团结互助的"国际理解教育课程"研究与实践的成功的案例不多,尤其是基于公办小学的成功案例更是凤毛麟角。

(二) 对"国际理解教育"的研究创新

基于对上述文献情报资源的研究与分析,本书提出了基于普通公办小学的"国际理解教育"研究方向:《坚守与吸纳——小学生国际理解教育的课程设计与实践》。其关键点、核心点、创新点的独特之处具体如下:

1. 关键点

一是构建"坚守与吸纳"——小学生国际理解教育的课程架构。

何为坚守? 这里主要指坚守中华五千多年传统文化的精髓。坚守的是一份精神、一份自豪、一份自信、一份自尊。只有民族的才是世界的。如何吸纳? 这里主要指以海纳百川的文化精神,包容世界多元文化,从而吸纳包含先进、优秀、科学、艺术、规范、公平在内的人类共同文化遗产。坚守与吸纳的核心是"古为今用、洋为中用"。而课程,则是指学校学生所应学习的学科总和及其进程安排。广义的课程是指学校为实现培养目标而选择的教育内容及其进程的总和。狭义的课程是指某一门学科。具体来说，课程应由课程理念、目标、内容、实施方法与评价五个核心要素组成。为适应上海目前实施的三类课程整体要求，本课题所述的"国际理解教育"课程具体化为"基础性课程"中的"学科渗透"、拓展性课程中的"专题课程"、探究性课程中的"主题活动"等，各方面充分融合，从而构建科学的课程体系。

二是坚持"国际理解教育"内涵为文化间的双向理解。

国际理解教育强调不同文化群体之间的对话、交流，而非文化独白。文化对话包含方方面面，既有纵向上现在与过去的对话，也有横向上同时代不同国家地区和社会组织的对话。在对话的过程中，需要遵循同样的国际准则，以"国际理解"为基本追求，在交往与对话过程中需持宽容、尊重、开放的态度。本研究兼顾国际理解教育的两个层面，简单概括为理解他人与被他人理解。因此，在国际理解教育实践中，一方面，通过举办国外文化节、开设海外体验课堂等吸纳、包容国际多元文化另一方面，通过接待国外结对姊妹学校学生来访，使其体验华夏文化精髓，从而彰显、弘扬中华悠久文化。在权衡和博弈中促进国际理解，坚决不走"唯我独尊"和"崇洋媚外"的历史老路，追求一种"融会贯通"的学习新格局。

2. 核心点

"坚守与吸纳"——小学生国际理解教育课程开发、完善与实施的核心聚焦于实现培养有"规则礼仪、民族精神、科技素质、人文素养"的具有"国际视野"①和"全球眼光"②的新时代小公民。其中，规则礼仪主要是指待人

---

① 作者注：国际视野主要指作为"新时代小公民"不仅需要关注本国本民族为实现中华民族伟大复兴的"中国梦"而撸起袖子加油干的伟大精神与伟大实践，而且还需要关注国际间的经济、文化以及政治发展动态。

② 作者注：全球眼光主要指作为"新时代小公民"不仅要关注本国本民族的生存问题，而且还要关注全人类的生存问题。比如：全球环境污染、厄尔尼诺现象、温室效应、战争危险、恐怖主义问题、民族冲突……

接物礼仪与平等交流能力,民族精神主要是指谦和开放心态与文化包容精神,科学素质主要是探索求知精神与创新实践素质,而人文素养主要指国际规则意识与人文艺术涵养。

3. 创新点

本研究的主要创新之处主要体现在方法层面,作为一项实践导向、问题导向的研究,综合采用多种研究方法,探索"坚守与吸纳"——小学生国际理解教育课程的设计与实践,具体包含如下研究方法:

（1）文献研究法:基于本校生存境况,寻找"国际理解教育"的起点,并结合文献梳理,对当前国内外相关研究的内容、进展、方向、成果有一个较完整的分析,从而进一步明晰、聚焦研究问题,形成本课题的独特的研究视角;

（2）调查研究法:通过问卷调查等,了解本校学生与教师对国际理解教育的知晓度与态度、了解学校开展国际理解教育的现状等,从而形成学校自身国际理解教育现状调查报告;

（3）行动研究法:在国际理解教育课程设计与实践的顶层设计方面,立足学校发展需求,在不断实践、反思、重建中,完善实施方案和研究进程,优化实践策略;

（4）案例分析法:对整体课程进程进行系统分类,形成微观课程研究和子课题的个案追踪研究,对典型案例、优秀案例进行深入剖析;

（5）经验总结法:在实践和研究中不断反思总结,发现提升,形成中期或阶段性小结,为最终的研究报告提供阶段性研究与实践成果,同时为实践改进提供宝贵参考。

参考文献

中文文献:
（一）专著、论文集、报告
［１］李荣安,古人伏.国际视野与公民教育:香港及上海中学状况调查研究［Ｍ］.上海:

上海社会科学院出版社,2004.

[2] 朱永新,王智新.当代日本教育改革[M].太原:山西教育出版社,1992:238.

（二）期刊

[1] 翁文艳.国际理解教育课程的构建[J].课程.教材.教法,2004,(11):92 – 96.

[2] 张静静.小学国际理解教育课程实施:问题与建议——基于S小学的个案研究[J].
教育导刊,2012,(06):75 – 77.

[3] 郑彩华,吕杰昕.我国中小学国际理解教育实践研究概述[J].上海教育科研,2010,
(08):51 – 52.

[4] 郑彩华.教科文组织视域中的国际理解教育课程[J].外国中小学教育,2013,(8):
1 – 7.

[5] 杨宁一译.日本学者声明—不能把历史教育委于歪曲历史的教科书[J].抗日战争
研究,2001,(1).

[6] 陈景彦.也谈日本《新历史教科书》问题[J].东北亚论坛,2002,(2).

[7] 孙建和.师生被迫起立唱日本国歌,华人教师怒讨说法[J].北京青年报,2004,
(4).

[8] 韩国使馆教育处.韩国为提高教育竞争力出台新举措[J].云南教育,2003,
(4):24.

[9] 楚琳.全球化背景下美国国际理解教育改革策略的新发展[J].外国教育研究,
2009,(10).

[10] 李文晶.英国中小学国际理解教育发展历程、特点及启示[J].教育与教学研究,
2017,(2).

[11] 靳文卿.澳大利亚中小学国际理解教育发展历程、特点及启示[J].教育与教学研
究,2017,(2).

（三）学位论文

[1] 洪文梅.当代日本国际理解教育的考察与思考[D].太原:西北师范大学,2005.

[2] 杨海燕.中小学国际理解课程研究[D].上海:华东师范大学,2009.

（四）电子文献

[1] 上海福山外国语小学.我们从这里走向世界——福山外国语小学的国际理解教育
课程.[EB/OL]http://blog.sina.com.cn/s/blog_9e25f14c010151lt.html.

英文文献：

［ 1 ］ UNESCO（Braunschweig，Germany，1988 and Brisbane，Australia，1991）. Guidelines and Criteria for the Development，Evaluation and Revision of Curricula，Textbooks and other Educational Materials in International Education in Order to Promote an International Dimension in Education.

第二章　百年新起点:顺应未来社会的需要

明强作为一所具有113年发展历史的百年老校,其文化积淀不可谓不深厚,但深厚的文化积淀并不必然带来新的发展,并不必然能够在当代世界里始终驰骋自如。在曾经的"悠久与辉煌"和当下的"转型与变革"面前,是甘愿成为躺在自己精心编织的温暖丝茧中的一只安眠的蛹,还是自我破茧蜕变,主动迈入"新百年"的历史征程,不断以"生命·实践"打磨"明强"的教育品牌,努力顺应上海国际化大都市发展战略,以生命自觉、变革自觉、文化自觉这一新型教育者的姿态,满足区域百姓渴望接受优质教育的强烈需求? 明强人的选择是明确的。

第一节　明晰"国际理解教育"新内涵

进入21世纪,明强小学在"新基础教育"实践研究中,前沿后续,先后通过三个市级项目(《小学阶段美育生活化的实践》、《以"审美·超越"为核心理念的学校文化建设与实践》、《百年老校学校文化传承与发展的实践和探索》)的研究实践,整体梳理了"两明两强"的校训(明事理、明自我;强精神、强体魄),提炼了学校文化的核心理念(审美·超越),构筑了学校文化建设的四大特色工程(智慧领导、七彩童年、幸福教师、和美课堂);2012年明强又主动成为叶澜创立的"生命·实践"教育学合作研究校。所有这一切,为明强这棵百年大树发新芽,开新花,实现百年文化的传承与发展,从理论与实践上奠定了扎实的基础。为此,明强的学校文化建设人开始由单纯的自我继承式发展向创新传承式发展转型,提出了在联合国教科文倡导的"国际理解教育"的框架下,以"坚守与吸纳"为理念,尝试在普通公办学校开展小学生国际理解教育课程设计与实践研究,这不仅是为了明强这所百年大树始终郁郁葱葱、枝繁叶茂、光彩照人,更是让处于这一时代的明强师生的群体生命成长得更有意义。

一、"国际理解教育"的基本概念

实施"国际理解教育"首先要明晰联合国教科文组织倡导"国际理解"及"国际理解教育"的深刻内涵,不仅要知其然,而且还要知其所以然,只有这样,实施"国际理解教育"才不会走偏,才不会游离联合国教科文组织的宗旨。

国际理解,其实质就是以宽容、尊重的态度与别国沟通协商和共同行动。它含有两个维度:一个是自己理解他人,这是国际理解教育的基础。包括校内同学之间、师生之间,不同社区之间以及国内不同民族之间等的相互理解。另一个是自己能够被他人所理解。从结果上看这两个维度是紧密关联、同等重要的,但从过程上看,最重要的还是对别国文化的理解。只有人人都能尊重、理解或者包容别国文化,那么自己的文化也必然被他人所尊重、理解或包容。在与不同文化的国家和人们交往的初始阶段,要避免两种极端的态度:一种是对别国文化带有偏见的"嫌恶",另一种是对别国文化不正常的"偏好",前者表现为,总认为自己是绝对正确的,以自己所属"集团"的文化作为绝对尺度去衡量、评价一切,对其他"集团"的文化采取憎恶、蔑视的态度。不知道各个集团都有自尊和自负所在,都为自己的优秀卓越的方面感到自豪。后者表现为对自己所属"集团"的文化缺乏信心,"崇洋媚外",采取全盘接受和简单模仿外来文化的态度。这些都不利于促进国际理解,与国际理解的本质相违背。增进国际理解可以有许多途径。然而,通过教育,尤其是有目的、有计划、有组织的学校教育促进国际理解已成为世界各国所重视。[①]

---

① 刘洪文.国际理解教育的定义内涵初探[J].江西青年职业学院学报,2006(2):16-17.

国际理解教育是指世界各国在国际社会组织的倡导下，以"国际理解"为教育理念而开展的教育活动。其目的是增进不同文化背景、不同种族、不同宗教信仰和不同区域、国家、地区人们之间相互了解和相互宽容；加强他们之间相互合作，以便共同认识和处理全球社会存在的重大共同问题；促使每个人都能够通过对世界的进一步认识来了解自己和了解他人，将事实的相互依赖变成为有意识的团结互助。这一界定具有广泛的指导性，它揭示了国际理解教育的目的，对联合国教科文组织倡导的广泛开展国际理解教育有着重要的方向性作用，凸显了国际理解教育的目的。不过，这个界定没有规范国际理解教育的本质，没有界定国际理解教育的基本内涵，实际上还只是对国际理解教育范畴的解释，同时对国际理解教育的目的分析还应该进一步扩展。[①]

张良才认为，所谓"国际理解教育"，是以培养具有多元文化共存、人与人之间相互依存的地球村村民所必备的资质为目标，以实现"共生"和"公正"为目的的"全球化"教育。[②] 这里的"共生"是指不同的文化、宗教、民族间在尊重和理解文化社会多样性的基础上，寻求人类共同生存的途径；而"公正"是指尊重一切人的基本权利，保障最起码的生存和发展的基本水准。前者以尊重差异为前提，后者以追求平等为目标。换言之，国际理解教育以解决"地球村"的问题为主题，内容上涉及了了解世界各种文化、理解世界的多元性和"地球村"所面临的人口、贫困、环境保护等现实问题，认识世界的各种关系和不同文化社会的相互依存性，从而提高对各自国家和民族的认识，增加个人责任感。在态度情感上还要培养学生认识掌握、尊重他人、容纳世界的多元性、学会共处、学会合作，具有国际责任感和国际意识。[③]

① 刘洪文.国际理解教育的定义内涵初探[J].江西青年职业学院学报,2006(2)16－17.

② 张良才.国际理解教育：世界教育发展的新课题[J/OL].校报网——曲阜师范大学电子版,2003.3.

③ 刘洪文.国际理解教育的定义内涵初探[J].江西青年职业学院学报,2006(2)16－17.

刘洪文认为这一定义是描述性的,其内容极大地拓展了联合国教科文组织所倡导的国际理解教育,不仅强调不同文化群体的多样性及其对其他国际文化的理解,而且强调尊重、鉴赏其他国家的文化,提出了对国际理解的目标、目的及情感态度的培养,不过这一概念只是在理论层面上的认识,对于本质及基本内涵仍缺乏足够的揭示。

二、"国际理解教育"的核心内涵

(一) 民族弘扬与文化尊重

所谓"民族弘扬与文化尊重"就是指对民族精神的弘扬,对多元文化的理解与尊重。国际理解教育首先是对民族精神的弘扬,这是在固有文化教育特征基础上进行的。教育学生增强民族文化的认同感和民族自豪感,热爱祖国,植根于民族文化的沃土,培养学生深入了解本国文化,发展爱国主义和继承中国文化传统,使学生认识中华民族在世界发展中地位,树立民族自尊心和自信心。在此基础上产生了解世界,学习世界,学习其他民族先进文化的强烈愿意。广泛了解、深刻理解各种异国文化,走向多元文化的视野中,理解和欣赏别国文化,理解尊重东西文化之间的差异,接纳西方历史与文明,以宽容、开放的心态看待世界上的不同文化传统与不同的价值观念,增进国际间各民族的理解,养成对世界其他民族文化的理解、认同、尊重和宽容等的态度,培养与其他国家人民在平等的基础上交往与合作的观念以及汲取各国文化和文明中的精华的意识,寻找国际理解与交流对话的平台,塑造一种开放的民族心态,形成一种理解、尊重多元文化的理念。

(二) 国际视野与全球眼光

青少年一代要了解地球,认识世界,需要具备宽广的国际视野和全球眼光[①],知道当今世界各国文化对本国的意义,从小树立起"地球村"的观念,

---

① 国际视野和全球眼光的概念请见第一章第三节中的对"国际理解教育"的研究创新内容.

培养关心人类，关心世界，学会与人协调共处，形成跨文化的适应能力，包括基本的知识、技能和态度。具体表现之一体现在知识视野层面，这是培养国际视野和全球眼光的前提，要求学习者努力了解各国政治、经济、历史、科技和文化等方面的情况，了解各种社会制度的不同和联系，了解全球生态状况等；表现之二体现在态度情感的层面，这是培养国际视野和全球眼光的核心，要求学习者通过知识的学习，养成开放、平等、尊重、宽容、客观、谨慎的国际理解的态度，从而能够跳出狭隘的国家主义和民族主义观念，从全人类、全世界的视野去理性地观察和思考问题；具体表现之三体现在行为能力层面，这是培养国际视野和全球眼光的关键，要求通过正确引导学习者，帮助其形成全面而准确地认知国外民族文化、进行跨文化对话交流的能力，合理地比较本民族文化与国外民族文化的能力，合理地参照外国文化、促进本民族文化发展的能力，有效地向国外传播本民族文化的能力，学会接纳、关心和尊重不同文化形态和各民族的风俗习惯，关心人类共同问题的能力，从而具备较高的国际责任感，提高其国际意识。

（三）相互依存与共同发展

"地球村"概念的形成以及其内涵的延伸与拓展，让人类的生存环境越来越具有"公共"的性质，相互依赖和共同利益逐渐在加强，任何国家都不可能在封闭的状态下求得真正的发展，也不可能拥有现实现代化的全部资源。先进的科学技术和管理经验是全人类的共同财富，在当今的信息技术背景下，"地球村"的观念已经深入人心，全球资源共享、信息共享成为家常便饭，世界已融合为一个你中有我我中有你的整体，国际社会的相互关系日益加剧，一个国家的政治、经济、文化、教育和环境都与国际社会密切相关。国际理解教育就是要使青少年不但意识到自己文化的独特性、优越性，而且意识到其他文化也是人类的共同遗产，从而确立人类及其文化相互依存、相互促进、共同提高的相互依存意识。深刻懂得世界是一个有机联系的整体，中国是这个整体的一部分，世界的发展离不开中国，中国的发展也离不开世界。要始终把中国看成世界大系统的一部分,进行整体性思考,养成世界各国相互依存的发展理念。

(四) 遵守规则与基本礼仪

进行国际理解教育要培养青少年从小遵守国际基本法则与基本礼仪的意识。当代的青少年普遍存在以自我为中心,个人意识太强等问题,忘记自己是社会的一员,对社会规则的遵守程度有待提高。我们正处在社会的转型期中,"旧者已亡,新者未立",因此,社会出现了一些"规范"的"真空"地带,或存在"双轨制"标准,造成人们或不知所从或言行不一。随着全球化进程的不断推进,世界越来越开放;中国越来越加速融入政治经济一体化,加入 WTO 后,青少年受教育者的社会意识的培养将受到更多因素的制约。在全球化浪潮的冲击下,开放、创新、融合等现代社会意识亦走进青少年的生活中。例如,WTO 制定的多边协议和规则不仅要求我国在经济层面融入世界,更要求我们在体制和机制层面按照国际通行惯例来办事,不论政治、经济、科学技术,还是思想文化,都有一个国际游戏规则作为参考。提高国际意识与规则意识将成为全社会的共识。因此,对青少年进行国际意识、规范意识以及符合国际惯例的礼仪教育是时代的必然要求。在以国家、民族为基本单元的地球村里,规则与礼仪是发展的前提之一,中华民族要在地球村里有所作为,就必须使我们的青少年从小培养起遵守国际规则与礼仪的意识。这也是国际理解教育的基本要求。

(五) 和平、人权、公正、开发、环境

社会的可持续发展需要一个和平的国际环境,需要国际社会的沟通与合作。战争是人类发展的毁灭性因素,人类在目睹战争对生态环境和社会生活的双重破坏后,倍感和平的珍贵。然而和平氛围的创造是以对人的尊重以及对其他主权国家的理解、团结和宽容为前提的。全球环境的破坏、生态失衡、核毁灭的威胁、贫富差距等重大问题均非一国之力可以解决,要求

各国从全球的角度考虑人类生存,全人类必须携起手来保护共同享有的生存环境,只有这样才能谋求社会的稳定和繁荣。各国人民之间存在的偏见、失信和敌意需要教育来消除,各国教育需要从狭隘的民族情感中解脱出来,以宽容、尊重、客观的态度与别国沟通、协商甚至共同行动,对和平、人权、公正、开发、环境等世界各国共同面临的重大问题抱以积极的态度并采取行为,亦是国际理解教育的重要内涵。

三、"国际理解教育"的关键词梳理

国际理解教育到底是做什么? 在开展研究之初,很多教师对这些问题并不是很清晰,甚至在课题研究组成员内部也存在理解模糊与认知粗浅的状况。最典型的表现是常常把"国际教育"、"教育国际化"及"国际理解教育"三者混在一起,有人以为重视外语学科的教学、搞"双语特色"就是在做国际理解教育。这种理论上、概念上的模糊,显然导致了在课题研究实施过程中,研究方向不明、研究目标游离、研究主体混乱、研究任务不清等后果,严重影响了研究的进展。因此,明强首先着手提高全体教师的认知,尤其是提高课题组研究组的全体成员中的认知,真正明晰本课题所涉"国际理解教育"的深刻内涵及主要任务才是端正课题研究方向、确保研究进程、完成研究目标的必要对策。据此,我们对上述三个容易混淆的关键词进行了这样的梳理与辨别:

(一) 国际教育

国际教育(也称"国际化教育")主要包含三层含义:一是研究跨国和跨文化教育的问题以及教育、社会、经济和政治等因素对国际关系的影响和作用的教育分支学科;二是使受教育者获得理解国际教育所必需的语言、能力、观念和态度的教育;三是促进国家间教育、学生和资料的交流的教育计划。[①]

---

① 顾明远.教育大词典[M].上海:上海教育出版社,1993:8.

国际教育一般不外乎跨境远距离教育,留学教育,目标国设立分校或分部,教师和培训师跨境讲学四种形式。

其中国际教育的最主要最直接的表现形式是出国留学,数据表明我国自 2006 年起出国留学人数迅速上升。详见图 2 - 1 - 3 - 1①。

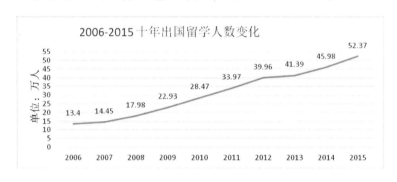

图 2 - 1 - 3 - 1　2006 - 2015 十年出国留学人数变化

随着中国经济实力的提升及国家开放程度的提高,出国留学已由最初单纯的国家公派,发展成以自费出国、青少年留学教育为主,各类单位公派为辅的留学形式。对于留学,无论是公费还是自费,政府的政策都是"支持留学,鼓励回国,来去自由"。中国政府对留学生的这一政策让大量留学生在完成学业后欣然回国发展。

现今,青少年已然成为了留学主力军之一。低龄化的初、高中自费留学生群的产生,派生出留学中介这一新的组织机构。伴随着中国学生和家长对留学的态度从陌生变为狂热再转为理性,留学中介的留学项目不再停留在寻找合作院校的形式,他们开始对每一次留学活动进行严密的科学规划。为顺应这些低龄化留学生的需要,一些强化外语培训的校外教育机构也由此诞生。

基础教育领域中的民办学校,依托其灵活的办学机制,强有力的师资

---

① 　数据主要来源:http://www.360doc.com/content/14/0302/21/5177773_357178235.shtml

队伍,纷纷创设"双语"特色课程,开设"国际班"。引进国际上前沿的教育理念、教育模式、教育形态,以及多元的教育方式方法,营造国际学校的校园文化氛围。引进外教,实施全外语教学;引进国外课程,体验国际课堂;引进国外学校管理体系等。一批以"国际化教育"为品牌特色的"准国际学校"应运而生。在办学特点上,这些"国际化教育"学校十分注重校园的国际文化氛围。在校园环境布置,校容、校貌、校训、课程内容设置,课堂教学形态,师生礼仪、服饰等方面都呈现出"国际学校"的元素。在招生政策上,这些"国际化教育"学校,都有过五关斩六将的招生标准,新生要经过百里挑一,甚至是千里挑一的面试,才能够获得入学机会。优秀的生源带来了优势循环效应。在培养对象上,"国际化教育"学校主要是面向有留学与移民意向,有较高文化素养、且具有相当经济实力的"精英"家庭的子女。这些"国际化教育"学校"英才"辈出,升学率高,再加上不菲的学费等,已然成为老百姓心目中渴望而不可得的"重点校"、"名校"、"贵族校"。

(二) 教育国际化

1. 教育国际化内涵的界定①

教育国际化就是用国际视野来把握和发展教育。教育国际化,作为21世纪的教育理念,有如下五个要素:

一是教育观念的国际化,旨在培养面向世界的具有国际意识的开放型人才;二是教育内容的国际化,主要是增设有关国际教育的专业或课程以及在已有课程中增设国际性内容;三是师生互换、学者互访等国际交流;四是国际学术交流与合作研究;五是教育技术、设施等资源的国际共享。

---

① 百度文库 > 实用文档 > PPT 模板. 教育国际化与国际理解教育［EB/OL］. https://wenku. baidu. com/view/ee1937482e3f5727a5e96236.

2. 教育国际化的最终目的①

一是使本民族的文化从弱势变为强势,从落后走向先进,从强势走向更强,并尽可能地使民族文化走向世界,让世界人民理解与认同,确保中国的统一与安全。

二是教育国际化所培养的国际性、开放型人才不仅是全球问题的解决者,也是本国发展的栋梁。教育国际化内涵的表述都要围绕着这个目的而不能偏离。

3. 正确地看待教育国际化②

(1) 教育国际化是贯彻教育"三个面向"的需要

1983 年 9 月,邓小平为北京景山学校题词:"教育要面向现代化,面向世界,面向未来",简称"三个面向"。其深刻内涵在于:立足传统,面向现代化;立足中国,面向世界;立足当今,面向未来。

就中国而言,教育国际化,实际可以看成贯彻落实"三个面向"的当代决策与高位思考。具体就是用国际视野来把握和发展教育,其核心或者本质说到底就是指在当前经济全球化、贸易自由化的大背景下,充分利用国内和国际两个教育市场,优化配置本国的教育资源和要素,抢占世界教育的制高点,培养出在国际上有竞争力的高素质的人才,为本国的最高利益服务。③

(2) 教育国际化是实现"教育创新"的需要④

一是强化外语、数学、理科和计算机课程。这能使各国学校培养人才的质量具有国际可比性,可以增强学生在国际劳动力市场的竞争力,这是教育

---

① 百度文库 > 实用文档 > PPT 模板. 教育国际化与国际理解教育[EB/OL]. https://wenku. baidu. com/view/ee1937482e3f5727a5e96236.

② 百度文库 > 实用文档 > PPT 模板. 教育国际化与国际理解教育[EB/OL]. https://wenku. baidu. com/view/ee1937482e3f5727a5e96236.

③ 钟秉林. 教育国际化趋势不可逆转中国高校的机遇在哪里?[DB/OL]. http://learning. so-hu. com/20150316/n409845511. shtml,2015 – 3 – 16/2017 – 10 – 31.

④ 肖凤翔. 教育国际化观念探微[J]. 教育探索,2001,(12):49 – 50.

国际化的主要精神，也是各国教育内容现代化的必然要求。

二是开发和利用国际教育资源。在信息时代，谁能开发和利用国际教育资源，谁就将是教育国际化的受益者。相反，如果忽视国际教育资源的开发和利用，将失去一些发展的机会。

三是加强师生国际间交流。教师和学生是教育活动的主体，教育国际化离不开教师和学生的国际游历。加强师生交流是加强教育国际化的重要手段。改革开放以来，我国十分重视派遣留学生去发达国家学习，同时，注意引进发达国家的教师来华任教，取得了较好的效果。但是，还没有形成双向交流，我国接收外国留学生的数量还十分有限，派遣教师去国外任教还刚刚起步，我们在教育国际化中，更多地扮演着教育受援国的角色，这与有着5000 年历史的文明国家的地位极不相称。

（3）教育国际化也是加速发展民族教育的需要

从世界各国的教育国际化实践来看，教育要素在国际间的流动，最早始于各国高等教育之间，并由此波及中等教育、基础教育、职业教育等领域。

通过教育国际化，举办教育国际化互动交流峰会、合作办学、进行高等学校国际化学术互动研究与交流、访学游学、缔结国际友好姊妹校等方式进行资源重新配置，实现国际化的课件、教材的流动，交流生与交流教师的互派，达成教育观念、教学方式、管理方式的跨国流动与融合。比如：2014 年正式启动的"中英数学教师交流项目"，这是中英高级别人文交流机制中的重点项目。它是由中英两国教育部及上海市教育委员会领导，由英国国家教学与领导力学院、英国数学教学卓越中心和上海师范大学共同实施，旨在开展英国和中国（上海）数学教师之间的互派教学培训工作。这也是我国第一个由发达国家资助、与发达国家之间实现教师工作互派的项目。该项目实施以来，明强小学连续三年派出六批次教师赴英国中小学执教数学课，每天向远道而来的英国各地数学教师呈现具有中国上海特色的小学数学教学课堂。同时，她们自身也通过互动交流与亲身体验，对英国的中小学数学教学课堂有了清晰的感受，借鉴了英国中小学数学教学的优势和长处。同样,每年也有部分英国教师来我校作短暂的中国数学教学考查与课堂实践。实践证明,"中英数学教师交流项目"实现了互惠双赢。

然而,由于目前我国各地的教育发展并不平衡,教育资源配置并不平衡,因而造成了教育国际化的实施也不平衡。相对而言,教育国际化的推进与发展还集中在经济发展较快的沿海城市和内地省府城市,受益者还不是很普遍。

(三) 国际理解教育

有关国际理解教育的核心内涵,在本节"国际理解教育"的基本概念中已有表述,因此不再赘述。但是需要阐明的是实施"国际理解教育"必须把握它"育人"、"全员"、"双向"三个关键词。

1. 育人性

所谓育人即为本土培养具有国际视野和全球眼光的公民教育。让青少年在对本民族主体文化认同的基础上,尊重、了解其他国家、民族、地区文化的基本精神及风俗习惯,学习、掌握与其他国家、民族、地区人民平等交往、和睦相处的技能,探讨全人类共同价值观念,增进不同宗教信仰和文化背景的民族、国家、地区的人民之间的相互理解与宽容,将事实上的相互依赖转变成为有意识的团结互助。将国际理解教育塑造成以促进整个人类及地球上各种生物与自然和睦相处、共同发展为旨归的一种教育。或者是为了培养具有善良、平等、公正、友爱、宽容、聪颖、诚实等优秀品质,能够在竞争的同时进行合作,在合作的同时竞争的二十一世纪时代新人。

2. 全员性

全员即指一个也不能少。在学校而言不是针对个别学生而是全体学生;在基础教育领域而言不是针对个别学校而是面向所有学校;在全球而言不是要求几个国家而是要求所有国家。所以,国际化教育或许是个别学校能做的事,但是"国际理解教育"是任何一所学校都可以做,并且应当主动积极去做的事;教育国际化或许只是一些沿海发达地区有条件做的事,但是

"国际理解教育"是不论任何地域的任何一所学校都可以做并且应当主动
积极去做的事。

3. 双向性

国际理解教育是双向理解、双向尊重、双向交流、双向包容。叶澜教授
最近在北京举行的"新基础教育"研究专场报告上特别指出,"国际化"不能
只是把外国的"化"入中国,还要把中国原创"化"到国际,双向互化才是真
正的交流,为此需要有本土精神。"国际理解教育"绝不是全盘"西化",也
不是全盘"东化",而应是互为补充,在主动吸纳、引进外来经验与课程的同
时,自觉坚守和积极弘扬本民族的优秀传统文化,包括文明古国流传下来的
优秀科学技术、物质与非物质文化遗产等,民族的才是世界的。"坚守与吸
纳",首先是"坚守","坚守"要求我们坚守中华民族五千年来传统文化的精
髓,包括中华精神、中华自信、中华自尊,坚守是基础,是前提。其次是"吸
纳","吸纳"要求我们包容多元文化,吸纳先进的、优秀的、科学的人类共同
文化遗产。吸纳是为了发展,也是顺应教育为未来负责的发展趋势,培养世
界性人才。

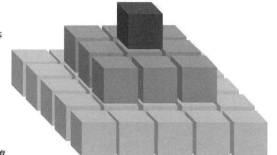

图 2 - 1 - 3 - 1　与"国际理解教育"容易混淆的几个关键词的金字塔图解

我们为什么在"国际理解教育"育人中提出培养学生的"国际视野"与
"全球眼光"的?

国际化在一定程度上表现为一种全球化。国际化表示的是一个社会历

史的变化过程,这种过程是一个整体。它的主要特点是在经济发展全球化的基础上,在世界领域里所形成的一种表现为一个国家与另一个国家之间越来越紧密的彼此关联。在学术研究层面,对于国际化和全球化,目前有诸多的定义,而且在文化、经济、法律等不同的学科领域,国际化和全球化都会被赋予不同的内涵解读和界定。相比较而言,"国际化更多强调的是国与国之间的合作、联系与交流,而全球化更多体现为世界的村落化与一体化"。然而,世界是精彩纷呈、多元多样的,人类生活和社会发展中有的元素可以实现全球化、一体化,而更多元素的则是需要保持和而不同,相得益彰。因此,简单地说,国际化与全球化的区别在于国家的角色在国际化进程中显得更为重要。或者可以说,国际化是一定程度上的全球化。因此,有的学者们表示,一个国家的界线仍远远还没有到应该要消失的时刻,然而根本意义上的完全全球化却仍未进行,并且很可能在相当长的一段时间内都不可能出现。[①]

由此可以看出我们提出的"国际视野",是认为作为一名新时代的小公民应该充分认识到国家与国家之间、民族与民族之间的多元文化必然存在的差异性,既要传承与坚守中华民族大家庭的优秀文化,又能在认识与体验异国文化的过程中,学会文化理解与文化包容,具备海纳百川的气量;而"全球眼光"的提出则是在坚守与吸纳的前提下,与各国各民族作为这个共同家园——"地球村"共同面对人类的生存问题、环境问题、发展问题、能源问题以及抗衡灾难问题等。

第二节　寻找"国际理解教育"新起点

对于如何开展"国际理解教育",国外已有许多相关的研究与实践,国内真正以"国际理解教育"为主题的研究还没有形成气候。主要表现

---

① 王艳红.国际化视野下我国高校校园文化发展研究[D].华中师范大学,2012.1–42.

为理论上的研究多于实践,高等教育的研究多于基础教育,民办学校的研究多于公办学校。其中很多关于"国际理解教育"的研究往往作为外语特色教学的一个附加值出现,仅仅在某些活动板块课程中有所涉及(比如:"校园国际文化节"等),主要的研究目标依然偏向于学科的知识与技能领域。因此,真正以"国际理解教育"为研究目标的实践可能是凤毛麟角。

事实上,"国际理解教育"及其课程的设计与实践没有统一模式,也不可能有统一模式。每一所学校都有独特而值得珍视的"自我",基于独特"自我"基础的研究与实践,才是有根基的研究实践。

七宝明强小学作为区域范围一所"航母"式规模的公办小学,仅一个东校区就有 64 个教学班,3200 多名师生,这在上海地区是绝无仅有的。2005年创建的西校区也从原来的五轨 25 个班的设计规模,在短短的十年间"膨胀"为现在的六轨 30 个班,1500 名师生。可见,参照精致化、小班化的"民办双语学校"、"国际学校"的范式做"国际理解教育"显然是寸步难行的。然而,作为具有 113 年校史的七宝明强小学,我们有新兴的"民办双语学校"、"国际学校"所望尘莫及的独有的优势,例如百十年以上厚实的学校文化积淀所凝练而成的"审美·超越"的文化核心理念及"两明两强"校训;千年古镇七宝富饶的民间民俗风情与民间艺术等非物质文化遗产浸润;植根于地域文化的本土课程与校本教材的成系列开发与实践等。因为,有了这些独特优势,可以解决"我是谁?""我要以怎样的姿态走向世界?"这两个实施"国际理解教育"所绕不开的问题。

一、从生存环境中寻找"国际理解教育"的起点:"我是谁?"

国家和民族是世界的基本构成,任何一个民族,只有先明白"我是谁",才有可能知道"我要走向哪里"。从这个意义上来说,明强从每个孩子入学的第一刻起,就用心在每一个孩子身心上深深地镌刻着其与生俱来的"中国味",感知"明强"两字的深渊内涵及浸润浓郁家乡情。

(一) 明强校名:百十年前的"国际理解"之呐喊

我是谁? 我是明强人! 每一个"明强人"都明晰明强这段刻骨铭心的历史。

明强,诞生于1905年(光绪三十一年)。在那列强肆虐、民不聊生之际,杨光霖、张之珍两位乡绅变卖家产,集资创办了古镇上第一新学——"明强学堂"。创始人从明强呱呱坠地的那一刻起,就深深地烙上了浓浓的民族情和深深的爱国心。何为"明强"? 光霖先生在亲笔书写的《明强学堂捐启》中,这样写道:"……世界一竞争场所,始以兵争,继而商争,今且以学争。……以学争,其胜也,非一、二人之智术能为功,必其通国皆学,国民之程度高者也。其败也,非一、二事之腐败尸其过,必其通国无学,国民之程度低者也。……今积沙成土,集腋成裘,以地方之资财,培地方之子弟,到他日者,内以养成国民之资格,外以抵御学战之风潮,不独某等之幸,抑亦民生国势之所赖以明赖以强者也。"何为"明强"? 中国近代政治家、战略家、理学家、文学家,湘军的创立者和统帅曾国藩[①]认为:"担当大事,全在明强二字。《中庸》学、问、思、辩、行五者,其要归于愚必明,柔必强。……凡事非气不举,非刚不济,即修身齐家,亦须以明强为本。"明是强的前提,须先明而后强;强从明出,不明不强。怎样才能明强? 他认为,一是能自胜者谓强;二是从自修处求强。也就是说,一个人要注重自己内心的修养,努力提高自身的素质,通过日积月累,逐步形成圣贤标准的道德品行,这样就能求得真正的明强。

无论是杨光霖先生的"民生国势之所赖以明赖以强者也",还是曾国藩大学士的"担当大事,全在明强二字。""愚必明,柔必强",都对"明强"两字赋予了独特与深远的内涵。如果说曾国藩是"成人成事"上强调"明强"两

---

① 曾国藩(1811年11月26日—1872年3月12日),汉族,初名子城,字伯涵,号涤生,宗圣曾子七十世孙。中国近代政治家、战略家、理学家、文学家,湘军的创立者和统帅。与胡林翼并称曾胡,与李鸿章、左宗棠、张之洞并称"晚清四大名臣"。官至两江总督、直隶总督、武英殿大学士,封一等毅勇侯,谥曰文正。

字的重要内涵,那么杨光霖先生则是从"民生国势"上强调"明强"两字所肩负的社会责任。为此,当代的"明强人"要深刻领悟先辈为使我民族不致遭受灭种之浩劫,故立志办新学,以引进西学培养地方和国家之人才,抵御帝国主义列强的文化侵略,追求民族自强、教育救国、科学救国的情怀。这是"明强"校名的深刻内涵所在,也深深地折射出先辈渴望"国际理解"的梦想。

(二)地域文化:千年民俗孕育"本土心、民族情"

我是谁? 我是七宝人! 潺潺蒲溪,泱泱沥水哺育了千年古镇七宝。百十年"学堂"自始至终坐落在古镇上。年复一年,明强孩子由懵懂走向明理,知晓自己不仅是一个明强人,还是一个成长于美丽富饶古镇的七宝人,更是一个充满民族情怀的龙的传人——中国人。身处千年古镇的明强学子,一出校门便可感受飞檐回廊的古镇风韵。专设的"古镇探秘"课程,让孩子们有多次机会结伴到古镇作专题探究:看建筑、画廊桥、斗蟋蟀、听典故、品小吃……发现并传承非物质文化遗产"七宝皮影",用"沪语"创作《逛老街去》等新地方戏等,在实践探究与责任担当中,孩子们对"我是明强人 – 我是七宝人 – 我是上海人 – 我是中国人"的理解深入骨髓。

(三)华夏文化:上下五千年烙上"中国心"

我是谁? 我是中国人! 在校园的每一处、每一时段,每个学生都能获得主动健康成长的机会与可能,为灵动发展提供了的平台。由各学科师生共同打造出科学技术体验区、艺术空间体验区、生命实践体验区、国际多元文化交流体验区……构建了明强特色的"学科育人体验空间"。

二、从文化根基的土壤上确立"我以怎样的姿态走向世界?"

(一)文化自信:以"审美·超越"的理念迈出国门

"审美·超越"是百十年明强学校文化的核心理念,这一理念呈现了明强人站在审美的高度,勇于超越自我、超越客观环境的束缚、超越传统的思维定势。审美是一种品味和能力,不仅是对艺术、生活等客观世界的审美,更是对人的内心世界的审美,是内在审美和外在审美的统一;而超越则是一种追求与境界,明强人之所以永葆教育青春,那是因为明强始终在超越现实、超越自我中寻求突破。

在参与"新基础教育"实践性研究的过程中,明强人自 2002 年起相继开始了"小学阶段美育生活化的实践"、"以'审美·超越'为核心理念的学校文化建设与实践"、"百年老校学校文化传承与发展的实践与探索"三个市级教科研课题的立项与研究实践,它们让明强这棵百年大树,得到了新空气、获得了新养分,呈现了新发展:环境之美,无声熏陶习惯心性;课堂之美,互动提升学识修养;艺术之美,有形开发创造潜能;个性之美,包容成就生命成长……

在"审美·超越"的文化核心理念的内省与外烁中,明强的文化具备了以红色基因为背景的百十年中国传统名校的校园文化;以千年古镇元素为背景的江南水乡地域文化;以"生命·实践"教育学理念为背景的主动健康快乐的成长文化三大特征。明强的"审美·超越"并不是完美无缺的,而是有缺憾的成长美。

(二) 行为准则:凭"两明两强"的校训精神走向世界

"明事理、明自我;强精神、强体魄","两明两强"校训,包含的是不简单的教育以及人主动适应未来发展的追求,也将明强学子的行为准则与新时代公民普适的理想价值、行为特征连接起来。明事理的主要核心为"自主学习",即学会做事、学会做人、学会与人相处、学会学习。明自我指的是明独特自我,让学生自信、自立、自强,明白"每一个我都独特"。学校鼓励学生在学习过程中充分张扬个性、大胆表达自我。强精神尤其要"强民族精神"。要求全体学生保持中国人自立自强,从民族脊梁、放眼世界而学;身为七宝古镇后人、理解国际而学。强体魄指的是强健康体魄,健康包含了师生身心素质的全面养成。教会孩子学会一项运动技能,引领孩子养成一生的运动习惯,实现"多会一好,让健康伴终生!"的育人目标。

《文汇报》资深教育记者苏军这样评价道：明强的校训，没有深奥的玄虚，也没有走秀的造作，却有做人做事清澈透底的睿智和立人成事的底蕴。无独有偶，明强的校训也曾让一些文人眼前一亮。十多年前，著名学者林华来到明强，她感慨地说："这大概是我所见到的最有特色、最有内涵的小学校训了。从小事中显修养；从大事处见漂亮；一生都在努力向上，走进人生大目标；永远不言败，奠定胜利者形象。"

百十年来，明强校训几经变迁，核心却没有离开"明强"两字。"明强"两字乍看呼应了鲜明的中国式教育风骨，而细品又涉及"明天下道理、强中华民族"的国际理解教育内涵。校训让每一个从明强走出去的孩子，既心存祖国，又胸怀世界。引领小学生怀揣"中国心、世界情"。这样从"生境"入手的"国际理解教育"更为理智而现实，更有利于当代学生主动传承与发扬民族精神，孕育民族情怀，怀揣中国心结。

三、坚守与吸纳——"国际理解教育"的主旋律

何以坚守、如何吸纳，是国际理解教育的主旋律。"坚守与吸纳"，首先是"坚守"：中华民族五千年来传统文化的精髓，包括中华精神、中华自信、中华自尊；坚守是基础，是前提。其次是"吸纳"：包容多元文化，吸纳先进的、优秀的、科学的人类共同文化遗产。吸纳是为了发展，也是顺应教育为未来负责的发展趋势，培养世界型人才。

（一）文化坚守：大国文化助力成长

1. 国家层面：中国文化显魅力

2012 年 11 月 8 日，胡锦涛同志代表十七届中央委员会向中国共产党第十八次全国代表大会作了题为《坚定不移沿着中国特色社会主义道路前进 为全面建成小康社会而奋斗》的报告，报告中指出了"三个自信"，即"道路自信、理论自信、制度自信"。2016 年 7 月 1 日，习近平总书记在庆祝中国共产党成立 95 周年大会上明确提出：中国共产党人"坚持不忘初心、继

续前进",就要坚持"四个自信"即"中国特色社会主义道路自信、理论自信、制度自信、文化自信"。

或许对小学生而言,道路自信、理论自信、制度自信对他们来讲还不容易懂,而每一个成人对文化自信程度却时刻影响着他们的成长。文化自信的基本内涵就是对中国特色社会主义先进性的自信。就是要激发党和人民对中华优秀文化传统的历史自豪感,坚定对党领导人民建设社会主义现代化强国,实现中华民族伟大复兴事业的坚定信念,在全社会形成对社会主义核心价值观的普遍共识和坚定信念。

当下有一种观点认为,中华文明是落后的文明。他们以殖民文化为荣,宣扬西方中心主义,以西方的标准为标准,用以评判中国的改革开放政策,主张全盘西化。实际上,这是一种数典忘祖、食洋不化、文化自卑和文明不自信的表现。

首先,博大精深、源远流长的中华文明为我们坚定道路自信、理论自信、制度自信奠定了坚实的基础。从世界文明发展史来看,中华文明是唯一没有中断的文明,表明了中华文明无与伦比的延续力和生命力,而且在相当长的一段历史中,中华文明是相当成熟和处于引领地位的文化形态。但在历史上,也确实出现过文化自卑现象。特别是鸦片战争和甲午战争失败后,面对列强的坚船利炮,一些中国人妄自菲薄,甚至产生了历史虚无主义,从语言、生活方式到观念、体制和制度,都要求全盘西化。这种文化自卑论作为一种社会心理一直存在于一些中国人心中,对此我们要高度警惕。

其次,中华优秀传统文化为我们坚定文化自信提供了丰厚的文化滋养和底蕴。中华优秀传统文化是中华民族的文化之根,沉淀着中华民族的骨气、底气和精神追求,是中华民族的重要精神家园。在世界文化之林中,中国传统文化具有独特的优势和长处,对此我们一定要有充分的文化自信和文化自觉。

再次,革命文化和社会主义先进文化,夯实和提升了我们文化自觉和文明自信的强大底气。井冈山精神、长征精神、延安精神、西柏坡精神和雷锋精神、大庆精神、两弹一星精神等,既是中国共产党人优秀品格的体现,也是我们在新的历史条件下坚定文化自信的宝贵财富,需要倍加珍惜和发扬光大。

最后,改革开放极大地提升了中国的综合国力,也为提升中华文化软实力提供了雄厚的物质基础。改革开放过程中,中外文化交流频繁,各种观念、价值、思潮相互交融、交汇和交锋,越来越多的外国人感受到了中国文化的魅力。不仅传统的经典名著、气功、武术、京剧、美食、中国节日等被外国人感知和欣赏,中国的电影、电视剧、文学作品影响也越来越大。一些国际会议、高端论坛、峰会上,中国是绕不开的热门话题,中国声音、中国故事、中国理念等,越来越引起国际社会的广泛关注,这些都彰显了中国文化的吸引力和感染力。

2. 学校层面:传统文化助成长

中国传统文化是中华文明演化而汇集成的一种反映民族特质和风貌的民族文化,是民族历史上各种思想文化、观念形态的总体表征,是指居住在中国地域内的中华民族及其祖先所创造的、为中华民族世世代代所继承发展的、具有鲜明民族特色的、历史悠久、内涵博大精深、传统优良的文化。我们有着五千年悠久历史,源远流长,博大精深的传统文化。

作为一名新时代的教师,要深刻认识到中国传统文化的重要性、感受到中国文化的博大精深,要真正地在"国际理解教育"中落实"学生对国家、民族主体文化认同是基础"这一教育理念,运用有效的教育方式与手段,通过多样化的主题活动,让传统文化帮助学生自主成长与发展。坚守中国文化的自信,努力让孩子们做一个有"根"与有"魂"之人。

对于教育来说,传统文化是取之不尽宝库、是用之不竭的源泉。在实际的教育过程中,可以充分挖掘资源,寻找教育增长点,促进学生全面的发展。例如:通过传统经典的诵读,学生可以从中学习到古人高尚的品格情操,可以提高他们的个人素养,发展他们的智力;学习传统体育,例如太极拳,武术操,可以锻炼他们的体魄,同时也可以培养他们的韧性;学习民乐、书法、绘画,可以发展他们审美能力,培养他们发现美,创造美的能力;通过学校四季课程,结合中国传统节日,学习春节、重阳节等习俗,感受中国文化的魅力。马克思说过:"人们自己创造自己的历史,但是他们并不是随心所欲地创造……而是在直接碰到的、既定的、从过去承继下来的条件下创造。"坚守传统文化自信,是学生成长进步的根基。学生需要传统文化的滋养,传统文化也需要学生继承与发扬。

(二) 创新吸纳:先进文化开拓视界

要充分吸收国外优秀文明成果和借鉴发达国家先进技术和管理经验,这是为了发展和壮大社会主义,巩固社会主义物质基础,对此一定要有正确的认识。

1. 国家层面:各国文化取精华

吸纳先进文化要取其精华。比如就日本文化来说,日本虽然国土面积很小,自然资源也不丰富,但是在明治维新期间,日本学习了英国和法国的军事技术,吸纳了美国的教育体制,将各国文明的精华融为一体,终究取得成就。现阶段的中国也在积极吸纳西方的先进文化,但是夹带的"文化苍蝇"也被我们一些人一并吸收,从而影响与腐蚀了人们的思想。因此理性地、有选择地吸收国外文化之精华,能够丰富我们中华文化宝库,取长补短,从而成就群星璀璨、耀眼夺目的文化之林。

其次吸纳先进文化要敢于创新。中国革命战争时期,以毛泽东为代表的中国共产党人面对马列主义这种先进的文化,没有全盘照搬吸收,生搬硬套,而是有选择地吸收,从而开创了由农村包围城市的中国式革命斗争道路,最终建立了新中国;改革开放,我国开创了走中国特色的社会主义道路,近40年的实践,中国特色的社会主义进入了新时代,中华民族的伟大复兴之梦正在实现之中。可见吸纳国外新进文化,并不是全盘吸收,而是经过内化后有新的创生。创新是文化熠熠生辉的不竭动力,有了创新,文化就有了个性化元素的标签;有了创新,文化之花就会绽放独特的魅力。

再次吸纳先进文化不可游离华夏文化之根。世界四大文明古国古巴比伦、古埃及、古印度、中国。然而,除了中华文明以外,其余三大文明古国全部在历史长河之中销声匿迹了。纵观中国几千年来,也和古印度、古巴比伦、古埃及一样,不断遭受异族文明摧毁。五胡乱华时期,中原腹地汉人几乎被入侵胡人屠戮殆尽,北方汉人纷纷向南迁移;北宋末期,崛起于东北的女真人灭亡了北宋,同样在中原地带对中华文明带来了严重的摧残,这两个时期都造成了中国历史上人口由北向南的大迁移;元朝和清朝是中国两次最大的被异族统治的时期,但是一个被推翻,一个被中华文化同化。1840年到1945年是中国最危险的时刻,但是中国依然屹立不倒,没有消亡。

整个中华文明体系,包括历史记载、种族变迁、文化制度、技术发展、风俗习惯,都由中国祖先一点一滴地记录了下来,并且延续至今,这是每一个中华儿女最引以自豪的一件事。因此中华文化之所以灿烂夺目、屹立不倒,是因为它不仅吸收了其他外来文化,而且发展壮大了自身文化。只有坚守住本国的文化之根,才能立足于世界文化之林。

2. 学校层面:成新时代小公民

对于小学阶段来说,吸纳先进文化,就是要让学生成为具有"规则礼仪、民族精神、科学素质与人文素养"的,集"国际视野"和"全球眼光"为一体的"新时代小公民"。要通过有效的学校课程活动,让"吸纳先进文化"融于教育之中,呈现教育的自然状态。同时还要注意,在吸纳过程中目标要远大,但是实施过程要落到实处、要脚踏实地。

比如,在英语学科学习中,在学习新的单词语句的同时,可以加强体验感受国外的生活习俗,这样学生的眼光就会更加广,能看得更远;在班级主题活动中,根据学生的成长需求,开展"国际文化节"活动,以小队探究的形式,走进那些我们不熟悉的国家,去体验那边的生活习惯,这样的教育过程会更加促进学生的全面发展等等。当然吸纳的内容还包括国际规则意识、国际平等交往原则等方面。

在学校文化的建设中,可以让环境多点"国际味"氛围,在这样环境熏陶下学生的收获就会更大、更自然。让世界走进校园,让学生走向世界。

第三节　打造"国际理解教育"新生态

一、成长四季:基于时间的生命成长

以怎样的教育行为来实现"国际理解教育"的育人性内涵? 是简单说教还是寓教于乐? 明强人认为:人的生存应该受益于自然环境,大自然为人的生命成长与品格发展提供了最基本,也是至关重要的物质与精神条件,因为,人与四季的交融是人与自然环境和谐相处,互为契合的一种基本生态。从这点出发,孩子的成长过程不应只是被规划在静静下校园之中,只有文化课程学习相伴,更不应被学科分数所左右,而应该是一个丰富的、多元的、生态的过程。我们希望通过借助自然界春、夏、秋、冬季节的更替,融合学生的生命成长过程,有节律地开展相应的实践体验活动。因此,通过"访春、嬉夏、品秋、暖冬"这样的丰富多彩的四季课外实践活动,让学生像自然生态圈的发展一样,生理和心理都能获得合规律性与合目的性的发展,随四季更替,螺旋上升,不断成长。最终,促进学生的身心健康、和谐的发展,体现学生童年成长的健康性、丰富性、主动性,为学生公民人格的基本形成奠定扎实基础。

据此,明强梳理了以往实践了多年的"七彩童年"与"强者系列"学生活动,提出并逐渐形成了与四季环境氛围、学生成长心情相融的《明强学子成长四季体验校历》,关注儿童身心发展与四季活动的匹配度,寓"国际理解教育"于中国传统文化、国际节日、西方部分传统节日以及明强校园独特文化的成长之中,更具选择性与自主性,让每一个孩子在每一个主动健康成长的节点中体验与感受国际理解教育。

(一) 访春季:焕发童心,主动健身

1. 爱心,凝聚力量

"爱心节"里,我们用为同龄困难小伙伴组织爱心义卖,感受互助的温

暖。明强小学的"爱心节"源于一位学生的倡议。那是 2013 年雅安地震的第二天早上,四年级 3 班一位学生早早地将一张纸条挂在校长室门口,希望校长能组织一次爱心募捐活动。灾难面前,明强师生的心更连到了一起。从此,每年春季的爱心节成为了明强的固定节日,与"向雷锋同志学习"的纪念日放在同一天。我们希望通过爱心节活动,培育师生的社会责任感,向需要帮助的人提供力所能及的关怀。在爱心节中,国际理解教育也能巧妙融合在其中,有的班级爱心义卖活动参照了国际上"慈善拍卖"的形式,用学生的行规积分来"兑换"自己的中意的拍卖品,献出自己的一份爱。

2. 运动,带来健康

体育节中,足球、游泳、围棋、乒乓各项锦标赛,亲子运动会,年级小型体育联赛等陆续"嗨"起来,我们清楚地记得,刚过去的一届游泳锦标赛,共有 528 名学生报名参加,最后,当学校领导和老师们一起把金、银、铜牌挂在学生胸前,不少孩子眼中闪着晶莹的泪光。谁能保证,他们将来不会因为在游泳中获得了勇气和力量而成功? 在国际上,运动是大家的共同热门词,运动不分国界,在课堂中,感受着外籍教练带给大家的英国足球的魅力,举行着各类足球友谊赛,体会着国际运动精神。

(二) 嬉夏日:品味书香,品赏艺术

1. 读书,提升品位

书香节在万物复苏时来临,在"读书,提升品位"的精神感召下,班级书橱架,门前板凳上,走廊角落里,更多好书在静静地漂流,更多孩子迷上了读书,师生、家长共读、共议的美景,为春天添上一丝绿意。学校要求孩子在小学阶段精读 30 本经典读物,选读 20 本或以上其他读物。

为了给学生营造一个舒适的读书环境,学校专门在每个层面的设计了"书香小港湾",为配合学生自主阅读,在学生部牵头下,设计了《"书香小港湾"悦读记录本》,人手一册。学生会成员将每次读书的内容,阅读感受等记下来。同时,老师和家长成立的亲子读书沙龙,乐言故事团,图书漂流站

等非行政性组织日益壮大。读书习惯的养成让明强师生更显书卷气,2014年,学校被确定为"上海市教师微信读书建设种子校"。也因为阅读,师生对民族精神与多元文化包容有了更为深刻的理解。师生们在阅读书籍的选择上体现出"全球眼光",特别是学生的格局变大了。有的了解了华夏文化瑰宝,了解了埃及金字塔的神秘,了解了南极上空臭氧层已经形成一个大洞,了解了厄尔尼诺与拉尼娜现象给地球带来的灾害……

2. 艺术,浸润童年

从重视日常教学入手,降低艺术活动门槛,让所有学生都参与,提供各类舞台,让学生在交流切磋中相互借鉴提升。在我们眼中,每一个孩子都是天生的艺术家,只是兴趣、品味、眼光、追求有所不同。

以"艺术大课堂活动"为载体,通过"传承篇"、"吸纳篇"、"生活篇"、"心灵篇"四个主题版块,呈现出"全国学校艺术教育先进单位"打造真正属于孩子们的校园艺术生活,基本形成由课堂教学、课余浸润、社团活动、社区探秘、海外交流"五位一体"的艺术教育特色课程体系。

"童心,照亮世界"。在童心节(六一节)里,我们希望不再简单地让孩子表演节目给大人看,而是大人小孩一起感受童趣、焕发童真,或进行童年游戏大比拼,或进行各种奇思妙想,用童心感化世界。

带着欣赏美的眼光看世界,艺术的殿堂熏陶美。晚会中吸纳篇,就是丰富多彩的国际艺术汇演;舞向未来项目,更是让每个孩子感受着国际味的艺术教育模式;多彩艺术活动,让孩子知道艺术的美不分国界。

(三) 品秋时:尊师重教,融于自然

1. 尊师,学会感恩

尊师节为师生提供了相互感恩的平台,放手让孩子们自己"密谋",进行小强强尊师秘密行动,老师们在收获连连惊喜的同时,同样会有对等的爱生回应;中秋、重阳,丹桂飘香,稻浪翻滚,硕果累累,让学生在佳节中体会亲情,学会感恩。

因为有"国际理解教育"的引导,我们的学生具有"国际情感",教师节的祝福不单单面向在自己各个国内任课老师,还会把这份中国传统的美德传递给外籍老师,学校的外教老师、国外体验课堂中的老师们都在这份浓浓的师生情中感受着明强学子的真挚。

2. 回归,走入自然

金秋时节,景色宜人,层林尽染,叠翠流金,是亲近大自然,怀抱大自然的大好季节,让孩子们走出校门,在秋游中领略大自然的神韵风光。

现在的网络发展迅速,学生感受世界自然景观的"机会"就更多了。在自然课里,探究世界自然奥秘主题活动成为了深爱孩子欢迎的部分,学生通过网络,学习世界自然,感受大自然带给我们的一切,知识面扩大了,视野更大了。

(四) 暖冬季:探索未知,包容文化

1. 科学,改变生活

科技节,聚在一起看"疯狂科学秀",手痒痒了就自己动手做实验,争当"小小爱迪生"。

"爱迪生"属于国际,"国际化科学"属于我们。我们每个孩子都展现出国际范,学习爱迪生科学探究精神,学习中外科学知识,在这里,多元文化得到了更好地融合。

2. 文化,理解包容

乘上"国际文化体验活动"的航船,自信驶向世界各地,在体验多元的民族文化的基础上学会理解与包容,在中外文化(节日)的对比中明晰中华民族历史渊源的文化遗产。理解包容不失彰显弘扬,体验吸纳不忘传承坚守,知己知彼,融会贯通,增进友谊,拓展心胸。

考虑了四季特征和儿童身心特点,我们的校历活动更具人性特点,就如"日出而作、日落而歇"一般自然,学校生活也不再忙乱,建立了相应的节律,每一年重点突出一项内容,兼顾学生五年在校的感受周期。

表 2－3－1－1　明强小学四季课程

季节	月份	民族传统项目		国际节日项目	西方部分节日	校园传统项目		国际理解教育切入点
		节气文化	节日文化			校级特色项目	成长四季校历	
访春	2	立春 雨水	元宵节		狂欢节	开学第一课 幼小衔接 古镇探秘 春游踏青	寒假学校少年宫	爱心义卖与国际慈善拍卖的融合，英国足球项目主题体验活动，感受国际精神
	3	惊蛰 春分		三八国际妇女节 国际气象日	复活节		爱心，凝聚力量	
	4	清明 谷雨	清明节	世界地球日 世界卫生日			运动，带来健康	
嬉夏	5	立夏 小满	端午节	五一国际劳动节 世界红十字会日 国际护士节	母亲节	校园六一节 海外课堂体验	读书，提升品味	阅读中外书籍，感受国际化艺术，培养国际视野
	6	芒种 夏至		六一国际儿童节 国际环保日 国际禁毒日	父亲节		艺术，浸润童年	
	7	小暑 大暑					暑期学校少年宫	
品秋	8	立秋 处暑				志愿者服务 小手牵大手 教师节 秋游 国庆节		欣赏世界自然风光，感受自然带给我们美的享受
	9	白露 秋分	七夕节 中秋节				尊师，学会感恩	
	10	寒露 霜降	重阳节	世界邮政日 世界粮食日 联合国日	鬼节		回归，走进自然	
暖冬	11	立冬 小雪			万圣节 感恩节	校园科技节 校园国际文化节	科学，改变生活	国际文化节大盛宴，理解教育深层次
	12	大雪 冬至	冬至节	国际志愿人员日	圣诞节		文化，理解包容	
	1	小寒 大寒	除夕日 春节		新年		寒假学校少年宫	

二、七彩童年：基于空间的生命实践

童年成长不仅需要时间积淀，还需要空间的体验。拓展学生学习、生活时空，满足学生群体发展与个性养成需要，提升学生"群体成长悦度"和"个性养成可能"。"七彩童年"主动帮助孩子打造一片能使个性自由充分发展的天地，为学生提供充满生命丰富性、灵动性和发展性的纵横交叉寓教于乐的成长环境。

（一）七彩空间的布局与教育功能

将"德、体、美、劳、读书、科学、社会实践"等七大教育功能整合融入到校内外充满生命活力生活空间，将"两明两强"校训内化为不同年段学生校本系列教育主题。具体内容包含七大主题。

德育主题：注重"强精神"，从校史陈列室、各班个性天地等出发，让学生更多汲取正面能量，自主创造丰富的现实生活。

健身主题：注重"强体魄"，让四百米标准跑道操场挤满踢球的孩子，让乒乓、围棋走入课堂，让人人会打乒乓、能游泳，个个愿意锻炼。

艺术主题：从艺术楼、社团活动的欣赏与体验起步，先学会艺术审美，再上升到对社会价值的综合审美。

生命·实践主题：从种植蔬菜、植物的"明慧园"，动手操作的劳技、自然实验室起步，体验劳动与生存、动手与动脑的关系。

阅读主题：从图书馆、阅览室，走廊"书香小港湾"、班级流动小书架等起步，领悟"阅读丰富人生"的深刻内涵。

信息科技主题：从科学天地、班级网站等起步，研究身边的科学，探索和培育科技精神。

社区实践主题：从探秘古镇七宝走向更广地域的课堂，从校园走向社会，从热爱故土走向热爱民族。

这些教育主题，迄今为止仍是明强校历活动中不可或缺的板块，不仅为明强学子提供了小学生活五年内综合全面发展的可能,更有效创造了贴合各年段学生成长需求的活动载体,让孩子的童年生活折射出生命的七彩之光。"七彩童年"作为一项实施工程,已经成为明强建设具有"审美"特征学校文化建设的一个重要组成部分。它极大地丰富了学生的课余生活,为学生生命成长提供了一个良好的生态环境,使许多班主任老师有了整体性、系统性的教育活动资源。一些老师将课内教学与课外教育整合起来,学生部将分年段的主题教育与学科课程标准相融合,编制分年级的课外阅读书目、作文训练和社会实践内容,把读书、作文和学做人统一起来,使传统的"文以载道"具有了现代校园的文化内涵。

(二) 四大运行策略

明强小学的"七彩童年"工程建设,能取得这样教育效应,关键在于实施中把握了历史于现实互动,人与自然亲近,书本空间于现实空间融通,面上普及与社团提高四大运行策略。

1. 历史与现实互动的策略

百年明强厚实的文化积淀,冶炼了明强自强不息的三大法宝——校史、校训和校友。如何使这份宝贵的文化遗产转化为当代明强人的精神力量?这需要启动一种历史与现实互动的机制。

首先是充实和更新校史陈列室内容,让新一代明强人在百年的历史长河中穿梭,亲身感悟到创办时期、革命年代和"新基础教育"实践这三个历史阶段的办学思想和办学效应,体验传统的学校文化如何向现代的学校文化转型与变革的过程。

其次是将明强学校文化的核心理念"审美·超越"与"新基础教育"的"生命·实践"的时代精神相整合,提出"明事理,明自我;强精神,强体魄"的新校训。她是明强的立校之本,是明强学校文化的高度浓缩,也是明强教师的育人坐标,学生的行为准则,集中体现了明强在新的历史时期所追求的教育目标、办学特色和生命质量。

再次是发挥明强校友的教育资源,形成了一套以校史陈列室为教育基地的仪规:每一个新明强人进校的第一步,就是参观校史陈列室,了解明强百年的发展历程,了解战争时期在明强工作的地下党事迹;在校庆纪念日邀请校友作革命传统报告。让学校的历史,成为活在师生心中、化为师生行为的动力,师生们不仅是学习学校的历史,同时也在创造学校的历史,形成了历史与现实互动的策略。

2. 人与自然亲近的策略

城市化给人们带来便捷与舒适的现代生活,也使人们疏远了大自然。如何营造一种人与自然和谐的校园生态环境,使学生的身心得到健康的发展? 明强的做法是建设以种植园和校园绿化区为主的绿色生命实践区。

学校在僻静处,特意留下了一大块土地,搭建了大棚,形成了现代种植园,这里种植了四季的植物。中高年级的学生进入种植园,观察植物生长的情况,给植物小宝宝拍照留念;孩子们亲自动手培土、施肥、浇水,享受着播种的期待、护理的艰辛、收割的喜悦,体验与"泥巴打交道"的乐趣;校园四季常绿,鲜花不断。这里有百年的桂花树、百棵铁树,还有紫藤架与竹园……每个班级都有一片绿化、一片树木,同学们自主管理,承担责任。为了让孩子们更多地熟悉校园的绿化,学校开发了校本课程,编印了《走近校园的植物》校本教材。其《启蒙篇》适合低年级的小朋友,让孩子们初步接触校园里春夏秋冬四季的花草树木,通过观赏校园内美丽的植物培养热爱自然、热爱学校的思想感情。《深化篇》适合中高年级的同学,不仅要求认识植物的形状,还要求知道一些植物分类和生长发育的知识,学会如何根据校园植物特点采取不同的护养措施,还安排了实践活动的内容。走进校园,如同走进大自然,人和土地建立了亲密的关系,课内课外融为了一体。

3. 书本空间与现实空间融通的策略

明强充分发挥走廊与过道的教育功能,设立了"书香小港湾"。孩子课后或午间总喜欢驻扎在"书香小港湾",从课外知识中获得延伸与拓展;明强作为"视像中国"项目学校,为少年儿童架设了直接与香港项目学校实现远程实时交流的网络通道;我校教师还通过资源调查,了解本地区社区教育资源的基本分布情况,勾画了区域的资源分布图,与社区建立了教育资源积聚与辐射机制,为各年级确立了相对固定的社会实践与教育基地,为学生从虚拟书本世界走向现实生活世界,铺设了一条坚实的地毯。有效地健全了学生的心智,弥补了当代学生缺少社会实践与社会经验的缺憾。比如,品社课教学,教师设计了具有探究性的活动作业,在教师和家长义工的带领下,孩子们踏进社区开展探究和调查;学生部利用家乡名人、名家来校激发学生的多元化兴趣;组建了"城管小卫士",走向古镇、街道参与社会实践活动;参观"张充仁纪念馆",通过看、听、说、写,最终形成了一支高水平的讲解员队伍,丰富了学生的社会经验。

4. 面上普及与社团提高的策略

乒乓球运动和艺术教育活动是明强的两大特色。一方面要保持特色活动的高端地位,另一方面要强化特色活动的普及力度。校园空间教育功能的开发,有效满足了普及与提高的双赢要求。面向全体学生,使每一个学生受益的同时,又全力发展学生社团,使社团活动在活跃学校生活、创造办学特色中发挥带头作用。例如明强小学的乒乓球运动。乒乓球运动要求每一个明强的学生,通过五年时间学会打乒乓。明强不仅把乒乓球列入体育课的教学内容,还额外安排课外活动时间,让各班级轮流到乒乓馆打乒乓。为帮助同学掌握乒乓球基本动作,我校体育老师还编排了"乒乓操";除此之外我校老师还努力为明强的孩子走近世界乒坛名将创造机会。在此基础上明强组建了学校乒乓球队,聘请教练员进行专门训练。多年来明强小乒队在市、区,乃至全国的比赛中保持着良好的成绩,从而使乒乓球活动成为明强校园文化的一大特色。又如星期五的大家唱,全校学生聚集大操场,分年级引吭高歌,唱孩子们自己的歌,欢快的拉歌声此起彼伏。明强校园活跃着许多学生社团,如小足球队、武术队、鼓乐队、舞蹈队、合唱队、学生摄影社、学生航模队等等,这些社团的活动都有固定的场所,专门的指导老师。社团取得了骄人的成绩,鼓乐队的演出上了中央电视台、上海之春国际音乐节,舞蹈队和合唱队屡屡在上海市艺术比赛中获奖。

第四节 创建"国际理解教育"新资源

一、"国际理解教育"的教师资源

"国际理解教育"的内涵及育人目标,决定了这一项目面向每一个学生的公民式教育,这就需要学校的所有硬软件为这一课程服务。硬件涉及资金投入,而软件涉及人的观念、素养、品质,是关键和重点。

"国际理解教育"不仅有利于孩子的主动健康成长,还同样惠及教师自身的成长。从操作层面讲,"国际理解教育"的课程理念需要教师来解读与执行,课程目标、内容、实施途径与评价系统研究与实施需要教师的智慧来实现,教师对国际理解教育课程的开发力与执行力至关重要;从专业发展讲,教师的"国际理解教育"的专业素养,直接关系"国际理解教育"的质量。没有教师的发展就难有学生的发展,教师没有"国际视野"和"全球眼光",培养"新时代小公民"的目标就会成为一句空话。基于此,我们决定采取以下三种基本方式实现教师发展。一是提高教师对"国际理解教育"内涵的认知;二是在承担"国际理解教育"专题课程的研究实践中提升专业素养;三是历练实施"国际理解教育"课程的教学基本功。"国际理解教育"方面的专业教师是等不来的,需要我们主动去打造,去培养。要推进"国际理解教育",首先必须问校本培训要师资,提高教师的"国际理解教育"专业认知水平,悉心打造自己的师资队伍。同时,通过自培、招聘相结合,出访学习与引进相结合,家长资源与社区资源相结合,民校取经与院校合作相结合,多管齐下,寻找"国际理解教育"的志愿者,来充实校内师资的不足,打造适应"国际理解教育"的师资队伍。

作为"国际理解"教育实施的重要学科之一,英语教师对"国际理解"教育的认识度与参与度决定着学生在"国际理解"教育的掌握程度。因此,学校聘请了多名外籍英语教师通过快乐 ABC 课堂向学生讲授外国文化知识和国际知识,拓展学生的国际视野,培养学生跨国文化交流的能力;同时,强化本土教师的英语校本专业发展培训,增加了有关国际理解的内容,帮助教师树立起国际化理念、跟进国际化趋势。结合学校的游学项目,有部分英语教师已借助"美国"、"加拿大"、"英国"、"韩国"、"澳大利亚"等海外课堂体验课程,亲身经历了多元文化的学习与理解,便于其更好地在课堂内展开国际理解教育教学。

此外,明强近四千学生的家长,也是一个不可忽视的"师资"。来自不同岗位的家长有着各自擅长的专业领域,在他们各自的专业领域内,他们又何尝不是最好的老师?

二、"国际理解教育"的课程资源

一个完善的"国际理解教育"课程设计,需要有丰富的、课程资源支撑。基于"坚守"与"吸纳"的"国际理解教育"课程,应该建立在本土课程资源和海外课程资源的基础上。为此,我们遵循开发与引入结合、校本与区本结合、本土与海外结合的原则,进行有效的尝试性实践。

本土化的课程资源。我们将千年古镇明强丰富的民俗民间民族文化资源(包含中华传统艺术文化资源等),与百年明强文化的核心理念"审美·超越"整合起来(包括"明强"校名的出处、解读,以及"民生国势,赖以明赖以强"的近代教育救国、教育强国理念所蕴含"坚守"与"吸纳"的教育思想与实践),组织人力开发校本课程(其中部分为双语课程),包括明强古镇民俗民风、百年明强"审美·超越"文化、"两明两强"校训实践活动、中华武术、七宝皮影、中国围棋、染缬工艺、书画与篆刻、中华经典阅读等。

海外引进的课程资源。主要依托闵行区教育国际化项目推进中,引入海外艺术、文化、科学、数学等课程。其中,艺术类课程以引进美国全美舞蹈协会的《舞向未来》为代表;文化包容类课程包括《中外节日文化》等;健体类课程包括《健康与幸福》、《外教足球进课堂》等；英语类课程包括《E，learning》等；科技类课程包括瑞士外教的科学常识课《discovery》等。

家长课程资源。明强小学有四千四百的生源，这固然多少影响了学校的精致化教育教学，但从另一个积极的视角来看，众多的家长数量，众多的不同产业、岗位、职务，也给我们实施国际理解教育课程设计与实践带来丰富的课程资源。

三、"国际理解教育"的专家资源

明强小学在近二十年的"新基础教育"研究实践中，依托国内高校专家资源，实现学校管理、学科教学、学生工作、师资队伍的重大发展，实现了成事中成人，成人促进成事，学校获得跨越式发展。"国际理解教育"的课程设计与实践同样也需要取高校专家的理论支持和实践指导，这是非常重要的合作资源。一般我们与国内高校专家的合作形态有固定与临时相结合，长期与短期相结合两种。依靠专家的专业理论，引领学校科学、规范地开展"国际理解教育"课程实践，关注课程设计与实践个案（特别是在学科渗透、专题课程、主题活动中）的积累与分析；关注"国际理解教育"过程中的师生成长个案的积累与分析；关注"国际理解教育"评价方式个案的积累与分析等。

欣喜的是我们与一些发达国家也建立了友好的教育合作研究关系。例如，世界著名数学认知研究专家、德国奥纳斯布吕克（Osna brueck）大学数学认知研究所所长英格·施万克（Prof. Inge Schwank）教授，与我们就认知研究项目达成合作，以"逻辑思维基础"为题，开展了促进儿童思维发展的新探索；德国柏林自由大学基础教育课程与教学研究中心主任 Ramseger 教授，就双方关心的"中、德文化"、"中、德基础教育改革现状"、"课堂教学改进"、"学生学业压力"等议题与我们进行了互动交流。

自 2014 年起，学校承担了由中英两国教育部及上海市教育委员会、英国国家教学与领导力学院、英国数学教学卓越中心和上海师范大学共同实施的,英国和中国(上海)数学教师互派教学培训工作。这是我国基础教育领域第一个由发达国家资助与发展中国家之间的教师工作互派项目。我们赴英执教的老师,在每天面对远道而来的英国教师的听课学习,呈现中国小学数学有效教学方法与经验的同时,她们自身也通过互动交流与耳濡目染获得了新的发展,借鉴到了英国中小学数学教学的优势和长处。

此外还有"国际理解教育"情报资源库。及时了解国内外有关"国际理解教育"的研究状态,组织研究小组,进行相关情报收集、分析、综述,特别是相关的"国际理解教育"课程的新策略、新途径、新实践、新评价等。课程开发库的建设遵循虚拟与现实结合、音像与文本结合、情报与综述结合三大原则。

参考文献

中文文献:

(一) 专著、论文集、报告

[1] 顾明远.教育大词典[M].上海:上海教育出版社,1993:8.

(二) 期刊

[1] 刘洪文.国际理解教育的定义内涵初探[J].江西青年职业学院学报,2006(2):16-17.

(三) 电子文献

[1] 张良才.国际理解教育:世界教育发展的新课题[J/OL].校报网——曲阜师范大学电子版,2003.3.

[2] 钟秉林.教育国际化趋势不可逆转 中国高校的机遇在哪里? [DB/OL].http://learning.sohu.com/20150316/n409845511.shtml,2015-3-16/2017-10-31.

[3] 王艳红.国际化视野下我国高校校园文化发展研究[J]华中师范大学,毕业论文.

第三章　育人新架构:为了每个生命的成长

第一节　国际理解教育课程的开发路径

课程是指学校学生所应学习的学科总和及其进程与安排课程。是对育人目标、教学内容、教学活动方式的规划和设计,是教学计划、教学大纲等诸多方面实施过程的总和。广义的课程是指学校为实现培养目标而选择的教育内容及其进程的总和,它包括学校老师所教授的各门学科和有目的、有计划的教育活动。狭义的课程是指某一门学科。从课程开发的主体来看,课程可以分为国家课程、地方课程与校本课程。

对"国际理解教育"的课程设计与实践,也包含国家课程、学校(校本或乡土、本土)课程和海外课程三个方面。

一、国家课程的二度开发

国家课程有广义和狭义之分。从广义上来说,指国家教育行政部门制定和颁布的各种课程政策,比如教育部制定、颁布的课程管理与开发政策、课程方案,各类课程的比例和范围,教材编写、审查和选用制度等。从狭义上来说,国家课程是指国家委托有关部门或机构制定的基础教育的必修课程或称核心课程的课程标准或大纲。[①] 无论从广义还是狭义来看国家课程,都是国家意志在教育领域的集中体现,是决定一个国家基础教育质量的

---

① 许洁英.国家课程、地方课程和校本课程的含义、目的及地位[J].教育研究,2005,(08):32－35＋57.

重要因素,因此,国家课程具有强制性和统一规定性。

国家课程的基本特征为:一是确保所有学生学习的权利;二是明确规定学生在校接受教育期间应达到的标准;三是提高学生在校接受教育期间的连续性和连贯性;四是为公众了解学校教育提供依据。

就国家课程的表现形式来看,各个国家是不一样的。在澳大利亚、美国等各州拥有教育自主权的国家,国家课程由地方政府负责编制、实施和评价。通常,他们的国家课程即地方课程,既体现了国家意志,又在州与州之间相互区别。学校教师在国家课程的编制和评价方面几乎没有发言权或自主权,但他们只是国家课程的实施者。在实施国家课程的过程中,学生往往需要参加国家统一考试。

上海作为当代中国教育转型性变革的排头兵,在教育改革方面拥有很大自主权,国家教育特许上海自主开发基础教育课程,行使国家课程的权利,即上海可以根据自身的经济、文化与教育需求,自主开发适合上海发展及长三角经济发展的、代表国家意志的课程,而不必一定实施中央政府的国家课程。因此上海课程的基本特征主要表现为:一是基于国家课程的基本要求,又能体现上海特色;二是从国际化大都市发展的需求出发,走教育国际化发展道路;三是强化教育发展要顺应上海国际化地位的需要;四是聘请上海及国内外教育专家参与课程改革与课程实施。

2004年,上海颁布与试行了《上海市普通中小学课程方案》(简称《课程方案》),该方案以"教育要面向现代化,面向世界,面向未来"和"教育必须为社会主义现代化建设服务,必须与生产劳动相结合,培养德智体等方面全面发展的社会主义事业的建设者和接班人"为指导思想,确立了新的课程体系。

《课程方案》旨在依托上海作为国际化大都市的教育环境,构建以德育为核心、以培养学生创新意识和动手实践能力为重点、以转变学习方式为特征、以应用现代信息技术为标志,关注学生学习经历和促进每一位学生发展的课程体系。

《课程方案》内容涉及:课程理念、课程目标、课程结构、课程标准编制、教材建设、课程实施、课程评价、课程管理、课程保障九个方面。

本节所探讨的国家课程的二度开发,主要是基于上海市的《课程方案》,结合国际理解教育特定的内涵和价值取向标准,从学科知识、当今社会的需要或学习者的经验中,对《课程方案》中学科内容的相关事实、原理、概念、技能、态度、价值观等进行选择渗透、调整渗透、拓展渗透、延伸渗透、更新渗透,以实现小学各学科渗透国际理解教育的目标。

教师也将由《课程方案》的执行者,逐步转化为《课程方案》的决策者和创造者,在从事学科教学活动时,挖掘本学科内含的国际理解教育资源,对教材进行创造性的深度加工。通过精心设计,有效处理,对全体学生进行"国际理解教育"的理念渗透、知识渗透、行为渗透,为新时代小公民的发展提供更科学合理的"营养套餐"。使学生的学习领域由内向外,由点到面,由已知向未知延伸,力求使原有《课程方案》焕发出生命活力。[①]

(一) 二度开发的基本原则

1. 不偏离上海《课程方案》

《课程方案》中的课程目标对课程结构设定、课程标准编制、教材建设、课程实施等方面起着指导作用。教师在二度开发时就应该遵循《课程方案》的具体要求,这样才能在课程评价时,达到《课程方案》的基本要求,使学科教学不偏离应有的轨道。

2. 应符合学生身心发展

在对学科渗透过程中,需要根据学生的特点确定渗透内容的深度、广度、难度,尽可能达到本校本班学生的潜在知识结构,激发学生的潜在能力。教师教学的对象是处于不同生命状态的生命个体。因此,促进学生身心发展也是学科渗透内容选择的主要依据。比如当前我国学生在核心素养等方

---

① 刘翠鸿. 进行课程二度开发的几点策略[M]. 课改聚焦,2007.7－8:33－34.

面不尽如人意,所以在选择学科渗透的内容上就需要加大这方面的比例。

3. 保持学科本身的性质

学科本身的性质,包括内容的重要性、实用性、正确性等。基于《课程方案》,各学科教材或许有不止一个版本,但各种教材的编写都是按照课程标准的要求来选择教学内容的。因此,学科渗透过程,应该保持其学科本身的性质,学科渗透内容一定要确保该学科自有的重要性、实用性和正确性。

4. 贴近学生的生活世界

基于上海国际化大都市发展的步伐,围绕"坚守与吸纳"的国际理解教育育人目标,在二度开发的课程中,积极做到:包容和理解多民族的文化;着眼于国家和地区的需要,关注人类共同面临的大问题;与科技发展同步,赋予教学内容和学习以一种面向未来和民主的色彩;与学生生活相联系,培养学生独立思考能力、实践能力和创新意识。

(二) 二度开发的课程内容

基于上述原则,在开展"国际理解教育"的过程时,可以灵活机动地对《课程方案》中关于教材内容的要求进行有机调整与动态选择。主要体现在下面三方面:

1. 拓展新的教学内容

对教材内容进行适当的拓展和补充,增加原教材中与国际理解教育有关联的内容,或者改变教学方式,采取课内教学与课外探索活动相结合的方式,灵活处置。一般来讲,可以有以下几种方式:

一是依据班级学生的前在知识积累,因材施教,激发学生的潜在学习能力,达成渗透目的。教师可以结合班级学生已有的知识结构与师生具备的教学条件及基础,对教学内容进行适当的拓展。

二是针对部分学生具有的特别浓厚的兴趣,或在某门学科中表现出来的学习天赋,或学生对学习内容已有的研究情况,教师在教学时可以进行分层教学,专门为他们提供一些"国际理解教育"范畴内的拓展性材料或补充开展一些与"国际理解教育"相关的活动。

三是教师可将上海国际化大都市发展的态势及所在区域的"国际理解教育"优势资源,与自身学科教学的相关内容进行有机拓宽和纵向延伸。

四是学校可以根据自身的学科特色或办学特色,以及教师在自身学科方面的优势与兴趣,对"国际理解教育"的内容进行适当的补充。

2. 整合已有教学内容

为了确保学生对"国际理解教育"相关知识内容的整体性理解和体验,教师在渗透"国际理解教育"时,应尽可能注重学科与学科间的相互融通,有效避免对《课程方案》中教学计划的错误解读,同时防止学生背负过重的学业负担,从而实现教学效益的最优化。

一是对学科之间教学内容的整合。因为各学科具体的教学目标、教材在编排时选取的内容、主题、实践活动等原本就有交叉、重复、雷同的地方,某些教学内容在多门学科中均有涉及。如沪教版小学语文一年级第二学期的《象形字,真奇妙》一课,就可以和沪教版小学美术一年级第二学期第一单元《有趣的想象》中第三课《象形的文字》有机整合,语文课侧重认识象形字和汉字悠久的历史,美术课可以注重美化象形文字,引导学生感受华夏祖先的智慧。多学科相互促进,引发学生的民族自尊、自豪与民族认同感。

二是对学科单元教学内容的整合。当前教材课文内容多,知识面广,信息容量大。如果强调逐篇教学都要进行国际理解教育的渗透,显然是不科学的。因此首先要理解教材以单元编写的意义,进而对整册教材或单元内容进行整体规划。从单元或整册教材的视角考虑有机、科学地开展国际理解教育的渗透,进行整体教学。

3. 适度更替教学内容

《课程方案》整体相对稳定,但其中关于教材编写的内容几乎隔几年就会产生变动,这是因为教材内容的选择要适应上海国际化大都市发展对未来人才需求的变化,这一静一动体现了辩证统一的关系。但毕竟教材的选择与变动还是基于上海整个教育均衡发展的需要,即必须考虑到教材应该具有的普遍性和基础性。而上海各区、镇之间的发展并不均衡,会有非常具体和个性化的差别,这些细微的差别并不是课程设计者和教材编写者所完全能够考虑到的。因而,全市统一使用的教材内容有时也有不适应的个别情况。比如:闵行区提出了教育四化,即优质化、国际化、信息化、个性化,这一改革发展方向就与其他区有不一样的目标与落脚点。因此《课程方案》也留有一定的余地,允许各区和各校结合自身的教育实际情况,在部分教材内容上保留一定的自主选择和更换权。只要我们不违背教材的基本原理、基本思想、知识逻辑、学科方法,那么对某些"原版"适当舍弃,同样可以仁者见仁,智者见智,加强知识的学习与社会生活的联系,对教材作适当的处理。内容与教学过程是不可分割的,处理教材时不仅要考虑教材的新知,同样也要考虑教材中安排的活动环节,因为那些实践性和体验性的知识也应隐含在教学活动之中。

由于学校对课程的二度开发表现为一个动态生成的教学渗透的过程,因此,课程不会在目标、结构、教学内容与组织、实施与评价等主要方面产生很大的变动。

二、学校课程的自主开发

学校课程同样有广义和狭义之分。广义的校本课程指的是学校所实施的全部课程,既包括学校所实施的国家课程、地方课程,也包括学校自己开发的课程。而狭义的校本课程专指校本课程,即学校在实施好《课程方案》的前提下,自己开发的围绕学校办学目标、适合本校实际的、具有自身教育特点的课程。本节提及的学校课程就是目前广泛使用的校本课程的概念,以区别广义的学校课程概念。校本课程的基本特征为:一是实现学校个性化办学理念与特色发展;二是尊重学生的个别差异,满足学生多样化发展的需求;三是促进教师专业能力的持续发展;四是传承本区域地域的本土文化资源。

(一) 从学校稳定的教育特色中提炼

每个学校都有其自身的教育特色或教育传统,这方面的经验、成果、资源都是开发校本课程的重要素材。比如:2003 年,老班主任赵庆明在思考班队主题活动时,提出了基于学校所在地优势——七宝千年古镇的文化探寻活动,通过组织学生一看(欣赏古镇繁荣兴旺的景象),二听(聆听自聘辅导员的介绍),三问(就个人感兴趣的话题进行询问或采访),四交流(就探究到的信息、资料相互沟通),五写(记录真实体验,感悟生活真谛)来知晓家乡、走进家乡,提升学生对家乡的认同感。2005 年,年轻的班主任郭芳又将这一创意融进自己的班级建设和语文学科改革中,形成了"小强强古镇探秘"系列班级主题活动,从而生成了具有研究价值的案例。

在这一研究中,郭芳越来越感受到班级对于学生发展的重要性,既然学生发展充满着无限可能,那就应该考虑在班级生活中给学生更多元的成长体验,丰富学生的精神世界。

"古镇探秘"系列活动的目的是引导学生开展自主活动,激发学生主动参与的意识,使他们在活动中不断认识自我、发展自我。活动中无论是方案的设计,实践探究的分工,还是成果展示的方式,都由队员自己讨论决定。通过班会活动的交流,给学生提供互动的平台,发挥学生的聪明才智,展示小队合作的成果,增强学生的合作、探究等各方面的能力与体验。为了进一步推广"古镇探秘"这一班队系列活动,2007 年,学校编印了《七宝古今风貌》这一校本教材,为"古镇探秘"课程的持续化推进与推广,提供了清晰的活动目标、活动内容与活动方式。

(二) 从学校文化的核心理念中提炼

学校文化建设已经成为绝大多数学校致力于"文化立校"的重要支撑。明强小学作为一所百年老校,在二十一世纪之初就致力于对学校文化的传承与发展,提炼了"审美·超越"的文化核心理念,提出了"明事理、明自我;

强精神、强体魄"的"两明两强"校训。2007 年至 2010 年期间,明强小学先后编写了《校园植物》、《精神麦穗的缕缕清香》、《童心稚笔绘古镇》等数本教材,进入学生的早读、午会、班队课、美术课等时间段,通过潜移默化的影响,对学生开展美育、德育工作,并以美促智、以美促情、以美促善,以美促健。

（三）从学校教育变革的实践中提炼

当今中国基础教育正处于一个历史性的转型性变革时期,教育转型变革实践的结果不仅有迎接一个新生命的诞生所带来的"阵痛",还有基于这一"新生命"所带给大家的新希望。无论是"阵痛"还是"希望"都是转型变革实践所生成的资源。如何充分利用及发挥这些资源的价值为持续的转型变革实践所用,不同的学校或许有不同的做法。

《七宝古今风貌》校本课程的实施,不仅使这一教材得到了利用,实现了课程的育人价值,同时在古镇探秘的过程中,学生又发现了新生成的且可利用的新资源——"七宝皮影戏"。2010 年古镇探秘的附加值——校本教材《七宝皮影戏》编印完成,从此,由一个班级开始的"强强皮影戏"社团,推广至各个年级,使这一具有 200 多年历史的上海市非遗文化项目得到了传承。现在"强强皮影戏"社团不仅形成了校级、年级和班级的三级传承网络,还随着历届明强毕业生,在初中得到发芽、生根、开花和结果。《七宝皮影戏》这一校本教材不仅出现在《上海教育博览会》的优秀校本教材展台上,而且明强小学还作为上海市非遗项目基地学校,登上了新近开放的上海《大世界》的舞台。

三、海外课程的本土融通

海外课程也可以容纳到校本课程的广义范畴中,但由于它的出处与校本的乡土课程、本土课程有很大不同,因此我们有必要把它单独列出进行分析。就公办学校来讲,由于种种原因,很多学生也许整个小学阶段都无缘出国体验海外课堂,这对他们来讲是一种遗憾。为此,明强小学将上述这些海外课程排入学生每星期的课程表中,将海外课程纳入每一个明强人的必修课之一,从而实现足不出校门,就一样能够体验发达国家的优质课程,创造条件,最大程度实现"专题课程"普及到每一位学生。详见表 3 - 1 - 3 - 1。

表 3 - 1 - 3 - 1 明强小学海外课程安排表

课程安排	年级	所涉对象	课程		说明
			课内普及	社团提高	
每周一节	一年级	全体学生	快乐英语足球	足球队	热刺教练
每周一节	二年级	全体学生	快乐英语足球	足球队	热刺教练
每周一次	三年级	部分实验班	舞向未来	舞蹈队	本校教师
每周一节	三年级	全体学生	外教英语	英语戏剧社	外籍老师
每周一节	四年级	部分实验班	健康与幸福	英语戏剧社	本校教师
每周一节	四年级	全体学生	外教英语	英语戏剧社	外籍老师

(一) 海外课程的独特性

本节所指的海外课程是由国外教育部门或教育机构设计的适用于该国学生的著名课程,国内教育部门不参与教材编制。比如:上海中小学外语课程所使用的《牛津英语》教材就不是海外课程教材。因为它是在香港牛津英语教材的蓝本基础上,由上海的英语教材编写组根据《课程方案》及中小学英语学科课程标准要求,针对上海中小学生的具体实际情况而进行重新融合编写的教材。因此,虽然叫《牛津英语》,但并非海外课程教材。海外课程应该有以下特性:

1. 课程版本的原创性

海外课程主要来源于国际上发达国家的优秀课程。正规的海外课程应该是这些发达国家已经在他们的中小学中实施的课程,或者已经在国内部分学校中使用的学历课程或非学历课程。从来源上讲，海外课程凸显了发达国家优秀课程的原版性特征。

2. 版本内容的合法性

这里有两层含义：一是尊重知识产权和版权。进入校园的海外课程一定是得到海外有关方面允许的、符合国际学术交流的原则与法规的。一切翻版、盗版的教材都是违反国际法与国内相关法律、规章、政策的；二是海外课程是通过国内相关法律法规条文、取得合法程序进入国内中小学校园的课程。根据上海市有关条文规定，凡是进入中小学校园的所有教材内容，必须经过"上海市中小学教材审核委员会"审查，获得准予使用或试用的"准用号"。

3. 课程教材的选择性

即便符合上述两个特性，也不意味着这一海外课程就可以进入校园使用，还必须对这一课程所涉及的内容进行筛选与调整。从大的方面来讲，我们对从发达国家引入的优秀课程需要有一个内容上的把关，涉及非语言、艺术、科技、体育与健康等方面的内容基本不引进。这是因为不同的社会制度其主流价值观、世界观与人生观有着很大的不同，且教育具备了事关培养建设者和接班人的重大职责，绝不能造成意识形态方面的混乱。

在这一方面的把关可以依托教育行政主管部门，凡是需要尝试海外课程的，在正式试用与实施前，都应上报区级及以上行政部主管部门审核后，经同意方可进入学校课程试用。比如：由闵行区教育局、中国福利会少年宫与全美舞蹈协会(简称 NDI)、中美文化合作，在全闵行区普通小学开展的一项艺术教育试验课程——《舞向未来》；由闵行区教育局引进的适合学校和学生实际发展需求的美国优质课程——《健康与幸福》；由闵行区教育局牵头的英国领众热刺天才养成计划——小学足球进课堂的公益活动课程——《快乐足球》等等。

4. 海外课程非学历性

基于小学生"国际理解教育"的海外课程与其他实施国际化教育学校

使用的海外课程有所不同，"国际理解教育"课程落脚在培养学生的公民素养，属于学校教育的非学历课程。我们在学科渗透、专题教育和主题活动三个板块中，将"国际理解教育"课程的基本内容选择在自然生态、人文科学、国际礼仪、文化交流、强身健体、能源环境等方面。

5. 课程传授非宗教性

国家的教育方针与人的培养目标是有《宪法》与相关法律所指定的，不能擅自改变。因此在海外课程引进传授过程中，应避免涉及非辩证唯物主义的世界观、人生观与价值观的渗入，不涉及意识形态、宗教内容进入学校课程。《中华人民共和国宪法》第三十六条规定："任何人不得利用宗教进行破坏社会秩序、损害公民身体健康、妨碍国家教育制度的活动。"《中华人民共和国民办教育促进法》第四条规定："民办学校应当贯彻教育与宗教相分离的原则。任何组织和个人不得利用宗教进行妨碍国家教育制度的活动。"《宗教事务条例》第三条规定："任何组织或者个人不得利用宗教进行破坏社会秩序、损害公民身体健康、妨碍国家教育制度，以及其他损害国家利益、社会公共利益和公民合法权益的活动。"

这里的不得利用宗教进行妨碍国家教育制度的活动，主要有两层含义：一是不得利用宗教妨碍公民接受学校教育和社会公共教育，不得利用宗教妨碍义务教育的实施；二是不得利用宗教妨碍学校教学活动的正常进行，具体是指除经政府批准设立的宗教院校外，在各级各类学校中：（1）不得进行宗教活动；（2）不得开设宗教课或向学生传播宗教，不得组织学生到宗教活动场所开展教学和实践活动，干扰、阻挠学校向学生进行思想品德和科学文化教育；（3）不得强迫、诱使学生信仰宗教，更不得在学校内从事任何发展教徒、成立宗教团体和组织的活动；（4）中等和中等以下学校的教材不得有宣传宗教思想的内容，大学某些学科采用有宗教内容的教材应经省级以上教育行政主管部门审批；（5）学生不得参加非法的宗教组织和宗教聚会活动；（6）教师不得利用工作之便，在教学中进行宗教宣传和带领学生参加宗教活动，严禁外籍教师在学校从事传播宗教的活动。

（二）海外课程的本土融通

即便我们引进的海外课程都是具备了优质资源，都符合我国的国情，但也不能说它就是完全适合我们的师生，适合我们的学习，这里还需要有一个本土融入的过程。毕竟海外课程在设计之初并非为我们的学生量身定做，怎样让海外课程适应本土学生，这里需要一个本土化的过程。

以美国的《健康与幸福》课程为例①。课程中"关爱儿童身心健康与成长感受"的育人理念，"与每一教育个体密切相关"的课程内容，"丰富而灵动"的活动设计，都是十分吸引我们，同时也与我们"让每一位孩子主动健康成长"的办学理念相契合。如何让这一海外课程得以本土化实施，实现"师生育人理念和行为"的新成长？我们的思考与实践是：

1. 课程融合

把《健康与幸福》课程融于"国际理解教育"大背景。"坚守与吸纳"的国际理解教育课程培养目标，即培养小学生的"国际规则意识与人文艺术涵养、探索求知精神与创新实践素质、谦和开放心态与文化包容精神、行为礼仪待人接物礼仪与平等交流能力"，与《健康与幸福》课程所倡导的养成孩子的十大生活技能："做负责任的决定、运用拒绝技能、实践健康行为、分析影响健康的因素、获取健康的信息、产品和服务、解决冲突、做一名健康倡导者、管理压力、运用沟通技能、设定健康目标"完全吻合。可以说，《健康与幸福》课程，就是对学校后续发展和育人目标的内涵式探索。我们制定了"将健康与幸福的育人理念综合渗透进三类课程"的实施策略：即在基础型课程中进行"学科渗透"；在拓展型课程中落实"专题项目"；在研究型课程中创新"主题活动"。比如，我们将基础型课程中的"品社、体育、心理、自然"等学科作为主阵地，分板块落实教育目标；还通过拓展型课程的"舞向未来、游泳课、足球课"等专题项目，进行难点突破，将"健康问题、冲突解

---

① 选自明强小学叶喜老师论文《"健康与幸福"课程的本土化实践与初步思考》。

决、负责任"等小学生不易一下子掌握的内容真实化和情境化;我们将课程目标渗透进年度主题活动,整体构建了"访春、嬉夏、品秋、暖冬"明强学子"成长四季、幸福童年"体验式校历,比如访春季的"书香节专注阅读"、"踏春日感受自然"、"艺术节浸润童年";嬉夏季的"体育节各类联赛"、"童心节游戏接力";品秋季的"科技节动手创想"、"尊师节感恩行动";暖冬季的"爱心节义卖"等,校历活动本身的构建就考虑了"人的发展与自然的匹配",蕴含着健康与幸福的理念。

2. 师资培训

一是尊重和信任每一位教师,激发教师创新课程的自觉性。明强小学所创造的"尊重和信任"、"学术自由"等氛围是让每一位教师深受感动的,这也是一种积淀了多年的学校文化,并不是从《健康与幸福》课程引入开始的,而正因为这种氛围,老师们自然而然就接受了这一课程的理念,并开始全员探索。学校的培训从开办伊始就面向所有教师,这也就意味着课程的实施和创造有着更广阔的空间,即为了打通学习与生活的界限,让健康与幸福融入每一天的校园生活。

二是让研究成为习惯和乐趣,形成教师与课程要求相匹配的"新基本功"。多年研究让明强教师喜欢上了研究,并且逐步内化为一种习惯和乐趣,甚至于"新基本功"。这种乐趣并不是表层的,比如,班主任作为实施该课程在班级层面的第一责任人,"读懂学生"就成了必备基本功。和以往相比,"读学生"的范围更广,不仅是学业水平,更有体质和心理状态、家庭环境以及同学交往等,不少班主任都建立了自己的"学生成长档案",记录下孩子们的喜怒哀乐,这样,《健康与幸福》就从知识层面真正转化成对个体的关注与引导。心理老师也与上海师范大学合作,分年级开展了"以绘本阅读引导学生进行自我心理疏导"的实验,取得了较好的成效。总之,每一学科的研究都是从自身育人价值出发,寻求"健康与幸福"目标的达成。

三是让闲暇生活灵动起来,以人格、底蕴和素养影响孩子成长。要让学生健康幸福,教师自己首先得健康幸福。在明强,我们为所有教师建立了

"成长书架",教师可免费获得好书、好杂志,保持阅读习惯,定期交流;我们有自己的"文化之旅菜单",每学期定期看电影、听音乐会、看话剧,走近艺术人文;我们也有"草根讲坛"和"走近大师"栏目,营造倾听与分享的环境。去年,我们成立了"艺术、生活、健身"四类30余个"梦想社团",校本培训的核心内容之一是让老师循着自己的兴趣做深度的研究和拓展,也陶冶自己的人格和素养,这样的陶冶,也是其他专业培训所无法达到的。

3. 机制保障

一项课程要落地,一定有很多内在的机理,学校所注重的主要是"领导和管理、实施与评价、教研与辐射"三项机制建设。

一是"领导和管理"机制:校长负责,重心下移。每一个新的项目落地,校长都应是第一责任人,校长的全局策划,整体实施都对课程的成败起着关键作用。但同时,各部门之间的协同、尤其是教师层面的落实更关键,也要形成"第一责任人"系列。我们形成了"第一责任人"网络:"校长(学校)—学生部主任(部门)—班主任(班级)—其他学科老师(学科)"。我们更注重的是常态课堂和活动实效,以此确定下一步是否需要调整策略。

二是实施与评价机制:综合渗透,家校共育。学校意识到孩子在家庭中的健康与幸福程度直接影响其身心发展,因而建立了"家长俱乐部"活动体制。其中的"课程俱乐部"以"家长志愿者"的方式吸引了几千名家长,分别开展日常"护校安园、亲子读书、爱心帮扶、家长特色课程"等。近日,还成立了"乐言"亲子故事团,在"喜马拉雅"等平台分享成长故事。家校共育使家校的合作向深层次迈进,也真正保障了孩子的健康成长受到全方位关注。同时,我们在区域整体"学生电子成长档案"的引导下,逐步完善了对明强学子身心健康、学业水平、个性特长、成长体验校本综合评价,也通过学校"调研反馈中心"对学生十项生活技能的掌握情况进行整体把握,促进班级均衡发展,凸显个性。

三是教研与辐射机制:聚合资源,成人达己。我们首先通过"行动引领"聚合研究资源、"通识培训"更新理念、"专题培训"解决问题、"校、片、区内研讨"交流与辐射、"跨区域甚至国际交流"提升研究水平。其次通过"小教研组领衔式教研"提升校内研究自觉，促进团队中每一个人的日常发展。目前基本形成了"第一梯队骨干教师——辐射引领，研究先行；第二梯队教师——提升需求、专题研讨；第三梯队教师——规范培养，常态跟进"的研究格局。另外，贴合式的"课题引领"也助推了一批研究型教师的专业发展。总之，通过"伙伴合作"的方式加强整合研究以及课程创新，使明强《健康与幸福》研究共同体逐步形成。

第二节　国际理解教育课程的目标定位

一、国际理解教育课程的理念支撑

（一）小学生国际理解教育课程设计的理论由来

1. 联合国"国际理解教育"的基本内涵

联合国教科文组织有关"国际理解教育"的基本内涵是：培养具有善良、平等、公正、友爱、宽容、聪慧、诚实等优秀品质，且能够在竞争的同时进行合作，的二十一世纪新人。

国际理解教育核心观念的建构，主要遵循两条线索展开。

一是综合性知识的主线。突出以文化为主线，始终贯穿国际理解教育。内容素材的选取从孩子身边的、贴近生活的文化现象到社会的、精神的文化，由近及远，涉及衣食住行、节日风俗、艺术审美、文化遗产、资源、环境、社会互助，最终是对生命的珍爱和尊重。知识只是国际理解教育的载体，因此知识的选取具有综合性和广泛性的特点。知识的学习是为了建构"文化多样性·文化统一性——和平文化"的国际理解教育核心观念。

二是能力培养的主线。在开放性与体验性的活动中，培养学生理解并欣赏不同文化的能力，与不同观点的人进行平等交流的能力，以不同立场和角度进行换位思考的能力，以和平的方式解决文化差异所引起的分歧和冲突的能力,在多元文化共存的世界中与其他人在共同规则约束下竞争与合作的能力,能够与他人一起和平地生活的能力。国际理解能力的培养是核心观念建构的另一个支撑点。

2. 基于基本内涵的"坚守与吸纳"课程理念

"坚守与吸纳",正是遵循联合国教科文组织有关"国际理解教育"的基本内涵,结合百十年学校文化传承与发展的校本实践提出的。"坚守与吸纳"国际理解教育的课程理念,凸显了双向理解与双向包容,相互学习与相互交流。即:在坚守民族认同、文化认同、国家认同等民族情怀的前提下,理智应对多元文化碰撞,并以包容和理解的心态,主动吸纳先进、优秀的人文、科学知识,为培养具有国际视野、全球眼光的"新时代小公民"奠基。

3. 基于"坚守与吸纳"理念提出课程培养目标

"坚守与吸纳"国际理解教育课程培养目标,旨在构筑以本土课程国际化、国际课程本土化的"国际理解教育课程"架构,通过学科渗透、专题课程、主题活动"三位一体"实施途径,引导师生在主动探索各学科领域"国际理解"内涵的相关实践中,全面落实规则礼仪、民族精神、科学素质、人文素养的课程育人目标。

以上这些思考,决定了我们在架构"坚守与吸纳"国际理解教育课程时,明确提出从每一位学生的成长需求出发,通过"规则礼仪、民族精神、科学素质、人文素养"培养,进行校本国际理解教育的课程设计与实践,培养具有国际视野、全球眼光的"新时代小公民"。

(二)"国际理解教育"课程设计的实践支撑

2009 年,上海中学生首次参加了由国际经合组织(OECD)举办的中学生综合水平测试。PISA 测试结果的公布,中国基础教育的成功案例——"上海经验"引来发达国家教育界的集体"围观"。

2014 年,中英高级别人文交流机制中的重点项目"中英数学教师交流项目"正式启动。它是由中英两国教育部及上海市教育委员会领导,英国国家教学与领导力学院、英国数学卓越中心和上海师范大学共同实施、开展的互派中英教师的教学培训工作。这也是我国第一个由发达国家资助、与发达国家合作开展的教师工作互派项目。

二、国际理解教育课程的建构模型

上述两个事例,说明了这样一个事实:随着我国综合国力的增强,教育的国际交流从以往"向发达国家学习"的一边倒开始趋向于平等对话的方向发展,甚至出国交流与指导的,内容也逐渐从文化过渡到学术。这为开展小学生国际理解教育提供了坚实与实践支撑。详见下图:

图 3-2-2-1　小学生国际理解教育课程设计与实践的建构模型

三、国际理解教育课程的育人目标

习近平总书记在庆祝中国共产党成立 95 周年大会上发表重要讲话指出,坚持不忘初心、继续前进,就要坚持中国特色社会主义道路自信、理论自信、制度自信、文化自信,坚持党的基本路线不动摇,不断推进中国特色社会主义伟大事业。

我们提出"坚守与吸纳"的国际理解教育理念,注定了与之相匹配的课程核心架构必须凸显"坚守"与"吸纳"的特点。坚守是自信的体现,坚守就是传承与弘扬中华民族五千年灿烂文化的精髓,包括民族精神、民族自信、民族自尊,坚守是铸就"中国梦"的灵魂;吸纳,旨在学习全人类共同享有的先进、优秀、科学的物质与非物质文化遗产,包容多元文化、全球眼光。"坚守与吸纳"的核心内涵在于顺应未来社会对发展型人才的要求,培养在未来国际舞台上具有话语权的中国人,推进与实践伟大的"中国梦",让中华民族屹立于世界民族之林,为全人类的共同发展作出中华民族的应有贡献。

民族自信和全球眼光,共同支撑起了"坚守与吸纳"的学校载体——小学生国际理解教育课程;二者相对应的课程分别是本土课程(市颁课程＋校本课程＋家长课程等)和海外课程(海外课堂＋舞向未来＋健康与幸福＋领众热剌足球天才计划等)。国际理解教育课程的育人目标集中体现在规则礼仪、民族精神、科学素质、人文素养四大块。

第三节　国际理解教育课程的"五要素"

小学生国际理解教育课程结构由五个要素组成。无论是本土课程(校本及乡土课程)还是海外课程(经由区教育行政部门批准的海外引入课程实验),作为小学生国际理解教育课程,必须具备:课程理念、课程内容、课程目标、课程实施及课程评价五要素。这不仅是课程设计的指导思想,也是课程实施直至评价的基本路径,因此,我们将具备五要素的课程模型描绘成图 3 - 3 - 1 这样一个由内而外,由内核向表层逐层展开的球体构造图。

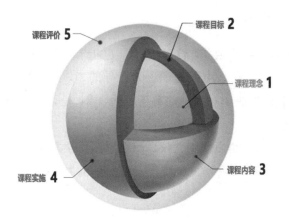

图 3 - 3 - 1　小学生国际理解教育课程结构五要素

一、课程理念

课程理念是课程开发与实施的顶层设计,是核心内核,是指导教师教育行为与规范学生主动健康发展的行为指南。不同的理念,会产生不一样的教育行为;但即便是相同的理念,执行教育的教师对理念的理解程度、认同度不一致,理念的执行程度亦会不一致。如让不认同该理念的教师来执行教育,必然会引发背离理念的教育行为。因此,好的理念还必须有志同道合的教师来执行,才能真正实现理念的价值。

"坚守与吸纳"是明强小学实施"国际理解教育"的课程理念,其定位为:紧紧聚焦"坚守与吸纳"下的小学生国际理解教育课程的设计与实践,制定适合小学生主动健康成长的课程目标,将"本土课程"与"海外课程"通过学科渗透、专题教育、主题活动三个课程板块来实践探索,引导全体师生在规则礼仪、民族精神、科学素质、人文素养四方面取得主动提升,培养具有民族情怀及国际视野、全球眼光的能应对未来世界挑战准备的"新时代小公民"。

二、课程目标

狭义的课程目标主要指"教育目标",也指"培养目标"、"课程教学目的"和"教学目标"。它是由课程理念为指导的,基于理念的育人目标。目标定位是否精准,取决于对理念的解读是否深刻,是否到位,是否呈现出课程理念的内涵。

我们的课程目标是以规则礼仪、民族精神、科学素质、人文素养为抓手,培养有国际视野与全球眼光的,具有应对未来世界挑战准备意识的"新时代小公民"。

(一) 规则礼仪

礼仪是人类为维系社会正常生活而要求人们共同遵守的最起码的道德规范,它产生于人们长期共同生活和相互交往之中,并且以风俗、习惯和传统等方式固定下来。对一个人来说,礼仪是一个人的思想道德水平、文化修养、交际能力的外在表现,对一个社会来说,礼仪是一个国家社会文明程序、道德风尚和生活习惯的反映。重视、开展礼仪教育已成为道德实践的一个重要内容。

中国社会向来重视规则,"没有规矩不成方圆"等俚语、历朝历代被广泛传承的《三字经》等都可以为证,可见成人重于成事。

作为当代中国人,应该积极思考与努力践行中国以何种大国形象屹立世界之林,人民以何种民族形象迈上国际舞台,物质文明建设与精神文明建设的成果如何同步呈现于世人面前,继而实现伟大复兴的中国梦。因此,国际理解教育课程的第一个育人目标就是让我们的下一代"学会做人",即:继承华夏礼仪之邦的传统,熟悉国际交往礼节,掌握"游戏规则",为将来从事经济、科技、文化、艺术、体育等领域的广泛交流打下基础。

(二) 民族精神

中华民族精神是中华民族在漫长的社会历史发展过程中逐步形成的,

它是中华各族人民社会生活的反映，是中华文化最本质、最集中的体现，是各民族生活方式、理想信仰、价值观念的文化浓缩，是中华民族赖以生存和发展的精神纽带、支撑和动力，是创新社会主义先进文化的民族灵魂。在五千多年的发展中，中华民族形成了以爱国主义为核心，团结统一、爱好和平、勤劳勇敢、自强不息的伟大民族精神。

由于全球化浪潮的兴起，世界逐渐地成为了一个地球村。中华民族也不断地与其他民族特别是西方民族相遇，其中有冲突，也有交融。这表现在许多方面，如生活、思想和语言等。在中西民族冲突的过程中，许多问题也日益突显出来：中华民族精神是否具有其优越性？它是否要被西方的民族精神所同化？对此问题有不同的回答，主要有所谓的保守派和西化派。但解决问题的真正的道路并不是非此即彼的选择，而是要深思中华民族精神自身的本性。

（三）科学素质

国务院办公厅于 2016 年 3 月印发《全民科学素质行动计划纲要实施方案（2016—2020 年）》（以下简称《方案》）。《方案》对"十三五"期间我国公民科学素质实现跨越提升作出总体部署。科学素质是公民素质的重要组成部分，公民具备基本科学素质一般指了解必要的科学技术知识，掌握基本的科学方法，树立科学思想，崇尚科学精神，并具有一定的应用科学处理实际问题、参与公共事务的能力。

科学素质是指当代人在社会生活中参与科学活动的基本条件。包括掌握科学知识的多少、理解科学思想的深浅、运用科学方法的生熟、拥有科学精神的浓淡、解决科学问题能力的大小。综合表现为学习科学的欲望、尊重科学的态度、探索科学的行为和创新科学的成效。

（四）人文素养

人文的核心是"人"，以人为本，关心人，爱护人，尊重人。这就是我们常常说的人类关怀、生命关怀。人是衡量一切的尺度,在人世间的各种权利,只有人权是天赋的,生来具有的,不可剥夺,也不可代替的。承认人的价值,尊重人的个人利益,包括物质的利益和精神的利益。人文,是一种思想,一种观念,同时,也是一种制度,一种法律。人文思想是人文制度的理论基础,而人文制度又是人文思想的实现,人文思想的制度化,法律化。

素养即道德、学问等方面的修养。合起来讲,人文素养即在以人为本,关心人,爱护人,尊重人方面的个人修养。

三、课程内容

课程内容是基于理念和目标设定的,是课程理念与目标实施的具体载体。课程的内容是否丰富与适切,决定了能否圆满达成课程目标。"坚守与吸纳"小学生国际理解教育的课程包含三类内容,其内容遵循三个基本原则。

(一) 三个基本原则

1. 注重基础原则

从认知层面看,国际理解教育课程的基本任务是要使学生有效地了解、体验、感受、学习人类共同的文化遗产中的精华,并充分内化,形成自己的智能结构,以适应未来社会发展的需要。因此,课程内容的选择应该包括帮助学生成为一名合格的"新时代小公民"所必备的国际理解的基础知识和基本技能,以及后续终身学习的能力与方法,注重知识结构的广度与深度之间的平衡。

2. 联系实际原则

学生参与国际理解教育,真心需要到真实的社会生活环境中体验、感悟,如:让每一个学生有机会前往海外姊妹校拜访;或参加海外课程在体验中获得深度了解,如:让学生在学校营造的多元文化情景中获得探究体验。此外,这种实际经验的获得不仅要注意与现实环境相关联,还要注重与未来环境相关联。

3. 文化传承原则

实现多元文化的理解与包容是国际理解的重要项目之一。一个不知晓、不熟悉本民族文化精髓的人,是没有资本和资格在国际交流与交往中去理解与包容世界多元文化的。因此,多元文化的理解首先应该从身边开始,从传承与发展学校的文化开始,积极履行学校文化的核心理念,由此逐步了解家乡文化、民族文化,直至坚守中华民族的文化精神。只有这样,才能自豪、自信地屹立在国际环境中,面对多元文化的碰撞从容淡定处置。因此,课程内容的选择必须立足坚守本土文化,吸纳全人类共同优秀的文化遗产,帮助学生对"国际理解"活动形成积极、主动、良好的态度。

(二) 三类课程内容

1. 基础型课程——注重学科渗透

本文提及的基础性课程特指进入学校课程表的各学科课程,其内容是小学阶段学生必须接受的基础知识与基本技能,也是市颁教育计划的具有法规意义的课程。因此要面向全体学生实施"国际理解教育"必须抓住全学科渗透,只有这样,才能真正在学科教学中实现"国际理解教育"的课程育人理念。做好学科渗透关键落实在"常态课堂渗透",在每一堂课上有机渗透,而不是为渗透而渗透,不是为"国际理解教育"而渗透"国际理解教育",要入心、入脑、入行为。在渗透中实现"润物细无声"的教育。表3-3-3-1是明强小学各学科渗透国际理解教育所强调的育人价值。

表3-3-3-1　学科渗透的育人价值

学科	育人途径	育人目标
语文	汉字、阅读、朗读、课本剧	悦读,善思,乐言
数学	思维、推导、生活应用数学	勤思考、乐研究、善应用

（续表）

学科	育人途径	育人目标
英语	应用词汇、英语文化、外教课堂	开阔视野、主动交往、规则礼仪
音乐	中外声乐、器乐、舞蹈赏析	唱心声,舞自信,浸艺术,陶性情
体育	多会一好（会足球、围棋、游泳、乒乓、羽毛球等,且其中某项成为自己的强项）	健身意识、强壮体魄
美术	中外名画、雕塑、建筑赏析	美生活,育心灵,求创新
自然	科学实验、环保实践、场馆参观	尊重科学、保护环境、遵循规律、勇于探索
劳技	动手实践,动脑创新	在动手中动脑,在实践中创造
信息科技	学习信息科技、应用信息技术	寻找信息,筛选信息,应用信息
……	……	……

比如:在语文学科阅读教学中开展"中外文学品读对比",对中外文化进行系统认知,了解中国传统文化在世界文化发展领域中的贡献,增强民族自尊心与自豪感,奠定民族平等意识和团结合作精神。

数学一向是我们引以为豪的学科,但通过与发达国家的数学教学比较,还有很多观念上的差异,比如我们的学习更擅长"解题",如何从"解题"式学习中解脱出来,让学生更多发现数学的逻辑之美、研究之力、应用之活,是我们需要思考的问题。2013 年 3 月,德国知名的数学学习心理研究专家史万克与我校数学骨干团队进行了深度交流,通过一段时间的课堂观察、学具实验、小组学习等,聚焦小学生数学学习思维与心理,得出数学学习的个体和小组样本。之后,老师们结合"新基础教育"多年研究成果,归纳提炼出"乐思考、好研究、善应用"的校本数学育人价值,我们展开一系列针对数学课堂教学和评价的变革,也始终保持着与发达国家的学术互动。

2014 年以来,我校先后持续有三批次共 7 人次教师赴英参加中英小学数学教师教学交流项目。当地报纸和时代周刊以《中国智慧：上海导师在圣迈克小学教数学》和《中国教师分享数学成功的秘密》长篇报道了这些老师的教学特色，回校后在与同伴的分享中他们谈到：中外数学教学各具特色优势，需要在取长补短中发展适合本国国情的教学，共同挖掘数学的育人价值。

2. 拓展型课程——定位专题教育

专题教育主要通过"限定拓展"和"非限定拓展"两类课型实施。既分年级让每一个学生自主参与"基础性专题课程"，又分年级让学生感受"选择性专题课程"。详见表3-3-3-2。

表3-3-3-2　校级层面的拓展型课程（专题教育）安排表

	限定拓展	非限定拓展
一年级	校本课程：教师走班 每周一课 足球、数学兴趣、阅读、快乐ABC	领众热刺足球项目 班级微社团项目
二年级	足球、围棋、阅读、快乐ABC、	班级微社团项目
三年级	古镇探秘、游泳、阅读、快乐ABC、	皮影戏 班级微社团项目
四年级	乒乓、快乐ABC、	校本课程：学生走班8周一个周期 班级微社团项目 海外课堂：自选菜单 一年两次
五年级	羽毛球、数学兴趣、英语兴趣	班级微社团项目 海外课堂：自选菜单 一年两次

"限定拓展"类课程主要是指针对低年级学生，因为他们尚处于兴趣爱好的多样性阶段，兴趣广泛。因此我们通过让教师走班上课，让学生感受和体验到丰富多彩的"国际理解教育"内容。

"非限定拓展"类课程主要针对高年级学生，他们的兴趣爱好已经相对稳定，能够认识到自己对什么内容更感兴趣，所以可以通过学校提供的"课程菜单"，自主选择适合自己特点的课程。在教学组织形式方面，在同一时间段,实行学生走班上课,打破传统的班级概念,实施更为得体的个性化教育,比如:"中外戏剧表演"、"德国认知心理数学研究课程"、"我跟外教学英语"、美国"舞向未来课程"、"围棋"、"乒乓球"等。

"非限定拓展"类课程还包括校外课程。比如:比如三、四、五年级有不同课程目标的本土文化体验,具体包括"古镇探秘"、"古镇建筑"、"皮影"等,四、五年级还可选择在假期参与的英国、美国、澳洲等国家的"海外课堂";还有面向全校学生的,每学期不少于一次的"家长课程"(详见表3-3-3-3),这主要结合"六·一""校庆纪念日"等活动,利用一个下午,同时在全校开设200多节"家长课程"。事先,学生根据学校各年级列出的"家长课程"菜单,进行自主选择报名,学生按年级走班参加。

表3-3-3-3 年级层面的家长课程(专题教育)安排表1

年级	课程	年级	课程	年级	课程
东校一年级	直升机的原理	东校二年级	"舞动生活"	东校三年级	中国功夫茶艺
	航拍世界真美好		舞动未来星		头脑风暴游戏
	冲上云霄		《自我急救》		小朋友来学航天
	眼睛的奥秘		《DIY发饰》		打击乐初体验
	扇子舞		《毛线乱绣贺卡》		军用飞机的简要概述
	职业教育启蒙		模拟小法庭		模拟小法庭
	带你看世界		"缤纷书签"		小小武警特训营
	奥尔夫·趣味音乐party		海豹小子		从一颗鸡蛋开始的故事
	气象科普知识		悠扬乐声伴成长		小小银行家
	温度"变变变"		少年强则国强		DIY印第安头饰
	面具王国奇幻之旅		迷人的光		货币的故事
	变身制香小达人		我型我秀		梦幻魔术

（续表）

年级	课程	年级	课程	年级	课程
东校一年级	多彩皱纹纸花环制作	东校二年级	"创意手工"	东校三年级	自我安全防范
	多肉植物介绍		神奇的简笔画		飞行员的飞行箱
	我是小小空乘员		爱心天使屋		美丽中国主题课程
	我发现我创作——绘制许愿瓶		《宇宙的起源》		创意手工－百变软木塞
	七彩小熊按钟		《精益启蒙》		骑行西藏见闻
	手工编织		《跆拳道小勇士》		古琴欣赏
	英语从哪里来?		《情绪特工队》		创意手工
	"手中乾坤"之趣味撕纸		沪语课堂		阳光 365 基金电梯安全宣传
	棉花变变变		神奇的生物电		玩转纸电路
	关于爱心献血,成分献血		小小建筑师启蒙		小小旅行家之墨西哥
	"手中乾坤"之趣味折纸		一颗米粒的人生历程		喜庆中国结和套色剪纸手工课程
	知识(太阳、地球、月亮)		我为校庆谱画卷		神奇的电——小灯泡亮了
	自然课堂的穿越畅想——2035 年的明强校庆(20 年后你我的职业)		"二六画室"之一"祝明强生日快乐!"		轮船的发展历史简介
					建筑小达人
	飞机长啥样?		环保小达人		水的神秘世界
			案发现场—指纹追踪		地球探秘之天使的泪珠
			我们身边的无线电		"魔抓"小创客

表 3－3－3－3　年级层面的家长课程（专题教育）安排表 2

年级	课程	年级	课程	年级	课程
东校四年级	未来科技:虚拟与现实	东校五年级	航空知识小课堂	西校一年级	沪语小学堂
	献给妈妈的礼物——手工制作头饰		民用航空小知识		撕纸宝贝乐
	我们可爱的城市		船艇的发展史		自我保护擒拿术
	智趣游戏—"华容道"的玩法		摩托车由来及介绍		小儿安全与应急常识
	乌龟大百科		欣赏 BIM 的建筑构成		水中计时器的讲解
	约会帆船 拥抱大海		口腔卫生知识培训		走进电的世界
	奇妙下午茶		舌尖上的安全		生命的微观世界博览及小小科学家实验
	我是舞者		美丽衣服的来源		恐龙百科
	日本文化		消防小卫士		手工制作竹制小人
	如何从沙子到芯片		少年警校	西校二年级	航模课
	欢迎大家来到牛奶的世界		小小拍卖师		关于中国戏曲
	影视制作及影视特技拍摄演示		棉花种子的自述		土布贴画
	胸前复苏急救技能学习与体验		感官总动员		Sleeping Queen《睡王后》
	美丽校园是怎样建成的		自我急救		跆拳道
	活字印刷术		国学经典品鉴		世界这么大,我想去看看
	青瓷文化		优美手语友善心		多肉植物及彩泥的拼搭
	酸奶的故事		我是禁毒小卫士		巧手做盆栽
	科学小实验		茶与茶道		快乐魔方集训营
	模拟医院		兰博基尼的品牌历史		神奇的水漆
	走进神秘的动画世界		体验催眠		
	沪剧赏析		不织布		
	多米诺骨牌搭建		茶道		
	航拍备用(二年级)		插花		

表 3 - 3 - 3 - 3 年级层面的家长课程(专题教育)安排表 3

年级	课程	年级	课程	年级	课程
西校三年级	我的蛋宝	西校四年级	机器人来啦	西校五年级	神奇大气压
	神奇的泡泡手指操		文物与工艺		巧手折花献给明强妈妈
	"油画解读"——油画鉴赏讲座		有趣的纸浆画		面塑
	小学生应知 25 条法律小常识		航海趣谈		同声传译
	警察文化进校园		探秘茶艺		3D 技术探究,脑洞大开的化学小实验
	火眼金睛识饮料		美容清洁肌肤		衍纸 DIY 手工
	树叶拓印		预防运动损伤		机器人运用介绍
	马拉松主题 - 三宝爸		航天航空		小小银行家
	魔术课程		国学经典在这里		小小服装设计师
	油画棒绘画		语言类——未来职业表演		手工面塑
	包包 diy				
	冷天更要防烫伤 5 步急救教给你				
	直升机原理及木制模型制作				
	快乐做香皂				

3. 探究型课程——立足主题活动

分别以校级、年级、班级为整体,有序构建活动:聚焦"学习与人交往的基本技能"(规则与礼仪修养),了解世界基本问题(和平与发展、生态环境等问题),了解国际组织与维护和平的基本途径(联合国发展等),以"国际文化节"为载体了解其他国家的文化生活,体验多元文化共存及世界相互依存关系,开展真实的国际交流与合作(日常国际主题交流活动)等。

结合本地区特点,充分利用与学生生活关系密切的家长、社区教育资源,让学生在实际生活中体验到"国际理解教育"。目的是倡导和平文化,养成对不同文化的理解、尊重和宽容态度,进而形成"世界公民"的意识与国际素质。

四、课程实施

课程实施是将课程理念、课程目标、课程内容通过相关教育教学渠道、途径、方法付诸实践的过程,是师生双方为实现课程理念,达到课程目标,实现课程育人结果所激发的教育智慧及创新实践的行为。同时也关注课程实施过程中引发的变革性实践程度和实施过程的有机调整。需要特别强调的是课程实施不是简单的、纯粹的、依样画葫芦地实施课程内容。而必须是通过教师智慧的、创造性的对课程内容进行深度研究与预设,进而由师生双方通过课内教学(日常课堂、特色课程)、课外体验(海外课堂、古镇探秘)以及主题活动(校、年级、班级主题教育序列)的有效互动,让学生主动获得新的感悟、体验与知识结构的过程。详见表3-3-4-1。

表3-3-4-1 三类课程设置的课程类型与实施要点表

课程类型			行动要点			
项目	类别	设计思路	切入点	组织形态	推进渠道	配套资源
学科渗透	基础型	依托全学科"常态课堂渗透",落实"国际理解教育"课程育人的全员性目标。	1. 语文:汉字、阅读、朗读; 2. 数学:思维、推导、生活数学; 3. 英语:应用词汇、英语文化、规则礼仪; 4. 音乐:中外声乐、器乐、舞蹈赏析; 5. 体育:更高、更强、更快的奥运精神; 6. 美术:中外名画、雕塑、建筑赏析; 7. 自然:尊重自然,尊爱生命,科学精神; 8. 劳技:在动手中动脑,在实践中创造。	学科教学活动 校园环境熏陶 中外互动交流	课堂教学 校园文化 双语读物 隐形熏陶	文本 网站 发言稿 演讲稿 影像 实物等

（续表）

课程类型			行动要点			
项目	类别	设计思路	切入点	组织形态	推进渠道	配套资源
专题课程	拓展型	基于联合国"国际理解教育"目标的,有计划、有目的、有方案、有实施、有研究的专题课程。旨在落实"规则礼仪、民族精神、科学素质、人文素涵养"的"坚守与吸纳"——小学生国际理解教育课程的培养目标。	1. 学科专题课程——以知识结构的横向关联特点,系统设计各学科的专题课程: （1）语文"中外戏剧表演"; （2）数学"德国认知心理数学研究课程"; （3）英语"外教课堂"; （4）音乐"舞向未来"; （5）自然"小小爱迪生"; （6）品社"健康与幸福"等。 2. 校本化拓展课程——根据各年级学生特点设计相关专题课程: （1）一、二年级足球课程（英国热刺俱乐部足球天才培养课程）; （2）三年级"古镇探秘"课程（"古镇建筑、饮食、皮影"等特色）。 3. 校际专题互动课程——真实体验多元文化,拓展国际视野: （1）通过建立姊妹校; （2）网络视频交流; （3）实地考察。	限定拓展课堂（师走班） 非限定拓展（生走班）	强强电视台 学校门户网 班级网 官微 知识竞赛 拓展课程 家长课程	文本 网站 发言稿 演讲稿 影像 实物等
主题活动	探究型	以多元文化理解、包容、交流、体验为主题,倡导和平文化;学会文化包容;树立"新时代小公民"意识的校级层面的定期活动周、月。	以校级、年级、班级为单位,整体有序构建主题活动: 1. 聚焦与人交往的基本技能（规则与礼仪修养）; 2. 了解人类共同关注的基本问题（和平与发展、生态环境等问题）; 3. 了解国际组织与维护和平的基本途径（联合国等）; 4. 了解其他国家的文化生活（以"国际文化体验节"为载体）; 5. 体验多元文化并存及世界相互依存关系（姊妹校互访交流）; 6. 开展国际文化交流与合作（艺术、体育、科技等主题的国际交流）,比如四－五年级的"海外课堂体验"课程（英国、美国、澳洲、加拿大、韩国）等。	科技、艺术、体育节,国际文化节、年度校园十佳英语小歌手比赛、国际姊妹校互访、涉外接待、海外课堂体验（游学考察）等	"成长四季"校历; 明强之魂 明强之韵 明强之行 海外课堂	方案 教案 证书 文本 影像 实物等

五、课程评价

小学生国际理解教育课程以培养具有国际视野和全球眼光、知晓规则礼仪、怀揣民族精神、具备科学素质、富有人文素养的世界小公民为目的,其评价体系应包括内容多元化、过程动态化、个体独特化、方式表现化、行为日常化、结果激励化六个方面,并遵循系统性、发展性、过程性三大原则。详尽阐述请见第五章。

参考文献

中文文献:

(一) 专著、论文集、报告

[1] 刘翠鸿.进行课程二度开发的几点策略[M].课改聚焦,2007.7 – 8:33 – 34.

(二) 期刊

[1] 许洁英.国家课程、地方课程和校本课程的含义、目的及地位[J].教育研究,2005,(08):32 – 35 + 57.

第四章　推进新路径:打通课程内外的勾连

基于"坚守与吸纳"这一理念,在国际理解教育的课程建构时提出小学生国际理解教育课程的三条基本路径:学科渗透、专题教育和主题活动,它们分别对应了《课程方案》中的基础型课程、拓展型课程和探究型课程三个领域。具体课程结构图如下:

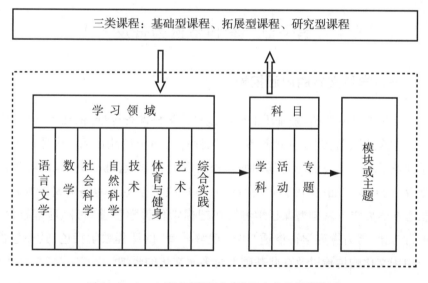

图4-0-1　上海市《课程方案》的中小学课程体系

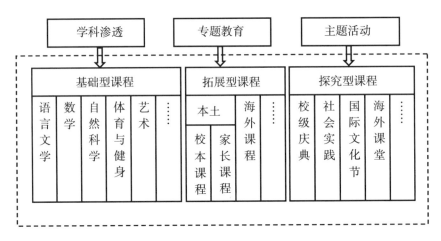

图4－0－0－2 "坚守与吸纳"国际理解教育课程

第一节 学科渗透为普及

一、学科文本的内涵挖掘

这里的学科渗透,是基于上海颁布的各学科课程标准,依托各学科"常态课堂渗透",落实"国际理解教育"课程育人的全员性目标。渗透过程几乎涉及了小学学段的所有基础型课程的学科教学,这既取决于"国际理解教育"的基本内涵(公民教育的特性),也取决于学生主动健康成长所需的核心素养要求。基础型课程学习旨在把握学科教学渗透"国际理解教育"的常态化,努力探究学科渗透"国际理解教育"的课程教学特色,其中包含对中华文化的传承以及在此基础上对多元文化的吸纳。

(一) 传承中华文化

汉语、汉字、汉文学等是语文学科的基本学习内容,但这其中绝不仅仅是掌握一种语言工具这么简单。在推进人类文明发展进步的古代文明诸国中,唯有中华文明传承至今,唯有中华汉字、汉语、汉文至今依然在使用。这一中华文化精髓,就蕴含在我们小学语文学科的学习中,这不仅是中华民族的伟大文明遗产,也是全人类的伟大文明遗产,值得炎黄子孙自豪与骄傲。在传承中华文化方面,主要关注汉字的书写、传统文本的诵读、传统思维方式的传承。

1.“正书”

汉字是中华民族的伟大创造,汉字之线条美、结构美、神韵美、含意美以及音韵美是中华文化的灿烂瑰宝。作为“新时代小公民”,首先应该学好母语,传承民族的文化精华,树立民族自信心;应该感受汉字的神奇魅力,激发热爱祖国语言文字的情感,学写一手正确、规范、端正的汉字。

正书的“正”有“正大”的含义:正者。规则端正;大者,通行无碍。正书自古以来称为真书、楷书,现在正书的含义已经扩大其外延,包含了篆、隶、楷三种书体。① 这意味着凡通用的、规整的书体都可以称为正书。以前通行字体为大小篆,汉至魏晋以隶书行天下。篆书、隶书完成了它们的历史使命。楷书则作为成熟的书体应用至今。今之正书已经和古之正书不同,是相对于行草书而言的。中华民族的祖先从大自然中窥见了表达思维的天地之心的象形文字,奠定了中国人的独特的思维方式。

小学语文学科的汉字书写就是从“楷书”开始,具体学习要求有:首先,必须熟悉田字格,学会观察、分析、感受汉字的布局美。让学生了解田字格,熟记田字格各部分的名称;充分利用田字格两条中线,抓坐标体系指导学生学习欣赏田字格中的汉字,感受每个笔画都有各自的位置,不同字的结构各有特点,从而领悟到了汉字的形态、结构之美,激发学生对学习祖国语言文字的热情和兴趣。其次,要学会欣赏书法,领略能张扬时代特征的活力美。让学生欣赏书法作品,感受被各个朝代书写的汉字,领略汉字特有的形态

① http://baike. baidu. com/link? url = mglDIz5dkqKXo9T1KnZco7KcjeNgafGUauNu4z9uN0KaZLMeH-jF1BItKYcRgmjQWtkcOgnohmlZb7pObrqPgbEKUlN1cL1uglMoW

美,感受汉字灵动、飘逸的活力之美,激发学生写好字的强烈愿望。再次,必须认真书写,在追求规范工整中体验和谐美。引导学生看结构、看笔形,看笔画的位置与关系。让学生临写生字感受运笔的走势,学会书写大小合适、疏密有致、结构紧凑的汉字。

2."诵读"

诵读①,即熟读、背诵,亦指诵读诗文时读出声音来,出自《三国志·吴志·阚泽传》。诵读不仅要声音洪亮,疾徐有致,还要眼到口到耳到心到,全身心地投入,从诵读中体会节奏感,品味作品的情趣和神韵。南宋朱熹的看法是,"要读得字响亮,不可误一字,不可少一字,不可多一字,不可倒一字,不可牵强暗记,只要多诵数遍,自然上口,久远不忘"。清代古文家曾国藩谈到自己的诵读体会时说:"非高声朗读则不能展其雄伟之概,非密咏恬吟则不能探其深远之韵。"然而,这一传统的学习手法,被我们一些中小学语文教师所忽略,仅仅是因为中考、高考中没有诵读的考核项目,实在令人痛心疾首。"坚守与吸纳"就是要传承并壮大中华传统的学习方式,主要原因在于:

诵读是我们古时语文教学的一种传统手法。"书读百遍,其义自见。""熟读唐诗三百首,不会吟诗也会吟。"过去私塾里的先生教书主要是先教学生朗朗上口,再给以粗略的讲解,然后大部分的时间就是让学生"摇头晃脑"诵读,而先生则从学生的诵读状态中便会知道学生对诗文的理解程度。可见,古代传统的语文教学中对于诵读的重视程度。

诵读有助于培养学生独立阅读的能力。学生养成了诵读的习惯就相当于有了良好的学习基础,获得了独立阅读的能力。只有反复诵读课文,对于一些好文章达到"熟读成诵"的地步,才会体会到其中的奥妙所在,才会在文章的布局谋篇和遣词用句方面达到一种"只可意会,不可言传"的境界,于无形中提高自身的阅读能力。

---

① 百度百科. 诵读[EB/OL]. https://baike. baidu. com/item/% E8% AF% B5% E8% AF% BB/ 2601142?fr = aladdin.

诵读有助于提高学生的写作能力。学生反复诵读大量的课文或课外读物以后,文章里的名言警句、优美段落、行文特色都会不断地被吸收、积累。"不积跬步,无以至千里,不积细流,无以成江河。"只有不断的积累,学生的表达能力、写作能力才会自然而然地得以提高。读写本身就是一个有机的整体,相互促进、相互提高。"读书破万卷,下笔如有神"说得也是这个道理。

反复诵读还可以使学生获得美育教育。好的文章无不具有语言美音乐美等诸多特点,读起来铿锵有力、优美动听。学生诵读后既能提高自身的阅读能力,更会从中得到美的享受。最近,中央电视台董卿主持的朗读者栏目,再一次把人们的视线聚焦到了诵读上。通过个人成长、情感体验、背景故事与传世佳作相结合的方式,选用精美的文字,用最平实的情感读出文字背后的价值,旨在实现文化感染人,鼓舞人,教育人的传导作用,展现有血有肉的真实人物情感。

此外,由于诵读是口、耳、脑同时并用的综合活动,它对于学生的心理和生理的全面健康发展有着重要的作用。当然,诵读的好处还有很多,如果我们在教学中教会学生正确的诵读方法,使其养成习惯,不仅会使学生掌握更多的知识,更会提高其自身的阅读写作能力,使其一生受用不尽。

3. "思维"①

所谓思维,"是以一定的文化背景、知识结构、习惯和方法等因素所构成的人们思考问题的程序和方法。每个人在观察事物、思考问题时,都必然遵循一定的思维方式,但有自觉与不自觉的区别。"思维方式是文明的深层内容,它是最能反映一种文明特征的因素之一,它于无声处对整个文明的发展起着广泛、深刻的影响。学生的学习过程都离不开思维,如何基于文本,挖掘其蕴含的思维方式,是培养学生善于思维和影响学生形成科学的、正确的思维方式的重要途径。我们认为学科教育中可以渗透我国传统的思维优势,具体为:

---

① 郝建平.从中华民族思维方式看中华文明[J].新疆社会科学,2004,(5):81-85.

（1）整体思维

与西方文明注重研究,强调个体的作用不同,我国传统思维注重事物的整体研究,强调事物的整体功能。即从整体性出发,以整体的观点来描述世界。认为世界是一个整体,人和物、自然和社会也都是一个整体。整体中包含许多部分,各部分之间存在着密切的联系,因而构成一个整体。诺贝尔物理学奖获得者、比利时化学家普里高津指出:中国传统的学术思想,是着重于研究整体性和自发性,研究协调和协和,而西方经典科学强调的是,把对象分解为简单的要素来研究,强调的是基本粒子、生物大分子、核酸蛋白质,等等。因此,中国的整体方法更近于系统论方法。

（2）矛盾辩证法思维

我国传统思维注重从对立统一中来理解事物的生成变化和发展。矛盾辩证法在中国发展很早、内容丰富、思想深刻。古代思想家认为,任何事物都包含有对立的两方面,对立面是相互依存、相互斗争、相互转化的,对立面双方的共同作用,推动着事物的变化与发展,因此,看问题要从对立的两方面来研究。和平、发展、开放、安定团结、一国两制等等,都是对矛盾作“和而解”的好方法。而“仇必和而解”的中国哲学精神,也必将为世界各国更多的人所接受,使其成为世界哲学。

（3）直觉思维

我国传统思维重视直觉。直觉,作为一种思维方式,其特点就是摒弃逻辑推理,通过下意识或潜意识活动,直接领悟事物的本质。中国古代思想家称之为“体认”、“体验”,亦简称为“体”。现代汉语中所谓“体会”,即来源于此。直觉思维是人类一种基本的思维方式,它贯穿于中国古代思维发展的始终,被全社会自觉不自觉地广泛使用,这对人们知识和经验的积累起了促进作用。它丰厚了中华民族思维的基础,对于人们的综合、归纳能力的培养和提高,有一定积极意义。

（4）象征思维

我国传统思维注重象征,是用具体事物或直观表象表示某种抽象概念、思想感情或意境的思维方式。象征性思维的存在以及象征在社会生活中的广泛化,给予中华民族文明深刻的影响。它促进了中华民族意会、体悟能力的发展;它对于人们凭借经验领悟自然界,特别是社会和人生现象中某些不可言喻的深层意境,有着引导和升华的作用。

(二) 吸纳域外文化①

在英语课堂中,经常会有学生提出这样的问题:"为什么 Christmas Day 会有 Santa Clause 来送礼物呢?","为什么中国有诸如'叔叔'、'伯伯'、'舅舅'、'阿姨'、'姑姑'、'舅妈'等许多不同家庭人物的称谓,而英语中仅用了'uncle'和'aunt'这两个单词就可以全部表达了?","为什么 kitten 也可是 family member?"这一类涉及"文化差异"的问题,都说明了语言不仅是交流沟通的工具,同时还打上了一定的文化烙印。学习英语不能不关注其背后特定的文化积淀,只有了解中西文化之间的差异,才能更有效帮助孩子学习好该门语言,使孩子在英语交往中游刃有余,得心应手。据此,必须把握几点:

1. 渗透英语文化的必要性

(1) 文化意识有助于语言的学习

英语作为一门外国语言,同我们的母语一样,有着深厚的文化基础。文化深深根植于语言,语言中蕴含着丰富的文化因素。学生在学习英语的听、说、读、写的综合能力的同时,也在学习这门语言背后的文化。语言受文化的深刻影响,又反映了某种文化的独特之处。文化与语言的关系是密切的。语言是文化的一部分,语言又是文化的载体。文化对语言的发展又起着制约作用。因此,学习一种语言,就必须了解这种语言的文化,否则就无法正确地理解和运用这种语言。《新英语课程标准》也指出:"中小学英语课程

---

① 选自明强小学教师黄鹏琳的论文:《小学中高年级英语教学中渗透文化意识的方法与策略研究》。

是学生学习语言知识、训练语言技能、获得语言体验的平台,对学生形成有效的学习策略和科学的思维方式、了解中外文化异同、提高跨文化交往能力、提高信息素养具有独特的作用。"

（2）文化意识是形成语言自觉的保证

《新英语课程标准》指出:"树立正确的学习态度,养成积极的学科情感,融入英语学用环境,形成语言自觉;尊重文化差异,乐于文化交往,逐步提高跨文化交际能力,形成文化意识。"想要形成语言自觉,就必须充分了解英语国家的风俗习俗,生活方式,道德标准等多方面内容,只有了解了英语运用的文化背景,学生才有可能更得体地学好英语并学以致用。

2. 探索渗透文化意识的有效方法和策略

（1）以鼓励为核心、在氛围中渗透文化意识

中国的传统观念主张孩子尊师重道,对老师和父母的话言听计从,要听大人的话,做个乖孩子。虽然课堂已经逐渐在改变,但学生对于课堂的质疑能力仍然比较薄弱。而西方国家讲究每个人都是独立的个体,长幼之间平等对待。因此,在教学中我们每一个老师都鼓励每个学生积极尝试,学说英语,鼓励学生质疑,尝试给学生营造一个宽松,民主、和谐的课堂氛围。

（2）以教材为阵地、在任务中提升文化意识

教材是学生学习语言、增进文化理解的基本材料,合理的教材配置、任务安排对文化意识的渗透十分重要。

以牛津英语五年级第三模块第二单元4A Module3 Unit2 The Emperor and the Clothes 为例:这一单元学习内容很受学生欢迎。教师在认真分析了教材与学生的基本情况的基础上,进行了智慧的"加法"行动。在教材自有的三课时中,通过趣味性课堂学习,学生已经学会了用英语讲述这一故事,并加入了一定的朗读体验以及情感体验,体会到了国王、大臣以及路人的愚蠢,加强了"要讲真话"的做人准则,教学效果较好。为了更好地"用好教材",课结束后,教师及时抓住学生"学习兴趣点",通过"任务",即小组合作自编自导自演英语话剧,巩固知识的过程同时进一步促进学生的文化意识。

在表演过程中,帮助学生充分挖掘国王与新衣的关系,引导学生通过"浸入式体验活动"真正地去感受西方文化的特点以及内涵,激发学生对西方文化进一步研究的热情。这样的教学就多了一份"创意",更多了一份"思想",这也有效落实了国际理解教育"学科渗透"的这一目标。

（3）以节日为契机、在活动中培养文化意识

我们通过让学生们过一些比较典型的西方节日,从而在活动中激发学生的文化"异同感",以下两个活动为例。

活动一:在感恩节来临之际,通过精心的场景布置来营造活动的气氛,运用问答的形式让学生知道感恩节时间和感恩节食品;根据一张旧照片讲述感恩节的来由,从中让学生了解节日的文化底蕴;从两位小朋友之间的对话中进一步挖掘感恩节的活动意义,即感谢家人和朋友;通过制作感恩卡,使学生的感知与实践得到有效融合;通过感恩节和中秋节的比较,让学生体会中外节日的异同,进一步加强对中西方文化的认识与理解。

活动二:爱心,是一个跨文化的主题。无论在中国,还是在英语国家,都被人们反复称颂。因而,让学生了解西方每年5月的第二个星期日为母亲节,为了感谢母亲的养育之恩,为妈妈献上一朵康乃馨,并尝试做一张贺卡,用英语送上祝福的话语。这一系列的体验活动,在我们的英语教材中均有具体的活动设计。在其中,教师通过多样化的中西结合的活动,鼓励孩子勇于表达感情,将对母亲的爱化作行动,用心传递给母亲。看着孩子做好的一张张贺卡,上面写着"Happy Mother's Day!""I hope you're happy every day!""I love you smile. I love you so!""A big hug, and a big kiss!"虽然这些话语在书本上都能够找到,但妈妈们看到孩子亲手书写与制作的贺卡,心里肯定很甜蜜。感觉书稿的话,有些表述最好规范点。虽然这是一个西方国家的传统节日,但对妈妈的爱应该是全世界都相通的,文化的交融是如此的和谐与美丽。

（4）以探究为助推、在学科整合中提升文化意识

牛津教材中有一系列动物的名词,关于动物,孩子们都是比较感兴趣的。但动物在不同文化中存在着不同的联想意义。例如:"龙",在中国人

心中是权力,吉祥和力量的象征,古代人们常用"龙"象征帝王的尊贵地位,汉语有许多和龙有关的成语带有强烈的文化特征,如:"龙凤呈祥"、"望子成龙"等。而西方人对"龙"却敬畏三分。因为西方文化中,dragon 是一种吐火伤人的怪兽,象征着凶残、邪恶。这样的一种文化负载词其实还有很多。但小学阶段的学生,对此了解甚少。因此,结合学校探究课自主探究板块的内容,安排孩子们进行文化负载词的大搜索,但毕竟对孩子来说还是有点难度的,所以,教师将一系列相关搜索词提供给学生,结合探究课上整理收集资料的教学目标,孩子们如火如荼地展开了大搜索。学生也可以寻求各种解决办法:求助爸爸妈妈,上网查资料,查阅书籍,有的孩子甚至向语文老师和其他英语老师求助。通过不懈努力,孩子们搜索到了大量有意义的词语,让大人惊叹不已,孩子们找到了中间标点符号改成、等词,有的甚至连老师都不曾了解加入这一搜索活动,既让孩子们了解了同样的词汇在不同文化之间的内涵差异,同时也锻炼了孩子们解决问题、收集资料的能力,这样的活动很有价值。

3. 音乐的文化使命①

音乐本身就是一种国际通用的语言。因此,音乐的学科渗透十分重要,我们学校的切入点主要是通过对中外声乐、器乐、舞蹈、戏剧等的赏析展开,努力达成唱出心声、舞出自信、浸润艺术、陶冶性情的育人目标。具体措施包含:①鼓励学生"玩"音乐:建立一个"开放、自主、探究、合作"的课堂教学生态,教学重心真正下移到学生中间,教师蹲下身子和孩子一起玩音乐,关注学生的理解与表演能力,指导、协助学生进行音响模仿和情感表达,用孩子自己创编的肢体律动感受乐曲的节拍;学生们释放着无限潜能,音乐课堂为学生们创造了超越自我的"玩"的心境。②创设音乐"活"情境。让音乐走进学生心灵深处唤起共鸣体验,必须走近学生生活,将学生的生活世界真实地融入了教学情境,使他们的学习经验和思维活动被激活。一位五年级

---

① 选自明强小学教师王芳论文《用音乐点亮明强学子们的人生》。

的音乐教师尝试引导进行符合五年级学生的创新改编,如赋予《让我们荡起双桨》这一经典教材歌曲新的体验和生命,使学生热衷于演唱教材歌曲,这样能在不丢弃教材的同时,将经典老歌传唱下去,且符合学生口味和追求,更提高他们的审美和辨别能力。③打开音乐"后门"。课堂上老师们经常会采用"按学生兴趣与能力分层选择"的策略,力求在有限的教学时间内,从既定的学习内容出发,最大限度地尊重并赋予了学生学习的选择权,而不是搞"一刀切"、"标准化",确保了学习过程的开放、真实和有效。东校二年级有一位智力较弱的孩子,其他的课上她无所事事,但是唯独音乐课是她的最爱,她的音准、节奏令音乐杜老师惊讶,原来天天也如此"优秀",杜老师特地把她安排在钢琴边,方便为她开小灶。她也最爱往音乐办公室跑,还常会抱着杜老师说"我最喜欢你"。

在音乐学科"渗透"国际理解教育,主要体现在教材内容的选择上,在每首歌教学的过程中,寻找题材相近的国内外歌曲,进行对比与分析,寻找共通点,感受不一样的艺术之美。学习歌曲,不单停留在音准、节奏等基本内容学习,更多的是情感的深化,学习歌曲背后的文化,感受中西文化内涵的区别与联系,在润物细无声中让音乐教学多了份"国际味"!

二、教学内容的有机拓展

除了依托各学科"常态课堂渗透",落实"国际理解教育"课程育人的全员性目标。教学内容的有机拓展能让"国际理解教育"再多份精彩,即教师善于将教学内容由课堂学习引向课外学习(或是将课外资源引入课堂)。这样的拓展才更全面有效。

(一) 学科认知技能

1. 阅读

当今阅读日益为全世界所重视,联合国专门设定世界读书日,许多国家颁布了相关的法规或者出台了一系列政策来推动全民阅读,儿童阅读成为人们关注的对象,语文课自然是培养小学生快乐阅读的主阵地。小学语文不仅为孩子展现了不同的生命历程,打开了一扇走向世界的大门,了解人类文明发展,还能体验感受不同国家、不同民族、不同地域的风土人情和多元文化生成的文学巨作,让孩子尽情地在文本学习中学会自主阅读、汲取阅读生活的养分。

语文的学习首先要学会倾听——听语言文字是怎样传情达意的,听同伴们有怎样的独特见解;其次是主动体验——调动眼、口、手、心言语实践,缩短与文字作者的距离;再次是合作学习——在互动学习中交流补充,大胆发表自己的感受;最后是拓展内化——广泛阅读丰富语言,巩固深化积累能力。

"阅读"也需要"吸纳",因而我们致力于让学生汲取外国文学作品的表达特色,通过对中外文学作品进行对比性的阅读来作为突破口,在小学教材中编入许多优秀外国文学作品,具体如表4-1-2-1。引导孩子们发现不同文化的差异与特质,了解国外文学的发展与成就,让学生了解和理解不同国家和种族的文化,从而具有国际视野和多元文化的视野。帮助学生丰富认知、建构正确的价值观,成为合格的新时代小公民。

此外,我们开启"悦读"之门,竭力打造书香校园。每年举办一次书香节,请儿童文学作家进校园讲座,开放"书香小港湾"和图书馆,运行"经典图书漂流",鼓励学生与同伴一起阅读。充分利用"读书小港湾"继续指导学生坚持课外阅读。评选校级年级"读书小明星",激励学生热爱阅读。

表4-1-2-1　小学阶段语文教材中的外国文学作品表

年级	作品	题材	作者	国别
一年级(下)	《狐狸和乌鸦》	寓言	《伊索寓言》	古希腊
二年级(上)	《四个愿望》	童话	乌申斯基	沙俄
	《雾》	童话	谢尔古尼科夫	沙俄
	《狼和小羊》	寓言	《伊索寓言》	古希腊
	《丑小鸭》	童话	安徒生	丹麦

（续表）

年级	作品	题材	作者	国别
二年级（下）	《小黑鱼》	童话	李欧·李奥尼	美国
三年级（上）	《威尼斯小艇》	游记	马克·吐温	美国
	《葡萄是酸的》	寓言	《伊索寓言》 列夫·托尔斯泰 克雷洛夫	古希腊 沙俄 沙俄
三年级（下）	《妈妈，我不是最弱小的》	记叙文	苏霍姆林斯基	苏联
四年级（上）	《跳水》	记叙文	列夫·托尔斯泰	沙俄
四年级（下）	《看不见的爱》	记叙文	威廉·戈尔丁	英国
	《十年后的礼物》	记叙文	帕乌斯·托夫斯基	沙俄
	《大仓老师》	记叙文	木山捷平	日本
	《小珊迪》	记叙文	迪安斯·坦雷	英国
五年级（上）	《一颗小豌豆》	童话	安徒生	丹麦
	《奇异的琥珀》	说明文	柏吉尔	德国
	《天上偷来的火种》	神话	詹姆斯·鲍德温	英国
	《绿毛龟》	散文	尤今	新加坡
	《我的野生动物朋友》	游记	蒂皮·德格雷	法国
	《斯塔笛的藏书》	记叙文	亚米契斯	意大利
五年级（下）	《失去的一天》	记叙文	苏霍姆林斯基	苏联
	《叙利亚的卖水人》	游记	尤今	新加坡
	《科林的圣诞蜡烛》	记叙文	芭芭拉·拉夫特里	爱尔兰
	《穷人》	小说	列夫·托尔斯泰	沙俄
	《半截蜡烛》	小说	高尔基	苏联
	《信任》	记叙文	盖尔·布兰克	美国
	《六个孩子的故事》	记叙文	伏契克	捷克
	《童年的发现》	散文	费奥多罗夫	苏联

2. 作业①

作业是巩固知识、形成能力的重要手段,是培养学生良好学习习惯,促进学生个性发展的重要途径。基于"国际理解教育"课程育人目标之提高学生"科学素质"的要求出发,数学学科作业开始从传统标准化的"对"与"错"结果评判,逐步转向倡导自主探索、动手实践、合作交流的过程评判。数学作业的形式呈现出灵活性和多样性,材料来源于生活体验,避免枯燥的机械训练,真正还学生一个丰富多彩的作业与练习世界。

(1)克与千克

克与千克是计量单位,这个单位的建立对学生来说比较抽象,不像长度单位那样比较直观、具体,不能仅仅靠眼睛观察,它需要一种感觉,而这种感觉,就是量感。因此,老师必须搭建起一个"支架",来支撑学生对于质量是1克、1千克、10千克等物品的直观感知,而这个"支架"该如何搭建呢? 35分钟的课堂不可能让所有的孩子都能感受到1克、10克、1千克、5千克、10千克的重量分别是多少? 老师只能带部分具有代表性重量的物体进入课堂来让部分的学生去实际掂一掂,感受不同的重量。但是,量感的培养又是一个非常重要的环节,重量单位的转换、计算,学生只要掌握了方法,驾轻就熟的就能解决。真正感到困难的是选择合适的重量单位:如:一只鸭子大约重3( ),一个鸡蛋大约重65( ),等。由于学生缺乏实际的生活经验,在填单位时会经常出现一些啼笑皆非的错误答案。因此,我们考虑到,量感的培养不是一蹴而就的,要让学生去实际的感受1克、10克、1千克、5千克、10千克的重量,再以此为参照物,去判断其他物体的重量。那既然课堂上的空间、时间都不够,那就延续到课后。因此,老师就设计了这样一张作业活动单:

---

① 选自明强小学教师李华君的论文《国际理解教育背景下的数学新型作业》。

数学实践活动单(1)

活动指导语:

亲爱的孩子们,通过这一单元的学习,我们学会了如何比较物体的轻与重,也认识了质量单位克与千克,请你利用课余时间和爸爸妈妈一起前去超市或者菜场,运用所学过的比较物体轻重的方法比一比物品的轻重。一包饼干有多重? 一袋大米又有多重呢? 哪些东西大约是1克? 哪些东西大约是1千克……你可以掂一掂、估一估、读一读物品的重量,体悟不同的重量的感觉,通过这些活动,相信你一定有很大的收获吧! 请你结合活动的感想与学过的知识,完成一张数学小报。

孩子们通过调查、体验、收集、实践操作等等得到了各种比较物体轻重的方法,给了老师很大的惊喜。很多孩子不仅仅是单纯的记录活动过程,而是在丰富的活动中强化认知,并将数学活动的体验和经历自觉上升为经验,谈了很多自己的感悟,同时不乏创意。相信通过这样的活动,学生对于"克与千克"这个知识点的认识,将更为饱满,对重量单位的量感更具敏感度。

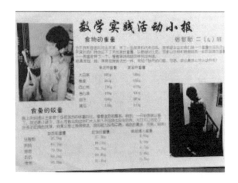

（2）角形和四边形

《三角形与四边形》这节课，老师在课堂上提供了很多动手操作的环节来探究三角形和四边形的本质属性。课堂上既有理性的思维，又有感性的体验，孩子们的课堂学习情绪异常的高涨。课后，我们不想把这股学习的热情用一道道枯燥的习题浇灭掉，如何设计一份既有趣味性又有知识技能性能的作业呢？老师设计了这样一张活动单：

数学实践活动单(2)

活动指导语：

《拼图我最棒》：利用三角形和四边形的图形纸片拼一拼、贴一贴，发挥创意，组合成有趣的画面。（比如：动物、人物、物品等）提供的

并说一说，你拼搭的这幅图，用了几个四边形和三角形？三角形和四边形的特征分别是什么？

各种三角形和四边形

孩子们根据三角形和四边形的不同特征，完成的作业给了我们很大的惊喜，他们的想象能力，就像是插上了翅膀一样，自由翱翔！

（3）东南西北

本节课，是用"东南西北"四个方向来描述事物的位置。东南西北在自然界或地图中运用比较普遍，本节课的重点是知道地图上的表示方法，并能认识与运用符号，学会在街区图上根据路线找目的地并且自己设计路线。在学习的过程中，我们不仅要强调地图上东南西北的方位，更多的要关注学生的学习过程，让学生通过亲自实践来体会和掌握知识，体验数学知识与现实生活的紧密联系，增强用数学的意识。因此老师设计了这样一个作业：

数学实践活动单（3）

活动指导语：

小朋友们，通过第六单元的学习，你能分清东南西北这些方向了吗？让我们一起玩几个小游戏来检验一下你的学习情况吧！准备好了吗？^_^

·游戏一 《东南西北走一走》：通过小区地图和家长一起说一说、走一走（从大门到自己家）

·游戏二 画一画家附近的地图并且和爸爸妈妈一起说一说、走一走。

（4）反思性作业

反思是一种思维活动,是对自己的思维过程、思维结果有意识地进行科学的回顾,对自己所思考的问题自主地进行探究,同时对自身的体验进行理解、描述和总结的过程。反思是学生学习的重要组成部分,没有反思就没有知识的内化和能力的形成;没有反思,就没有学生的成长。由此,想到当一个阶段的学习任务结束后,是否可以安排一个作业,让学生回顾反思学过的这些知识,重新审视,查除漏洞,总结方法,自觉地对问题情境进行分析、审慎。

因此,在临近期末的时候,老师设计了这样的一个作业:

数学实践活动单(4)

活动指导语:

当当小老师来试着总结一下学习数学的好习惯好方法吧!比如计算时要注意什么?有什么避免粗心的好方法?做应用题时你是怎样读题的?怎么理解概念不容易混淆?还有什么容易出错的地方呢?应该注意什么?……(可以自己总结,也可以和爸爸、妈妈、老师或同学一起合作探讨再进行反思总结。)

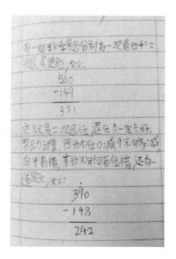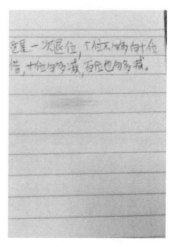

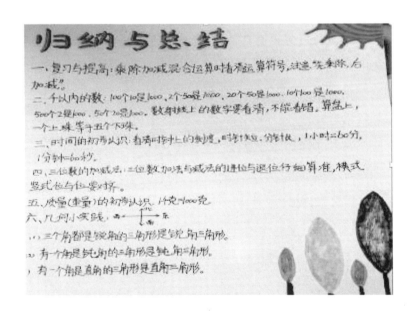

作业是课堂教学的补充和拓展,是学生独立完成数学任务的主要活动形式。"国际理解教育"背景下的数学作业,真正做到了面向全体学生,体现育人价值,让每一位学生轻轻松松地学习数学,乐学、善学!

3. 探究型教学①

2015 年 11 月,刘佳老师参加了中英数学交流项目,在英国教学的一个月,她最大的感触便是英国学生动手操作能力和形象思维能力很强,主要体现在学生习惯于通过画图或者借助学具来帮助自己解决数学问题,而这正是我们中国的孩子所欠缺的。这种在教师的引导下,学生自主地通过观察、比较、思考、提出问题、解决问题进行学习,从而来培养学生进行主动思考、探究、解决问题能力的课堂教学法,即我们所认为的探究型教学法,这样数学探究型教法在中国的课堂中是鲜见的,下面以两个简单的例子来展现英式探究型教学法的实施。

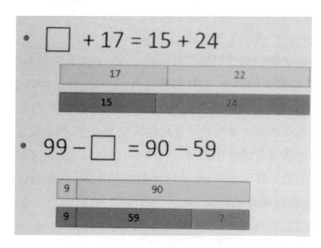

例如:用彩色条来帮助理解加减法的运算

　　　用彩色绳子对折再对折来帮助解决除法问题

---

① 选自明强小学教师刘佳论文:《英式小学数学探究型教法的初步尝试与思考》。

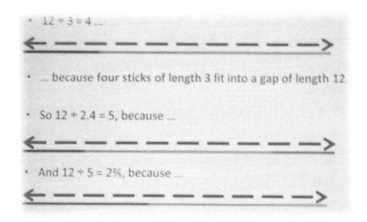

英国教学的善于操作、丰富多彩的学具无疑给了我们很好的启发，英国学校老师们对概念教学的做法让我们对自己的课堂有了一些突破思考，以沪教版二年级上学期的"角与直角的认识"这一课为例，为了提高几何概念课的教学有效，我们做了以下尝试：

首先，立足于学生的认知起点和生活经验。有关角和直角的知识，与学生的实际经验有较大的偏差，而且容易混淆（学生往往把物体上突出的、尖尖的部分称为角）。而在平面几何里，角是从一点引出的两条射线所组成的图形，是指整个图形。基于学生这样的认知起点，我们不仅通过教师动作的示范、语言的渗透帮助学生理解，还在画一画、摸一摸的过程中进一步内化，尤其是课的第一环节画时钟，从学生的旧知出发，在画的过程中经历角是由一个顶点和两条直边组成，然后把时钟隐去，只留下抽象的分针和时针，从找它们的共同点出发，慢慢归纳出角的定义。

案例一：

画好时间后，PPT出示很多不同时间。（将时钟隐去，只留下分针、时针）

师：有什么共同点？

生：有尖尖的角（请生上台指）

根据生指的纠正,尖尖的点

生:有时针、分针

师:时针、分针在这里都是直直的线

完整的说共同的特征,从而揭示角的定义:一个顶点连接两条边所组成的平面图形叫做角。英国的学校一般都有一系列丰富的学具可供教师选择,而且有专门的网站(www. educationsupplies. co. uk)和书籍(Education Supplies)可供购买相应的学具,下图就是一个学校数学角的一个区域:

我们可以看到大量的材料给了学生足够丰富的体验,本节课借鉴于此。这样不仅有了大量丰富的材料作为角概念的感性支撑,而且还有角形成过程的活动作为实践支撑。

其次,通过直观操作,促进学生的概念理解。几何概念需要理解它的本质,只借助看、听、说等方法是远远不够的。在教学时,让学生自己动手做一做,充分体验后才会有更多的感悟。

案例二:

任务:用不规则的纸折角

师：你是怎么折的？

生：对折再对折

师：现在这个是角吗？你能形容一下它的特征吗？

生：是角，而且是方方正正的角

英国教学乘除法时，习惯于用绳子对折、纸对折等方式来帮助学生理解，在本课中我们也可以尝试加入相应的操作活动。通过让学生自己用不规则的纸折角，以及折出直角，一方面加深对角概念的理解，另一方面又在学生操作的过程中引入到直角环节。无论什么形状的纸通过对折再对折都能得到直角，而对折对学生而言是最熟悉不过的了，从幼儿园开始学生就在手工课中不断地动手操作，他们对于对折后得到的图形也非常熟悉，因为学生最能理解的是自己动手实践亲身感受过的东西。

再次，关注数学与实际生活的联系。数学来源于实践，又服务于实践，因此在数学教学实践中，我们要创设运用数学知识的条件给学生，使学生在实践活动中加深对新学知识的巩固。具体地说，就是在教学新知过程中可以结合学生的日常生活，引导学生通过联想、类比，沟通实现从具体的感性认识到抽象概括，加深对概念的理解。

案例三：

在揭示了角的定义后，进行了以下教学环节：

一是在钟面上找角

二是判断是不是角（PPT 给出 8 个图形）

三是找教室中的角（激光笔示范）

四是找生活中的角

这些环节让学生从已知、熟悉的事物出发，然后以此延伸，找生活中的角。让学生感悟数学在实际生活中的运用，生活处处有数学。

综上所述，我们可以发现英国的数学教学在动手操作、形象思维、联系生活实际方面的优势，与其长期的培养是分不开的，这也是探究型教法的优势。下图为英国教室中张贴的一张关于如何解决数学问题的海报：我们可以发现步骤清晰,方法多种多样,并且鼓励学生进行检查和反馈,最后询问是否会再次使用该策略解决问题。

中国的数学教学在基础知识、基本技能方面有很强的优势,并且在提炼小结、总结定律规则、巧算等方面让英国人大为赞赏。我们何不把我们的优势继续发扬,并且取长补短,在操作、形象思维上下工夫呢?本课通过画一画、摸一摸、折一折、找一找、说一说等方式,让学生经历观察、比较、操作等数学活动,内化概念知识,就是一次大胆的尝试。

尝试后我们可以发现,探究型教法对于发展学生的独立性和创造性,无疑是十分有价值的。然而,这对于很多能力不济的学生来说,由于学习的任务超出了他们的"最近发展区"。即便教师进行了全班的讲解或者个别的指导,但是由于缺乏教师必要的引导,学生还是不懂如何去思考类似的问题,很容易因此掉队。中国有句古话"授人以鱼,不如授人以渔",强调方法比结果更重要。上海教师的变式铺垫、问题引导,目的都是为了帮助学生学会解决问题的方法。然而过多提问,过多铺垫,也许会侵占学生思考的空间,影响学生独立性和创造性的发挥。关键是如何在数学课堂中找到平衡点。

(二) 学科育人目标

以英语学科为例①,英语学科本身就是一门致力于探索、理解英国文化的课程,尤其是二期课改编写的《牛津英语》(上海版)教材,以英语国家的文化背景、家庭或学校、亲戚关系(relationships and relatives)、超市购物(shopping and markets)以及环境保护(protecting environment)、消防(controlling fire)等社会的方方面面,易于学生融于情景之中。文本中大量采用了调查(survey)、绘图(drawing)、歌曲(song)、儿歌(rhyme)、绕口令(tonguetwister)等贴近生活的教学资源和教学内容,便于英语教师开展国际理解教育。英语学科的学科育人目标具体表现在:

1. 设定年段育人目标

根据"坚守与吸纳"国际理解教育课程理念与目标,英语学科教学结合现有的英语教材及学生的实际情况,确立"国际理解"教育五个年段的育人目标,并以此为学科渗透切入点:

——人际与交往。包括个人情况(如个人信息、家庭信息、兴趣爱好、工作职业等);交往方式(包括称呼语、交际语等);日常活动安排与计划等。

——健康与卫生。包括生活习惯、饮食习惯,卫生保健等。

——风俗与礼仪。包括节日文化、饮食文化,服饰礼仪、用餐礼仪等。

——历史与地理。包括文明古迹、历史发展、社会生活形态变化;城市地理、建筑、交通。

——情感与态度。宣扬健康、积极向上的人生观与生活态度,如:努力、勇敢、乐观、互助、合作等。

---

① 选自明强小学教师沈雯晴的论文:《"国际理解教育"下英语学科育人价值的实践与思考》。

2. 培养英语交流能力

培养学生国际视野和国际交流能力,最重要的是解决沟通、交流的语言问题。而语言是人与人沟通的手段,是人与文化对话的媒介,是理解的前提。缺乏外语的交流与应用能力,就不可能真正做到国际理解和国际交往。鉴于此,英语学科教学对于推进"国际理解"教育责无旁贷。

——教育内容方面。在"国际理解"教育背景下的英语学科教学,要融合课程标准、世界格局、学生实际,制定了英语学科推进"国际理解教育"的学习目标、学习主题及学习内容,大量增加了国际交流内容,使学生适应国际化的要求。

表4-1-2-2 "国际理解教育"英语学科各年级学习主题、内容与目标

年级	学习主题	学习内容	学习目标
一年级	人际与交往	从认识自己→认识身边的人→认识其他人→知道世界上有各种各样的人	培养学生形成自己与他人之间的认识,知道人人平等、彼此尊重,有初步的人际交往能力
二年级	健康与卫生	合理膳食,营养均衡;合理的户外运动和体育锻炼,增强体魄	培养学生养成良好卫生习惯,追求健康生活方式;增强学生的文明健康意识,提高自我保健能力
三年级	风俗与礼仪	通过服饰、食物、居住、节日等,认识世界各国不同的文化	培养学生初步认识本国文化及外国文化的差异,知道不同风俗、礼仪的渊源和特点,热爱、尊重本国和他国的风俗及礼仪
四年级	历史与地理	通过图书、影像,知道世界文化遗产,认识世界历史文化的丰富性与差异性	在多种事物的比较中,知道世界因差异性而丰富,不同事物可以共存,培养学生宽容和包容的意识
五年级	情感与态度	在学习中初步领略自然现象中的美妙与和谐,对大自然有亲近、热爱的情感;养成实事求是、尊重自然规律的科学态度	保持对自然界的好奇,培养学生健康、积极向上的人生观与生活态度

从表格中可以看出,各个年级在学习主题、内容与目标上存在差异,但学生在学习和弘扬传统民族文化的同时,逐渐开始吸收和借鉴外国文化,有助于培养学生形成多元文化共存的观念,增强学生对他人、对文化的尊重和理解。

3. 注重整体知识结构①

同样,数学老师通过数学长作业分层布置的探索实践,不断丰富了数学的学科育人价值。学生在长作业的探究中学会自我评价;在自我评价中学会制定评价的标准。在长作业的完成过程中学习梳理知识点,考虑到了"整理的内容是否完整?""整理方式是否恰当?""整理的作业是否清晰美观?"注意到了知识的完整性及选择恰当的整理方式,同时学习建构新旧知识之间的联系网络。这样的过程培养了学生求实精神与终身学习能力,养成了科学精神和科学态度。在数学学习过程中不仅掌握知识与技能,而且也塑造了良好人格。

我们把学生通过一段时间,或用一周、一个月甚至更长的时间去完成的数学一个单元或者几个单元,或是把一个知识点进行系统梳理的实践性作业称为数学长作业。它有别于以往老师当天布置,第二天就交的家庭作业。一般家庭作业的布置,关注的是学生对新知识点习得与巩固。从学业评价上来看,通过这类家庭作业批阅,教师看到的只是学生掌握与应用某一点状化知识点的、知识技能或局部知识结构的碎片化情况;而长作业则要求学生串起新旧知识点和技能,甚至时跨学科、综合性地尝试解决实际生活中遇到的问题。例如:去商店购物如何选择适合自己的折扣方案;如何根据实际的情况选择合适的手机话费套餐;同小伙伴一起出游,如何合理安排住宿,车辆,团购问题等等。在长作业的评价中,老师可以相对整体地了解学生对几个知识点或新旧知识间的联合应用,以及将书本知识在具体的生活实际中

---

① 选自明强小学教师鲍亚斐论文《国际理解教育背景下小学数学长作业分层布置的实践研究》。

的应用能力。同时长作业对于学生数学能力的培养,思维能力的培养及学科知识整合能力的培养都有很大的帮助。数学学科的教学目标也从纯知识的传授,逐步丰富为知识传授与学科育人并重。

在实施长作业的具体实践时,应该把握好如下几个方面:

一是在课堂内关注知识的形成与学生的学习过程。真正做到不仅要关注学生学习的结果更要关注他们学习的过程。在课堂上,老师关注知识形成的缘由,关注知识点的内在联系。帮助孩子树立知识的建构。学生们通过课堂教学的内容并且突破了课堂教学的内容,通过知识的内化自己加深了对课堂教学的认知,提高了自身的学习能力。

二是在课堂外关注学生的兴趣与激励学生自我评价。通过长作业的布置,激发孩子的灵感与兴趣,并且老师跟进学生的长作业的过程中进行有特色的评价并鼓励孩子进行自我评价。比如布置学生做《数学日记》,从中体会数学语言的精炼,树立数学知识的建构。下面是一位学生的"加法的巧算"数学日记:

三个或三个数以上的加法一般遵循从左到右依次计算的方法。但有时我们通过仔细观察加数之间的数量关系,可以化繁为简,迅速而准确地得出结果。在一个连加递等式中,当遇到两个数能凑整的时候就能巧算,就是一个数找到了它的"好朋友"。让我们来看两个例子:

例 1：$367 + 415 + 185$

【思路点睛】通过仔细观察算式,我们很快发现

$$415 + 185 = 600$$

所以　　　　$367 + 415 + 185$

$$= 367 + (415 + 185)$$

$$= 367 + 600$$

$$= 967$$

例 2：$157 + 451 + 243 + 149$

【思路点睛】通过仔细观察算式,我们很快发现

$$157 + 243 = 400;$$

$$451 + 149 = 600$$

所以　　　$157 + 451 + 243 + 149$

$$= (157 + 243) + (451 + 149)$$

$$= 400 + 600$$

$$= 1000$$

以上两题都是凑整百的例子,但有时也会出现凑整十的情况,遇到这种情况更要仔细,千万不要做小糊涂虫哦!让我们再来看一个例子吧!

例3:$251 + 218 + 359$

小糊涂虫的做法:$251 + 218 + 359$

$$= 251 + 359 + 218$$

$$= 600 + 218$$

$$= 818$$

正确的做法:　　$251 + 218 + 359$

$$= 251 + 359 + 218$$

$$= 610 + 218$$

$$= 828$$

【重要提示】碰到能巧算的连加题千万不能理想化地以为凑出来的就是整百数,有时候凑出来的是整十数,还是要认真一点,不能掉入陷阱哦!

上面讲的都是能巧算的例题,下面再给大家看一题不能巧算的题吧!

例4:$511 + 176 + 241$

$$= 687 + 241$$

$$= 928$$

讲了这么多,相信大家对加法的巧算都胸有成竹了吧!

【请你算一算】

(1)$267 + 159 + 333$　　　　(2)$171 + 243 + 129 + 357$

(3)$347 + 254 + 146$　　　　(4)$325 + 193 + 285 + 507$

学生把数学和语言融合在一起，生动地描述出了自己的数学思维，并且提醒大家注意易错点。老师在课堂上让同学们相互传看各自的《数学日记》，且通过分组评价，还把优秀的日记编成了班级数学报。在自我评价、同伴评价和老师评价中提高了学生的研究能力和学习兴趣。

三是关注长作业的内容与类型，符合学生的年龄特点。长作业的内容取之于课程标准，但同时又稍高于课程标准。长作业同时也是检查学生一个阶段或者一个单元知识的掌握情况的分析；让学生能够把自身的兴趣和其他的能力兴趣结合在一起完成的作业。

随着学生年龄的增加，学生到了中高年级之后，掌握的数学知识更为丰富。也可以布置教学上的重点、难点，作为长作业。再加上他们的抽象思维能力已经形成和开发，兴趣也更为广泛。因此在这个时候可以学生自主地开展各个学科之间的整合，通过融合其他学科的知识能力（例如语文中的讲故事、电脑课中的制作 ppt、美术中的画画等等）让小朋友们通过自身的学习及探索，自行发现问题并且解决问题。利用他们所学过的综合知识、技能自行去设计完成自己的长作业任务。例 2：《数学美术》的作业布置。

从学生的实际生活或者学生感兴趣的事物出发来布置作业。低年级的学生学了几时几时半之后可以布置动手型的作业做卡通钟表。

这些作业的设计经过了学生大胆的创造,极具个性化。呈现了数学与美育的相融合! 以至于他们在设计出了一幅幅美丽的图案、一份份具有童趣、个性化的长作业同时,也让学数学的过程充满了勃勃生机。

例3:四年学生的《数学童话》作业"森林大会",实现了数学知识与讲故事相结合,感知语言的魅力。

一天小兔听说要举行森林特长大会,非常兴奋,带上500毫升的水赶赴离家大概有3公里的比赛现场。7吨重的大象,身高8米的长颈鹿,活泼乱跳的猴子,50公斤重的野猪……他们已经早早的赶到现场在做比赛前的准备工作。

小兔远远的看到小鹿在400米的跑道上练习跑步,心想,我的体重大约4公斤,你的体重是我的十倍还要多,我肯定跑得比你快。兴高采烈的锻炼起来,不到五分钟,觉得有点累了,想想还是换其他项目吧。据说,小鹿跑一步的距离为15分米,而小兔一步的距离为5分米。

走了不远,看到一群身高不足1米的猴子在9000平方米的操场踢足球,感觉直径22厘米的足球被他们踢来踢去很有意思。它花了39元钱买了一串3千克的香蕉和10瓶480毫升的矿泉水去和猴子们打招呼,想加入他们的行列参加比赛。穿上S号的球衣,22码的球鞋,在球场上来回奔跑着,十分钟过去了,一个球也没有踢进去,就泄气了,想换其他项目。

结果,小兔只能看着小鹿,猴子……登上1米高,大概20平方米的领奖台,连同矮小的乌龟也拿到了奖杯,它有点心灰意冷,感觉很害羞,飞奔着往回赶,狐狸见此情形嘲笑道:"小兔,按照你现在的速度,大概每小时60公里,可以拿冠军了!"

学生把讲故事和数学作业相融合,把数学的知识架构到一个情景当中写出了童话故事,丰富了语言和想象力,让数学的学习更活泼、生动。

四是关注长作业的组织形式要符合不同学生的自我需求。美国《时代》周刊曾经发表一篇报道,在该报告中特别强调了21世纪的中小学生的四项必备素质——1.国际的视野;2.灵活的思维;3.信息的掌控;4.人际的合作。

在当今这样一个信息爆炸的时代,长作业的完成可以使学生对所接触的信息进行迅速的处理、区分出哪些信息是可行、可靠的。知道如何处理解读和分析面对的信息,并采取相应的行动是非常重要的。同时,长作业的设计与完成还可以提高学生人际沟通的技能、团队精神、与来自不同文化的人相处的能力。学生可以根据自己的能力选择独立完成也可以找同学互相合作。也可以向父母、老师求助。还可以通过网络查询生活中物品的各种数据。让学生可以通过自身的需求,主动寻求不同的学习方法和寻求合作的伙伴。从而提高自身的学习能力。

例4:设计数学小报。实现数学与电脑操作、美术相互融合,达成多学科整合。

以往,学生在学习了各种单位之后,极易混淆。例如,教室面积50米等等的错误。通过长作业,学生把不同的单位融合在了一起,并且通过对生活中物品的长度、面积等等的调查、我们所学过的各类单位全都融合在了一起,也与生活融合在了一起,学生自己在解决作业的同时领悟到生活中处处有数学,数学来源于生活。也沟通了各类单位之间的联系。

同时,长作业也强化了亲子活动。在这份长作业中,可以看出学生对于连减算式的巧算运用的相当熟练。并对此进行了归类整理。1. 当被减数和其中一个减数位数相同时,可以如何巧算。2. 当后面二个或几个减数加起来可以凑成整十、整百时可以如何巧算。3. 提醒小伙伴注意——当二个减数的尾数相同时,看上去可以把后二个减数相减,使得计算简便,实则用错了算法,计算错误。

在孩子写完之后,在电脑高手爸爸的指导下、也借鉴了身为编辑的妈妈的文字描述,完成了一份数学趣味小报。学生创新意识加强。他们并不是机械性的去完成作业,长作业的完成让学生的作业显得更为主动。更加积极。他们用美丽的图片,充满幽默的网络语言,出色的完成了这一篇数学长作业。使学生在知识技能、情感方面都获得了发展与提高。

(三) 学科融合教学

1. 体育与音乐①

韵律教材是小学体育身体表现板块中的重要组成部分,其具有所有有氧运动的健身功能,加上本身就是一项富有节律性,趣味性,能激发学生的青春活力,并能塑造健美的体型的运动。但是在以往教学过程中,教师运用传统的体育教学方法会让学生产生枯燥乏味的心理,并且不能很好的激发学生的个性,一些胆小不自信的孩子不敢勇于表现自己。而海外引进课程"舞向未来"的教学方法是通过少说多做,旋转教室,我先你后等,让音乐与舞蹈的结合来激发每个孩子的个性特点,并且通过一些互动的小游戏来提高学生的学习热情与兴趣。因此,探讨"舞向未来"教学方法用于小学体育韵律教学,既可提高学生学习韵律操的效率与兴趣,也可为体育老师提高韵律教学有效性提供操作经验。

我们通过调查问卷、座谈访问、结合调研法,在部分班级进行座谈访问了解。通过对收集的各种资料进行合理地统计和理性的分析,挑选部分班

---

① 选自明强小学老师蒋佩雯的论文:《"舞向未来"教学方法在小学体育韵律教材中的实践研究》。

级针对性的进行教学实践。

（1）实践研究

首先,少说多做,变革教学模式。传统的教学大都以教师为主导,通过语言的引导讲解来让学生掌握技术动作要领,而"舞向未来"的教学模式却打破了这一点,整堂课教师以极少的语言,用一个手势,一个眼神,一种夸张的表情却能带领学生进行动作的学习。在体育课的韵律教学中,教师就运用过了这种教学方法,经实践教学比如在进行"企鹅舞"的韵律教学中,教师通过夸张的肢体语言,模仿企鹅跳舞来激发学生的学习热情。课堂中教师的"行"大于"言",富有激情的教学一下子就将学生的情绪调动起来。从始至终都保持一种极具活力的状态,学生的情绪也随着教师不会松懈,通过这种教学方法,学生的注意力集中了,并且有效地达到了教师的教学目标。

其次,利用旋转教师,优化课堂教学。我校有 2 个班级是舞向未来的实验班,该班都能基本掌握并熟练舞向未来的上课模式。在实践过程中,比如在体育课的准备活动中,教师采用舞蹈让学生进行热身。用一些基本的韵律动作让学生跟着老师一起随着音乐动起来。教师在教学时,采用"舞向未来"中旋转教室的教学模式,即教师授课面不一定是固定一个方向,而是教师在带领学生进行韵律热身时四个方向都能顾及到,让每个方向的学生都能清楚地掌握和看清教师的教学动作。这样突破了传统的教学模式,使原本最后的学生经过老师变换方向的授课后,变成了第一排的学生。这样有效地提高了教学的有效性,并激发了学生的上课兴趣与激情。

其三,运用"我先你后",引导为主,培养自信。在教学中,运用"我先你后"的教学手段,比如在进行交叉步动作练习时,教师先做,学生再做。并且一直听音乐重复教师先学生后的教学顺序,也可以"男生先女生后","第一排先第二排后"等等的方法来帮助学生熟练和巩固教学动作,不仅使得课堂很有趣味性,并且学生注意力也会非常集中。

（2）实践研究成果

① 展现个性,激发兴趣

教育作为培养人的活动,就要使每位学生的个性都得到充分而良好的发展,从而使每位学生都具有高度的自觉性,独立性和创造性。"舞向未来"教学方法迁移到体育课中韵律教材的运用实验是发挥教师主动性和创造性,挖掘学校办学资源,形成学校办学特色的一项实验。经过实践研究,运用此教学方法大大提高了体育课韵律教材的教学效率,学生的个性得到了很好的展现,每位孩子在进行跳舞时脸上都洋溢着快乐的表情。有的孩子从一开始的胆怯到后面积极的想要表现自己,从一开始的手脚不协调到后面很快能掌握舞蹈动作的基本要领。老师激情的课堂,夸张的表情,不断变换的站位,大大地提高了孩子们上课的兴趣。课中通过"快乐大转盘"的游戏,让孩子不断地变换方向的跳舞,使得课堂气氛很好,孩子们不会觉得枯燥,并且教师通过这种教学方式很好地巩固了新授的舞蹈动作。

② 优化教学,舞向未来

在进行体育课韵律教学之前,每位学生的基础不一,有不少人的基础比较差,我们从学生的实际情况出发,因材施教组织教学,通过简单的变换方位的舞蹈热身,创设有效的情境,有趣的游戏,关注学生的心理发展和评价,师生共同参与"学"等方式进行组合优化,给学生更多的发展和展示空间。

③ 趣味游戏,改变课堂

在传统的体育教学中,我们往往分为主教材和辅教材,辅教材以综合活动为主,并且并没有起到巩固主教材的作用。在舞向未来的教学中,在最后的环节,教师可以根据学生的学习掌握情况,进行游戏的组织,从而通过游戏来巩固学生的舞蹈动作,达到教学目标。游戏可以分为很多种,比如快乐大转盘,教师把学生分为 4 组,每组可以让学生自己根据爱好来给自己的小组取名字,比如 A 组是无人岛,B 组是海南岛,C 组是巴厘岛,D 组是维多利亚岛,等等。然后教师要求每组学生跳不同的组合动作,学生随着音乐舞动起来,每完成一组动作后,每组学生要用一个八拍的动作跑动到另外一组的位置后继续做这一组的组合动作。这种不断的循环跳动所教授的动作能让学生很好地记忆和掌握所学动作。游戏有趣在,比如教师是鳄鱼,若有学生跳错动作就要被鳄鱼吃掉(即淘汰)!当然为了鼓励学生,最后被吃掉的学生教师可以给他们复活的机会,让他们再跳一遍舞蹈重新回归。这种游戏方法经过实践,发现能很好地运用到体育的韵律操教学中。在小学体育韵律教学中,教师就可以根据不同的韵律动作,最后通过此游戏来激发学生的兴趣,巩固学生所学动作。学生不仅不会感到乏味无趣,反而更加喜欢体育课。

(3) 结论与建议

一是"舞向未来"的教学模式运用到体育课的韵律教学中,需要教师不断地给予学生适当的引导。因为目前学校的舞向未来的试点班只有 2 个,并没有普及开来。因此在普通班级进行韵律教学时,学生与教师间需要相互的磨合与配合,并且在教学中肯定会出现各种问题,这就需要教师进行合理的反思与耐心的指导。

二是"舞向未来"的教学模式运用到体育韵律教学中需要教师对学生长期的培养。在体育课的传统教学中,教师和学生都习惯了口头上的交流。但是舞向未来的教学模式的理念就是少说多做,绝大多数教师都用肢体语言来表达和沟通。因为把此教学理念运用到体育课中时,需要教师和学生一个良好的沟通和长时间的磨合,让学生习惯于教师通过肢体语言来表达和教学。

三是"舞向未来"的教学理念运用到体育课的韵律教学中时,教师需要注重过程评价。合理的激励评价,是提高学生课堂学习效果的重要途径。为了在教学中能够充分发挥每位学生的最大潜力,教师要不断地给予学生鼓励,构建完善的评价机制,既要注重学生学习结果的评价,也注重学生心理上的变化和自信心的评价。

总之,"舞向未来"教学模式在体育课韵律教学中的尝试和运用,使得教师与学生之间形成默契,使每位学生感受到了舞蹈的快乐,让他们觉得体育舞蹈课也可以如此有趣,并且使得自卑的孩子更加自信,增强了合作意识和班级的凝聚力。只要我们不断的普及"舞向未来"的教学理念,与体育课进行整合,定能使学生爱上韵律课,增强学生的自信心,使得他们在以后的学习道路和工作中更加自信。

2. 美术与阅读

余秋雨先生说过:如果想对中国的文化有更多的了解,我非常希望大家必须了解一点艺术,了解一点艺术是品质生活的前提,必须要懂得敦煌石窟、云冈石窟、龙门石窟和麦积山石窟,买画册或者旅游去一下,中国雕塑是非常了不起的,雕塑要非常投入看一看。书法除了石骨文之外,要有几个帖要知道,兰亭序,颜真卿的行书还有韩石帖,再加上欧阳询的《九成宫醴泉铭》,了解几种书法的基本情况,再稍微了解一下施陶的绘画。可见美术学科的育人价值必须从欣赏、阅读中外名画、雕塑、建筑入手,努力使学生在美的熏陶下,实现对心灵的养育。也许作为一名美术老师,你这辈子,可能培养不出画家、雕塑家,但你的美术教学,一定要激发学生对美的欣赏和追求,提升生活品质。严园老师的具体实践是基于绘本故事的美术课堂教学[①]:

在国际上,绘本是欧美,日韩等发达国家首选的幼儿读物,也是国际公认的最适合幼儿阅读的图书。绘本能开阔幼儿的是视野,丰富幼儿的生活经验。绘本中的图画,更能激发幼儿的创造性思维的发展,培养幼儿对美的感受。绘本如果仅止于阅读功能,那就太可惜了。于是,尽绘本运用在教与学的互动上,能让幼儿的学习和教师的教学更饶富趣味。利用绘本进行美术教学,一定也可以收到意想不到的效果。

(1) 用绘本进行情景教学

在教学中,根据小学生的年龄特点和心理特征,设置恰当的情景,引起幼儿的情感共鸣,达到良好的教学效果。既然情景教学能够激发起幼儿的好奇心,使他们乐于学,那该用怎样的手法创设情境呢?

绘本的本身就是一个个精彩的故事,上面的一张张富有魔力的图画更能吸引幼儿的眼球。孩子们最喜欢听老师讲故事,一听到老师说讲故事了,他们的精神马上就来了。用绘本作为美术活动的导入环节,无不是成功之

---

① 严园.绘本在小学美术课堂中应用的研究[J].基础教育参考,2016,(23):62 – 63.

举。现在的电子设备可以帮助我们创设更佳的情境,将绘本以电子文本的形式展现在学生面前,大大渲染了绘本的魔力,会让孩子们走进绘本,定格在画面之中。鲜艳的色彩、生动的画面最能引起学生的注意力,使幼儿很快进入教学情景中达到理想的教学效果。此外,还要借助语言的魅力,备课时教师还要特别注意各教学环节之间的过渡语的设计,使环节之间连接得更紧密,更恰当,教师抑扬顿挫,充满激情的语言必能激起幼儿学习的欲望,让学生积极主动地参与其中。

(2) 观察、学习绘本故事中的绘画技巧

儿童绘本中有太多的表现技法,除了水粉画、水彩画、水墨画、油画、版画、蜡笔画、铅笔画等,还有照片拼贴、彩纸撕贴以及电脑制作等等。正是这种多样化,才让绘本故事更加迷人,也使绘本可以成为美术教学的重要资源。在不同年级的美术课堂中,挑选部分单元,选择与之有相似绘画表现技法的绘本故事进行深入的观察、学习,然后运用到自己的美术作品中去。例如:彩纸、报纸撕撕贴贴类的课程可以选用李欧·李奥尼的《玛修的梦》、艾瑞克·卡尔的《好饿的毛毛虫》等绘本进行欣赏学习;中高年级的版画课程可以欣赏斯万森和克罗姆斯的《夜色下的小屋》、埃里克·诺曼的《我的兔子朋友》等绘本。

如上教版美术课三年级下有一课《有趣的池塘》,这是一堂中国画课程,上课过程无非是示范、讨论、欣赏范作等等。最后学生作业的内容不是荷花、荷叶,就是青蛙、蝌蚪,能不能更有趣一些? 我们的教师就想到了水墨动画《小蝌蚪找妈妈》,画面简洁、生动,非常适合学生欣赏、临摹。而且现在它已经被改编成了绘本故事,还有电子书形式的更方便老师上课的时候用。每一页故事就是一张简单的水墨画,有青蛙与水草的组合;有蝌蚪与莲花、鱼、虾、蟹、龟等的组合;有渐渐退去尾巴长出四肢的蝌蚪与青蛙的组合;还有青蛙妈妈和一群小青蛙的组合。这样的池塘就有趣多了,教师可以边讲故事、边欣赏水墨画、边点拨要点,最后单独示范了几个池塘生物的画法,不论效果如何,孩子们已经在这一过程中学会如何灵活运用绘画技巧灵。

（3）激励学生创作绘本故事

一年级至五年级的美术课程中一直都穿插着一些需要描绘故事场景的课程。例如：一年级的《画画我的幼儿园》；二年级的《故事画里趣味多》；三年级的《剪出来的成语故事》；四年级的《快乐的新年》；五年级的《感受漫画造型》等等。为了激发学生们对故事的创作热情，让学生先读读绘本故事，从中获得快乐、感动、忧伤等各类情感的同时，发现原来这就是我们平时生活中发生的事情呀，感同身受的学习会逐渐激发他们的创作。比如：日本作家武田美穗的《同桌的阿达》，一上课，同桌之间存在的真实小问题即以充满童趣的故事和图片形式呈现在学生面前，引起了学生阅读兴趣和共鸣。由低年级开始慢慢引导，积累单幅有故事性的插画式作品，到中高年级，可能单幅插画就能慢慢变成多幅，甚至是整本的完整绘本。这样也为之后的绘本故事书创作打下了基础。

3. 课内与课外

（1）乐言故事社团

所谓"乐言"就是培养汉语口语表达能力及演讲能力,主要表现为主动发言、态度自信、声音响亮、吐字清晰、愿意分享交流,这也是"新时代小公民"应该具备的交际素养。需要在平时重视激励学生在宽松民主的氛围中畅所欲言、真情表达;充分利用教材指导清楚说、有序说、写具体、表真情,让表达更丰富灵动和多元;积极引导孩子们在生活大课堂中观察体验,存储积累;创设情境,通过智慧整合活动来拓宽孩子们表达的语境,让话语散发出生活的气息、成长的气息。

① 善于整合,拓宽"言"的语境

语文学习无处不在,培养乐言无时不有。教师善于整合各项活动资源,并带领学生去思考,去讨论,去感受。各项社会实践和四季体验活动,在丰富学生校园生活的同时,为语文学习注入了营养。教师敏锐捕捉契机,组织学生把活动过程中自己最感兴趣,最有意义或最能给自己带来快乐的情节说给大家听、记录下活动的足迹和体会等等。拓宽学生们表达的语境,让话语散发出生活的气息。

② 利用社团,丰富"言"的形式

2015 年 3 月 9 日,明强小学"乐言亲子故事团"成立,副校长沈新红向27 位首批故事团的家长颁发聘书。故事团团长(2015 级一(2)班)王子涵爸爸和副团长(2014 级二(10)班)刘翌然妈妈先后为全校师生带来了精彩的故事。他们丰富的表情、形象的肢体语言、机智的互动、磁石般的声音,出彩的画面为全校学生惟妙惟肖地勾画出两个可爱的故事人物形象。

让家长参与"国际理解教育"校本课程建设,以家长讲故事的形式,激活校园阅读气氛,激发学生阅读兴趣,有效推动学校书香节活动的开展,促进学生们的健康成长,是明强小学在全民读书活动中的一个创新实践。故事团的家长纷纷表示:将以身作则带着孩子共同参与阅读、表演,融入孩子们成长世界中去,早日带出一支"小乐言"故事团。

"乐言亲子故事团"成立以来,得到学生和家长们的热烈支持,在后续的志愿者招募活动中,不仅吸引了很多爸爸妈妈,还吸引了一位奶奶的参与。每个双周四中午,会有一次现场讲故事的活动,向全校现场直播。有的是一个家长,有的是一家人合作表演故事,台上台下有互动。

随后,一些班级故事微社团也悄悄产生,听、读、讲、演、更多孩子和家长都跃跃欲试。明强乐言故事团的家长志愿者们非常智慧,在"喜马拉雅"这个网站开设了明强乐言故事专栏①,这样每位明强的家庭都可以自录故事,做成音频,通过审核后可以分享给所有的人听更多更棒的故事。如今,听明强自己讲的故事成为一项有趣的回家作业。

随着乐言故事社团的活动不断深入,形式多样、内容丰富。充分利用单周三的乐言活动,为家长志愿者开展的亲子故事团搭建展示的舞台,鼓励低年级学生在班级组建小故事社团,参与"喜马拉雅"的故事投稿活动中,让更多的家长和孩子阅读经典、欣赏经典、演绎经典,在讲故事、演故事、议故事的活动体验中,学会快乐、自信、有情感地表达,创造语文学习的新生活。鼓励中、高年级的学生在班级中组建其他语言活动的社团:诗朗诵、贯口、相声、绕口令等,参与"乐言美文"的投稿,把其中挑选的优秀的作品从幕后推到幕前,让他们能在全校这样一个平台上进行一个展示的同事,也邀请演员们的同班同学和他们的父母参加现场观演,对于他们的付出给予肯定,更多更好地对全校师生进行以点带面的辐射,更好地去推动语言活动的发展!让学生在体会成功过程中,体验成长的快乐!

(2) 民间老艺人进课堂

七宝是历史悠久的古镇。七宝的民间老艺人走进了明强,把"七宝皮影"这一上海市非物质文化遗产已列入明强小学"学生成长体验校历",鼓励教师将其与有关学科整合,从关注生命成长的高度,挖掘皮影艺术的育人内涵。在皮影老艺人及音乐教师的引导下,学生们体会到皮影艺术独特的

---

① 明强小学. 乐言故事 V7[DB/OL]. http://www.ximalaya.com/zhubo/23938984/.

音乐表达,师生尝试合作改编。在皮影艺术熏陶下,更多师生迸发出创作灵感。在老艺人的身上,我们学到了精妙的传统文化知识,更学到了那种坚持不懈、追求完美的艺术境界,这些优秀品质的习得都能促进我们的孩子更好地成长。

(3) 家长课程

在家校联动方面,其中一个亮点就是家长课程之"爸爸参与教育"。"爸爸的书架"和"彩虹爸爸课堂"等项目接踵而来,发挥出强大的教育效果。比如,学校老师的彩虹爸爸课堂是以彩虹的七色构建系统化、全面化的父亲教育活动课程。爸爸们走进了课堂,依托自己的职业角色,引导孩子对"行规"二字有了深入地认识与理解。"绿色军人梦"中的军人爸爸带孩子们走进军营,认识了"遵守规则"的军人叔叔们,跟他们学习基本的走、坐的军姿,初步形成良好的行为规范,并通过班级日常评价活动落实到每一天每一刻中;"蓝色航空梦"中的航天员爸爸带领孩子翱翔于天空,感受蓝天的魅力,认识航天员这一职业,了解"坚持"二字的内涵,从他们的身上学习优秀的行为规范,从他们的身上学习优秀的精神品质,这些都在孩子的心灵中种下了"行规"的美丽的种子。在活动中,有些调皮的孩子慢慢能安静下来,大部分学生能做到"站如一棵松、坐如一座钟"了,孩子们在能珍惜生活资源了,孩子们互相问好的现象更多了,一点一点地改变,一处一处的美好,都营造了良好的校园氛围。总的来说,让"学校教育"与"爸爸课堂"无缝衔接,这样的教育很有效。目前已开设了上千堂"家长课程",让更多家长志愿者参与到对学生教育的导引中。

(4) 体验英国数学

2014 年 9 月 30 日,这是明强小学首届中英数学交流活动在中国境内的最后一天活动,也是中英双方数学教师之间课堂教学交流互动收获最丰富的一天。

明强丁恺老师首先以《添加》一课拉开了交流的序幕:浓郁的情境,得体的举例,孩子们在动态的过程中体会加法的意义。完整的、规范的数学语言从一年级孩子口中表达出来,让英国老师啧啧称赞。

Anabelle 校长也不含糊,一口气为一年级和二年级的孩子上了两堂生动有趣的数学课。在一年级《10 的分合》中,Anabelle 创设了分糖果、滚球、找朋友三个游戏。在游戏中孩子充分动起来,享受数学的快乐,对 10 的分合愈加熟练。一旁观看的明强数学老师、英国老师都关注到了 Anabelle 这种注重互动体验的教学设计所引发的教学启示和思考。

下午,Anabelle 和明强的数学老师们齐聚一堂,共同探讨、交流、总结这次中英数学交流活动带给大家的收获和思考。Anabelle 熟悉地点出了明强数学老师在教学中很多值得学习的亮点:如在变式练习设计上突显的教育智慧,老师的专业化水平高、教研氛围浓厚、多媒体技术运用能力强,关注学生数学语言的表达能力……此外,Anabelle 也提出了一些自己想法供中英教师在今后教学的道路上共同研究和探索。明强的数学老师也列举了英国老师在设计活动体验、制作丰富教具及差异分层教学等方面的很多值得我们借鉴和学习的宝贵经验。

这次中英数学交流的过程中,英国老师共听了明强小学一到五年级十多节数学课,对中国的小学数学教学有了更多的了解。同时,也让中英双方数学教师对各自的优势和特色有了更深的认识。

三、艺科课程的课外延伸

(一)艺术大课堂

学校艺术教育更多的是通过课外活动的形式向有艺术特长的学生张开双臂,更向每一个向往和追求艺术的孩子开放。基于"成长四季"的各类校园艺术活动长程渗透在全年,"访春、嬉夏、品秋、暖冬",每个季节都有孩子喜闻乐见的艺术形式,音乐欣赏、歌曲演唱、舞蹈演绎、创意设计、花艺 DIY 等艺术审美与创作贯穿全年。

仅以一天来看,清晨,孩子们走进教室,就能在悠扬惬意的中外名曲乐声中自主阅读;午餐时间在"儿童歌曲"或"乐言故事"的伴随下,孩子们的进餐及午休多了一份意境与轻松；东、西校区的"强强小舞台"与"钢琴廊角"四周都围满了小观众们，他们既是演员也是观众互相切磋交流，为同伴鼓掌为自己加油；"相约星期五"一早全校师生汇集大操场，"歌曲大联唱"及"舞向未来"的全员性艺术活动此起彼落。而歌曲则来源于不同年段孩子们的推荐；舞蹈动作则是由师生共同根据生活世界的情景提升创编的。自信的歌声、跃动的舞蹈陶醉每一个人。这样的耳濡目染，使孩子们的艺术学习得到了有效地拓展与延伸。

1. 艺术浸润童年

基于"国际理解"的教育主题，音乐组的教师在学生发展部的支持帮助下，推出了"艺术大课堂"项目。每年都会举办"校园十大英语小歌手"、"英语小达人"、"我舞我飞扬"、"校园舞精灵"、"校园金话筒"等全校性的音乐艺术活动。通过班级海选、年级初赛、校级半决赛和总决赛的组织形式，鼓励全员孩子参与和参加这一无边界的艺术创作活动，为不同的孩子提供展现精彩自我的机会。在打造属于孩子自己的艺术实践与活动天地的同时，达成"国际理解"的育人目标。

每个孩子都是天生的音乐家。他们中有表演家，有作曲家，或者有些只是音乐的倾听者和欣赏者，每一个孩子又都渴望和音乐亲密接触。正是秉承着这样的育人理念，2014 年 5 月 27 日，在"上海城市剧院"明强小学举行了首届"艺术浸润童年：明强艺术大课堂"（音乐、舞蹈、戏剧部分）活动。整台节目由"艺术来自传承"、"艺术源于生活"、"艺术放眼世界"、"艺术涵养心灵"四大板块组成，真实、自然的校园生活视频、微电影串构起整台节目，在多元化的节目呈现之间台上台下互动，用师生最自然的心灵声音，最童真、稚嫩的舞蹈动作，展现明强人真实的自我，唤起师生艺术心灵萌动，培育提升师生的艺术涵养，使本次活动成为师生一次全新的成长体验。

整个活动从几上几下的沟通策划到成功举行历时整两年，从个人到班级、从校级社团到全校每位师生，整个过程有效提升了每一个师生的艺术品味,有效深化了"坚守与吸纳"的理念,有效推动了"国际理解教育"实践。

明强小学的艺术大课堂的"大"不仅体现在普及层面的"人人参与",而且还体现在它提高层面的荣登"国际大舞台"——从七宝镇、闵行区的小舞台,走上"上海国际艺术节"以及"悉尼国际音乐节"的"大舞台"。

早在2011年春节前夕,明强小学学校鼓乐团的孩子就第一次走出国门,赴澳大利亚昆士兰州的黄金海岸参加"中国新年音乐会"演出。富有民族特色的绛州鼓乐激昂的鼓点,恢宏的气场,展示了中国民曲的激昂和小鼓手娴熟鼓艺和自强不息精神,鼓乐曲俨然成了促进中澳两国人民相互了解与沟通的友好使者。

2012年夏,学校学生合唱队一行30人,又应澳大利亚悉尼国际音乐节主委会邀请,赴澳参加了第二十三届澳大利亚悉尼国际音乐节。这支年龄最小的参赛队以天籁般的童声、精湛的演唱技艺、自信的表现力,分别用日文、英文、中文演绎了五首具有各地特色的歌曲。在悉尼歌剧院、天使音乐厅、悉尼市政厅和圣安德鲁大教堂绽放精彩,征服了来自世界各地的评委和观众,获得了合唱团建团以来第一个国际音乐节银奖。

2017年夏,时隔五年后,新一届的学校合唱队一行40余人,应悉尼国际音乐节主委会的再次邀请,又赴澳大利亚悉尼市参加第二十八届澳大利亚悉尼国际音乐节。与来自中国、美国、瑞士、法国、加拿大、菲律宾、新西兰、香港、澳大利亚当地等几十个高、初、小学参赛队伍友好交流、同台竞技。

明强小学合唱团依然是所有参赛队伍中年龄最小的一支,其中有20个孩子的年龄不到10岁。但是他们天籁般的童声、真情的演唱、满满的自信,用英语和中文演绎了《Remember Me》、《春风》、《渔歌子》、《Clap Your Hands And Sing Hallelujah!》四首各具特色的中外歌曲。在悉尼歌剧院、悉尼音乐学院、圣斯蒂文大教堂、悉尼市政厅绽放着精彩,征服了来自世界各地的评委和观众,又一次获得了悉尼国际音乐节合唱比赛银奖。

组织学生参加国际音乐节比赛,不仅为提升明强小学学生音乐艺术才艺,弘扬民族艺术文化找到一个重要的平台;而且通过悉尼国际音乐节盛会这一平台,明强人与世界音乐大师交朋友,和爱好者开展广泛交流,开拓国际视野,锻炼自我管理能力还受到美国音乐大师的首次邀请,希望明强合唱队有机会参加美国的艺术交流活动。组织学生参加国际音乐节活动,有效实践了"坚守与吸纳"为理念的小学生国际理解教育课程,探索了培育具有"规则礼仪、民族精神、科学素质、人文素养"的新时代小公民的具体途径,体验了多元文化的理解与包容。

2. 文化润物有声

"七宝皮影"这一上海市非物质文化遗产已经列入明强小学"学生成长体验校历",长程渗透在各年级学生日常学习中。鼓励教师将其与有关学科整合,从关注生命成长的高度,挖掘皮影艺术的育人内涵。比如,演出形式集"吹、拉、打、唱"等为一体,是音乐表达的综合体。在皮影艺人及音乐教师的引导下,学生们体会到皮影艺术独特的音乐表达,师生尝试合作改编。在皮影艺术熏陶下,更多师生迸发出创作灵感。音乐教师团队创编了脍炙人口的沪语歌曲《逛老街去》,在学生中传唱至今,并在之后创编了相关内容的情景剧,融合了快板、说唱、叫卖小调、舞蹈等的艺术综合表演。舞蹈老师创编了明强的《蟋蟀舞》。吸纳先进的"舞向未来"现代舞蹈教学理念,教师巧妙地以皮影人物的经典动作为基点,创作了具有中国元素,民间烙印的本土"舞向未来"教学课;英语老师则开始尝试将皮影演出双语化,在日常国际交流中弘扬皮影文化。就这样,与七宝皮影相关的一系列衍生性学科活动,赋予了传统皮影于当代儿童的生活特点与表现特征,师生们在艺术传承与发展的同时,结下了美丽的家乡情结。有一个案例曾经给了老师很大的鼓舞。"强强皮影社团"成员毕业后,在学校狂欢节自发组织在一起,就新的学习生活体验,创编了新的皮影剧目自荐演出,一举夺得一等奖。这就是皮影育人的真正魅力吧。把皮影看作是孩子们艺术生涯的启蒙,而发掘它的现代价值,让它与每一个孩子生命的独特感悟相结合,又使它具备了与众不同的育人价值。

学校美术老师充分借助"七宝皮影艺术馆"的丰富资源,在五年级美术教学中,添加了《娃娃玩皮影》的单元教学内容,共涉及五课 8 教时。"七宝皮影艺术馆"也成为我校美术学科育人体验基地,学生在艺术传承与发展的同时,也结下了美丽的家乡情结。①

表 4－1－3－1 《娃娃玩皮影》主题单元课程教学计划(五年级)

课序	课题	活动内容	成业形式	课时
1	皮影馆探秘	参观皮影馆,了解七宝皮影的发展历史、艺术特色;访谈老艺人、完成作业单;激发民族自豪感	学习单、PPT	3
2	玩玩小皮影	观看皮影戏、学习皮影表演技巧	让皮影动起来	1
3	皮影设计师	了解、学习皮影绘制与制作方法	绘制皮影角色	2
4	上演皮影戏	学习编剧、角色分配与表演皮影	表演微型皮影戏	1
5	皮影在创新	与现代生活世界相结合,创新皮影表演新形式	皮影创新、衍生形式展示	1

(1) 学科价值与育人内涵

作为江南皮影发源地的七宝皮影,历经一百多年,数代传人承前启后,将当地的传统戏剧、传统美术、传统手工艺、传统音乐、民间文学和方言融入皮影文化之中。而美术的学科价值体现为:人物道具的制作(聚集了白描、填色、镂刻为一体),而皮影育人的内涵更为深刻,主要体现在以下几方面:

一是激发民族认同感与责任感。2007 年,七宝皮影被列入上海市首批非物质文化遗产保护行列,在肯定七宝皮影独特的文化价值的同时,也透露出这一非物质文化遗产的后继无人问题。今天的七宝皮影已经传到年满 68 岁的第 8 代,而后的子女都已经不再接手皮影这一传统戏剧。如何使其后有传人,成为当下亟待思考的问题。

---

① 选自明语小学教师陈萍的论文《娃娃玩皮影》。

有学生向老师建议,希望成立皮影社团,由明强人来学习皮影戏,传承皮影文化。这一来自学生的需求得到了老师和校长的大力支持,作为明强人应该主动传承这一正在逐渐淡出人们的视线的戏剧。学校主动聘请七宝皮影戏第七代传人叶光华、朱墨均为社团校外指导教师,每周来校向孩子们传授皮影戏操作技法,编排皮影戏。又在老艺人的帮助下,编印了《七宝皮影进课堂》的校本教材,使七宝皮影戏资源生成学科育人资源,在传承七宝皮影艺术中,激发师生的民族认同感与责任感。

二是赋予传统皮影于时代特征。"七宝皮影"体验课程,不是一项孤立的学科活动,而是我校"成长四季"学生成长校历中的一项特色内容,它长程渗透在每个年级学生"半日活动"和日常学习中;要求教师注重学科整合与学科融通,注重与学生生活世界结合,凸显当代精神,努力挖掘皮影戏艺术的育人内涵。

三是激发生命自觉的成长精神。开设《娃娃玩皮影》美术单元课程的宗旨就通过系列活动培养民族认同感,弘扬民族文化,激发生命自觉,实现主动健康发展。果然,在观看皮影、探秘皮影、绘制皮影、学演皮影后,孩子们并不善罢甘休,他们又对创作皮影产生了浓厚的兴趣。原来,他们不仅喜欢电脑、手机,也对民族传统的表演显露出浓厚的兴趣。"强强皮影社团"应运而生,大家纷纷投入到皮影戏的创作之中。

（2）《娃娃玩皮影》单元教学的具体实施

由于五年级学生大部分已在一至四年级拓展型课程中学习了校本教材《七宝皮影》,在普及的层面,对皮影有初步了解,但是缺少深入探究与实践体验。为此,我们分五5个阶段来实施:

第一阶段主题——"皮影馆探秘"。组织学生走进七宝皮影艺术馆,参观皮影馆,访谈老艺人,查阅网络资源,通过探究活动,帮助学生了解七宝皮影艺术的基本知识。并通过观摩馆内的图片资料以及大量皮影道具,了解和认识比较七宝皮影与其他地区皮影的同异,传承七宝独特的乡土文化。为使学生的皮影探秘活动在获得新知识的同时,学会科学探秘的方法,我们专门设计了《"娃娃玩皮影"学习单》,以引导学生掌握规范的调查与探秘方法。《学习单》包含了《调查表》与《访谈录》两张表格,供学生在探秘过程中填写。学生也可以结合自身的兴趣爱好自行设计探究小项目(如:皮影人物服饰样式、皮影表演的必备条件、路人对皮影的了解与感受等)。学生作业的呈现形式为基于《学习单》的小调查和PPT,并在活动交流环节,以小组为单位开展汇报。以下两个问题请学生自己设计,可以提自己最关心的问题,并作记录。

表4-1-3-2 皮影艺术馆调查表

		七宝皮影	中国其他地区的皮影
皮影艺术特点			
表演形式			
造型设计	人物		
	动物		
	道具		
制作工艺	材质工具		
	组件		
	绘制		
	装订		
操控方式			
其他			

注:"造型设计"栏目填入内容以图片(照片或临摹完整或局部,轮廓或花纹都可)+文字表述(简洁的词汇)的形式。

表 4 − 1 − 3 − 3　老艺人访谈录

老艺人姓名　性别　年龄	被访老艺人照片
经历	
问题1： 记录：	
问题2： 记录：	
生活、表演图片资料：	我的感受：

注：经历可从老艺人的家庭生活环境,从艺年龄,学习表演皮影的感受、故事,喜欢或擅长的曲目等方面描述。

第二阶段主题——"玩玩小皮影"。该阶段又分为五个小阶段：a 观看皮影戏（或观看皮影戏视频）。b 在老艺人的指导下，动手操作控制操纵杆，尝试让皮影角色动起来。c 老艺人表演多种有趣、有难度的动作，学生尝试学习。d 两人或四人一组，运用皮影角色体验表演小片段。思考与讨论：皮影表演中，皮影角色的动作表现有何特别之处？还可以在哪里玩？

第三阶段主题——"皮影设计师"。a 思考与讨论：皮影角色为什么会动？可以分成几个部分？造型的基本特点是什么？七宝皮影的绘制特色是什么？组合装订的技巧？现在的七宝皮影进行了哪些改良？b 根据自己对七宝皮影的了解和自己独特的想法，尝试选择合适的绘制工具、材料与形式，绘制皮影作品，可以是有趣的人物形象也可以是可爱的动物形象，或其他物品。

- 半成品：已有的各个部分透明胶片，可用油性记号笔绘制纹样、图案等，小面积用水彩笔或马克笔涂色。剪下，用针线组装。

- 铅画纸上临摹或自行设计绘制皮影角色各部分，美化涂色后，剪下，用针线组装。（可借助墙面表演）

- 透明胶片上临摹获自行设计绘制皮影角色各部分，美化涂色后，剪下，用针线组装。

- 还可每个班级分组根据剧本分工完成皮影剧的道具制造。

第四阶段主题——"排演皮影戏"。每个班级可邀请老师、家长共同参与，在课间进行剧本创编、台词设计、角色分配、皮影的增补、道具的制作等。将各班的成果进行表演展示。在表演的时候可以创新性地结合其他美术表现形式，增加表演的趣味性，提升孩子们对皮影的兴趣。

第五阶段主题——"皮影在创新"。七宝皮影与剪纸、手影、沙画等艺术结合进行表演。形成综合、创新式表演形式。激发更多的孩子发挥特长，参与表演。将七宝皮影独特的造型艺术和表现形式用于装饰、美化生活（皮影画、窗画、瓷砖画、杯画、明信片、邮票、公益广告……）。

表 4 – 1 – 3 – 4　《娃娃玩皮影》主题单元系列课程积点表(17 * 2 * 3 = 85)

项　　目	具　体　表　现	自　评	互　评	师　　评
参观礼仪	细细观看用心听			
	轻声说话慢慢行			
	爱惜展品不触碰			
	保持卫生讲文明			
参与态度	对场馆活动内容有兴趣			
	有序认真参观了解知识			
	互动项目主动积极参加			
搜集信息	观看阅读场馆展品文字			
	用文字或绘画形式记录			
	用相机摄像机留存资料			
	事先学习教材了解信息			
	课前课后搜索网络资源			
提问意识	会带着问题在场馆中探究			
	有疑问会咨询馆员或老师			
合作交流	乐于与同伴交流疑问想法			
	有学习成果也愿意做交流			
	热心主动帮助身边的同伴			
合计				
其他				

3. 艺空间体验区

"艺空间"坐落在校园西北角的二楼,与千年古镇明强隔街相望……"艺空间"的活动区域呈英文小写的"y"。其外侧四周是通体透明的钢化玻璃,五彩斑斓的剪纸作品,似繁星点点,错落有致地镶嵌在蜿蜒的创想空间;其内侧的每一堵墙、每一个角落、乃至不经意抬头处,都是明强学子进行艺术创造的天然展板,水粉画、油画、版画、软陶作品、纸艺作品、油画、蜡染……应有尽有。

"艺空间"源于学校"审美·超越"的办学理念,更源于学生的一个提议:校长,校园更整洁了,我想让她更美丽!于是,清晨、午间、放学后,在一个幽静的"露天工作坊",一群痴迷于艺术的明强人开始了自由的创作之旅。他们的第一个作品是"变废为宝"的"校园萌星":BLUES,BLUES的骨架由废旧桌椅构成,皮肤由厚厚的报纸糊就,头上的角是从小树林捡来的枝丫,至于脚上的鞋,就是爸爸不想穿了想扔掉的那双……作品完成后,被安放在校园楼梯口,那里就成了"艺空间1"。之后,艺空间2:《格子里的故事》,艺空间3:《猫头鹰狂想曲》便逐个喷薄而出,"我画我世界、我美我校园"的创意也在校园各处四溢,最终汇集到了二楼这个"综合创作体验区"。

"艺空间"的设计定位与功能开发,凸出了静态展示与动态实践、艺术创作与艺术欣赏、社团活动与个人体验相结合的原则。每天,这里都坐满了自愿前来的学生艺术爱好者,想画什么做什么,随处可以拿到工具,静静坐上半小时,一幅作品就此诞生,宁静地捏个小彩塑、做个小布偶,随手放上搁板;娴熟地剪一纸窗花,享受光影投射的奇幻;乃至随兴涂鸦,让思绪插上想象的翅膀……主题板上,记录着孩子们每时每刻不同的心情、受到的启迪。

"校园小画家"走廊:李祎如,喜欢用漫画记录与小伙伴在一起的喜怒哀乐,在网上发表校园漫画连载《如小兔》后,迅速受到小粉丝们的追捧;陈心怡,曾赴美国小学交流学习一年,擅长画校园动漫人物、用画笔绘出内心声音;张梓芊,爱好临摹大师作品,惟妙惟肖中总带有一丝自己的判断;徐嘉悦,从民间艺术家奶奶这里耳濡目染学习剪纸,心灵手巧、剪纸如飞……

艺术的启迪来自于每一个孩子独特的生命体验,也来自于学校身怀绝技的艺术导师们:在孩子们身后,有自学成材的校园环境"总设计师",有年过半百仍主动请缨上研讨课的美术发烧友,有以自己的美术情结感染团队的教研组长,还有校本教材《童心稚笔画古镇》的主编,跨界实体、电脑艺术创作的酷哥,擅长时装设计布艺制作的"田园风老师",以及创建了第一个校园"版画工作室"的青年版画艺术家,习惯用毛笔记录的"书法迷",让学生大胆用涂鸦扮美校园的创想教师……

"艺空间",接纳每一个独特的个性,理解每一次成长的烦恼,保留每一页真心的故事,放大每一点微小的进步。带着新奇而来,满载成就而归;带着疑问而来,收获自信而归;每一个走进"艺空间"的孩子,不仅是在"艺术探险"中享受着生命的律动与美好,更是在"艺术创造"中享受着成长的多彩和欢愉……

(二) 科技改变生活①

《自然科学》是通过发展科学兴趣,掌握科学方法,学习科学知识,树立科学精神,提高学生的科学素质。科学兴趣,就是儿童对科学的好奇心与求知欲,以及由此引发的亲近科学、热爱科学的情感。科学方法,就是了解或掌握认识客观事物的过程和程序,知道如何运用科学技术知识去尝试解决身边的问题。科学知识就是对自然事物、自然现象和科学技术知识的理解。科学精神就是既勇于探究新知又能够实事求是,既敢于质疑、独立思考又乐于互助合作。

"国际理解教育"背景下,《自然科学》学科所追求的绝不仅仅是教给学生一些问题的标准答案,而在于授学生于渔——教会学生探索问题的方法,增强学生对自然和社会的责任感,促进学生主动形成正确的世界观、价值观和人生观,从小关注人类的共同发展、关心地球可持续发展,最终能够担负

---

① 选自明强小学教师刘依婷的论文《"国际理解教育下"自然科学学科育人价值的实践与思考》。

起"新时代小公民"的责任和义务。因此，以尊重规律、探索未知、热爱科学作为《自然科学》渗透"国际理解教育"的切入点，从而实现尊重自然，回馈生命，学用科学，品味生活的学科育人目标。具体为：

1. 发展科学思维

科学思维，也叫科学逻辑，即形成并运用于科学认识活动、对感性认识材料进行加工处理的方式与途径的理论体系。简单来说，科学思维就是用科学的方法进行思维，它是科学方法在个体思维过程中的具体表现。在小学阶段，科学思维的重点落实在"实证"二字，具体包括：

——愿意通过自己的探究活动去认识真实的客观世界；

——对未知的事物做出主观猜想，但任何猜想都需要用客观事实来证明；

——通过对事实进行全面的考察和合乎逻辑的推理后，才能得出结论；

——知道任何真理都是暂时性的，它也可能被新的事实所推翻。

为了更好地发展学生的科学思维，我们尝试了如下的实践与改进：

（1）关注实证意识，忽视完美结论

学生探究活动后，引导学生对数据进行采集和分析，尽可能关注到每一组学生的实验数据。即使是一些"错误"的数据，我们也采取不回避的态度，将这些"错误"数据作为课堂生成性资源。也许这些"错误"数据会影响到完美的实验结论的得出，也影响到课堂进度课堂效率。但是和学生一起分析这些特殊数据产生的原因，引导学生反思探究实验过程中是否有操作错误？是否有其他干扰因素？设计的探究实验方案是否合理？是否需要进一步改进？实验仪器设备是否存在问题？并鼓励学生多次实验、重复实验。在此过程中，学生知道了科学是讲求实证的，数据出现错误有其原因，只有运用恰当的方法才能获得科学的结论。争论最终靠科学实验来验证，靠实验事实数据说话，从而学生明白了实事求是的重要性。

比如《导体与绝缘体》一课中，学生们利用教师事先搭建好的检验装置来检测他们从家里带来的小物件哪些是导体，哪些是绝缘体。按照老师提前布置的,学生们从家里拿来了钥匙、金属勺、回形针、橡皮、塑料尺等等。然后分组热热闹闹地开始了检测。到汇报实验数据的时候,问题出现了。各组的实验数据出现了很大的分歧。有的小组检测出钥匙是绝缘体,有的是导体;金属勺也有的是导体有的是绝缘体。甚至同一个小组两把不同的金属勺,得出的结论都不一致。截然相反的结果,让教室里炸开了锅,大家争论不休,都认为自己的检测没有问题。检测装置是统一的,学生也已经经过了两次以上的检测,那么问题到底出在哪里了呢?此时,老师没有急于纠正学生的"错误",也没有急于告知学生"正确"的结论,而是引导学生关注到同一组却得出两种不一样结论的两把不同的金属勺上,让这个小组上台来展示他们的实验过程。孩子们又发现了两把勺子其实是不一样的,虽然都是金属勺,但其中一把的勺柄是陶瓷的,而这个小组在做检测是将检测电路的两个接头分别接在勺子的两端,显然陶瓷柄的勺子得出的结论就是绝缘体,而完整都是金属的勺子自然就是导体了。孩子们从"错误"的数据中,得出了"正确"的结论,他们发现判断即使是一把勺子,不同材质不同部位的导电情况也是不一样的。他们认为判断导体还是绝缘体最好是按照不同材质分开来检测。再次让学生进行实验,他们的收获更多了。"老师,你看车钥匙头上金属部分是导体,但后面塑料的皮儿就是绝缘体。""你看,这是水笔,绝大部分都是塑料的,我检测出来塑料是绝缘体。但是这个笔帽位置有一小条金属,这是可以导电的。"重复的实验验证更加深了学生的理解。自然课堂就是这样让学生感受科学对事实的尊重、科学对事实的依赖、科学对结论的谨慎、科学对错误的勇于修正等这些科学学科特有的实证意识,从而发展学生的科学思维。

(2)关注思维深度,忽视热闹活动

每节自然课、每场科技活动中,学生都在热热闹闹地进行着活动,但追根究源,这热闹的活动中学生思维含量有多少。科学思维要关注探究活动中思维的深度,而不能只是将学生活动流于形式。引导学生将思考贯穿于整个探究活动之中,从活动前先思考,我们该如何做,为什么这么做,有序计划后再动手,培养思维的条理性;活动中也需要思考,观察到什么现象,自己的活动计划是否合理,能够进行改进,培养思维的缜密性;活动后更需要思考,实验获得了哪些事实和具体数据,分析数据并作出解释,形成结论,培养思维的逻辑性。由这样的思维贯穿始终的活动中,学生便逐步理解科学思维就是对感性材料进行分析和综合,通过概念、判断、推理的形式,造成合乎逻辑的理论体系,科学思维就是一种实证的思维方式,一种建立在事实和逻辑基础上的理性思考。

再如《铁轨会变长吗》一课。出示铁轨照片。老师:"为什么一段一段的铁轨之间要留着一条不算很小的缝?"学生:"因为铁轨会热胀冷缩,如果不留缝,夏天铁轨变大了,就会拱起来,会出交通事故的。"老师:"小朋友们懂得可真不少! 老师这里有一个小金属球,你们可以设计一个实验来证明这个金属球受热会膨胀、受冷会收缩?"学生:"用酒精灯加热金属球,然后看看它变大了没有? 冷却后再看它变小了没有?"老师:"只是看看吗?"学生:"看是看不出来的,细微的变化看不出来,要靠尺子量。可以加热前后分别用尺子量一下金属球的大小。"学生:"圆球直径用尺子很难量出来的,我觉得可以用根绳子测一下周长,然后把绳子剪断。加热后再用同一根绳子来比一下,看看周长是不是比绳子长了。"学生:"我认为他们的方法都不行,酒精灯加热后,太烫了,根本不可能用尺子量也不可能用绳子比划,手根本就不能碰。"学生:"我也同意他的说法,我觉得可以做个硬一点的圈,让金属球刚好可以顺利套过去,然后酒精灯烧了之后,用个钳子钳着再放到圈上去,热涨了就应该套不过去了。"老师:"你们的想法太赞了! 大家不断地交流讨论发现问题,再进行改进,最终基本完善了实验设计。你们看,这是不是你构思出来的实验装置?"这时,老师再出示金属热胀冷缩实验装置。学生一样是在做固体热胀冷缩的实验,但他们不仅仅是机械的操作,不是按照老师给的步骤一步步去做,而是动口、动脑,然后再动手。发展科学思维关注的是学生在科学探究过程中思维的深度,关注学生在活动中逻辑思维能力的提升。让学生真讨论、真交流,给学生深入思考的时间和空间,让学生在做前做中做后都思考,这样一个过程,使学生的思维得到螺旋形的提升。

（3）关注辩证思维,忽视片面推理

辩证思维是唯物辩证法在思维活动中的运用,是最基本、也是最重要的一种思维方式。它强调用联系、发展、全面的观点认识事物之间及事物内部各要素之间的运动规律,既要看到事物之间的对立,又要看到事物之间的统一;既要看到事物的正面,又要看到事物的反面,并且认识到它们在一定条件下可以相互转化。在小学阶段辩证思维的重点就是要引导学生分析事物和现象时要用多元思维,不要片面地、静止的、孤立地看待问题,而要有一分为二和合二为一的观点,看它好的一面同时也要看到它不好的一面。

比如在讨论到环境污染问题,学生指出煤炭、石油都是不可再生能源,且会造成环境的污染,应该弃之不用,转而去使用太阳能、风能、潮汐能等再生的无污染的能源。老师用问题来引导学生,明知煤炭和石油有那么多缺点,为什么我们国家还在使用它们呢? 组织学生展开激烈的讨论,引导学生从多方面去思考这个问题,并且用发展的眼光去看待这个问题,学生们果然生成了很多让人可喜的资源。他们发现了太阳能等可再生能源的局限性,在现阶段人类全面使用这类能源是非常困难的。他们也发现了煤炭石油能源的优点,且也看到了这类能源对我国现今的发展的推动。当然,他们也更坚定了信念,长大后要继续研究无污染、成本低、可推广的新能源。发展科学思维需要注重培养学生的辩证思维能力,有利于激发学生的求知兴趣,对他们未来的成长必将产生深远的影响。

2. 培育科学精神

科学精神是人们在长期的科学实践活动中形成的共同信念、价值标准和行为规范的总称。科学精神是科学本性所要求的各种价值观念、思想观念、行为准则以及道德与意志品质的总和。在小学阶段,科学精神具体包括:科学精神的核心——实事求是;科学精神的活力——开拓进取;科学精神的生命——创新改革;科学精神的遗产——虚心接受,还有协作精神、民主精神、开放精神、实践精神、批评精神,等等。

科学精神只有身处于科学实践过程中才能真正养成。因此,通过营造良好的氛围,给学生提供尽可能多的活动方式和活动机会,使学生在科学实践中锻炼、学习和体验,让学生进行动手操作、动脑思考,参与到探究科学的全过程,在实践中享受科学探索的乐趣,在实践中萌生科学精神。2014 年,学校《自然科学》组的老师开始尝试开展"小小爱迪生"系列科技活动。

（1）确立人人参与实践的核心理念

"小小爱迪生"系列科技活动明确地将"人人参与实践,培育科学精神"作为核心理念,通过家校合作,有计划、有指导地为学生创造亲身感受、参与、体验科学的机会,让学生不再是科学研究的旁观者,使每个学生都能有机会"像科学家一样开展研究"。从自然科学课堂上学习科学知识这一传统模式以外,提供在家做科学实验这种新的科学教育补充途径,并聚焦学生科学素质的核心成分——科学精神。

（2）建立"小小爱迪生"的运行机制

要切实推行"小小爱迪生"活动,就需要家庭和学校两方面通力合作。为了更好地开展活动,老师们建构了如下运行机制:

——明强"小小爱迪生"科技节目。每月一期,每期一个主题,利用午间时间在全校播放科技节目,用来指导和鼓励学生完成家庭实验。生活中的化学、奇妙的静电、大气压力的奥秘……一期期科技节目都是由老师和学生共同拍摄制作,节目中学生作为探究活动的主体,完整地经历发现问题、提出假设、进行实验、得出结论的科学探究活动过程。生动有趣又生活化的科技节目,大大激发了全校学生参与"小小爱迪生"活动的热情。

——开设"小小爱迪生"专用官微平台。指导学生和家长在家进行科学实验,"小小爱迪生"官微对所有的家长学生开放。家长关注官微后,可以很方便地在手机上收到发布的"小小爱迪生"活动内容。由于微信推广的便捷性,"小小爱迪生"实验活动内容不再局限于每月一个主题,而是更加丰富多彩了。于是推出了短小精悍的实验微课,一两分钟的微课呈现一个有趣的科学实验,实验中所用的材料都是家中常见的物品,学生可以在家非常方便地跟着视频学习并完成实验,如遇到困难或者需要家长的协助,家长也可以方便地依据微视频指导来帮助孩子。同时,《自然科学》教研组还根据不同的季节、时令、节日等等,推出一系列的科学小实验和科普知识。如万圣节推出环保万圣节,指导学生利用家中的废弃材料来进行万圣节装扮;如圣诞节推出圣诞特辑,指导学生利用卷纸芯变身圣诞花朵装饰和制作圣诞老人;如愚人节利用水的浮力的相关知识,做个小装置来开一个无伤大雅的科学小玩笑等等。除了科学实验的指导之外,"小小爱迪生"官微还是学生展示自我的便捷平台。"小小爱迪生"节目组,将优秀的学生作品——学生实验视频或者照片在微信平台上分享,大大激励了家长和学生参与"小小爱迪生"活动的积极性。

——多元展示与评价激励。小学生的心理和年龄特点决定了只有通过交流、评价、激励等手段才能够让他们在享受到成功喜悦的同时,更加积极参与到小小爱迪生活动中去。为了更好地促进家长和学生参与"小小爱迪生"活动,节目组有一系列运作中的引导、激励要素。如设计了不同的学生作品展示载体,这些载体包括:自然课堂交流会、班级黑板报、校园小小爱迪生展示墙还有"小小爱迪生"官微。节目组还有固定的评奖机制,每学期会评选出校级优秀爱迪生小达人,优秀爱迪生班级等等。通过这些不同的展示载体以及评奖机制,展示作品,分享成果,从而达到激励的目的。

——专业规范的家庭实验指导。虽说家庭实验一般都会选择一些简单易行的小实验,方便在家庭中操作。但实际操作过程中也发现部分家庭由于家长的认知水平限制,不能够给学生较为专业的指导。而且有的实验还会用到剪刀、刻刀、锥子等工具,也有可能会用到明火加热,那么就会存在一定的安全隐患。于是《明强家庭实验指导手册》应运而生。我们从实验的安全性、规范性等方面,对家庭实验的注意事项进行了详尽的描述,以期更好地指导家长陪同协助学生开始活动。

——积极开展校园科技节活动作为补充。"变废为宝达人秀"、"报纸时装秀"、"争当科学小老师,人人都来做实验"等一系列校园科技节活动,作为"小小爱迪生"活动的合理补充。在校园科技节活动中,我们也努力营造一个人人都能参与科学活动的大环境,鼓励学生运用多种方式进行开放性的讨论交流,积极参与到校园科技节活动中,通过这些活动培养学生大胆创新、民主协作等科学精神,也引导他们多关注人类的共同发展、关心地球可持续发展等世界性的问题。

(3)在实践"小小爱迪生"中培育科学精神

——尊重学生奇思妙想,培育学生创新精神。"创新能力是一个民族进步的灵魂,是国家兴旺发达的不竭动力。"帮助学生解除心理上的障碍,鼓励他们展开想象的翅膀,敢质疑问难,敢标新立异,培养他们创新精神。牛顿小时候喜欢制作风筝,爱迪生小时候喜欢做各种实验……大多数科学家发明家从小都喜欢各类创造性的活动。小学生对周围世界充满好奇,他们的小脑袋瓜里有着无数的奇思妙想。我们尊重和鼓励孩子们勇于去想敢于去试的精神。在"小小爱迪生"活动中给学生提供各种机会,让他们多参与观测、设计、制作、构建等活动,如制作不倒翁、制作植物昆虫标本、设计制作潜望镜、设计环保服装、制作万圣节装饰等等,这些有趣的动手活动不仅仅是发展学生个人的兴趣爱好,培养了学生的动手能力,而且还开发了学生的想象能力,创造思维能力。学生在动手参与活动的过程中,独立操作、独立思考,能力不断得到提高,创造精神不断得到培养。

——提供学生合作机会,培育学生协作精神。合作意识和能力是现代人必备的基本素质,是学生在未来适应社会,立足社会不可缺少的重要因素。我们要由简单任务到复杂项目逐步提高,由个人独立完成到小组或团队合作进行科学探究。"小小爱迪生"活动也给学生创设了一系列大型的科学探究活动,提供学生合作的机会,让协作精神在孩子心中扎根。比如我们组织学生合作探究"声音的奥秘",从声音是如何产生的、让声音停止、声音高低的秘密是什么,到男生女生为什么发出的声音不一致,再到什么样的声音算是噪音,噪音又有什么危害……这一大堆的和声音相关的问题,都是四年级学生们自行讨论提出的,也是他们自己去尝试研究解决的。如此多且复杂的问题,需要小组成员通力合作,每个成员都要为探究活动发挥自己的作用,只有每个成员都认真努力充分合作,才能顺利完成探究任务。在活动中,他们在与同伴分工合作,提出问题,制订方案,收集信息,寻找答案的过程中,学会倾听别人,学会表达自己的观点,学会与别人协商达成一致,学会分享共同的结论成果等,从而培育学生的协作精神。

我们也深知,发展科学思维和培育科学精神不是一朝一夕的事情,"小小爱迪生"节目组将在"国际理解教育"这个大背景下,进一步深挖和落实自然科学学科独特的育人价值,培养出合格的新时代小公民。

第二节　专题教育求深化

和基础型学科的渗透相比,拓展型学科的专题教育,主要通过校本课程来实施与深化。明强的拓展型课程主要由"限定拓展"和"非限定拓展"两部分组成,它分别定位于低年级的"兴趣普及"和高年级的"兴趣选择"。这一课程的育人目标是通过有目的、有计划的专题教育课程实施,努力培养学生具备"规则礼仪、民族精神、科学素质与人文素养"等新时代小公民的基本核心素养。

一、民族精神的传承

将民族精神的传承作为专题教育的一大内容,这是基于"坚守与吸纳"的国际理解教育理念下,对新时代小公民的核心素养的基本要求,也是对中华民族传统育人理念、明强小学百十年厚实的学校文化等方面的综合思考的结果。我们把中华民族传统文化体验课程的课程理念定位于坚守中华优秀传统文化,坚持社会主义核心价值观;深度了解博大精深的民族精神,律己修身、立德树人;不断增强每一个明强学子作为中华民族一员的自豪感,弘扬民族文化精髓,逐步实现中华民族伟大复兴的中国梦。

（一）传统文化通识教育课程

从传统的课表中，我们不难发现，现阶段课程中除了语文和品德与社会品德课，其他课程鲜有将中国传统文化融入其中，亦很少有学校去开展中华民族传统文化体验课程。因此，我们将中华民族传统文化融入到设立的现有课程，如：将诗词歌赋、神话传说、中国对联、中国传统节日等融入语文课和品德与社会课，民间工艺融入美术手工课程，传统音乐融入音乐课程等等。使每门课程都具有中国特色，学习过程不仅注重学生综合潜力的开发，智力的发展，还专注于提升学生的传统文化素养。这类课程我们称之为传统文化通识教育课程。

传统文化通识教育课程融合千年古镇七宝丰富的民俗民间文化资源与百年明强文化的核心理念"审美·超越"，旨在通过中华民族传统文化的专题教育，培养明强学子成为规则礼仪明、民族精神强、科学素质高、人文素养好的"新时代小公民"。横向成列，纵向成序课程体系；包含课程目标、内容、途径、评价课程顶层设计，是我们将"国际理解教育"背景下的传统文化教育做得更规范、更系统、更具实效的有效保障。基本的实施途径即面向全校开设儒雅大讲堂、传统节日体验课程等，具体如表7。

表4-2-1-1 民族传统文化的分年段专题教育课程列表

年级	专题教育课程			
一年级	皮影	剪纸	古琴欣赏	喜庆中国结
二年级	皮影	沪剧	活字印刷术	染缬工艺
三年级	皮影	沪剧	中国功夫	中国围棋
四年级	皮影	沪剧	茶艺	书画
五年级	皮影	国学经典品鉴	篆刻	青瓷文化

1. 定期开展专题教育活动

主题活动课打破了传统的教学形式,使学生能够全身心地投入其中、参与其中、体验其中的乐趣,大大提高了学生学习的积极性;学生从中锻炼了自己,提高了能力,并且学会了分工合作,有利于形成正确的价值取向。

在中国传统元宵节、清明节、端午节、中秋节、重阳节等节日开展的主题活动中,学生不仅能够在自由、开放、充满乐趣的氛围中合作分享和体验节日的美好气氛,还可以从中学到知识,提升能力,形成优良的价值观。中国传统文化的主题活动都非常有文化针对性,每一次主题活动是对中国传统文化的一次继承和发展。

如 2016 年 2 月,我校举办了持续五天的"元宵共团圆·新年再起航"主题活动,这五天里,明强小学的学生、家长一同参与了"元宵共团圆"亲子体验活动,在与家人共庆团圆的过程中,极大激发了孩子们对中华民族传统佳节的认知与传承意识。活动中,孩子们了解了:元宵节的起源、元宵节的节期,分年级体验了元宵节的活动:一年级的小朋友和爸爸妈妈一起动手制作了花灯,有的花灯用红包拼接而成,有的用彩色卡纸修剪而成,有的运用喜庆的红布缝制而成,还有的小朋友还提倡环保,用到了废旧的纸盒罐子等,并在制作完成后把这些精致有趣的花灯都布置在校园的大门、"艺空间"、"凌霄琴韵"等地方供全校师生们举行赏花灯游园会;二、三年级的小朋友们和家长们一起想了许多好玩的灯谜,并与祝福一同写于彩纸上,在元宵节这一天让全校同学抽取。课间休息时孩子们边猜着灯谜边找到出谜题的小朋友,相互认识,成为了伙伴;四、五年级的小朋友们和家人共同制作了元宵,并且全家团团圆圆一同品尝了自己的成果。孩子们还用相机记录下了家人们一起其乐融融的景象,并做成小报,每个人的脸上都洋溢着幸福、快乐的笑容。

此外,"走进国学,习得礼仪"的如雅大讲堂也颇具特色。2015 年 11 月底,来自一至五年级的孩子,坐在一个大课堂里,聆听上海音乐学院杨赛博士的讲课。杨赛教授非常善于和孩子们相处,一上来就和孩子用互动的方式打开了心房,用游戏的方式,让孩子们体验了礼仪的重要性。为了授课过程的顺利完成,教授细心地准备了若干道具,比如教授脱帽礼时,他准备了三顶帽子,分别示范,然后请小朋友们也上台来亲身体验。孩子们举手时、拍手时都是那么激动,在感受中西方文化差异的过程中,他们已经不知不觉迷上礼仪。最后,杨赛教授播放了明强小学的校训儿歌,和孩子们一起拍手吟唱,校训儿歌不仅歌曲好听,歌词更是把小学生行为规范都穿插于其中。礼仪的"习得"不是一朝一夕就能完成的,但仅仅经过这一下午的学习,孩子们就已发生了很大的改变,褪去了进来时的拘谨,换上了告别时的落落大方,优秀传统文化教育的力量不言而喻。

2. 注重隐性教育课程的作用

隐性课程是指"非计划的学习活动","是学生在学校、班级生活中时时、事事、处处都接触到的一种有形、无形的影响"。除了上述的显性专题教育以外,明强还在校园环境、氛围等方面予以同样重要的考虑。如:在"强者之魂""强者之行""强者之韵"的宣传版面张贴关于中华传统文化的知识。还借区域层面组织的传统文化知识竞赛的契机,引导孩子们多阅读传统文化的书籍,多积累。

教师自身的文化素养也是十分重要的隐形教育。教师日常的言行举止中流露出来文化素养一定会对学生产生潜移默化的影响,这是一种重要的隐性课程。学校也给教师做定期的培训,因为我们清楚地意识到一个具有高素质高文化修养的教师必然会在其言谈举止,身体力行中给学生带来潜在的影响。使学生在无形中受到教育。

家长在孩子受教育过程中的作用也是不容忽视的。家校一致性是现在学校教育和学校课程顺利实施的重要组成部分。所以,要想中华民族传统文化课程能够顺利地实施,家长的支持与配合是必不可少的。为此,学校一方面邀请家长积极参加学校组织的"家校沟通活动",争取让更多的家长理念上能与学校课程教学理念保持一致,从而促进学生很好的学习。另一方面,希望家长不断提升自己的文化修养,多学习一些中国传统文化知识,给孩子树立起榜样作用。此外,校方还鼓励家长利用孩子的假期带孩子多参观学习一些跟中国传统文化相关的博物馆及其他景点,让孩子在愉悦的玩耍中学到东西,为学校传统文化教育做好补充。

(二) 古镇探秘系列教育课程

民族传统文化专题教育的另一条主要途径就是"古镇探秘"系列教育课程。"古镇探秘"活动的初心是激发学生主动参与社会实践活动,培养学生自主成长意识,让学生在探秘活动过程中不断认识自我,发展自我。在开展过程中我们发现孩子们深受古镇充满地域特色的丰富文化教育资源吸引,他们知晓、了解、参与、热爱到传承的过程,就是从精神层面回归家乡的历程。学生在探秘的过程中,增进了对家乡的归属感和对民族的认同感,从更大的时空范围来说,就是增进了对国家和民族的认同感,是极好的民族精神教育的契机。古镇探秘系列活动先于小学生国际理解教育的实践,是"坚守与吸纳"理念的实践基础。

学校从学生的主动健康成长出发,重新研究古镇探秘系列活动的规范性、教育性与安全性,寻找开展小学生民族精神教育与爱国主义教育的方法与途径,开发和研究符合学生身心发展特点,满足学生兴趣、爱好的课程体系,挖掘民族精神的内涵,形成面向学生完整的生活领域,培养学生的创新精神和实践能力的校本课程。以古镇探秘系列活动为载体,促进教师教育观念的转变,鼓励支持教师研究综合实践活动的实施规律,提高他们开发与实施古镇探秘系列活动的能力,提高教师的自身素养和人文精神。在古镇综合经济开发公司的大力支持下,建立了多个不挂牌的明强小学社会活动基地,对明强学子的探秘与考察活动开放从不收费一路绿灯。

1. 系列活动之社会当家

学生发展部把"志愿者活动"和"节假日探究实践活动"作为学生社会当家契机,帮助学生回归丰富多彩的日常生活,引导学生做社会的小主人。

社会当家分为"社区志愿者服务岗位"和"社会实践"两方面。

在利用七宝老街资源,开展"寻古镇文化瑰宝,做家乡文化传人"实践探究活动中,学生们邀请"老明强"讲明强传说,利用节假日开展社会小调查。不同年级学生分工不同,低年段画画、说说、演演"明强的传说";中年段探究明强的民俗文化和饮食文化;高年段:探究建设中的新明强。引导不同年段的儿童有侧重地探究家乡的风土人情,感受家乡的发展,激发他们关注身边事和人,大胆猜想,积极体验,做家乡建设的主人。开展"我是骄傲的明强人——寻访明强学友"主题活动,围绕百年校庆主题,利用长假寻访明强学友,通过学友们的成长经历,激发热爱学校,长大后为家乡、为祖国作贡献的情感。

除此之外我们还有很多志愿者活动,例如,有的学生在张充仁纪念馆成立"小小讲解员"志愿者队伍,为来明强旅游的中外游客介绍古镇风情;有学生与社区少先队活动中心签约,为孤老和独居老人送温暖;有的自发与云南小朋友结对通信,到乐购广场举行"红领巾爱心超市义卖",与启音学校的聋孩结对互助等等。其中"著名爱国华侨雕塑大师张充仁纪念馆"给了学生重要的成长体验。它坐落在古镇明强的西大街,在纪念馆成立之初,学生部就意识到这是学校进行民族精神和爱国主义教育的第二课堂。不仅组织学生参观,还在围绕此主题进行班队研讨,让学生更好地了解和认识了不平凡的张充仁爷爷。学校主动争取纪念馆方面的支持,把这一"第二课堂"不断引向深入。辅导老师到展厅进行实地讲解辅导,与学生共同交流想法体会。春雨润土般点点滴滴的教育,使同学们逐渐了解、熟悉了张充仁和他的爱国主义生平,许多同学甚至决定以张充仁爷爷为榜样。在学习与实践中,大家形成了争做合格、优秀志愿者讲解员的自觉意识。如今,"明强小学志愿者讲解员队伍"已经换了几轮,但依然活跃在古镇,学生在志愿讲解中既接受到了爱国主义教育,又锻炼了交往能力,让纪念馆的教育功能得到成倍的发挥。

此外,我们还致力于促进学科与班队活动的融通。如英语学科于媛媛老师整合了英语教学中"问路"的教学内容,和学生共同设计了"我带外教老师游明强古镇"的活动,不仅使语言教学进入了真实的情景,也丰富了班级的日常交往。

2. 系列活动之内容设置

古镇探秘系列活动的内容从低到高,由浅入深,逐步发展。设计的总主题是:"情牵古镇——明强"。我们根据一至五年级不同年级学生生理心理特点和知识背景,认知、情感和能力发展水平,设计了由低到高、由表及里的系列化探究课题。

一年级学生探究明强古镇的历史文化——课题为《探寻明强传说之奇》。相传"明强"地名的由来与七件宝贝有关,是哪七件宝贝呢?每一件宝贝的背后有哪些神奇的故事呢? 了解这些故事,就能大体认识古代先民们的生产和生活情况。这样的活动既有趣味性,又有教育性。一年级的孩子通过观看录像、请老明强的爷爷、奶奶讲述明强的故事等方式分组收集明强的故事,并把收集的故事在老师的指导下改编成剧本,分组表演。明强古镇寻"宝"记、知识竞赛等活动用美丽故事激励学生传承民族文化,使学生在参与活动的过程中初步了解古镇明强的悠久历史,知道古镇是上海本土文化的发祥地之一,具有鲜明的海派特色。

二年级学生探究明强古镇的地貌文化——课题为《探寻明强景观之美》。明强古镇依水而建,一条蒲汇塘河穿越镇区,两岸店铺林立,绿树成荫,河中游船如织,河上架设了各种形状的桥梁。学生们通过"走一走,看一看,想一想,画一画,议一议",实地游览古镇:周氏微雕馆、宝墨堂、张充仁纪念馆、棉织坊、明强酒坊、当铺、老行当、蟋蟀草堂、明强教寺、明强塔等景点,加强对家乡美的理解。著名雕塑家张充仁丰富的人生经历、高超的雕塑艺术,不仅为明强的历史增添了光彩,而且为少年儿童的成长树立了光辉的榜样。参观、写作文、当讲解员等一系列活动,有助于孩子们树立远大的志向。

三年级学生探究明强古镇的民俗文化——课题为《探寻明强民俗之

多》。明强地区随着城市化的进展,离传统的农业社会越来越远,以往的民俗风情已经很难见到。古镇旅游的开发,把这些民俗风情重新发掘出来,建立了许多民俗博物馆。学生通过参观考察这些博物馆,可以寻找我们的文化之根,达到文化的认同。孩子们通过摄、写、探、议等方式探究:7.14豆浆节、蟋蟀节,皮影戏的历史、自制皮影、合作排演,编花边,古镇茶文化节等明强特有的风俗习惯和乡土艺术特色,对民俗文化产生兴趣,了解民俗节日的由来和发展及部分民俗的工艺,能简单介绍和亲身尝试编花、茶艺、制作简单的皮影。

四年级学生探究明强古镇的饮食文化——课题为《探寻明强饮食之奇》,在参观明强羊肉、方糕等特色小吃的制作过程;参观乔家栅、老酒坊等,了解制作工艺;品尝羊肉、糟肉、农家蹄蹄、方糕、明强大曲、海棠糕点、明强老饭店内"鱼头王"、天香楼的"全羊宴"后;每人完成一份有关"明强饮食特色"的小报。希望孩子们在活动过程中能够初步了解部分饮食土特产的制作工艺并能作简单介绍;初步了解民间饮食和文化的关系,知道东西方文化的差异。

五年级学生探究明强古镇的新发展——课题为《探寻明强发展之快》。明强是全国闻名的经济强镇。近年来通过开发古镇旅游、发展教育事业,正在向文化大镇、教育重镇发展。学生们分组探究明强的新发展,了解明强的变迁、制作小报,举行演讲比赛等,知道明强的变化是对文化的传承和发展,为明强的建设而自豪。了解家乡的发展成果,展望美好的发展前景,有助于学生明确自己的社会责任,增强历史使命感。激发参与社会实践和服务的热情,提升实践能力。

五个年级,五个探究课题,环环相扣,引领学生从历史走向现实,从今天展望明天,从而树立起"做人,做中国人,做现代中国人"的牢固信念。每周安排一课时,结合拓展型课程的实施,在各年级中开展实践活动,具体如表4-2-1-2。

表 4 - 2 - 1 - 2　综合实践活动中民族精神教育的实施内容

年级	实施内容	国家意识	文化认同	公民人格
一年级	明强的历史(观看录像、邀请老明强讲述明强的故事,分组收集些明强的故事,把收集的故事改编成剧本,分组表演、明强古镇寻"宝"记知识竞赛等活动)	◆通过对古镇美丽故事的收集——讲述——表演——绘画——知识问答等主题系列活动,进一步继承和发扬优秀的文化遗产,激发学生为家乡自豪的情感	◆初步了解古镇明强的悠久历史,知道古镇是上海本土文化的发祥地之一,又具有鲜明的海派特色 ◆对"七件宝"的传说等传说故事和民间故事产生浓厚的兴趣 ◆用美丽故事激励学生传承民族文化	◆培养学生对信息的收集、分析、整理的能力和发挥想象,动手实践的科学素养 ◆学习扮演故事中的角色,有参与活动的意识 ◆培养学生的自主探究和团队合作的意识和社会交际能力
二年级	明强观景探景(认识景点名称、地址,参观周氏微雕馆、宝墨堂、张充仁纪念馆、棉织坊、明强酒坊、当铺、老行当、蟋蟀草堂、明强教寺、明强塔)	◆通过自主探究活动,让每个学生初步了解古镇明强的主要景点名称、地址及特色,激发民族自信心和自豪感 ◆在明强名人、强校友的身上蕴涵着可贵的民族精神,用他们的力量鼓舞和激励学生	◆制订古镇景点旅游路线 ◆完成一份"古镇明强"景点导游小报 ◆小导游身份介绍古镇各景点特色 ◆竞聘张充仁纪念馆的小小讲解员	◆激发学生探究的欲望、团队合作的意识 ◆培养学生的自主探究和团队合作的意识和社会交际能力 ◆懂得自身的责任和自身的价值 ◆欣赏艺术作品,提高审美情趣 ◆体会劳动人民的勤劳和智慧
三年级	明强的民俗文化(7.14 豆浆节、蟋蟀节,皮影戏的历史、自制皮影、合作排演,编花边,古镇茶文化节)	◆知道民俗节日蕴涵中国特有的传统 ◆让学生亲历探究,更好地了解明强的民俗文化,激发学生热爱家乡的情感,树立自信心和自豪感	◆了解部分民俗的工艺,能简单介绍和尝试 ◆了解民俗节日的由来和发展 ◆对民俗文化产生兴趣 ◆能亲身实践编花、茶艺、制作简单的皮影	◆学艺过程中感受劳动人民的勤劳和智慧 ◆培养耐挫力和持之以恒的精神 ◆懂得分享的乐趣 ◆欣赏艺术作品,提高审美情趣 ◆交流展示,体验成功的乐趣

（续表）

年级	实施内容	国家意识	文化认同	公民人格
四年级	明强的饮食文化（参观乔家栅、老酒坊等，了解制作工艺；羊肉、糟肉、农家拆蹄、方糕、明强大曲、海棠糕点、明强老饭店内"鱼头王"、天香楼的"全羊宴"；每人完成一份有关"明强饮食特色"的小报）	◆知道中华民族饮食文化源远流长，对中国的饮食文化产生浓厚的兴趣，激发民族自信心和自豪感	◆初步了解古镇明强的饮食特色、名称、特点及种类 ◆了解部分饮食土特产的制作工艺，能作简单介绍 ◆初步了解民间饮食和文化的关系，知道东西方文化的差异	◆感受劳动人民的勤劳和智慧 ◆培养学生对信息的收集、分析、整理的能力和基本的科学素养 ◆培养学生的完备队合作意识和社会交际能力 ◆欣赏艺术作品，提高审美情趣
五年级	明强的新发展（分组探究明强的新发展，通过了解明强的变迁制作小报，举行演讲比赛等）	◆古镇明强在改革开放的浪潮中，到处焕发出勃勃生机。家乡的变化无疑是一本鲜活的乡土教材。学生感悟古镇的巨变。激发爱乡的情感，培育民族自信心和自豪感	◆以明强名人、明强校友为建设家乡做出的贡献为榜样，激励和感召学生 ◆了解明强的变化是对文化的传承和发展，为明强的建设而自豪 ◆激发参与社会实践和服务的热情，提升实践能力	◆培养学生对信息的收集、分析、整理的能力和发挥想象，动手实践的科学素养 ◆懂得合作的意义，体会责任和自身的价值 ◆感受劳动人民的勤劳和智慧

3. 系列活动之保障机制

保障机制主要包含制度保障、组织保障、人员保障三大方面，具体如下：

（1）制度保障

无规矩不成方圆，在整个探秘活动中，用制度来保障活动的有序开展与实施是很关键的部分。在活动前，由学校领导部门牵头。把方案策划与研究纳入日常教育活动中，建立校本研究制度，充分关注学生立场，尽力全面化研究方案，为活动的实施与开展做好第一步保障工作；在活动中，在实施方案中实现责任制度，落实到具体的部门和个人，确保活动的有序开展，其中特别关注安全制度，安全是进行正常的教育教学活动秩序稳定的前提，增强学生的安全意识，学习安全意识，提高学生的自我防范能力入手，不断地对学生进行教育，并从校内到校外，从老师到学生，制定了一系列的安全管理措施，形成了"人人参与、严格管理"的良好局面；在活动后，总结评价制度及时跟上，参与活动教师及时进行反思与重建，学校质量监控中心对活动进行一个"检测"过程，用问卷调查、访谈等形式来对多方面进行质量监控，充分保障探秘活动的教育效果达成度。

（2）组织保障

无组织的集体如一团散沙，在探秘活动中，规范化组织的建立与运行必不可少。整个活动由校长作为第一责任人亲自挂帅，学生发展部具体牵头策划，课程部与学生部分服务协调，教科室组织培训及资源整理，年级组具体组织实施与实施的领导组织网络，构建成整个管理系统的"框架"，形成分工、分组和协调合作的活动组织状态。在具体实施中，学校会选派政治素质好、责任心强、业务水平高的教师从事整个探秘活动的组织指导工作，尤其重视发挥班主任在组织指导学生开展活动中的骨干作用。在每次的探秘实践活动中，涌现出了一支热心教育事业、具有专业知识、掌握一定的教育教学方法的指导教师队伍，发挥了重要作用。

（3）人员保障

古镇探秘系列活动中，老师的身份作用是多重的，既是引领者也是组织者，是指导者更是参与者，师生在活动中共同成长。老师清楚地知道，学生正处在从依赖逐步走向自主，但又缺少方法、需要指导的阶段。于是，他们退居二线，作为一名普通的探秘成员，和学生组建不同的假日探秘小队，定好活动时间、落实探秘地点、确立采访人物。探秘活动给学生提供了施展才华的平台，学生平时在课上学到的知识有了用武之地：开心小队队长小凡能说会道，访问时他总是第一个发言；队员小宇思路开阔，出调查问卷他最拿手；小逸认真、细致，在统计调查数据时非他莫属；还有6个男孩将探秘内容编写成歌词,广为传唱,让人十分惊讶……在活动中,孩子展现出无限的潜能,以至于老师也很感慨原来:"原来,我们只要给他们一点阳光,他们就能无比灿烂。"

二、海外课程的吸纳

明强小学迄今已经引入的海外课程有《舞向未来》、《健康与幸福》和英国领众热刺足球天才养成等三个课程。这些都是闵行区引进的适合小学阶段的海外课程。以《健康与幸福》课程为例,它虽然来自美国,但它"关爱儿童身心健康与成长感受"的育人理念,"与每一教育个体密切相关"的课程内容,"丰富而灵动"的活动设计,却已经深深扎根在本土,学校借这一海外引进课程在"育人理念和行为实践"上实现新的成长。

(一)《健康与幸福》的本土实践

2012 年,上海市闵行区教育局引进了适合学校和学生实际发展需求的国外优质课程资源——美国《健康与幸福》课程,体现了"教育为促进人的发展"的基本价值取向。2014 年七宝明强小学成为本课程的研究共同体,实施的三年多来,学校探索了将《健康与幸福》课程与国家课程、地方课程、校本课程的有机整合与多元衔接,既强化了对国家课程、地方课程的文化认同,又提升了对多元文化的认识和尊重,力求达到优势互补、融合共生,促进每一位明强学子全面而有个性的健康成长,并逐步使他们成为具有国际视野的新现代小公民。

1. 明确课程育人价值

(1) 帮助学生形成健康的行为与习惯

通过课程实施,教给孩子们生命、营养、疾病和健康的知识,安全、交往、适应和健身的技能,情绪调适、压力管理、团队合作和心理保健的方法,合理饮食、习惯养成、智力开发和生涯规划的步骤;告诉孩子们要创造性地解决生命、生活、生涯中的各种问题,教给学生实现真正意义上幸福人生的方法、情感态度和价值观。

（2）培养学生良好的身心素质

通过课程实施,促进学校教育回归生活所应具有的基本内涵,培养学生良好的身心素质。身心健康既是幸福生活的保障,也是从事创造性学习和创造性活动、适应知识经济时代社会发展的前提条件,是适应复杂多变的社会环境与发挥个体潜能的物质和精神基础。

（3）提高学校德育工作实效性和向心力

通过课程实施,把"健康与幸福"贯穿于德育过程的始终,从内容、途径和方法上提供德育范例,确立以德育为核心、体现人本性的具体追求,确立以培养学生的创新精神和实践能力为重点的课程目标,树立以学生发展为本的课程理念,教给学生如何健康成长与幸福生活,即生理、心理和谐发展,负责任和有尊严的幸福生活。

（4）促进教师的专业发展与全面发展

通过课程实施,提升教师的课程能力,促进教师的专业发展。课程改革是促进教师专业发展的催化剂,通过教学健康与幸福课程,优化教师的教育理念,进一步促进教师的专业发展和全面发展。

2. 探索课程实施方法

首先,理清教材内容。《健康与幸福》现翻译成中文版的教材从小学 3 年级至高中,共 15 册。各册包涵了身体健康、心理健康、社区和环境健康、疾病预防、预防暴力与伤害等不同主题,融合了生理学、医学、心理学、社会学、教育学、伦理学和环境科学等多学科知识。教材中的十项生活技能包括:制定健康目标,运用沟通技能,作负责任的决定,分析影响健康的因素,管理压力,解决冲突,实践健康行为,获取有效的健康信息、产品和服务以及做健康的倡导者。全书基本上围绕这十项技能展开,并且从小学三年级开始,由低到高、由浅入深、由窄到宽螺旋上升。

其次,解读教材特点。解读过程中,遵循以下原则。（1）科学性与严谨性。各册书都保持了原汁原味的美国教材风格,强调知识的准确性,叙述的严谨性,内容的科学性。做到言之有据,言之有理;内容深入浅出,图文并茂,生动活泼;具体根据不同年龄阶段青少年的心理生理特征,循序渐进,逐步深化。(2)趣味性和操作性。各册书中不仅包括很多解决具体问题的详细操作步骤,还包括许多丰富多彩的活动建议,如绘画、讲故事、角色扮演、课堂讨论、海报设计、社会实践、体验职业等,让青少年在活动中学习和体验,培养创新精神和实践能力,并从中收获成长。此外,书中的十项生活技能具有极强的可操作性。它遵循一个基本的思路:人的所有思想与行为,都围绕健康展开。通过个人的健康,达到性格的完善,最终成为一个幸福的公民。(3)综合性与完整性。每册书的内容都融合了生理学、医学、心理学、社会学、教育学、伦理学和环境科学等多学科知识,囊括了身体健康、心理健康、社区和环境健康、疾病预防、预防暴力与伤害等不同主题,详细介绍了青少年在成长过程中可能会遇到的各种问题及应对策略。(4)内容相对独立性。每册书的内容均涉及心理与情绪健康、家庭与社交健康、生长和发育、营养、个人健康与体育活动、暴力与伤害预防、酒精、烟草和其他药物、传染病和慢性病、环境健康、消费者健康和社区等方面。同时,还给出了十项生活技能这一基本的思想与操作模式,即,包括:制定健康目标,运用沟通技能,做负责任的决定,分析影响健康的因素,管理压力,解决冲突,实践健康行为,获取有效的健康信息、产品和服务以及做健康的倡导者。

第三,实践教学内容。这门课比较重实践,在结合传统教学的同时,让学生能够结合生活实际,让学生在有话可说的同时,还可以回家实践。实践操作的瓶颈可以寻求父母的配合和支持,和孩子一起动手实践既可以让孩子学有所获,还可以提升亲子关系,一举两得。这门课源于生活,源于实际,也能让学生有的放矢的展现自我,收获颇丰,获得了孩子们的喜爱。但对于教师而言,这是对新基本功的一个新挑战,因为学生实践后的展现出来都成果不一,需要老师进行指点和评价,这要求老师掌握丰富的知识和技能。课程评价不再局限于是书面的或是口头作业等,而是采用更具有生活性和客观性的评价方式,更多形式地展现学生的所得。

3. 初步实践及其思考

这门综合性生活课程的教学,培养了学生对健康的理解能力以及健康技能的应用能力,提高学生获取知识、加工知识、交流知识、应用知识等探究和解决问题能力;培养学生的健康素养,认识健康的价值,为学生形成健全的心智和完善的人格搭建桥梁,为学生快乐学习、健康成长、幸福生活提供保障;让学生懂得生命价值、生活意义和幸福观念,从而形成正确的人生观、价值观和世界观。

（1）让每一个教师智慧幸福地工作

"让每一个学生主动健康地成长;让每一个教师智慧幸福地工作"是明强的办学理念。让教师参与到《健康与幸福》课程建设中来,在成为学生健康与幸福的引导者和呵护者的同时,教师自身也在研究实践中走向健康与幸福。

一是尊重和信任每一个老师,激发教师创新课程的自觉。在明强老师所能得到的真正福利,那就是"受到尊重和信任",特别是在"学术自由"上。这也是一种积淀了多年的学校文化,不仅仅是从《健康与幸福》课程引入开始的。而正因为这种氛围,老师们对这一课程的理念自然而然就接受了,并展开了全员探索。从一开始,明强就面向所有教师进行培训,这也就意味着课程的实施和创造有着更广阔的空间。比如,为了打通学习与生活的界限,让健康与幸福融入每一天的校园生活。老师们开始探索在校园里打造无处不在的"健康与幸福"专题育人空间,"艺空间"就是其中一个代表,它是全体美术老师为了凸显艺术对学生品格、性情的陶冶而和孩子们共同创造的专题育人空间。自然老师通过每月"小小爱迪生"趣味实验微课,带领全校同学探索身体与自然的奥秘。这就意味着,每一个老师都成了课程创造与实施的主体。

二是让研究成为习惯和乐趣,形成与课程相匹配的教师"新基本功"。学校教师喜欢研究,并且逐步内化为一种习惯和乐趣,这种乐趣并不是表面的,有助形成"新基本功"。这种乐趣并不是表层的,比如,班主任作为在班级层面实施该课程的第一责任人,"读懂学生"就成了必备基本功。和以往相比,读学生的范围更广,不仅是学业水平,更有体质和心理状态、家庭环境以及同学交往等,不少班主任都建立了自己的"学生成长档案",记录下孩子们的喜怒哀乐,这样,《健康与幸福》就从知识层面真正转化成对个体的关注与引导。心理老师也与上师大合作,分年级开展了"以绘本阅读引导学生进行自我心理疏导"的实验,取得了较好的成效。总之,每一学科的研究都是从自身育人价值出发,寻求"健康与幸福"目标的达成。

三是让闲暇生活灵动起来,以品格、底蕴和素养影响孩子成长。要让学生健康幸福,教师自己首先得健康幸福。在学校,我们为所有教师建立了"专业发展书架",教师可免费获得好书、好杂志,保持阅读习惯,定期交流;我们有自己的"文化之旅菜单",每学期定期看电影、听音乐会、看话剧,走近艺术人文;我们也有"草根讲坛"和"走近大师"栏目,倾听与分享,成了我们的生活。去年,我们成立了"艺术、生活、健身"四类 30 余个"梦想社团",校本培训的核心内容之一是让老师循着自己的兴趣做深度的研究和拓展,也陶冶着自己的人格和素养,这样的陶冶,也是其他专业培训所无法达到的。

(2)让课程研究在机制保障下推进

一项课程要落地,一定有很多内在的机理,学校所注重的主要是"领导和管理、实施与评价、教研与辐射"三项机制建设。

一是"领导和管理"机制:校长负责,重心下移。每一个新的项目落地,校长都应是第一责任人,校长的全局策划,整体落实情况都对课程的成败起着关键作用。但同时,各部门条线的协同、尤其是教师层面的落实更关键,也要形成"第一责任人"系列。我们的"第一责任人"网络是这样的:"校长(学校)、学生部主任(部门),班主任(班级),其他学科老师(学科)"。我们更注重的是常态课堂和活动实效,以此确定下一步是否需要调整策略。

二是实施与评价机制:综合渗透,家校共育。学校意识到孩子在家庭中的健康与幸福程度直接影响了其身心发展,于是建立了"家长俱乐部"活动体制。其中的"课程俱乐部"以"家长志愿者"的方式吸引了几千名家长,分别开展日常"护校安园、亲子读书、爱心帮扶、家长特色课程"等。近日,还成立了"乐言"亲子故事团,在"喜马拉雅"等平台分享成长故事。家校共育使家校的合作向深层次迈进,也真正保障了孩子的健康成长受到全方位关注。同时,我们在区域整体"学生电子成长档案"的引导下,逐步完善了对明强学子健康身心、学业水平、个性特长、成长体验校本综合评价体系,也通过学校"质量调研反馈中心"对学生十项生活技能的掌握情况进行整体把握,促进班级均衡发展,个性凸显。

三是教研与辐射机制:聚合资源,成人达己。我们首先通过"行动引领"聚合研究资源,通过"通识培训"更新理念,通过"专题培训"解决问题,"校、片、区内研讨"交流与辐射,"跨区域甚至国际交流"提升研究水平。其次通过"小教研组领衔式教研",提升校内研究自觉,促进团队中每一个人的日常提升。目前基本形成了"第一梯队骨干教师——辐射引领,研究先行;第二梯队教师——提升需求、专题研讨;第三梯队教师——规范培养,常态跟进"的研究格局。另外,贴合式的"课题引领"也助推了一批研究型教师的专业发展。总之,通过"伙伴合作"的方式加强整合研究以及课程创新,使明强《健康与幸福》研究共同体逐步形成。

(二)《舞向未来》的本土实践

《舞向未来》是由闵行区教育局、中国福利会少年宫与全美舞蹈协会(简称 NDI)在全闵行区普通小学推广的一项艺术教育试验课程。明强小学作为第一批试点学校,开展《舞向未来》课程已有 6 个年头。这一公益性舞蹈教育普及项目有两个宗旨,一是挖掘艺术育人功能,提升未来公民的整体素养。这一宗旨旨在通过独特的舞蹈教学,提高少年儿童的艺术修养,激发他们的进取精神,逐渐提升他们的自信心与团队协作的能力。二是在国际交流中取长补短。这一宗旨旨在结合本土的人文文化,运用舞向未来的教学方法与手段,融合中国特色的舞蹈,借鉴可取的教育理念与经验,促进本土教育实践的创新与改革。

1. 把握课程教学特色

（1）我先你后

"我先你后"的教学方法是指教师示范舞蹈动作，学生紧跟着模仿，教师一遍学生一遍，通过多次重复的方式，实现让学生熟悉动作，并且越做越好、越模仿越像的目的，教学过程中教师不会多次对动作进行重复讲解，这便要求学生随时保持思想紧凑，注意力集中。"我先你后"的教学方式贯穿整堂课，这个教学方法亦可运用到其他学科的教学中去。

（2）少说多做

"少说多做"即教师在教学过程中充分运用肢体语言，并与现场的音乐教师保持高度配合，做到尽可能的少说话，努力实现在教师不说话的同时还能够让学生快速完成教师制定的口令，以培养学生专注、投入的学习习惯。为实施这一教学方法，需要一些特定的手势，例如坐下、起立、快速分组等的配合。采用了这一教学方法后，教师们纷纷开始反思自己过去的教学行为，过去教师们时常"在课堂上吆喝"、"带着小话筒不停地纠正这个，纠正那个"、喊得口干舌燥，一节课下来非常的累，甚至话都说不出来。但"少说多做"这一教学方法与传统教学方法之间存在极大的差异，他主张教师尽可能地少说话。虽然一开始舞蹈老师非常不适应扮演"哑巴"，但毕竟肢体语言才是"舞向未来"最重要的部分。许多美国老师在看中国老师的传统课堂时，都认为中国老师是"话痨"，认为不用说就可以解决的事，为什么一定要说话呢？从这一例子就可以看出，中美教学的不断碰撞，为我们擦出了许多新的火花。

（3）旋转教室

"旋转教室"即教师在上课过程中，始终不站在固定的位置，在教室东西南北四个方位间不停转换，让每个孩子都有机会站在第一排，得到教师和同学的关注。这一教学方法体现了"舞向未来"关爱和尊重每一个孩子的理念，并且可以迁移运用至其他学科，比如数学课，教师不再是一味的运用一面黑板,而是利用了教室的四个面,让学生看各个地方寻找数字。这一教学方法使得每一个孩子都能感受到来自教师和其他同学的关注,给予所有学生表现自己的机会。

（4）营造表演情境

"营造表演情境"即将教室营造成一个舞台,每个人都是演员,扮演着不同的角色,例如:可以营造"我们今天去七宝古镇,在古镇上我们看到了皮影戏"这一情境,由一部分的学生扮演去采风的学生,另一部分学生扮演皮影戏中的人物。在这样的氛围下,学生每次开始跳舞之前,教师都会对着空气"拉开幕布",有时候甚至会假装拿着"照相机"让学生笑,给学生"拍照"。较之让学生不断地重复同样的舞蹈动作的传统舞蹈课堂,这样的课堂有效激发了学生的学习兴趣。

（5）分组游戏

"分组游戏"即把班级的学生分成 3 到 4 个组,游戏以舞蹈为核心,通过变换舞蹈的顺序、小组的站位以及音乐的快慢节奏等各种变化,让学生在逐渐变难的挑战中努力争取小组的胜利。这种教学方式在增加教学趣味性的同时又帮助学生巩固了已学会的舞蹈。

（6）诚实反馈

中国教师在给予教学反馈时,相对比较含蓄,有时候学生明明做得并不好,教师仍然会给予鼓励的掌声。但国外的教学反馈方式与我们不同,他们更为直接,受国外教学反馈方式的影响,在"舞向未来"的课堂上,我们给予学生的评价真实有效。"舞向未来"的教师认为,没有做好没有关系,再来一次即可,教师们不会给予学生违心的掌声,但只要学生进步了,教师亦不会吝啬自己的掌声。如果在"舞向未来"的课堂上,有学生能够一次挑战成功并做得非常好,那么这个学生或者这一群学生就会代替教师的位置,带领所有同学做动作。这样的反馈方式非常考验教师对学生的关注,每一次学生在做动作时,教师都要及时的关注到全体学生,对学生舞蹈学习中出现的典型问题需要及时的反馈。

（7）"小老师""小保镖"

"小老师"是指教师选取或学生推荐舞蹈掌握较好的学生,以舞蹈动作示范等方式,带领同学学习。"小保镖"是指学生在课堂教学中希望展示自己,却又缺乏单独表演的勇气时,可以自由选择同学,作为自己的"保镖"陪着自己一同表演。这2种教学方法发挥了同伴的力量,让所有学生共同进步,互帮互助。实践证明,这一教学方法在落实到课堂中后发挥了极大的功效,见证了孩子们从一开始不好意思,到经过一段时间后,争着做"小老师"、"小保镖"的改变,在这种转变中,我们发现孩子们不仅变得更有自信了,团队协作的能力亦得到了有效提高。

2. 初步成效及其思考

（1）课程对学生的影响

"舞向未来"课程深受学生的喜欢,学生在课堂学习中收获了积极的情感体验。在艺术技能方面,通过"舞向未来"课程的学习,学生获得了一定的艺术技能,在艺术认知与情感态度方面有了积极的变化;在情绪方面,"舞向未来"课程在一定程度上帮助学生很好的释放了压力;在个性方面,"舞向未来"课程在提升了学生自信心的同时,在一定程度上学生变得活泼、开朗,有效挖掘部分学生的潜力,在促进了学生想象力与创造力发展的同时促进了学生身体的发展。

（2）课程对教师的影响

"舞向未来"课程要求教师结合本土文化,结合个人风格和学生特点进行授课,并在授课过程中关爱每一位学生。教师在使用"舞向未来"所提倡的教学方法的过程中,不断接受者项目倡导的教育理念的影响,实现了学生观和课程观的优化更新,除此之外,教师在教授"舞向未来"课程的过程中,还需要根据自己所面对的教学情境有效地将"舞向未来"的课程理念融入到实践教学中,这一过程让教师在优化更新教育理念的同时改进自己的教学行为。许多教师在完成"舞向未来"授课后,有效实现了教学迁移,将"舞向未来"课程所倡导的教学理念和教学方法运用到体育课等课程中。

（3）项目对学校的影响

"舞向未来"课程所倡导的教学理念、方法、课程教学模式有许多可借鉴学习之处。学校在引进"舞向未来"课程后，有效改进了学校艺术、体育课程教学，强化了学校特色课程、社团建设，丰富了校园文化。除此之外，通过对"舞向未来"课程的学习，学校有效实现了其他课程的优化改进。

总之，"舞向未来"的课程在实现中西方教学文化碰撞的同时，为我们提供了一个激励学生进取，激发教师改变的平台。他给课堂教学带来的改变远远不止尊重和关爱，他通过一系列的独特教学方法，让课堂教学在欢声笑语中高效推进，让学生在舞蹈学习中发挥想象力与创造力，懂得合作与感恩。他在中国的小学课堂上掀起了一阵狂热自信的"舞向未来"的旋风，这股旋风带领着我们的学生与教师共同进步与成长。

（三）《足球天才》的养成计划①

1. 明强小学足球项目开展的基本情况

明强小学"领众热刺俱乐部足球天才养成计划——足球进课堂"公益活动于2016年5月启动。该项目由明强和英国领众热刺足球俱乐部共同合作，引进英国专业教练员对一年级学生进行足球训练。从五月份开始，每周由英国专业青少年足球教练给一、二年级小朋友上一节足球课。在此同时开展中英双方足球教学交流研究，优秀足球苗子还有机会赴英国参加热刺俱乐部的专门培训。此活动希望通过高端、专业的学习，激发孩子们对足球的喜爱、享受足球的快乐。同时也希望让教师学习英国专业足球教练的先进教学理念，通过和英国专业青少年足球教练的交流，发现自身不足，优化改善自己的教学方式，在教学中做到在结合学生实际的前提下，将科学、有趣、有效的足球学习方式运用到日常课堂中。

在英国教练全英文式的训练中，学生很多时候听不懂教练想表达的意

---

① 选自明强小学教师陈帆论文《中英小学足球课程理念与训练方式的差异比较》。

思,但外教会使用丰富的肢体语言,帮助学生理解,弥补听不懂的缺失。例如,他们在讲解示范动作的时候,会表现得比较夸张。但是如果是在讲述深层次的战术,肢体语言的帮助就非常有限,此时便需要外教多花一些时间,讲得慢一点,学生才能慢慢地理解。在被英文围绕的环境中,学生与教练的沟通中,学生能够学习到纯正、自然的英语口语,对于学生来说也是足球学习之外另一种附加值。

其实,早在2012年明强就与上海UT俱乐部合作开发校园足球项目,普及这项运动的初衷是想让孩子们学习足球技能、享受足球的快乐,让偌大的操场可以跑满流动的身影。近四年来明强创建了普及加提高的足球特色课程模式,在普及的基础上选拔优秀人才建立了U8、U9、U11三支校足球队,多次在全国、市、区足球比赛中取得佳绩,学校被列为"上海市足球项目体育传统学校"。

明强小学不断致力于提升体育学科育人价值,推行"多会一好,让健康伴终身"的体育理念,在推进体育特色课程有效实施的过程中,满足孩子们不同的体育爱好,为更多喜爱运动的孩子提供多元化发展的平台,全面提升学生身体素质,让学生在学习运动技能的同时,养成健全人格。

2. 领众热刺的理念与训练方式浅析

足球有着"世界第一运动"的美誉,我们都知道,足球要从娃娃抓起。在习主席的关心下,全国各地都在大力开展校园足球活动。小学阶段是整个校园足球训练中的黄金阶段,著名的阿森纳主教练温格曾经说过,一个孩子到了12岁,他的技术基本上已经定型了,所以开展足球训练必须要在12岁之前。小学生的年龄大致为7至12岁,因而,小学阶段的训练的效果如何,直接决定了能否培养出一个好的球员。英国不断涌出的优秀球员们,大部分在小学的年龄段接就已接受了科学的训练。

托特纳姆热刺是英国一家顶级的足球俱乐部,在刚刚结束的英超联赛中获得亚军的优异成绩。英国先进、科学的足球训练理念,使他们在全世界的足球排名上名列前茅。这次的合作计划由托特纳姆热刺俱乐部的青少年足球教练全权实施,明强的体育老师在合作中扮演协作管理者的角色,从托特纳姆热刺俱乐部的足球理念与训练方式中可以看出英国足球与中国足球(至少是在青少年足球训练领域)存在许多差异,他们有许多值得我们学习的地方。

（1）选拔方式

为进一步培养学生对足球的兴趣,我校还组织了校足球队。校队会从课堂和课后兴趣班中挑选优秀的队员。我校一、二年级每周一节的足球进课堂与课后训练都为全英文式教学,由于英文不是学生的第一语言,不似母语那样容易理解,稍不留神可能就不知道要做些什么,这就需要学生在上课或者训练时必须保持注意力高度集中。热刺俱乐部非常注重学生的专注度,他们认为学生即使天赋再好,如果不能认真地听教练的指令,跟着教练的节奏训练,那么他也不会成为一名优秀的队员。因而,在选拔学校校队成员时,我们优先考虑学生的认真程度,其次才考虑学生的踢球水平。

（2）训练方式

中方的训练方式和英方的训练方式有许多相同之处,也有不同之处。在热刺俱乐部来到我校之后,他们所采用的与我们传统经验不同的全新训练模式,让我们不禁眼前一亮,他们训练模式中许多科学的训练手段亦值得我们学习。

• 中英在足球训练方式上有许多相同之处。

中方与英方对足球基本技术训练都相当的重视,足球基本技术是贯穿整场比赛的主要内容,在比赛中运动员的每一个举动都与它有密切的关系,因此是否有着扎实的基本技术是决定比赛最终结果的关键。研究人员对大量足球比赛进行了研究分析后发现,在90分钟的比赛中,每名运动员平均控球时间不超过两分钟。所以在这么短的时间内,必须有较好的基本技术,才能准确地完成传球、停球、带球、断球、头顶球等技术动作,才能达到战术上的要求,取得比赛的最终胜利。

• 中英学生足球训练方式存在显著差异。

首先是训练节奏的把握。中方在每一堂训练课的开始都是先从拉伸,到慢跑,再到做操,做练习时往往都排着长长的队伍一个个做。训练的节奏被拖得很慢,没有充分地利用好有限的训练时间,每位学生花费在看别人做练习上的时间比花费在自己做练习上的时间还多,每位学生的练习次数都非常有限,训练的成效也就变得不那么明显。而英方的训练则是在训练开始便一人分得一个球,开始做一些小范围的带球,带球变向,假动作和颠球等一些球性球感练习。在对抗训练,例如 1v1、2v2 中,会布置多块场地同时开始。这种训练方式能充分利用训练时间,使学生在最短的时间内进入到训练状态,在学中做,在做中学,增加他们触球和练习的机会,大大提升他们脚下的灵活性,提高他们的战术思想。

其次是训练方式科学化。中方的训练方式比较传统,在技术练习中,同一个练习反复做无数次,然后再换一个练习,重复做好多次,训练内容比较单一、无趣。虽然说这样练习学生也能够学习到基本功,但是对于小学年龄段的学生来说,本身注意力就不够集中,再加上反复练习同样的内容,学生久而久之就对练习感到麻木了,到最后可能都不愿意再做同样的练习。相比较而言,英方的训练方式更为兴趣化、多样化、科学化。首先他们善于用不同颜色的标志盘和各种各样的器材来吸引学生的眼球,学生在看到场地上布满五花八门的器材时都已经跃跃欲试了。其次,在训练基本功时英方会结合比赛进行训练。虽然和中方一样,也是一次次的重复练习,但是在比赛过程中,学生潜意识的就能把平时练习的东西直接展现出来。中方在体能方面的训练,基本上都是在训练结束后,到跑道上跑圈,这样的体能训练是最枯燥的,而且小学阶段的学生,不太适合高强度的体能训练,这不利于学生身体的成长。英方在训练时,没有安排专门的体能训练,但是他们会将体能训练穿插在整堂训练课中。比如全队射门三次没有在球门范围之内,全体跑一圈;比赛输的一方,跑一圈等。这样的训练方式,不仅可以锻炼学生的体能,也可以在训练中增加学生团结、竞争的意识。另外,中方的教练往往一人身兼数职。但足球中扮演不同角色的队员都分别有着各自的职能,与此相对应,他们所学习的动作技巧应该有着各自角色的特点。其中守门员的专业技能要求和其他队员的区别最大。俗话说,一个好的守门员可以抵半个球队。然而,在我国很多学校的足球训练中,竟没有一个专门的守门员教练对守门员进行训练,都是一个教练身兼数职,而且教练往往不是守门员出身,对守门这一方面的技术动作掌握欠佳。英方在这方面准备的非常充分,他们整个教练团队都非常专业,总教练负责给下面的教练提供训练上的意见,守门员和踢球队员都配有专门的教练给予指导,教练们经常会在一起交流探讨训练过程中需要改进的地方。中方教练在训练校队时,经常会为了取得优异的比赛成绩,专门训练主力队员,而忽略了替补队员。但踢球是一个团队合作的运动项目,每一个队员都是队里不可或缺的一员,虽然想在比赛中取得好名次是所有人共同的心愿,但是这样的做法,会对替补队员的心理造成很大的影响,甚至有的人会因此丧失对足球的信心。英方在校队的训练中对每个队员一视同仁,不会有主力和替补之分,每一个队员在教练的心目中都是最棒的,学生在训练中得到了重视,他们自然而然地会认真参与训练,努力不辜负教练的期望。在比赛中,不管派任何一个队员上场,都能够轻松胜任。

（3）战术理念

中英在比赛时传播的足球战术理念存在差异。每个学期区里都会有校园足球比赛,在比赛中中方的教练会在比赛之前在战术板上安排比赛该如何去踢,指导一些战术思想,但这很可能会出现学生虽然听教练讲解了该怎么踢,但却没真正理解教练的意思的情况。英方在比赛前也会在战术板上写写画画,但是说的比较简单,更多传递的是要相信自己一定会赢得比赛的一种信念,他们总是告诉学生要像狮子一样去战斗。与英国人的处事作风相似,英国球员比赛场上处理球简单、快速。战术思想和胜利信念的传递都是必不可少的,但是信念更胜一筹,学会秉持胜利的信念,不仅是对足球比赛,对其他任何事情,都会有很大的帮助。

（4）育人价值

中英对足球中的育人价值开发利用程度存在差异。中方教练经常会对学生说"做好人,踢好球。"虽然这句话常常挂在嘴边,可是具体要如何才能做好人,却没有用实际性的行动去教育学生。学生在小学时期,各方面的行为习惯都在慢慢地形成,这个时段是培养学生德智体美劳全面发展的黄金时间,一旦养成了良好的行为习惯,那么对于学生今后的发展都会十分有利。英方在每次训练结束后,会让学生自己收拾训练器材,培养学生动手能力,让学生明白,自己用过的东西,要自己收。渐渐地,不用教练说,学生也会自己把器材收拾得干干净净。回到教室后,也能自动把课桌椅排放整齐,看到地上有垃圾,有些学生还能主动的把垃圾捡起来。许多好习惯都在教练的督促下慢慢养成。

(四)《日立环保课堂》的校园实践

2012 年 12 月,由《中国教育报》记者陈亦冰老师推荐的日立高新技术(上海)国际贸易公司总经理小林茂彦先生,带领部分员工在明强小学开展主题为《梦貘环保教室》的环保宣传公益活动。集团精心设计的环保形象大使"梦梦""貘貘"也来到了明强孩子中间。集团员工通过"俞叔叔环游世界"小故事、"会唱歌的地球"情景剧以及"环保知识问答"三个形式多样、内容生动的宣传活动,把丰富的环保知识带给了明强的老师和学生,开拓了师生的眼界,培养了师生环保意识,增长了环保知识。这次有社会力量参与、融合国际企业文化的公益活动,是明强小学开展国际理解教育研究项目的一次新尝试,它有效提高了当代明强孩子的"新时代小公民"意识,增强了明强孩子作为"地球村"一员,保护我们共同的家园——美丽地球的责任感和使命感。此后,日立的《环保科技》课程几乎每年都走进明强小学学生课堂,形成了长程式的校企科普合作项目。

2013 年 11 月,日立(中国)有限公司的年轻志愿者组成环保活动小队又一次来到明强小学,为孩子们带来了一堂生动有趣而又内容丰富的环保宣传课。这次的"日立环保课堂"除了以往的故事型活动之外,还新创了动手实践的活动形式。课堂上,同学们自己亲手组装显微镜,并通过它来观察植物的根、茎、叶细胞,既锻炼了同学们的动手能力,又让他们尝试从微观世界去体会植物与环境的紧密关系。同时,志愿者还细心讲解环保知识,通过有奖竞答与认真听课的孩子们充分互动;最后,志愿者们在课堂上呼吁小朋友要从身边小事做起,珍惜资源,更加努力地用力所能及的行动来让地球变得更美好。这堂妙趣横生的环保课程,让孩子们在轻松愉快的氛围中丰富了知识,增进了对于环保的理解与兴趣。

2014 年 11 月日立(中国)有限公司的志愿者为明强小学师生带来的环保公益宣传活动以"组装显微镜观察植物"的环保宣传课的形式开展。这堂环保宣传课旨在引导孩子从小关注环保问题,积极参与到绿色环保行动中,为保护共同生存的地球贡献自己的力量。这是自 2012 年以来"日立环保课堂"活动第三年走进明强校园,也是明强小学 2014 年科技节中深受小朋友喜爱的一项活动。志愿者首先借助一系列图片向大家讲解了地球所面临的环境问题的严峻性。接着给每位参与活动的学生分发了组装显微镜的材料。在讲解和演示了显微镜的制作过程之后,学生们按照志愿者的指导方法开始制作显微镜。在志愿者哥哥、姐姐的帮助下,学生们自己完成了简易显微镜的组装制作,并对植物的根茎叶的切片进行了观察。在最后的有奖竞答环节,志愿者与学生们充分互动,共同讨论环保知识。这节妙趣横生的环保课,让明强孩子既感受到了用自己双手完成手工制作的快乐,又在轻松愉快的氛围中丰富了学生的环保知识,增进了学生对环保的理解与兴趣。企业和校方都希望可以通过这样的活动让更多的学生在生活中践行绿色环保,渐渐地把绿色环保培养成为自身的一种习惯,一种生活方式。

2017 年 6 月,时隔两年后,日立高新技术有限公司的日方领导和部分志愿者们一行 7 人再次走进七宝明强小学,与四年级全体近 700 位学生一起开展了以"小东西,大世界"为主题的《理科教室》主题活动,引导学生探索神秘的微观世界。

"理科教室"项目是一项针对青少年的公益性教育项目,最初由日立高新技术有限公司发起,在日本和美国已取得成效。项目主要针对解决当下儿童不熟悉理科、对理科不感兴趣等问题而成立，本次在明强的活动是该项目在中国大陆的第一次尝试，明强学生非常有幸成为第一批享受此项目活动的孩子。

活动伊始，明强小学沈新红副校长简单介绍了"理科教室"公益项目的由来，热情地表达了对"理科教室"活动的期待，随后，志愿者贺琳老师和李佳婧老师带来了两节生动幽默的自然探究活动课。

第一节课，一台如台式计算机主机般大小的，能把物体放大6万倍的电子显微镜吸引了孩子们的眼球。小贺老师介绍了显微镜的内部构造，比较了光学显微镜和电子显微镜的异同，接着展示了一系列电子显微镜下的物体，展示了奇妙的微观世界。在电子显微镜的作用下，孩子们看到了令人惊叹的各种图像，每位参与活动的学生对苍蝇的复眼、蚊子的腿、嘴甚至是人的头发丝都有了新的认知。因为探究内容的兴趣性，教学形式的多样性，加上小贺、小李老师的灵活互动，整节课气氛活跃，台上台下师生互动频繁，明强孩子丰富的知识面、大胆的质疑能力亦令日立高新技术有限公司领导和志愿者们大为惊叹。

第二节课，明强科学社团的28位四年级学生在志愿者的引导下，通过亲自动手制作电子显微镜压片标本，继续探究显微镜下的微观世界。上课时孩子们都带来了自己想观察的物品，有生活中的调味品盐和糖、多肉植物、小蜘蛛、虾皮等等。志愿者与学生们充分互动，以小组为单位制作压片标本，观察、发现不同物体在显微镜下的形态特征。能亲手调节控制显微镜，让社团的每一位成员兴奋不已，极大地调动了孩子们的积极性。学习过程中，观察、发现、思考、研究等科学精神深深埋入了这群热爱科学的孩子心间。

中午，学生的热情不断，纷纷自发进入"理科教室"进行电子显微镜下的观察与探究。下午，四年级的3个班级又一次进入"理科教室"，再次深入观察神奇的显微镜世界。最后，学生们满载着对电子显微镜下的微观世界的热情，以小组为单位确定了作业主题，在接下来的一周时间内小组成员或以制作小报,或以撰写观察报告,或以画画,或以设计产品等多种形式来分享今天"理科教室"的学习过程。

自从明强小学开展"坚守与吸纳"国际理解教育的课题研究以来,日立中国集团与明强小学在环境保护、科技小制作等活动方面有过多年的合作。为了本次活动的顺利开展,日立公司和明强小学前期进行了多次接洽和商讨,公司的志愿者们也为本次活动做了为期一个多月的前期准备。志愿者们通过先进的设备仪器,展示日常生活中的动植物标本,开阔了孩子们的视野,增进其对于自然、环境、显微镜等概念的理解,从小培养学生对自然科学的兴趣,引导其树立正确的科学价值观。活动的举办,在学生中间产生热烈的反响,受到老师、家长的欢迎,这种探究活动的开展也一定能让更多的孩子了解理科,培养对科学的兴趣,树立科学意识。也为明强小学国际理解教育课程"提升师生的科学素养"这一育人目标提供了一次又一次的实践与体验平台。

第三节　主题活动重体验

一、主题庆典仪式

(一) 升旗仪式

每周一庄重的升旗仪式,对全校师生的心灵起着深刻、持久、潜移默化的感染效应,每一次升旗仪式,都是一次民族精神的培育,一次"坚守与吸纳"国际理解的教育,一次心灵美的洗礼。

1. 旗手自我介绍

我校始终坚持用心做好这一环节,让每个升旗手的自我介绍与感言,既体现出个体积极向上的"强者"形象,又向全体师生展现一个热爱生活的美丽形象。每当此时,全场学生几乎都踮起双脚,以羡慕的眼神注视着升旗手,此时此刻每一个孩子的内心是激荡的,内心油然升起的崇敬触发了他们争当一次光荣的升旗手的愿望。此刻的榜样效应是一般课堂教学所无法做到的。

在升旗仪式上,有时会出现来访的国际友人和国际上教育领域的专家、学者与全体师生见面的场景。尤其是当外宾在介绍自己的国家以及文化特点时,都会引来无数高高举起的小手,希望能跟发言者就自己感兴趣的问题进行互动,此刻的升旗仪式俨然成了一个文化理解、分享和包容的大平台。

2. 美丽一刻时光

美丽一刻是明强升旗仪式的一个重要衍生项目,也是学生心潮澎湃的时刻。这一时刻,在各级各类项目活动与竞赛中获奖的学生,都能在朝阳的沐浴下,走上领奖台,从校领导的手中接过证书、奖状、奖杯。这一刻,他们的形象被摄像、摄影的镜头聚焦着,美得宛如当红的明星。他们脸上那种自豪、自强、自信、自励的神情令人难忘。难忘高之韵同学参加了上海市的才艺表演,获得市一等奖,上台领奖时她美滋滋地与大家畅谈起与节目主持人交流的经验和获奖后的激动心情;难忘凯旋的明强乒乓健儿,手捧奖杯,回忆着赛场上团结互助、顽强拼搏、奋勇夺冠的美好的情景;难忘八十多位教师英姿勃勃走上舞台献上一曲《祖国,今天是你的生日》,悦耳的歌声滋养着孩子们的心灵;难忘明强的辅导员和他的十几位同学在这儿见面、畅谈、留影,或游戏或友好交流、分享解决一个难题后其乐融融的场面……

以典礼的形式开展"坚守与吸纳"为理念的国际理解教育活动,不仅可以振奋人心,培养民族自信与民族自豪感,从爱校到爱家乡一直延伸到爱国,而且还能营造出特殊的教育效能,使学生产生适度的超越现实的美感,从而实现对美好品质的追求;另外,以典礼的形式开展美的教育,使日常内隐的美得到难得的外显,产生持久的感染与影响力。典礼和教育仪式活动是多种艺术形式的美的交融与创生运用,能让学生的多种感官得到美的刺激,使学生获得多种意识水平下的综合效应,实现审美品质的培养。我校常有的典礼及仪式有:开学典礼、儿童团入团仪式、少先队入队仪式、校庆纪念日、十岁生日庆典等等。所有的典礼或仪式我们都精心准备,如我们设计的

"扬帆起航"毕业典礼,选择在东方绿舟的赛艇湖面上进行,我们将学生分成若干小组,在老师的带领下,开展你追我赶的龙舟竞赛、朗诵毕业答谢词、接受毕业证、互赠纪念品等活动,埋下他们对母校深厚情谊的种子。

(二) 校庆纪念

1. 我的学习我做主

2015 年的校庆纪念活动由"百十年文化巡礼;百十年足迹探寻;百十年缤纷庆典"三大板块组成,校庆系列活动历时一个学期。全校每一名学生利用国庆长假,寻访明强校友、退休教师,自制校庆贺卡,收集成长信物……亲力亲为的参与,使师生一次又一次回味着学校发展的每一个重要节点,内心不断喷涌出对明强的尊敬与爱意。

要办好校庆,必须回答"为何办校庆? 为谁办校庆? 怎样办校庆?"三个问题,对此明强小学领导团队曾与师生共同进行过深入探讨。全体师生在借鉴参考社会各类校庆成功经验,比较分析其出现的问题的基础上,对前面提出的三个问题进行了深度思考,最后大家形成了以下三点共识:一是对"为何办校庆"的回答,办校庆是为了在呈现百年老校文化传承与发展成果的过程中,成就学校与师生发展的新形态;二是对"为谁办校庆"的回答,办校庆是为全体明强学子、教职员工以及关心帮助支持明强发展的各界朋友提供深度体验明强文化的机会;三是对"如何办校庆"的回答,我们一致决定要借助信息化技术,通过微信直播平台向海内外校友及关心、帮助、支持明强小学发展的各界朋友实时呈现校庆动态,追忆心路历程,分享成长体验,畅想未来之梦。

2015 年 12 月 18 日,"1905—2015 沐百十年风华,携手赴前程……"七宝明强小学诞辰 110 周年庆典系列活动之一——"我的学习我做主"隆重举行。来自韩国、内蒙古、四川等地的师生宾客,4500 多位明强师生及家委会代表欢聚在东、西两个校区,共同庆祝明强小学的 110 周岁生日。许多没能赶赴现场的校友、家长、各界朋友则是通过微信直播关注与分享了明强百十年校庆活动。

18 日上午 9 点整，校庆活动正式开始，题为《明强的昨天、今天和明天》的专题片以峥嵘岁月、薪火传承、隽永如水三个章节的史诗，让全体参与者深度体验了明强悠久校史的洗礼；"听校长奶奶讲故事"活动由校长主持，四位校长与孩子们细细拉家常，穿越时间隧道，回忆明强的学哥、学姐，探索七彩童年的那些事；在"中外儿童共庆 110 周年"活动中，来自内蒙古科尔沁大草原巴彦呼舒第五小学六年级金凯同学的马头琴独奏《初升的太阳》，套特格、吴秀花老师的歌舞《鸿雁》，韩国梨泰院小学的同学表演的传统歌舞《羌羌水越来》，以及明强小学孩子充满民族风情的欢快歌舞表演，使现场每一个人，沐浴在浓浓的喜悦中，也让参与者在多元文化体验中，学会坚守民族情怀，感受国际理解、交流，体会人类文明。上午的活动精彩纷呈，活动期间还穿插了有关明强小学 110 周年校史的有奖竞答环节，以帮助大家回忆明强这 110 周年的发展历程。

午餐时刻，中外师生共品百十年"校庆开心大餐"。以中式蛋炒饭与西式 Pizza 为主食，配以蛋糕、罗宋汤、水果辅食，进行舌尖上的国际理解，回味无穷。西校众多学生社团还自主开展了"校园快闪"活动。下午 1 点整，近两百项家长精品课程分别在东、西两校区同时展开，四千多名学生根据自己事先选定的学习菜单，参加《精彩 110 学习生活新体验》。

"我的学习我做主"作为明强小学 110 周年校庆庆典系列首场，通过让四位老校长分享鲜为人知的故事，让海内外姊妹校分享其学校文化以及丰富的社会实践课程，做到让每一个孩子乐此不疲地沐浴在百十年校庆的气氛之中，共同追忆昨天、把握今天和展望明天，更历练了每一个学生的"自主学习实践能力"，夯实了家校双方的"全员儿童立场"，引导每一个明强学子主动健康成长，提升了明强校园新世纪的生机与活力。

2. 童心聚明强

12 月 20 日，"1905—2015 沐百十年风华，携手赴前程……"七宝明强小学诞辰 110 周年庆典系列活动之二——"童心聚明强"隆重举行。上午 9

点,受邀的离退休老教师、在职教职员工家属、一直关心帮助支持明强小学发展的各界领导与朋友以及通过微信报名前来的各届校友共约九百余人,纷纷汇聚装扮一新的明强东校园。重回明强校园,借明强学子身份,见证母校发展,畅叙母校情结,体验新的校园生活,感受明强师生的变革与成长风貌。

各位前来参加校庆活动的人,只需扫一扫二维码,便可以在导览图的指引下,参观校园,回味童心;老友新朋,茶叙感受。"历史年轮"、"金桂飘香"、"源远流长"、"凌霄琴韵"、"勤耕细作"、"沙滩童年"、"艺术空间"、"健身广场"、"银球飞舞"、"创意未来"这十大明强校园新貌,不仅是美景,更是孕育童心、实现"成长四季"的园地。上午 10 点,欢庆的鼓乐声,吸引了来自全国各地的教育同伴,各届校友和来自韩国、英国、美国、澳大利亚的国际友人,相聚在广场上,红毯集会仪式正式通过明强小学官微向全球直播。一部 110 周年专题片《明强的昨天、今天和明天》,激荡起现场每一个人的心灵。110 年的明强,一路伴随着国家的自强之路诞生与发展,大家油然而生的是对前人的感恩、对今人的尊敬以及对后人的期望。闵行区人民政府副区长杨德妹女士在为明强校庆致贺词时说到"百十年栉风沐雨,明强人砥砺前行。回首过往,我们看到的是明强厚重的红色基因;看今朝,明强人始终屹立于教育转型性变革的大潮前端,把'生命·实践'教育学与明强'审美·超越'文化理念紧密融合,将'明事理、明自我,强精神、强体魄的两明两强'校训紧紧扎根在心间,显现在行为中;望明天,一幢现代化多功能的'师生综合成长大楼'已经拔地而起,百十年优质明强已经走向更明更强,'规则礼仪、民族精神、科学素质、人文涵养'等核心素养的历练,让师生在多元智能与文化体验中立足本土、走向世界。"

随后举行了为历任老领导献花、新校园十大景点揭幕、给国利、九星集团赠送荣誉奖杯、学生英语歌舞、优秀教师走红毯等仪式。明强小学校长在答谢词中感谢从四面八方赶来参加明强小学 110 周年校庆的各界朋友。明强是一本厚厚的书,她有着与新中国同步成长的灵魂,饱经沧桑,却把风雨揉进了字里行间;明强是一棵百年的树,扎根在七宝、闵行,却印证着上海乃至中国教育的转型;明强是一泓流动的水,这里留下了代代明强人自强不息的耕耘。以华师大叶澜教授为核心的"新基础教育"研究团队,与明强携手16年,让我们在研究性变革实践中蜕变了自我,尝到了小学教育的大滋味。110岁的明强一定会以此为契机焕发新生活力,又将翻开新的一页,续写新篇章!

10点40分,精彩纷呈的六个专题活动场馆体验开始了,各界朋友结合自己的兴趣与爱好自主选择主题参与活动。"教师独唱音乐会",由明强音乐教师通过歌声与器乐,与大家分享校庆的快乐;"学生钢琴演奏会"由明强学生展露小荷尖尖的潜质;"师生画展、摄影艺术展"展出了近年来明强美术教师、摄影爱好者及其学生的作品,凸显丰富的业余艺术生活;"教育新生活体验区",则呈现出明强和美课堂研究的经典教学活动环节;"师生成长视频演播室"播放近年来明强信息科技部制作的一系列专题片、艺术片以及电视台的采访片等,让大家对明强今年来的教育变革实践和教育理念发展有个直观印象;"教育发展微论坛",则邀请了市、区教育同行,以及姊妹校领导与专家,共叙明强发展愿景。

"童心聚明强"活动,为大家提供了一个开放灵动的校园,一处畅想教育、追忆童年、相遇老友的天地。今天,明强人以更包容的胸怀、更开阔的视野、更专业的教育,去影响新一代,更与他们一起主动应对未来,享有幸福人生!

(三) 成长仪式

1. 开学第一课

(1) 情暖人心

2015年2月27日早上,春寒料峭,细雨沙沙,明强校园却到处洋溢着温馨祥和的气氛,新学期的第一天在羊年新年中悄然到来。

清晨,孩子十分欣喜地看见身着唐装的校长以及教师志愿者手持火红的灯笼,在校门口热情地迎接上学的小朋友,更为有趣的是每个孩子还在一个个灯笼中抽到了来自小伙伴或老师的新年祝福语,大家迫不及待地相互传阅着、交流着。和蔼的笑脸,温馨的祝福,使每一位孩子都充满喜悦。8点15分,室内升旗仪式、祝福语交流、寒假成长故事分享和主题为"春风拂面、情暖人心"的爱心义卖启动仪式暨明强小学"开学第一课"在阶梯教室正式向全校各班直播。校长饱含深情地向大家传达新学期寄语,希望每一位孩子在新学期中首先学会问候礼仪,能够与同学、老师友好相处,并努力掌握自主学习的好方法,懂得关爱他人。同时,她希望全校师生在传统元宵佳节之际,即3月5日"学雷锋纪念日"中,为明强的小伙伴——二(14)班身患脑瘤的王鑫怡小朋友,举行题为"春风拂面、情暖人心"的爱心义卖活动,用筹集的善款为王鑫怡小朋友的治疗提供力所能及帮助。二(14)班家委会及学生代表发布了"爱心义卖"活动倡议,学生发展部老师也就义卖活动的具体规则作了详细说明,并宣布"爱心义卖"筹备活动正式启动。明强每一位师生的力量虽小,但凝聚起来就是一片大爱,这份爱呈现出的是明强这个大家庭"审美·超越"的文化理念以及"两明两强"的校训内涵。开学第一课就在"访春季"中奏响了爱的旋律。

(2) 灵猴献瑞

2016年的开学第一课发生在新春佳节期间,明强的四千多名学生通过网络直播参与了开学第一课。

"新年"自然是第一课绕不开的话题。适逢中国传统的农历丙申年——猴年,很多同学都带来了与猴有关的新年礼物。一个猴型的笔袋、一只可爱的毛绒猴、一副带猴字的春联……通过现场简短的互动交流,可以看出每一样礼物都寄托着同学对于猴的喜爱,对于新一年的期盼。简单的暖场之后,主题为"灵猴献瑞·春暖明强"开学第一课正式上课。课堂伊始,孙悟空降临现场,瞬间点燃全场气氛,师徒四人依次入场,为明强孩子送上猴年的祝福。在师徒四人的幽默主持下,四个活动板块揭开面纱,四个板块具体内容如下。

第一板块:限放烟花爆竹、小品演绎文明过年。今年全市人民都在响应市府号召,不在外环线以内燃放烟火爆竹,过个安静和谐的环保年。明强人绝大多数住在外环线以外,但是孩子们依然主动宣传,从我做起,不仅做到不放烟花爆竹,还十分聪明的找到了不少替代的方法,既保留年味,又遵守规则。

第二板块:长辈红包寄托新意、互动感恩付诸行动。年年都会收到长辈给的压岁钱,可为什么要给压岁钱?收了压岁钱以后又该做些什么?大家通过观看视频,知道了压岁钱的来历,长辈的心声,加上现场互动,更激发了孩子深度感恩之情。

第三板块:爱迪生实验贺新年、引力波探索新科技。科技对于我们生活的影响已经越来越大了,今年春节的电子红包就一度成为大家热议的焦点。我们自然也要抓住时机,结合学校"小小爱迪生"项目,点燃孩子探索科技的火种。

第四板块:韩国文化共分享、欢欢喜喜迎元宵。春节前夕明强部分学生参加了赴韩游学活动,在走出国门开阔眼界的同时,也不忘弘扬中国的传统。

截至 2017 年底,明强小学推进"坚守与吸纳"——小学生国际理解教育课程设计与实践的市级重点研究项目已经整整四年了,凸显学生生命成长的丰富性与体验性的"成长四季"系列课程已经逐渐融入明强的校园生活,具有规则礼仪强、民族精神强、科学素质强、人文素养强的"新时代小公民"正充满自信迈入新的学期。

(3) 奥运精神

2016 年的开学第一课围绕奥运精神展开。9 月 1 日早晨,明强孩子以全新的精神面貌,带着美好愿望,迎来开学第一课。明强小学东、西两校区的高年级学哥、学姐们早早地来到了校门口,他们热情迎候一年级的新同学,大手牵着小手,微笑伴着激动,陪伴着每一位新生走进各自的教室。寂静了 2 个月的校园瞬间注满无限活力,一个个跳跃的身影,一张张可爱的笑脸,开启了明强新学年的校园生活。

翘首以待的开学第一课开始了,近五千名师生,通过网络直播,参加了开学第一课活动。五 12 中队的升旗手们,自信满满,庄严主持升旗仪式,并向全校师生普及了国旗知识。同学们通过视频又认识了 23 位在未来的日子里与同学们一起学习、一起成长的新老师。校长饱含深情地进行国旗下讲话。她与同学们一一回顾历历在目并为之动容的里约奥运会场景,同时向全体师生提出了新学年的新期望,鼓励明强人学习奥运精神,一同携起手,为自己的进步加油,为明强的进步鼓劲。

以奥运精神为主题的开学第一课,激起了全体明强师生的共鸣,现场气氛热烈,荧屏前的同学们也看得意犹未尽。大家用实际行动诠释着无私奉献、团结协作、坚持、拼搏、不放弃的女排精神;五(12)班詹博乐同学还惟妙惟肖地模仿游泳运动员傅园慧的表情,与主持人重现当时的幽默对话,感受到傅园慧乐观向上,享受参与过程的人生态度;暑期赴北京参加升旗手特训营的队员,为大家呈现严格集训的生活;海外课堂的师生们也给大家介绍海外游学的体验与收获;体育朱老师与暑期参加玉佛寺养生夏令营的同学们一起为大家讲授了强身健体的秘诀,虽然夏令营的过程有些辛苦,营员们却不断超越自我,有了全新的改变,同学们还在现场进行了一场平板支撑的大对决,掀起了一阵加油呐喊声。

2. 年级成长仪式

中国少年先锋队(简称"少先队")是中国少年儿童的群众组织,是少年儿童学习共产主义的地方,是建设社会主义和共产主义的预备队。1949 年 10 月 13 日是中国少年先锋队建队日,也是各学校选拔新队员的日子。中国少年先锋队的创立者是中国共产党。中国共产党委托中国共产主义青年团直接领导中国少年先锋队。中国少年先锋队每年都会进行少先队代表大会(简称"少代会"),并选举新一任大、中、小队干部。

(1) 一年级入团仪式

小红星儿童团,是上海自 1986 年起专门建立的附属于少先队的一个儿童组织,是少先队的预备队,团员统一佩戴绿领巾。他们将并将每年的12月4日定为他们自己的节日——小红星儿童节。

为了让一年级新生了解小红星儿童团,两校区四年级小辅导员们走进一年级的弟弟妹妹中间,教弟弟妹妹如何劳动,如何进行课间游戏,同时也利用午会课、十分钟队会时间帮助一年级同学们更好地学习小红星手册,了解儿童团知识。小辅导员通过生动的示范、有趣的讲解,让一年级的同学们知道如何用自己的实际行动去诠释"五爱",在老师和小辅导员的带领下,每一位一年级的小苗苗们都积极地参与到"苗苗章"的争章活动中。通过努力,明强苗苗们终于戴上了向往已久的绿领巾。双手接过辅导员手中的绿领巾,小脸蛋上个个都露出了兴奋不已的表情。新团员们用最标准的敬礼,最响亮的呼号表达了自己的坚定誓言:爱红星、爱学习、爱师长、爱同学、爱劳动,准备参加少先队。

入团仪式上,学校大队部向工作认真负责的小辅导员们颁发了"优秀小辅导员"的荣誉称号,鼓励他们传承、发扬明强精神,在未来的日子中继续做好"大手拉小手"的工作,陪伴一年级弟弟妹妹一起健康快乐地成长。校长为小苗苗们送来了成长祝福:祝愿每一位明强绿苗苗无论是在学习还是生活上都种下一棵心灵的成长豆,精心长大,在不久的将来收获一颗成长的幸福树。同时,也对苗苗们提出了新的希望:希望苗苗们成为儿童团员后,能够倍加珍惜绿领巾,用更好的行动诠释明强校训,为领巾增光添彩,勇敢地挑战每一天,进步每一天。

入团仪式还与一年级的学科表现性评价相结合,根据课程标准,针对语文、数学、英语、音乐、体育学科的培养目标,从学习兴趣、学习习惯、学习成果几方面设计了科学、合理的五大闯关游戏活动。在"趣味大翻转"游戏中,苗苗们玩起了有趣的掷骰子游戏,熟练的算起加与减;在"I can sing"游戏中苗苗们通过表演一首首优美动听的英语歌曲成功闯关;在"跳一跳,身体棒"活动中,苗苗们通过30秒快速跳绳,诠释着"强精神、强体魄"的明强内涵;在"明明强强唱起来"活动中,苗苗们通过演唱团歌,自信的用歌声表达着入团决心;最后的"我爱绿领巾"环节,孩子们纷纷表达了自己参加闯关活动和入团的体会感受,孩子们童真稚嫩的语言真实反映了对表现性评价活动的喜爱以及愉悦而难忘的体验。表现性评价活动让一年级的孩子们在说一说、算一算、唱一唱、跳一跳的过程中锻炼了观察、理解、思考、表达、交流等学科基础素养,同时老师们也通过轻松愉快的活动形式对学生的学习习惯以及学习成果进行评价,让孩子们真正从活动中收获成长和快乐。在活动过程中,每闯过一关,苗苗们就能获得一份意义深刻的成长礼物:成长豆和明强手帕。礼物表达了学校愿每一位明强苗苗都能快乐的成长为文明有礼的好青年的美好祝福。

入团仪式的变革尝试让每一位孩子都有了更丰富的成长体验,每个人都在玩中学,学中悟。今天,鲜艳的绿领巾将在胸前飘扬,明天,百年明强的精神将由每一位明强苗苗们努力发扬。通过体验互动和评价的有效结合,苗苗们都感受到绿领巾的来之不易,更会在今后倍加珍惜。活动也邀请了家委会家长们和大队委员志愿者的参与,大家一起见证了苗苗们新成长的那一刻,共同祝愿每一位明强儿童团团员乐成长,成长乐,快乐每一天,幸福每一天!

（2）二年级入队仪式

为了在二年级小苗苗幼小的心田上,播下"先锋"的种子,加深对少先队组织的认识,6月1日,国旗、中国少年先锋队队旗、红领巾这一格外鲜艳的红色,充满了节日氛围中的明强校园。"喜迎十九大　争做好队员"主题入队仪式在东,西两校区隆重举行。七宝明强小学二年级854名儿童团员们带着欣喜与激动的心情来到会场。在激昂的出旗曲声中,入队仪式拉开序幕,在辅导员聘任仪式中,辅导员老师向新队员提出了新的要求,希望大家用自己的热情与智慧,争做党的好孩子,为明强添光彩,为中国梦的实现作出自己的努力。在星星火炬的旗帜下,新队员们捧着鲜艳的红领巾,脸上洋溢着骄傲和自豪,高举起右手庄严宣誓,争做一名优秀的少先队员,让胸前的红领巾更加鲜艳,让闪闪红星照耀在每位新队员的心中。

其实对于这一天,新队员们早已期盼许久。在 4 月、5 月期间,二年级的小苗苗们就已摩拳擦掌、蓄势待发。他们在辅导员老师的带领下,小辅导员哥哥姐姐的帮助下一起学习队知识,了解队章、学唱队歌、学会敬标准的队礼、学会画队旗……他们在爸爸妈妈的陪伴下参观了革命纪念场馆,一起迎接十九大,积极参加向习爷爷说心里话的活动。在入队仪式中,新队员们感恩小辅导员和伙伴们的帮助、感恩父母的悉心关怀、感恩老师的培养……戴上红领巾的新队员们,仿佛瞬间长大了。刘雨萱、贾思曼、王轶凡、沙宝琳、马意乐、王海瑞这几位队员代表上台交流了自己参观纪念场馆的感受,分享着入队的激动心情。姚凤校长也给队员们带来了寄语,向新队员们表示祝贺的同时也提出了新的希望!

这次隆重的入队仪式将会深深地印在孩子们的心田,增强了孩子们继承革命先烈遗志的决心,更让孩子们明白了作为一名新时代的少先队员应该具备怎样的品质,让孩子们从小树立崇高理想,努力做到习爷爷告诉每一位队员的话:从小要记住要求,心有榜样,从小做起,接受帮助!

(3) 三年级十岁生日仪式

十岁,是绿色的,带着无限的希望;十岁,是金色的,带着无限的遐想;十岁,是彩色的,带着无限的可能。一转眼已经十年了,对于家长来说有些猝不及防,印象中还是那个呱呱坠地、牙牙学语的小不点,怎么忽然就成了一个翩翩少年。对于老师来说,陪伴虽然只有三年,但早已把孩子们的成长融进心间。那么对于你——一个走过十年的鲜活生命来说,十岁又是什么样的呢?

为了让我们的孩子能够感受成长,记录每一个感动的瞬间,也学会感恩父母和老师,6 月 1 日上午 10 点,明强小学三年级的全体孩子在"嬉夏季"的童心节活动中,举行了"十年风雨感恩情,童心筑梦乐成长"为主题的十岁集体生日。从各班的 MV 中,我们欣赏到无数个记忆的画面,也品味着千百种成长的滋味。每一段视频都各具特色,不仅展示了班集体建设的品质,也感动着现场每一位孩子和家长。东校区的孩子用那首"我们十岁啦"的小诗,宣告着童年的远去、少年的走来,也立下了磨炼自己、搏击风雨、成为栋梁的誓言。西校区的孩子每个都站上舞台,用诗歌朗诵《十岁》《感恩的心》《我长大啦》《猜猜我有多爱你》等,用节目展现自己成长中快乐的心情。每位家长还精心为孩子写了一封信,在读了爸爸妈妈写的来信后,无不感慨成长路上父母的良苦用心,随后在成长树上贴下自己的心愿,美好的愿望一定会实现! 当明明和强强带着生日蛋糕出现的时候,孩子们兴奋地又蹦又跳。在吉祥物的带领下,全场齐跳小鸡舞,看着他们夸张的动作、满足的笑容,家长的泪是甜蜜的,老师的累是幸福的。许下一个生日心愿,说出一份成长感悟,每一个孩子都记住了这一天,这一刻。

小学的五年是漫长的,也是短暂的,希望明强的孩子能在这段时间内多一些不同的体验,在每一次活动中都能收获不同的成长。

(4) 四年级手拉手仪式

有这么一批少先队员,她们既有活力又有热心,她们利用自己的课余时间出现在一年级的教室中,带着一年级的小苗苗们做游戏、做两操,手把手教小苗苗们扫地擦桌,在入团、入队前的教育阶段,她们协助辅导员老师们一同指导小苗苗们敬礼、唱歌,让苗苗们懂得许多儿童团、少先队知识,能尽快融入小学的校园生活。她们就是四年级的小辅导员们。

每学年的9月1日,开学第一天,小辅导员们就会在学校大门口迎接新生们,她们的大手牵起弟弟妹妹们的小手,引进明强的校园,带到各个新鲜又温馨的班级中。在一周后的新生入学仪式中除了新宝贝们的介绍,也会举行隆重的"手拉手"四年级小辅导员聘任仪式,将会由四年级各中队与一年级各班结为友谊班。来自四年级各个中队的志愿为一年级弟弟妹妹们服务的队员们会上台接过聘书,接过这一份神圣的责任。

四年级小辅导员们在校内的日常学习生活中,会拉起一年级弟弟妹妹们的小手,在校内外的各种活动中也能看到大家和谐友爱的画面,"爱心节"的义卖活动上高年级同学的谦让精神,四年级中队活动和一年级手拉手友谊班一起设计开展,小辅导员带着弟弟妹妹们一起在体育公园做小小志愿者,还会手拉手共同学习交通法规等知识。一年级的小苗苗们通过"手拉手"活动迅速投入小学生活;四年级的小辅导员们也更富有责任心和爱心。无论大朋友、小朋友,我们都希望能够手拉着手,在和谐校园共成长!

（5）五年级扬帆起航仪式

在毕业号响起的那一刻,五年级的师生齐聚一堂,召开属于自己的盛会,回忆过去,看向未来。

"再见了,母校!"

伴随着上课清脆悦耳的铃声,一个毕业班的小女孩在教室里打开作文本,端正的字迹赫然展现在我们面前:再见了,母校! 七宝明强小学 2017 届"最后一课"暨毕业典礼随之拉开了帷幕。

记忆像美丽的蝴蝶翩翩飞来……清晨,绿树萦绕的校门口,一本铜铸的大书跃然在我的眼前:上海七宝明强小学

"我们上学啦!"

随着一幅幅入学照片在我们的眼前闪现,孩子们仿佛又回到了五年前,一个个背着书包,眼神稚嫩却又对校园生活充满美好向往的蓬头稚子,一路奔跳,一路欢歌来到了明强。五年级合唱队员深情演绎《我怎样长大》,呼应孩子们的一路成长,一路茁壮。

"我是小苗苗,我是红领巾"

戴上绿领巾,红领巾啦,我们就是儿童团员,少先队员啦! 我们明白了两明两强的真正含义,我们学会了《一日行,三字礼》,我们在明强聆听老师们的谆谆教诲! 听,姚凤校长正在进行最后一次国旗下的讲话呢! 让我们感谢校长对我们的热情鼓励、更铭记校长对我们的殷切希望!

五年级的时光转眼即逝,我们也舍不得我们的老师,我们的母校! 看,视频上的班级代表们正在真情告白,刘海艺同学自创自唱的《难忘恩师》更是唱出了每一位同学的心声! 西校区五（12）、五（15）、五（16）班的学生代表一起上台为老师们送上了一首离别感恩的歌,我们为五年级的老师们送

上最美的鲜花,祝老师们越来越美丽,越来越年轻! 教师节,我们会回来哒!

"我最喜欢的地方"

一帧帧照片带着我们继续漫步在回忆的长廊上,那是每一年孩子们所待过的教室,一起上课,一起游戏,一起笑,一起哭,教室包容了我们的一切的一切。老师包容了我们所有的所有。美术室,音乐室,信息室,让我们驻足在乒乓房吧! 看,小乒健将们正尽情挥拍,激情昂扬,这不正代表着明强学子永不言败的满腔激情嘛!

"强强微社团"

我们还在课间开展各种微社团活动。百年桂花、凌霄花廊,艺术空间见证了我们的热血,见证了我们的友谊,见证了我们的团结……相声微社团,舞精灵微社团现场亮相,不仅说得好,还跳得赞! 小小的微社团,让我们更加遵守规则,让我们更加团结合作,也让我们更加创新进取!

"爱心传递"

转眼间,这些看似漫长的片段就如同快速播放的幻灯片,从眼前一闪而过。但任凭岁月仓促走过,我们的心依然不变。曾经,我们大手牵小手,到一年级班级帮助弟弟妹妹打扫卫生,进行入团、入队的宣讲。今天,我们举行不一般演唱会送给我们的弟弟妹妹们。我们留一本读过的好书给弟弟妹妹们,希望这些我们曾经读过的书漂流在校园里,捧在每一位弟弟妹妹们的手中,最终化为他们脑中的知识和心中的快乐。

今天,我们还要感谢一群人:那就是我们的志愿者家长们! 我们的上学放学路上、校内校外都有他们的保驾护航。我们现场采访了一位志愿者妈妈和一位志愿者奶奶,他们发出了肺腑之言同样让我们感动:感谢明强为他们培育了优秀的孩子,即使毕业了,只要明强召唤,他们依然会热情相助!

五年的时光,转眼而过。到了分别的时刻,此时,纵有千言万语,都只化作我们铿锵有力的誓言,我们跟着吉祥物"明明""强强"一起宣誓:

明事理、明自我;强精神、强体魄。

今天我以明强而自豪!

明天明强为我而骄傲!

时光荏苒,岁月更替,我们的情谊只会在岁月的沉淀中留下深深的烙印。懵懵懂懂,感谢有你! 再见了,我的母校!

此时,下课的铃声悄然响起,镜头中的那个小女孩缓缓地合上作文本,所有的深情尽在于此! 所有的留恋尽在于此! 所有的期待尽在于此!

随后由华东师范大学李家成教授,姚凤校长,吴国丽老校长等为毕业生颁发毕业证。班主任,志愿者家长们也为全体毕业生颁发毕业证书!

二、国际文化体验节

作为"国际理解"教育主题活动课程之一的"国际文化体验节",是明强推进"国际理解"教育的一个重要载体。通过了解、学习、体验不同国家、不同民族丰富多元的文化,感受中外文化对比、中外文化的差异、体现多元文化包容;尝试运用外语开展语言交流、学习交流、饮食文化等交流,拓展眼界,包容文化、增进理解。

从2013年至今,明强将每年的十二月定为"国际文化体验节"为期一个月。每年围绕一个国家,开展主题"文化体验"活动,具体如表4-3-2:

表4-3-2-1　历年国际文化节活动主题与内容

年度	国家		中外文化对比主题活动	日期
2013	澳大利亚	主题	Kangaroo Hops 袋鼠跳!	12.2-12.26
		内容	Nice paintings 图文作品秀;Voice of Mingqiang 的歌手比赛;Christmas Party 英语角小舞台。 多元文化包容与体验;主动探索中澳文化的异同;了解两国独特的人文、自然环境;拓展国际视野,提升交流能力;逐渐培养具有国际视野和全球眼光的新时代小公民;促进整个人类及地球上各种生物与自然和睦相处、共同繁荣与发展。	

（续表）

年度	国家	中外文化对比主题活动		日期
2014	英国	主题	Big Ben, Big Bong 敲响大本钟	12.1 – 12.31
		内容	走进英国:视频——英国达人秀、俯瞰伦敦、女王卫兵交接仪式等了解英国的风土人情。 感受英国:选择自己感兴趣的主题进行小组探索活动,并做成探究小报,布置在班级的英语角。 体验英国:英语课上,分年级开展中西礼仪体验活动。 一二年级:见面问候礼仪;三年级:下午茶礼仪;四年级:西餐礼仪;五年级:绅士淑女礼仪;赴英交流老师介绍英国小学数学教学一瞥;Mingqiang's Got Talent:唱歌、小品、脱口秀、故事等。	
2015	韩国	主题	Korean Style 韩流来了	11.30 – 1.1
		内容	感受韩国:观看视频,感受韩国的风土人情 走进韩国:"中英韩语书写比赛";"韩服设计";"中韩文化小报制作"比赛 互动韩国:中韩学生通过知识问答、游戏、舞蹈等各种形式共同迎接 2016 年元旦。 梨小师生参观明强校园;"中韩文化"交流墙"中韩美食"、"礼仪小报";梨小和明强孩子一起体验电子书包课程《水循环与天气现象》;"舞向未来"中韩孩子在舞蹈和音乐中旋转起来;足球场上中韩孩子共同进行了颠球、带球往返跑、过人射门及对抗比赛;体验中国民间艺术"七宝皮影戏";中韩教师开展国际教育学术交流;明强－梨泰院缔结姊妹校;梨泰院孩子学包中国饺子和馄饨感受中国的饮食文化;为明强百年校庆助兴梨小孩子表演传统歌舞《羌羌水越来》。	

（续表）

年度	国家		中外文化对比主题活动	日期
2016	美国	主题	Dream in Disneyland 梦幻迪士尼	12.5－12.30
		内容	品社学科：欣赏美国风光；自燃学科：走近美国大学；英语学科：Old McDonald has a farm；探究学科：了解国旗国家；美术学科：给迪士尼卡通人物涂色；数学科学：认识美元、了解汇率差异；体育学科：认识篮球、原地拍球等活动项目。	
2017	加拿大	主题	Amazing Canada 魅力加拿大	12.11－1.8
		内容	你我知多少：加拿大、渥太华、温哥华、多伦多、魁北克； 一起来探究：观看 5 集加拿大风光片、交流加拿大风土人情、制作文化小报； 片片枫叶情：枫叶涂涂乐、"手"形枫叶画、城市"枫"景画、秋之"枫"景画、"枫"景建筑画； 魅力你我他：歌曲大联唱、Copy 不走样、小小朗读者、英语表演秀； 中华传统美：传统达人秀。	

　　文化节活动，让每个明强学子都能够在小学段的五年中"走遍五大洲"，领略各大洲缤纷多彩的文化特色，积累文化底蕴，为做一名"新时代小公民"奠基。

　　国际文化节有"文化纪录""文化小报""文化之桥""文化 show 场"几个固定的板块。"文化纪录"板块，主要让学生通过观看与主题国相关的纪录短片或视频建立对这个国家风土人情最基本的了解；"文化小报"板块，以文化探究小报的形式，鼓励学生在课堂内外，在老师、家长的帮助下，选择一个主题深入中外文化对比的探索；"文化之桥"板块，通过中外歌曲大联唱、绘画小作品，架起中外文化联通的桥梁；"文化 show 场"板块，在文化节期间设立主题 show 活动，如"万圣派对"、"好声音"、"达人秀"、"文化挑战赛"等集中展现学生们在文化艺术、语言交流等方面的综合才能。

以 2016 年中美文化体验节活动为例，16 年的中美文化体验活动于 12 月 5 日－12 月 30 日举行，活动主题为"梦幻迪士尼"。活动筹备期间，学生发展部与课程教研部深入各个年级进行了"市场"微型调研。同学们在镜头前大胆表达自己对美国已有的认识，对文化体验节活动的憧憬，为中美文化体验活动的方案设计提供了有效参考。最终确定的活动不仅结合了孩子们的需求，还实现了对各门学科的整合，活动将依据不同学段特点开展。学科整合，让学生得以从多种视角了解和体验中美文化的异同；活动内容体现年段差异，活动形式关注个体与团队的结合，实现了让不同年段、不同特点的学生都能融入其中，找到各自的生长点。活动开幕前，两校区师生按照活动方案，积极行动，搜索资料、设计内容、准备资料，为活动的开展提供资源支持。在校务管理部的强大支持下，漂亮的文化节主题宣传海报、可爱的迪士尼卡通人物、炫酷的美国篮球明星、闪耀的圣诞装饰等，将校园装点成了"梦幻迪士尼"的童话世界。

12 月 5 日，"梦幻迪士尼"——中美文化体验节在东、西两校区正式开幕。在午会课、品社课上，同学们认真观看"俯瞰美国"的系列视频，对美国的地理风貌和风土人情有了初步的了解。孩子们观看的 60 年代的迪士尼原版动画 The ant and the grasshopper，Three little pigs 等没有任何中文字幕，但孩子们的观影热情丝毫不减，甚至有的孩子反而更加聚精会神。大家总是时不时被动画中夸张的音效画面引得哈哈大笑，英语能力强的还能模仿一两句台词。同学们通过经典迪士尼动画感受到了西方文化中特有的幽默。体育老师为丰富小朋友对篮球的了解，精心准备了 NBA 经典赛事的视频剪辑，出神入化的大灌篮引得同学们叫好连连，之后的篮球知识小竞赛，则让大家对篮球运动有了更多的了解。探究课上，学生完成了对中西文化的探索。探究老师根据学段，提供不同的主题让学生自主选择。低年段的小朋友在爸爸妈妈的帮助下从国旗、地图等具体形象的内容入手介绍了中美两国的概况;中年级的学生从节日、饮食等角度入手对比两个国家的文化风俗;高年级的学生则从历史名人、风景建筑中探究文化的差异。一份份精美的文化小报,不仅分享了学生的探索成果,还提升了学生资料查找、阅读表达的能力。美术课上,小朋友将中西方的元素融合在一起,画出他们心中不一样的美。虽然"迪士尼"是典型的美国娱乐文化,但是这些卡通形象也伴随着中国小朋友成长。在美术老师的带领下,低年级的小朋友为自己喜欢的卡通人物涂色,中高年级发挥创想,为它们增添中国元素。米老鼠提着灯笼,唐老鸭一身唐装,喜气洋洋祝福中国年,迪士尼的公主们穿上各种旗袍……各类精彩作品层出不穷。数学老师为同学们设计了"趣味任务单",引导他们通过完成任务,认识美国的货币,对汇率有基本的了解。在解答"美国应用题"的过程中,发现中美两国生活在速度、长度、重量、价格等方面存在的"文化差异"。音乐课上的"迪士尼歌曲"演唱,引发了文化节的最高潮。低中高三个年段分别选择了不同的迪士尼歌曲,同学们在英语课上学会歌词,在音乐老师的指导下边唱边跳。大联唱时,同学们都随着音乐节拍唱起来跳起来,操场上掀起一拨又一拨的高潮。"欢乐迪士尼小组唱"比赛受到了课间小社团的欢迎。他们在课余自主排练,争取家长的支持,寻求老师的帮助,将一首首经典的迪士尼歌曲演绎出来。东西校区分别通过班级海选、年级复赛、校区决赛,层层选拔评出了 Top Ten 十佳小组唱。在闭幕式上,东西校的最强组合向大家展示他们的节目。有 400 余名学生在本届文化节中的出色表现,获得"卡通画""优秀文化小报""智慧奖"等各大奖项。

除了融合学科的活动外,文化节还融入学生成长系列活动。一年级的入团仪式、低年级的表现性评价等都结合了文化节的元素。拼读、描述卡通人物,找找"梦幻迪士尼"几个字中的直角,跟卡通人物合个影等等。小朋友在迪士尼世界里,展示自己的学习本领,体验成长的欢乐。活动结束后,同学们还通过制作探究小报、卡通绘画、英语演唱等形式,呈现自己对中美文化差异的理解,分享自己本次的活动体验。开展国际文化体验节活动,是明强小学实施以"坚守与吸纳"为理念的小学生国际理解教育课程设计与实践的市级重点课题的重要途径之一。将国际文化体验节活动列入学生"成长四季"暖冬季校历,成功为全体师生搭建了一个充分感受多元文化,在文化碰撞中学会文化理解、文化交流与文化包容的平台。同时,在中外文化的对比中,孩子们增强了民族自尊、自豪与自信,在传承中华优秀传统文化的同时主动、积极在与外交流中弘扬中华文化,以海纳百川的气度,笑对国际交往与交流。

三、中外姊妹校互访活动

1. 内蒙古兴安盟科尔沁右翼中旗巴彦胡舒第五小学

2014 年,在内蒙古兴安盟科尔沁右翼中旗教育局教研室与上海市教育科学研究所双方的牵线搭桥下,明强小学与巴彦胡舒第五小学建立了学校艺术教育友好交流学习关系。巴彦胡舒第五小学党支部书记先后两次带领教师到明强小学参观访问。2015 年 8 月,明强小学领导管理团队也应巴彦胡舒第五小学徐春阳校长的邀请,利用假期组团赴该校开展经验分享交流活动。12 月,应明强小学邀请,巴彦胡舒第五小学校长师生一行四人在明强小学百十年华诞之际到访明强小学,巴彦胡舒第五小学师生献歌献舞、学生表演了马头琴独奏,蒙古族独特的艺术文化深深打动了明强小学每一位师生的心弦。双方签订了建立手拉手联盟校的友好协议。主要条款如下:

一、管理提升。内蒙古兴安盟科右中旗巴彦胡舒第五小学与上海市闵行区七宝镇明强小学在教育理念、办学思想、学校管理等方面,经常性地举办专题研讨、经验交流等活动,共同提升管理理念和办学水平。开发共享校本课程、建设共享精品课程,创建学校特色,加强学校文化建设,提升办学内涵。

二、教研联动。内蒙古兴安盟科右中旗巴彦胡舒第五小学与上海市闵行区七宝镇明强小学共同开展教研、科研活动,定期组织教育教学经验交流,开展教育教学研究活动,研究提高课堂效能的有效手段,实现高效的课堂教学。邀请知名教育教学专家指导学校教育教学工作,不定期地举办大型教研活动,共同把艺术教育作为特色建设和交流项目。

三、资源共享。双方不断完善教育教学资源库建设,共同加强网络建设,通过电子网络,实现优质教育资源共享。

四、交流互动。定期开展领导及教师交流互访活动;适时组织学生交流活动,共同开展学生社会实践活动、学生社团活动等,共同组织校园艺术、科技、文化活动等。

2. 澳大利亚昆士兰州约翰保罗国际学校

2013 年 6 月 1 日明强小学与澳大利亚昆士兰省布里斯班市约翰保罗国际学院正式签约结为姊妹学校。基本内容为:

> 上海市闵行区七宝明强小学和约翰保罗学院(JPC)自 2012 年起开始启动并成功举办海外课堂项目,该项目将英语教学与教育、文化和休闲活动紧密结合。双方院校的目标是帮助学生和教师在入读 JPC 及入住澳大利亚家庭生活的同时,获得更深入的了解澳大利亚的文化和生活方式的机会。
>
> 我们彼此的合作包括暑假和寒假期间举办长期和短期海外课堂项目;以及双方教师和学生之间的教育交流。
>
> 通过这项活动,我们将两种不同但兼容的教育理念充分融合,努力培养我们学生全球一体化的价值观。愿我们双方的关系不断加强和紧密,促进双方对国际理解需求的重视。

约翰保罗国际学院是澳大利亚领先的男女同校制教育机构之一,设有小学、初中和高中,是明强小学赴澳学生海外体验课堂活动的定点学校。双方的合作关系是建立在相互学习、共同发展的基础上,以促进双方学校友谊、加强沟通合作为目标。6 月 5 日上午,约翰保罗国际学院中学部校长 Mark Zietsch 和国际学院院长 Russell Welch 来到明强小学东校区参观访问。他们分别参观了明强校史陈列室和学生种植园。完成参观后,他们走进英语课堂,与学生亲切互动;走进音乐课堂,感受"舞向未来"张力与震撼;走进乒乓训练场,与小运动员切磋球技;走进在多功能室,感受"中华皮影"的神奇;走进艺术空间,从孩子们的艺术作品中感受孩子们对艺术的理解。

至 2017 年的 6 年中,明强小学共组织 6 批 138 名学生、19 位带队教师到 John Paulinternational College 参加海外课堂体验活动。

2017 年 9 月 18 日,John PaulCollege 的国际部项目负责人 DavidPhilip Ferguson 先生专程访问明强小学。漫步明强校园,走访了艺空间、校园电视台、师生成长综合大楼等。优美的校园环境,现代化的教育设施,深厚的校园文化,让 David 先生不住地赞叹。当一行人走进学生合唱社团时,刚从悉尼音乐节上捧回银奖的孩子们在看见老朋友 David 先生和 COCO 等老师后异常激动,立刻献上美妙的歌声迎接客人的到来;艺空间剪纸社团的孩子们也主动把自己刚完成的中国剪纸送给 David 先生。随后,宾主就暑期海外课堂体验活动的课程安排及后续改进建议进行了深入的、坦诚的互动交流。这也是 John PaulCollege 国际部项目负责人 David 先生走进海外姊妹校,零距离听取学校领导、带队老师对于优化海外课堂,尤其是学校课程体验板块的建议与设想的目的之一。明强小学带队老师们纷纷表达各自带队的体会,大家在肯定许多特色体验活动的同时也谈到了如何让中国孩子获得更多融合到当地学校课程的平台和机会,如何在活动的安排上更具小学生的趣味性和参与性。COCO 老师和明强小学管理团队领导不约而同地谈到了课程的前移和后续问题,课程的多元评价问题;也谈到了明强做海外课堂的初衷和目的是为了通过开展"坚守与吸纳"的国际理解教育课程,培养具有民族情怀、国际视野和全球眼光的新时代小公民。David 先生真诚地听取着大家的建议,认真地记录着每位老师的由衷之言,在深入的交流中大家智慧的火花在不断碰撞与集聚,在今后的持续深化上达成了更多的默契,明强的海外课堂也正是在这样的互动交流沟通反思中重建并不断向着内涵发展努力着。

3. 英国三大皇家属地学校

为推动汉语教学在英国三大皇家属地中小学发展,国家汉办与驻英国使馆教育处合作,于今年 2015 年 10 月 26 日至 11 月 2 日邀请 17 位教育行政官员和主流中小学校长访华。此次活动旨在增进英国三大皇家属地的教育行政官员和中小学校长对中国教育体制和中国语言文化的了解,推动当地汉语教学发展。10 月 29 日,汉语桥——英国三大皇家属地之马恩岛、泽西岛的教育行政官员和中小学校长一行五人到明强小学进行友好访问。

马恩岛和泽西岛教育行政官员及校长一行,首先感受了明强小学"成长四季"的校园文化,兴致勃勃地参观了明强学生的书法、扎染、剪纸、服装设计、舞向未来、皮影、鼓乐等社团活动,还与小乒队员同台竞技,体验乒乓球运动的魅力,并进入学生课堂,观看了一年级语文课教学《水里的娃娃》。学生在老师创设的情景中,轻松快乐学习母语的状态,孩子们良好的学习习惯,主动的学习态度、浓厚的学习兴趣给来宾留下极为深刻的印象。

随后宾主移至会议室,进行友好互动交流。明强校长以"为学生生命成长而教育"为题向来宾介绍了明强小学近几年来致力于教育转型与变革的三个方面实践。一是"让每一个教师智慧幸福地工作! 让每一个学生主动健康地成长!"这一方面的实践要求我们尊重每一个师生生命成长的主动权;二是积极开展"生命·实践"教育学合作研究校建设,强调课堂、活动以及一切教育过程都要尊重每一个生命个体,把学生看做一个个活生生的有特点的人,让孩子主动健康地去发展,而不是把孩子当作附属品,由成人去随意捏造;三是积极开展市级重点课题"坚守与吸纳"——小学生国际理解教育课程设计与实践,探索基于双向理解的课程实践体系,聚焦"审美·超越"文化、"两明两强"校训和"规则礼仪、民族精神、科学素质、人文素养"课程的三级育人目标,打造有"国际视野"和"全球眼光"的"新时代小公民"。

马恩岛和泽西岛教育行政官员和校长也一一畅谈了自己的参观感悟。Robert Sellor 老师分享说"老师们的热情以及对教育的信仰都让我十分感动。每个孩子都有与众不同的地方,我看到了贵校对于孩子们特点的重视与培养。老师们愿意花时间向同学们耐心解释,班级学生这么多,还要照顾到每一个孩子的发展,实属不易。"C Lakeman 表示"学生所表现出的自信与展示自我的愿望十分令人惊叹,可见老师们对于同学们主动学习态度的培养一定是做了非常大的努力的。"JBell-Cook 分享道"我确实觉得把校训付诸实践并且丰富其深化意义并不是一件简单的事。今天看到的学生艺术及乒乓等社团活动让我感受到,贵校的老师们一定为孩子们所取得的成就而感到非常骄傲。"Janet Gimbert 说"我总结了两个词:一是质量,二是快乐。今天学生的活动都是非常有质量的,其中可以想象老师付出的心血;而快乐不仅仅来自于学生的,也有老师的快乐,他们为自己的学生而到骄傲,同时他们也是教育工作的学习者,在学习中不断进步。以前我总认为我的学校已经做了很多的工作,但是今天看来,我回去之后还要重新思考。"Robert Coole 提到"我们非常荣幸,能够不远万里来到中国,看到了这么棒的学校。我们学校和贵校有很多相似的地方,也有很多不同的地方。比如我们都有让学生自己选择课程学习的自由。"

在这之后,双方在相互了解和友好协商的基础上,一致同意结成友好合作伙伴关系,为两校师生发展长期的互惠互利的教育交流项目,以求促进中英两国文化交流,增进年轻人之间的理解和信赖,培养积极向上的全球公民。主要内容如下:

1. 通过跨课程或专门领域的课程共建项目;

2. 增加语言教学的储备;

3. 开展双方教师与学生互访;

4. 拓展学生利用信息技术与通讯技术相互交流的机会;

5. 共享最佳教育实践成果,提高双方教师的专业水平。

上述友好合作关系获得了国家汉办与英国驻华使馆/总领事馆文化教育处的共同支持。

4. 韩国首尔梨泰院小学

梨泰院小学是首尔最好的公办小学之一,也是韩国 100 个教育优秀学校之一。双方就在信息技术、多文化教育、艺术教育等等方面将加强互动交流达成合作共识。

2015 年 12 月 17 日,在明强小学百十年校庆之际,明强向梨泰院小学发出了邀请,在校长徐敬洙、骨干老师朴旼善、田芸智的带领下,16 位韩国孩子千里迢迢地从首尔飞抵了上海。寒潮来袭,可明强小学内却是暖意融融,梨泰院小学师生一行受到明强师生的热情接待,明强学生礼仪队献上了美丽的鲜花,送上了美好的祝福,校园内不时听到明强孩子用韩语跟梨泰院的孩子们打招呼的声音,梨泰院的孩子们也聪明地用汉语说着"你好! 你好!",就这样两校的孩子瞬间走近了。简单的欢迎仪式后,梨泰院的师生在学校主要领导的陪同下开始参观明强校园,宽阔的走廊,精美的艺空间,精彩的教师画展,丰富的文化内涵让远到而来的客人不时地发出赞叹,尤其是二楼的"中韩文化"交流墙,上面布置着的各年级小朋友在今年国际文化节中制作的中韩美食、礼仪等活动小报,让梨泰院小学的师生驻足观赏,久久不愿离开。

梨泰院的孩子还进入课堂,和明强的孩子一起体验各类特色课堂。在电子书包课上,刘依婷老师绘声绘色地讲述起《水循环与天气现象》。虽然因为语言的关系,梨泰院小学的孩子们对于学习内容有些困难,但在翻译的帮助下,他们同样兴致勃勃地和明强的孩子一起借助电子书包上的视频材料,进行模拟实验和学习探究,信息技术连接起两国孩子共同的兴趣和实践探索。在舞向未来课上 16 位孩子全体上场和明强四(6)班的孩子一起在归燕老师、陈爱玲老师、张家安老师的带领下一起在舞蹈和音乐中旋转起来,他们在主教老师语言和动作的共同示意下很快领悟了老师的意图,和四(6)班的孩子一起根据节奏和节拍创编出各自喜欢的动作,他们的动作协调,舞姿优美,在和明强的孩子进行的 PK 中,赢得了在场老师和学生的阵阵掌声。随后进行的是足球课,在足球老师的组织下,中韩两国的孩子们共同进行了颠球、带球往返跑、过人射门的练习,同学们都非常认真投入。一对一对抗比赛更是将课堂气氛推向高潮,操场上洋溢着孩子们的笑声、欢呼声。此时的足球不仅是一项运动,更成为一座连接明强小学与梨泰院小学孩子们的友谊之桥。中韩文化交流课上,明强的孩子首先交流了学校的特色课程——皮影,四(3)班的孩子用英语向来宾们介绍了七宝皮影,并用英语表演了《狐狸和乌鸦》,特殊的表演方式,生动的语言讲述,让梨泰院的孩子们目不转睛。梨泰院的师生也通过小组活动方式从 4 个方面介绍了自己的学校、首都、国家以及韩服的穿法、跆拳道的精髓,并和明强的孩子一起表演了踢毽子,两个学校的孩子在快乐、友好的氛围中交流互动,甚至忘却了时间的流逝,直到中午 12:15 才恋恋不舍地结束上午的课程体验。

下午,韩国梨泰院小学的学生在明强小学学生的陪同下,参观游览了千年古镇——七宝。梨泰院小学的师生在北大街仿宋建筑古牌楼钟楼前,聆听佘来钟的典故,观赏着钟楼上摆放的七宝七样宝的样品时,不由地为七宝这一神奇的地方而赞叹不已。随后挤进狭窄的古镇老街弄堂,沿街两旁各色各样的土特产,琳琅满目的小商品吸引着梨泰院的孩子们。在棉布坊参观时,棉布坊内陈列的江南女儿家出嫁的场景令孩子们感到特别有意思。接着大家又来到皮影馆、张充仁纪念馆、微雕馆参观,这些展馆都给梨泰院的孩子们留下了深刻的印象,其中,张充仁纪念馆中大师的艺术风采更是让孩子们赞不绝口。

与此同时,两校校长就梨泰院小学与明强小学缔结姊妹学校的意向进行了友好协商,并在下午的全体教师大会上举行了协议签约仪式。主要内容为:

1. 通过两校的教职员工和学生间的相互访问及交流,树立两校的教育发展和友好友善关系。

2. 为两校教育项目的发展,共携手共合作。

3. 开展与实施两校的语言研修及交换学生、交换教师项目。

4. 共同开发与共享两校的网络学习资料和各种学习书籍等教学资料。

5. 两校有重大,重点活动时进行互相邀请及访问。

6. 两校方各设联系办公室(交换教师办公室),具体交流项目由双方另行制定交流计划。

随后,梨泰院小学校长和老师还为明强全体教师做了一次生动的国际交流主题报告。朴旼善老师从信息化智能化教育、多文化的世界公民教育、艺术体育教育以及人性教育四个方面介绍了梨泰院小学的办学目标和培养目标,两校之间具有的较多相同之处让双方老师感触深刻。梨泰院的孩子们则是来到明强悦餐厅,听食堂师傅讲述饺子和馄饨的由来,并在师傅和带队老师的帮助下学包中国饺子和馄饨,最后还津津有味地品尝自己亲手包的馄饨、饺子的味道,感受中国的饮食文化。

12 月 18 日,是明强百十年校庆的首场庆典。上午的集会吸引了来自内蒙古、浙江、四川等结对学校的领导和老师,韩国梨泰院小学也参与了上午的集会活动,参与到观看视频、听校长奶奶讲故事中,虽然他们听不懂,但在整个观看和聆听的过程中,孩子们表现出良好的个人素养和艺术欣赏能力。为了祝贺明强百十年的校庆,梨泰院小学的 16 位孩子也上台表演了传统歌舞《羌羌水越来》,这种融舞蹈、游戏于一体的表演形式深深地吸引了在场的每一个人,加上孩子们整齐漂亮的民族特色服装,默契、精彩的表演,观众席上爆发出阵阵掌声。

午餐之后,梨泰院小学孩子们要离开明强结束他们一天半的访学活动,临走时,他们将休息的会议室整理得干干净净,不留一丁点儿垃圾。一天半来,梨泰院小学孩子们活泼的笑脸、开朗的笑声,张扬的个性以及做事的专注、认真,给明强人留下的难忘的印象。开展师生间的国际交流活动,这是实施"国际理解教育"的重要途径。随着时间的推移,国际理解教育课题的推进,这种交流开放还会不断涌来,明强人定会在这样的互动活动中,坚守民族情怀,吸纳多元文化,发现自己的潜能,培养全球眼光和国际视野,提升国际竞争力。

2016 年 10 月 27 日,明强小学师生应韩国梨泰院小学之邀,前往梨泰院小学进行参观、访问。梨泰院小学全体师生在学校礼堂举行了隆重的仪式,欢迎来自中国的师生。首先是校长致欢迎词环节,梨泰院小学金校长在欢迎词中,向现场全体师生介绍了两所学校合作交流的基本情况,明强小学课程教研部主任褚卓炼也向梨泰院小学师生介绍了此次应邀到访的明强小学老师和学生,并对梨泰院小学的热情接待致以答谢,随后双方互换了具有民族特点和学校文化特色的纪念礼物。随后,韩国梨泰院小学的学生为到访的明强师生表演了具有民族特色的中韩歌曲和时尚活泼的舞蹈,明强的孩子也献上具有民族特色的中华武术和反映明强丰富多彩课余生活的《企鹅舞》,并用英语向韩国梨泰院小学全体师生介绍了明强小学 110 年的发展史及学校概况、特色课程等。中韩两国师生友善的笑脸、热情的欢呼、此起彼伏的友好问候久久回荡在梨泰院小学的校园。

欢迎仪式后,大家步入校园,明强小学每一位同学都找到了自己结对的梨泰院小学小伙伴,大家手拉手开心地进入教室,体验韩国小学的课堂学习。明强小学的老师参观了梨泰院小学的校容校貌、实验室、图书室、信息技术专用室等,还进入课堂听课,并与校长和老师们就办学模式、学生发展、合作交流等相关事宜进行了友好沟通和交流。(合并段落)下午,在梨泰院师生陪同下,我们的学生来到位于学校附近的韩国国立博物馆,以了解韩国的文化历史和人文景观为目的,中韩小朋友分组进行了寻宝探秘的主题活动。回到学校后,韩国老师又指导明强学生体验炒年糕和泡菜饼等韩式美食的制作,源远流长的韩国文化留给明强人深深的记忆。

傍晚，要与梨泰院小学道别了，刚相处了一天的两国小朋友已经结下了深厚的友谊。大家心中有太多不舍，纷纷合影留念、互换纪念礼物、留下联系方式。梨泰院小学师生热情挥手，一直伴随到校门口，双方师生再次用灿烂的微笑，温暖的话语，依依惜别，共盼再度互访。

这次明强小学师生应邀赴韩开展学术交流与校际访问，既可以视作对2015 年梨泰院小学师生在明强小学百十年华诞之际，登门祝贺的一次礼节性回访；也是两校在缔结姊妹校后，双方师生开展学术交流、共推教育创新实践、增进相互理解信任的一次友好的、实质性合作；同时还是对明强小学开展"国际理解教育"课程设计与实践三年来的一次实地检验，丰实了该课题研究的相关实证性数据。这次的访问让明强对国际前沿信息技术与教育的有机融合有了深度了解，在知己知彼的前提下，让明强的信息化学校建设以及信息技术应用于教育的创新工作有了新思路。

四、海外课堂体验活动

"海外课堂"体验课程是有资质、信誉优良的第三方校外教育机构或旅行社，在受学校委托后，依据明强小学"国际理解教育"课程设计与实践研究的目标要求，为明强学生"私人定制"的一项"海外游学"活动。"海外课堂体验课程"参与者的选拔秉持公平公开自愿的原则，首先由家长以及学生根据行程安排，自主自愿报名申请，学校则根据申请情况进行综合选拔确定最终参与者。明强小学"海外课堂"开展情况具体如表4 – 3 – 4 – 1 所示。

表4 – 3 – 4 – 1　明强小学"海外课堂"带队老师汇总表

年度	国家	人数	带队老师	年度师生数
2011	澳大利亚	15	2	15/2
2012	澳大利亚	30	4	48/7
2012	美国	9	2	
	澳大利亚	9	1	

（续表）

年度	国家	人数	带队老师	年度师生数
2013	美国	24	2	57/6
	英国	9	2	
	澳大利亚	24	2	
2014	美国	31	3	61/6
	澳大利亚	30	3	
2015	英国	21	2	85/8
	澳大利亚	39	4	
	加拿大	25	2	
2016	韩国(寒假)	60	6	169/19
	澳大利亚	16	2	
	美国	27	3	
	英国	49	5	
	韩国	17	3	
2017	美国(寒假)	6	1	124/15
	韩国(寒假)	6	1	
	英国	16	2	
	英国	31	3	
	澳大利亚合唱团	45	5	
	澳大利亚普通团	15	2	
	加拿大	5	1	
开展批次	24	学生参加人次	559	带队教师人次	63

239

（一）海外课堂体验课程的实施原则

根据明强小学"国际理解教育"课程设计与实践的研究目标要求,在"海外课堂"体验课程内容设计过程中,我们融入了课程学习与文化交流相融合,校园学习与校外考察相融合,个体发展与团队协作相融合,民族情怀与文化包容相融合四大原则。

1. 课程学习与文化交流相融合

"海外课堂"体验课程首先是要给予学生丰富的海外体验课程,包括所属国的基本常识、自然生态、科学技术、传统体育以及应急事件演练等。这些课程体验活动都会涉及语言或文字的交流,真实的语言环境,迫使中国孩子只能尝试体验用英语进行沟通与表达。这样的语言体验环境,带来了课堂的学习文化与交流文化的碰撞。而且这种碰撞不仅仅局限于课堂,文化的交流与碰撞充斥在每一次师生碰面,课后、课间或休息空间的交友、交往过程中。有时,这样的文化交流与影响,更大于课程知识的学习与体验。

2. 校园学习与校外考察相融合

"海外课堂"体验不是局限于在海外姊妹学校的校内课程体验,它还将包括校外社会考察与博物馆参观课程。在短暂的国外生活中,学校不再将学生死死关在校园里做一名"读书郎",而是为他们创造更多的机会,让他们全方位接触国外社会、风土人情、异国文化,尤其是发达国家所积淀的历史文化、科学技术、绘画、雕塑、建筑艺术等的丰富资源,让他们成为在蓝天中翱翔的雏鹰。其实从广义上讲,"海外课堂"课程本身就可以理解为一个无限大的概念,因此,凡是学生感官器官所涉及的林林总总,都可以理解为是"海外课堂"体验的范畴。

3. 个体发展与团队协作相融合

"海外课堂"体验的目的既是实现每一个参与者个体的自身成长与发展,也是实现整个团队整体的成长与发展。具备团队合作能力与意识素养是未来社会对人才的基本要求之一,让每一位学生参与到包括课内学习和社会考察的"海外课堂"体验活动中,通过人际交往,拓展训练等级群体合作项目,历练学生的人际交往素质,在体验实践中帮助学生逐步形成乐意分享,踊跃参与,善于交往等品质。

4. 民族情怀与文化包容相融合

在参与"海外课堂"体验活动过程中,学生必将满目异国文化,而我们必须让学生在看到各国风土人情后,在光怪陆离中清楚地意识到自己是一个中国人,让学生在直面多元文化的碰撞中,做到不卑不亢、沉着冷静,用于迎对而非躲避,做到在理解中有机吸纳,在坚守中弘扬民族文化,乐意包容,方显民族大气。"海外课堂"不只看成是单向的学习课堂,同时"海外课堂"还是彰显民族情怀的舞台。每次行前准备中,我们都要求学生自己制作一些有鲜明地方特色及中国文化烙印的小礼品,作为广交朋友时赠送的纪念品。其中有书法、水墨画、中国结等。外教和外国学生收到我们孩子的礼物时,无不流露出难以名状的惊讶和震撼之情。

(二)海外课堂体验课程的实施流程

"海外课堂"体验课程由于是学校组织的,在组队上有很强的针对性,内容上有很强的适切性,操作与成效上有很强的可行性。并在具体的组织上也有一套基本的实施流程,如图4-3-4-1。

1. 策划设计

在课程的策划设计阶段,学校和游学机构就新学年的"海外课堂"活动进行课程和主题的商议。确定主题后,联系涉外教育机构,提出本学年"海外课堂"体验活动的基本设想与主题,确定海外课堂基地学校。在确定基地学校后,与海外课堂基地学校就项目的策划、设计、目的等相关信息进行沟通交流,以此来保证海外课堂体验活动项目最终成功实施。

2. 宣传发动

"海外课堂"体验活动的宣传包括面向班主任的宣传和面向学生的宣传。面向班主任的宣传以"召开相关中高年级班主任会议,进行新学期海

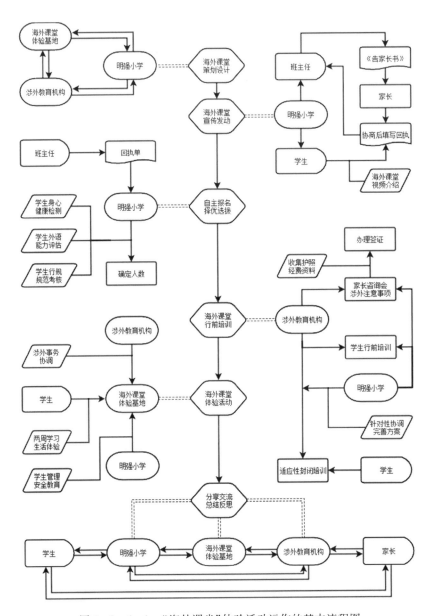

图 4-3-4-1 "海外课堂"体验活动运作的基本流程图

外课堂的相关培训"的方式进行,希望通过班主任会议,把本学期海外课堂活动方案,传达给班主任,动员班主任在海外课堂体验活动项目上主动担任家校沟通的桥梁,向家长发放新一年的"海外课堂"告家长书,并完成报名的初步把关。面向学生的宣传则是以宣讲的形式进行,通过向学生宣讲海外课堂体验活动的意义、拟推出的相关项目、具体的报名办法与程序,让学生对海外课堂体验活动的主题有个清晰的了解,同时向学生发放征询单,让学生与家长共同填写意向。

3. 择优选拔

择优选拔阶段我们需要确定具体参与"海外课堂"体验项目的学生名单。在完成高年级学生根据需求自主填写的"海外课堂"项目《回执单》与家长《征询意向单》的收集后,校方对有意参加"海外课堂"体验活动的学生有了一定的了解。在进行统计、分析,分类整合后形成各出访项目的意向参与人员名单。随即对有意参加的学生进行选拔测试,在考虑疾病和安全及初步的外语沟通能力的基础上,择优录取,确定参与人员名单。

4. 行前培训

行前培训主要以由涉外教育机构和学校联合召开"海外课堂"家长说明会的方式展开。培训会上,校方正式向家长宣传汇报学校几年来开设海外课堂体验活动的基本情况及实际成效;涉外教育机构则负责作相关产品的介绍与行程安排,向家长告知包括经费、签证以及必须告知的涉外注意事项等问题。在说明会结束后,我校还会举办收集护照或申办护照、签证、家长咨询等系列活动,活动结束后,学校将针对家长咨询中掌握的具体情况与涉外教育机构进行针对性的协调,以解决家长的相关建议事项,进一步完善形成方案。

5. 海外课堂

实施两周或三周的"海外课堂"体验活动。

6. 交流反思

"海外课程"体验活动结束后,校方和涉外教育机构召开研讨会,针对活动的开展情况，积极进行交流与反思，总结经验，并提出重建建议，努力做好"海外课堂"体验活动的后续教育效应。同时，向海外课堂基地学校提供反馈信息，甚至邀请"海外课堂基地学校"相关负责人直接来校参与"海外课堂"体验活动的交流与沟通。除此之外，校方还为师生提供了交流体验感受的平台，在新学年"开学第一课"的全校直播中，我们专门安排了暑假学生的"海外课堂"体验活动分享环节。

（三）海外课堂体验课程的实施菜单

至 2017 年止，明强小学已经形成了"美国名校与博物馆课程""澳大利亚海洋生物环保课程""英国 Elac 国际夏令营课程""加拿大与星空对话和小动物交友课程""韩国古今文化、魅力野营、炫动首尔课程"5 个国家的"海外课堂"体验活动菜单。

1."美国名校与博物馆课程"

"美国名校与博物馆课程"旨在寻访美国多所名校，通过与名校学生进行面对面的互动交流，帮助学生开阔眼界，增长见识；通过让学生带着任务，深度探索当地博物馆，促进学生自主学习意识的增强，帮助学生形成正确的人生观和世界观；通过畅游当地风景名胜，让学生体验美式成长生活，感悟中西文化差异，构筑小小心灵的伟大梦想。其课程特色为：

——踏入排行榜顶端的大学校园。课程通过让学生参访哈佛、耶鲁、麻省理工、西点军校等美国名校，浅尝美国名校校园生活，品味名校浓郁的学习氛围，让这些顶尖名校从一个名字，具体到一个画面，一场身临其境的震撼。

——加深历史、自然和人文感知，游美知名博物馆。课程将安排学生到美国自然历史博物馆和航空博物馆双馆进行深度探访，在博物馆专业讲解人员的带领下，近距离观察各种场馆展品，以完成任务的形式，展开饶有趣味的探索活动。

——全面游历"美国大不同"。课程将带领学生横贯美国东西海岸，享受迪斯尼乐园和好莱坞影城的纵情狂欢;在东海岸从熙熙攘攘的纽约窥视美国的繁华与规划,深入探索世界最大华盛顿史密斯松奈博物馆群。

——跳脱课堂,在生活中学习英语。课程将带领学生一起到世界上最激动人心的城市,在学习语言的同时探索文化。随着中国学生语言能力的提高,我们的海外课程英语锻炼将延伸到更多的生活领域。事实证明,较之传统英语课堂,学生在赴美的海外课堂过程中,更能真正了解英语。

——全程老师陪同照顾,让家长没有后顾之忧。课程开展期间,我们将配备带队老师全程监管团队行进情况,实时网络更新报道,同时全程影像跟踪记录——见证学生终生难忘的青葱岁月与记忆……

2."澳大利亚海洋生物环保课程"

"澳大利亚海洋生物环保课程"以混班进入结对的姊妹学校——约翰保罗当地学生课堂的形式,通过浸润式的学习,了解海洋生物课程、动植物课程、澳洲人文地理课程等特色课程,与姊妹校学生共同学习体验;通过面对面的互动交流,帮助学生开阔眼界,增长见识,了解澳洲,走近澳洲;通过入住寄宿家庭,帮助学生了解澳洲本土国民的生活习惯及风俗;通过带领学生进入野营基地探索大自然,帮助学生了解热带雨林,聆听大自然的声音;通过伙伴合作搭建丛林避难所,让学生学习丛林生存技能;通过畅游当地风景名胜,让学生体验当地人的悠闲,浪漫的气息,感悟中西文化差异。其包含一系列特色课程:

——学校混班课程。中国学生的暑期正值澳大利亚学生的开学季,约翰保罗学校特意为明强小学的学生安排了部分混班课程,让明强小学的同学们有机会与当地学生一起上课,共同探讨研究课题,汇报课题成果,充分体验纯正的西方教育风格。

——特色英语课程。为了全方面提高明强小学孩子的英语水平,约翰保罗学校的教师将给明强孩子教授 ESL(English as a Second Language ESL 课程是为将英语作为第二语言的学生而设计)课程。课程主题包含:澳大利亚人文、地理、历史、动植物等。

——课题探讨课程。为了全方面提高孩子的英语表达能力、信息检索和团队合作能力,双方学校将设立以当下社会关心问题的主题探讨课程,课程主题内容包含:气候、环境、水资源、环保等。在课题探讨课程中,明强的学生将和约翰保罗学校学生共同完成对课题进行定题、信息收集、论证和下结论等步骤,对课题进行深层次的挖掘。

——野营拓展课程。大自然是最好的启蒙老师,此课程旨在将地球与生俱来的美展露在孩子面前,带着他们去探索、去发现这个世界。澳大利亚的自然环境得天独厚,野营活动风靡澳洲家庭。学生将居住在原始的热带雨林木屋中,在参加丰富多彩丛林探险活动的过程中,学习各项野外生存技能,培养的团队精神和合作能力。

——文化体验课程。此课程将带领学生参访悉尼大学、远眺悉尼歌剧院、游览皇家植物园,漫步于黄金海岸,在海洋世界看北极熊、在天堂农庄与考拉和袋鼠合影,在电影世界探索电影的奥秘。

学习语言最好的方式就是融入当地居民的生活。"海外课堂"体验活动期间学生入住当地家庭,不仅有利于提高英语水平,更能深入感受澳洲家庭文化,同时也锻炼了学生独立生活的能力。

3. "英国 Elac 国际夏令营课程"(哈利波特魔法之旅)

"英国 Elac 国际夏令营课程"旨在让每个学生都可以参与到英式班级互动式教育中,提升学生英语学习的兴趣和运用语言的能力,让明强孩子感受一名贵族学校的国际小留学生的上课体验,其课程特色为:

——正统英式教育,体验国际课堂。

——文体结合,丰富多彩的课余生活。Elac 一流的户外设施和得天独厚自然环境,为学生提供了参加丰富的体育运动、户外活动的良好条件。孩子可以根据自己的喜好在专业体育学院教练的带领下参加各种体育活动,例如网球、足球、排球、游泳等等。课余时间,Elac 还会组织安排丰富的课余活动,达人秀、迪斯科舞会、竞猜、探宝、侦探、烧烤、卡拉 ok 等等丰富的活动内容,让每位学生都有机会参与其中,甚至有的学生还将有机会赢得奖品。

——哈利波特主题夏令营。营地学校本身就是《哈利波特》拍摄地，除此之外，在牛津大学、伦敦市区等地区还有很多哈利波特的拍摄地，在到达这些拍摄地时，孩子们一眼就能认出这是哈利波特的拍摄点，兴奋异常。夏令营还安排参观哈利波特电影主题博物馆，让孩子在这里体验魔法的魅力。

——感受英伦气息。参与课程的学生将有机会拜访伦敦桥、伦敦眼、大英博物馆、白金汉宫等伦敦著名的景点，体验伦敦地铁、双层巴士、泰晤士游船，共同感受浓浓英伦气息；参观牛津大学、剑桥大学，感受世界名校；游览牛津街、皮卡迪里广场，一睹购物天堂的风采；走访布莱顿美丽的海滨、伊斯特本鸟瞰英吉利海峡、朴次茅斯军港等英格兰南部城市，体会英格兰的独特魅力。

4."加拿大与星空对话和小动物交友课程"

"加拿大与星空对话和小动物交友课程"旨在寓教于乐，为非英语国家的学生提供一个短期学习英语的良好语言环境。让学生在数周的异国生活中初步了解加拿大学校的教学模式与方法、体会加拿大社会的风土人情和美丽加拿大风光，改变听、说能力不强的"哑巴英语"状况，提升学生的生活和交往能力，其课程特色为：

——小班化教学。每班仅有 15～20 名学生，每班均配备一位班主任，学习和活动中始终伴随着学生，同时中方学校还将派出教师参与管理。在外出活动配备时还将配备更多工作人员陪同，确保学生安全。参与课程体验的学生将寄宿当地人家庭，购买加拿大的医疗保险、意外伤害保险。

——ESL 英语学习。ESL 是专门针对非英语国家学生进行的英语教学。PRESL 学校的教师都是经过 ESL 教学培训且为当地公立学校的老师，他们将按照各国学生的特点安排教学内容，以学用结合的方式编写适合各年龄段学生的教材。加拿大教师按每位学生的特点对其加以辅导，激发起学生学习英语的兴趣，学习结束将给学生分发证书予以留念。

——寄宿家庭。学生将作为一名家庭的"临时成员"被安排在当地居民家中住宿,称为 Homestay,目的是在学校以外时间继续为学生营造一个语言氛围,培养学生的生活自理能力和人际交往能力。寄宿家庭是经过严格挑选后确定的,入选的首要条件是家庭成员无任何不良记录,其次是家庭生活条件和家庭人员状况良好,能够照顾好学生,家庭日常用语为英文。根据学生和家庭的具体情况,安排 2～4 名学生住一户家庭,每名学生都可以在出发前 2 周左右从 PRESL 网上了解到自己寄宿家庭的情况。学生往返学校由寄宿家庭接送,洗衣等家务也由寄宿家庭承担。

——野营生活。学校安排学生在温哥华地区著名景点游览,游览期间学生将参加 2 天非常有趣的野营生活,野营地在温哥华岛上,白天学生跟随老师外出活动,在营地就餐,晚上学生住在自己搭建的帐篷中,不仅可以观赏漫天的星星,还能接受营地附近的野生小动物的"探望"。

5."韩国古今文化、魅力野营、炫动首尔课程"

"韩国古今文化、魅力野营、炫动首尔课程"旨在让学生在趣味活动中体验韩国文化之精华,感受韩国活力;在中韩博物馆的比较中体验两国文化的异同;在英语村中与世界各地的孩子共同快乐学习,感悟学好英语的价值和意义,提高提高国际交流能力,其课程特色为:

——触摸首尔,深入韩国文化。我们将通过让孩子参与中韩政治、自然环境的知识竞猜题或讲解(英中文混用),俯瞰现代化首尔发展全景及韩剧拍摄地,体验韩流的中心地带——明洞和乐天百货等活动,带领孩子感受韩国活力,体会中韩文化差异。

——贯穿民俗,体验生动文化及生活方式。我们的课程将包括学习韩国礼仪,"健康的思想给予健康的身体",体会韩国传统民俗,观览韩国文化等环节。在学习韩国礼仪环节,我们将带领学生穿着韩服,学习韩国行大礼、行礼、倒茶礼仪、同长辈说话礼仪、坐姿礼仪等礼仪;在"健康的思想基于健康的身体"环节,我们将带领学生体验儒生锻炼时所用的朝鲜弓箭;在体会韩国传统民俗环节,我们将带领学生试吃传统民俗美食、了解农家及村落构造并感受韩国先辈的生活智慧;在观览韩国文化环节我们将带领学生体验农乐、绳技、马上武艺、国乐街舞以及韩国的传统婚礼。

——进驻英语村,体验动感课程。课程还将模拟美国入境手续全过程,根据入村审核和等级测试来进行。课程内容涉及历史、地理、天文、生物、音乐、体育,课程安排具体包括,让学生用已学到的词汇练习口语,提高开口能力;让学生在对应场所完成其任务;同外教一起完成各种活动等。在外教老师的带领下,同学们通过寻宝、任务竞赛、制作模型、蛋糕、泡菜等体验式学习,在了解有关自然环境保护知识、了解宇宙奥秘的同时懂得了韩国餐饮礼仪。

——拥抱大自然,挑战自我潜力。我们的课程分为冬季课程和夏季课程。冬季课程主要是滑雪课程,滑雪课程的难度逐步递增,先让孩子尝试入门滑雪道,随即转为初级滑雪道,接着再挑战中级滑雪道,滑雪要求孩子有不畏摔跤的勇敢,不怕摔倒才能激活潜能。在教练的专业指导和学生们的努力下,参与课程的学生都学会了滑雪。夏季课程的主要内容为野外生存体验。这一课程要求学生投入大自然,历练学生的野外生存能力。届时我们将安排 BBQ party,篝火晚会等活动,参与课程的学生分组搭建帐篷,晚上大家就住在自己搭建的帐篷里。活动结束后,每个人都将记录自己第一次夜宿旷野的真实感受。

第五章　聚焦新素养：推进多元立体的评价

　　走向21世纪的中国教育必须有超前的文化意识。所谓"超前"，是指学校不但要承担传递人类已有文化的使命，还要承担构建为未来社会培养新人的新型文化使命。当人类社会出现了"教育在历史上第一次为一个尚未存在的社会培养着新人"的现象，当中国社会进入了社会主义现代化建设的转型时期，"超前"的文化意识问题就不可避免地摆在中国学校，尤其是承担基础教育的中小学面前。

——叶　澜①

第一节　评价理念与指标

　　以"坚守与吸纳"为理念的小学生国际理解教育课程设计与实践，旨在激发学生的民族主体文化认同感，引导学生更好理解世界各国文化的多元性；增强学生的全球意识，提高学生跨文化的沟通能力：引导学生学会相互尊重、和平共处和友好合作；培养学生关心人类共同发展的情操，形成正确的世界观、价值观和人生观，担负起一名"地球公民"的责任和义务。

　　实施多元立体的评价，可以帮助我们以独特的国际视野与全球眼光检验师生在熟悉国际规则、坚守民族情怀、树立科学精神，积淀人文内涵等四

① 叶澜.世纪之交中国学校教育的文化使命[J].教育改革，1996，(05)：1-7.

个方面的行为表现,为达成培养"新时代小公民"的国际理解教育课程目标,奠定以评促教的评价方式。

一、评价理念

我们认为,教育评价是指基于特定教育目的,围绕一定教育目标,通过科学的程序对已经完成或正在进行的教育与学习进行检测,找出反映教育与学习的质量或成果的水平的资料或数据,从而对教育与学习的质量或成果的水平做出合理的判断。

以"坚守与吸纳"为核心的"国际理解教育"评价,就是基于"培养有国际视野与全球眼光的,具有应对未来社会挑战准备意识的'新时代小公民'"的教育目的,围绕"规则礼仪明、民族精神强、科学素质高、人文素养好"的教育目标,通过科学的程序对师生正在从事的以"坚守与吸纳"为理念的国际理解教育课程的教与学的行为进行检测,获取相关资料或数据,从而对国际理解教育课程的教与学的质量与成果做出合理的价值判断。

基于上述认识,我们认为"坚守与吸纳"为核心的国际理解教育的基本评价理念为:

(一)"基于学生发展"的评价理念

基于学生发展的理念体现在不仅要按照课程目标、课程内容的体系进行有序的学科渗透、专题教育和主题活动,完成知识、技能等课程育人目标,同时要从未来社会对学生全面综合发展的需要出发,注重学生核心素养目标的形成。具体到"国际理解教育"课程设计与实践中,就是要认真地研究并有效落实"国际理解教育"的新内涵,以全球化时代对未来人才应当具备的核心素养的要求作为学生发展的基本参照。

2016年6月,世界教育创新峰会(WISE)与北师大中国教育创新研究院合作,发布全球首份基于24个国家、5个国际组织的21世纪核心素养报告——《面向未来：21 世纪核心素养教育的全球经验》。报告提出了全球最关注的七大素养，即沟通与合作素养、信息素养、创造性与问题解决素养、自我认识与自我调控素养、学会学习与终身学习素养、批判性思维素养、公民责任与社会参与素养；并得出了信息时代对信息素养有高度诉求以及 STEM/STEAM 教育与创客教育是未来教育热点等重要研究结果。同时，该报告还呈现了各国丰富的实践案例，值得所有教育者深入学习。

（二）"促进教师成长"的评价理念

叶澜教授说过："没有教师的生命质量的提升，就很难有高的教育质量；没有教师的精神解放，就没有学生的精神解放；没有教师的主动发展，就很难有学生的主动发展；没有教师的教育创造，就很难有学生的创造精神。""教师绝不是照亮别人却毁灭自己的蜡烛，而是在照亮别人时也照亮自己前进道路的火炬——教师从职业中体验创造性工作所带来得充实与幸福，获取人生价值的永存和人格的升华。"

实施"国际理解教育"对于小学教师来讲，俨然是一个新课题。因为有关"国际理解教育"的概念、任务、内涵等，在教师的职前及其职后的学习与培训过程中都少有涉及或到目前为止根本就没有涉及。因此，要有计划地组织教师进行"国际理解教育"的校本化培训，即通过专家引领、外出考察、境外研修、参加国际理解教育及中外教育领域高峰论坛研讨会等多种形式，组织教师学习相关理论，促进思考研究，加强经验分享，不断提高本校教师开展"国际理解教育"的知识素养、基本能力和教学艺术。

据此，评价正可以推进教师在这一方面的成长和发展，同时评价的重点不在于鉴定教师实施"国际理解教育"的结果，而是通过听课、调研与反馈等诊断教师在"国际理解教育"课程过程中存在的问题和不足，以此来促进教师的反思重建，满足教师个人发展需求，让每一位教师都能智慧幸福的工作。

（三）"重视以学论教"的评价理念

"以学论教"以学生的发展为本，旨在落实学生的主体地位。必须对传统的课堂教学评价模式进行改革，要体现以学生的"学"来评价教师的"教"。强调以学生在课堂学习中呈现的状态为参照来评价课堂教学的质量。主要从学生的情绪状态、注意状态、参与状态、交往状态、思维状态、生成状态六个方面为参考，来评价教师教学质量高低。

（1）情绪状态：学生是否具有浓厚的兴趣以及对学习是否具有好奇心和求知欲；学生是否能长时间保持兴趣并对学习情绪进行自我调节和控制；学生学习的过程是否愉悦；学习愿望是否不断得以增强。

（2）注意状态：学生是否始终关注讨论的主要问题，并能保持较长的注意力；学生的目光是否始终追随发言者（教师或学生）的一举一动；学生的倾听是否全神贯注，回答是否具有针对性。

（3）参与状态：学生是否全员参与学习活动；学生是否积极主动地投入思考并踊跃发言，兴致勃勃地参与讨论和发言；学生是否自觉地进行练习。

（4）交往状态：课堂气氛是否民主、和谐、活跃；学生在学习过程中能否友好分工与合作；学生是否能虚心地听取他人的意见、尊重他人的发言；遇到困难时，学生能否主动与他人交流、合作，共同解决问题。

（5）思维状态：学生是否围绕讨论的问题积极思考、踊跃发言；学生回答问题的语言是否流畅、有条理，是否善于用自己的语言阐述自己的观点；学生是否敢于质疑，提出有价值的问题并展开讨论；学生的回答或见解是否有自己的思考或创意。

（6）生成状态：学生是否掌握应学的知识，是否全面完成了学习目标；学生的学习能力、实践能力和创新能力是否得到增强；学生是否产生了满足、成功和喜悦等积极的心理体验；学生是否对未来的学习充满了信心。

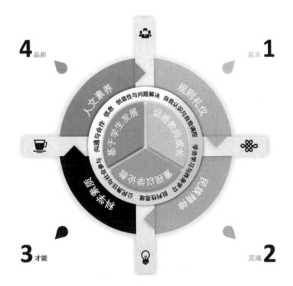

图 5 - 1 - 1 - 1　国际理解教育评价的基本理念及其培养目标关系图

二、评价体系

围绕"坚守与吸纳"小学生国际理解教育课程，以培养具有国际视野和全球眼光、知晓规则礼仪、怀揣民族精神、具备科学素质、富有人文素养的新时代小公民为目标，我们确立了评价视角多变化、评价标准多元化、评价内容多样化、评价主体多方化、评价方式多角化、评价过程多维化的"国际理解教育"评价体系，以促进"让每一个学生主动健康成长"。

（一）评价视角多变化①

学生的成长发展是动态生长的过程，对学生的评价也需要关注评价对象的这一特点，用发展的、多变的视角去开展评价。只有在学生生命成长的

①　马勇琼.构建符合新课程的学生评价体系，促进学生个体发展[J].玉林师范学院学报（哲学社会科学），2006,27(1):163-165,175.

过程中及时地给予评价和反馈,才能落实基于学生成长的评价理念。因此,"国际理解教育"的评价体系强调收集并保存能够体现学生发展状况的、不断变化的资料与数据,通过对这些资料和数据的呈现和分析,形成对学生发展变化的认识,并在此基础上针对学生的优势和现有的不足给予相对应的激励或有针对性的改进建议。可见,评价必须注重对学生学习和发展过程动态性的关注,重视学生生命成长过程中的点滴进步和变化,及时给予学生有效的评价和反馈,使学生能够了解自己的进步和发展空间,从而增强信心,做更好的自己。

(二)评价标准多元化

以加德纳的"多元智能理论"为指导,建立多元化的评价标准体系。不仅以加德纳的七种相对独立的智力为参考标准,同时从动态发展的视角出发,探索适合学生个性化成长发展的其他评价标准,尝试建立有利于每个学生发展的个性化评价体系,让每个学生在不同的发展领域获得各自的成长体验。评价的标准要尊重学生个体发展的差异性和独特性,既要体现对多数学生的普遍要求,也要关注学生个体的差异以及发展的不同需求,促进其在原有水平上的提高和发展,提高学生的综合素质,在综合评价的基础上提倡评价指标的多元化,以适应社会对多样化人才的需求。

(三)评价内容多样化

"国际理解教育"评价的内容是其课程育人目标的具体体现,反映了具有"国际理解教育"特征的教育观、质量观和人才观。不仅让"国际理解教育"的育人目标实现为未来社会培养合格的"新时代小公民",同时还要使每一个学生成为有能力追求主动、健康、幸福成长的个体。因此,在"国际理解教育"课程目标中,不但包括三维目标,还要重视和关注北师大提出的4C(创造、批判、合作、沟通)核心素养,和全球首份21世纪核心素养报告提倡出的七大(沟通与合作、信息、创造性与问题解决、自我认识与自我调控、学会学习与终身学习、批判性思维、公民责任与社会参与)核心素养的发展。

(四) 评价主体多方化

"国际理解教育"评价倡导评价主体的多元化,实施多主体评价,不仅由学生进行自评和互评,同时倾听家长和社会对"国际理解教育"活动的评价和呼声,使评价成为管理者、教师、学生和家长共同积极参与的交互活动。首先是学生的自我评价,提高了学生的学习积极性和主动性,更重要的是自我评价促进了学生对自己学习的反思,使学生成为自律学习者,有助于培养其自主性和独立性,提升自我成长能力。其次是学生互评,也是学生之间相互学习、交流,取长补短的过程,在沟通与协商中,增进对班级同学的了解和对学习内容的深度理解,易于形成积极、友好、平等和民主的评价关系,这不仅有助于教师在评价进程中有效地对学生的发展过程进行监控和指导,也有助于学生接纳和认同评价结果,促进其不断改进,获得新的发展。最后要让家长参与到学生评价中来,不仅使得家长对孩子的学习有更多的了解,也让家长对学校的评价改革、学科的育人目标获得深刻的了解和体验,教师也能从家长那里得到更多有关学生学习的信息,促进家校合作,有利于创设良好的学生成长的环境氛围。

(五) 评价方法多角化

"国际理解教育"更多的是学科间相关内容的渗透与整合,这就要求评价的方法要采用多种形式,除传统的纸笔测验外,更要重视采用开放式的评价方法,如课堂学习行为观察、访谈评价、问卷评价、作业检查、学习日记、低年级表现性评价、海外课堂与中外文化体验活动的实地观察、电子成长档案、读书小港湾记录等。各种评价方法都有其优缺点,都有其适用的范围。因此学生评价的方法要兼顾多样化,以质的评价统整,与量的评价结合,形成多元的评价方法,通过不同的形式在学生生命成长的各个环节给予关注,将有利于更清晰、更准确、更全面地描述学生发展成长的状况,真正落实评价促进学生个体发展的作用。

(六) 评价过程多维化

"国际理解教育"评价的主要目的是基于学生成长需求,促进学生主动全面地发展,因此我们应该注重多维度的评价过程,而不仅仅是评价的结果,要将终结性评价与过程性评价有机结合起来,将知识性评价与表现性评价有机结合起来,将课内文化学习与课外实践体验有机结合起来,将学生的文本世界与生活世界有机结合起来。要促使评价项目生活化、现实化,使评价过程长期化、动态化。不仅从横向更要从纵向上对学生进行评价,因为每个学生都有自己的优点和不足,我们要看到每位学生与自己过去相比的进步之处,而不能只强调学生之间的横向比较,更不应该用同一标准来评价每一个学生。

总之,"国际理解教育"评价体系旨在发挥评价具有的诊断功能、导向功能、发展功能及管理功能,通过对评价资料和数据分析了解情况,找出差距,发现问题,调控方向,促进发展。

三、评价指标

"国际理解教育"的评价是为了考察以"坚守与吸纳"为理念的国际理解教育课程的设计与实践能否满足师生的生命成长需要,并对这一研究的现实或潜在的价值做出判断,从而达到研究价值增值的目的。要完成这种价值判断并实现价值增值,就需要制定一个合适的价值标准。为此,我们将"坚守与吸纳"为理念的"国际理解教育"四项课程育人目标(规则礼仪,民族精神,科学素质,人文素养)设为一级指标,并基于这四项一级指标研制了二十四项二级指标和四十九条评价细则具体内容见下表:

表 5-1-3-1 国际理解教育评价指标

一级指标	二级指标	评价内容		需努力	合格	良好	优	说明
		低年级	中高年级					
I 规则礼仪	I-I 基本礼规	1. 背出《三字礼》,能了解并正确理解其中每一句的含义	1. 熟背《三字礼》,正确理解每句话内涵实质,并自觉落实于行动,争做礼仪小标兵					《护照》式测评记录:《一日行三字礼》;
	I-II 尊老爱幼	1. 在校尊敬老师、友爱同伴,进出校门,主动问好	1. 在校尊敬所有遇见之人,主动行礼、遇到客人主动招呼、微笑并学会谦让					
		2. 在家尊敬长辈、爱护弟妹,出门回家,主动打招呼	2. 在家尊敬长辈、爱护弟,主动关心长辈,学会替长辈分担适当的家务					
	I-III 诚信守纪	1. 说到的事情要做到,作业按时完成,言而有信	1. 说到的事情要做到,作业按时有质量地完成,言而有信					自评及同伴互评;
		2. 上课认真倾听,大胆发言,主动学习	2. 上课认真倾听,踊跃发言,主动提问,解答					"成长四季"实践活动考查;
		3. 准时上学,积极健身,健康身心	3. 准时上学,积极健身,身心健康					

（续表）

一级指标	二级指标	评价内容		需努力	合格	良好	优	说明
		低年级	中高年级					
I 规则礼仪	I-Ⅳ 谦和平等	1. 倾听别人讲话时不随意插话或打断别人讲话	1. 倾听别人讲话时不随意插话或打断别人讲话					班主任及任课老师评价； 家长与学生问卷调查
		2. 与人交谈时,微笑着注视对方	2. 与人交谈时,微笑着注视对方,大方得体					
	I-Ⅴ 文化理解	1. 知晓藏族、蒙古族、维吾尔族、傣族、朝鲜族等中的3个民族的风俗习惯	1. 知晓藏族、蒙古族、维吾尔族、傣族、朝鲜族等中的5个民族的风俗习惯					
		2. 知晓美国、英国、加拿大、澳大利亚、韩国中的3个国家人民的风俗习惯	2. 知晓美国、英国、加拿大、澳大利亚、韩国中的5个国家人民的风俗习惯					
		3. 在家长的帮助下制作一张国际文化节的电子小报	3. 独立制作一张国际文化节的电子小报					
	I-Ⅵ 遵守及自律	1. 课间文明休息、走路轻慢,营造校园安静氛围	1. 课间文明休息、营造校园安静氛围,有序参加微社团活动					
		2. 主动劝阻其他同学的不文明休息行为	2. 主动劝阻其他同学的不文明休息行为					

（续表）

一级指标	二级指标	评价内容		需努力	合格	良好	优	说明
		低年级	中高年级					
Ⅱ 民族精神	Ⅱ-Ⅰ 经典阅读	背出论语 3 条、道德经 3 条、唐诗 10 首	背出论语 5 条、道德经 5 条、唐诗 15 首、宋词各 5 首					《护照》式测评记录："成长四季"实践活动考查； 查阅《书香小港湾》记录本； 自评与同伴互评；
	Ⅱ-Ⅱ 民族艺术	1. 知晓民乐、民族舞蹈、民歌、国画、书法、剪纸	1. 鉴赏民乐、民族舞蹈、民歌、国画、书法、剪纸					
		2. 关注、爱好其中一样	2. 在爱好的基础上擅长其中一门或几门					
	Ⅱ-Ⅲ 古镇探秘	1. 知晓七个宝的传说与典故	1. 知晓古镇的今昔演变与发展,在班会及小队中交流					
		2. 知晓古镇的 3 个饮食特色	2. 知晓古镇的 2 个建筑特点、3 个民俗文化					
		3. 知晓古镇的 2 个民间艺术场馆	3. 知晓古镇的所有民间艺术与收藏场馆					
	Ⅱ-Ⅳ 历史人物	1. 能讲古今华夏名人故事 3 个	1. 能讲古今华夏名人故事 5 个					
		2. 说出对中国和世界文明作出杰出贡献的人物 3 个	2. 说出对中国和世界文明作出杰出贡献的人物 5 个					
	Ⅱ-Ⅴ 民族品牌	1. 说出曾经或现在国际上处于尖端领域的中国产业品牌、发明 3 个	1. 说出曾经或现在国际上处于尖端领域的中国产业品牌、发明 5 个					
	Ⅱ-Ⅵ 传统节日	1. 说出 5 个以上民族传统节日及风俗习惯	1. 说出 10 个以上民族传统节日的出处及风俗习惯					

（续表）

一级指标	二级指标	评价内容		需努力	合格	良好	优	说明
		低年级	中高年级					
Ⅲ 科学素质	Ⅲ-Ⅰ 热爱科学	1. 搜集并了解不少于 3 个古今中外科学家、发明家的故事	1. 搜集并了解不少于 5 个古今中外科学家、发明家的故事					《护照》式测评记录："成长四季"实践活动考查； 自评与同伴互评； 班级内部评奖、年级组评奖、校级评奖
		2. 激发小发明、小创造的灵感,改动 1 件学习工具	2. 激发小发明、小创造的灵感 1 件					
		3. 在家长及老师的协助下能够主动学习运用信息技术收集、整理信息	3. 能够与他人联合,运用信息技术熟练收集、分析、统合信息,					
	Ⅲ-Ⅱ 科技节	1. 积极参加或参与学校指定的"科技节"活动	1. 积极主动参加或参与学校指定的"科技节"活动					
		2. 在家长的帮助下制作一件科技小制作	2. 独立制作一件有创意、有价值的科技小制作作品					
		3. 积极参加班级内的科技活动	3. 积极主动地参加校级以上各级科技创新竞赛活动					
	Ⅲ-Ⅲ 小小爱迪生	1. 积极收看"小小爱迪生"微课	1. 主动为"小小爱迪生"微课投稿					
		2. 在家长的帮助下开展家庭小实验活动	2. 在家长的监护下独立开展家庭小实验活动					
		3. 遇到问题积极思考,能在老师、家长的适当帮助,开展小调查、小实验活动,想法解决问题	3. 遇到问题独立积极思考,能通过访问、调查、实验等方法解决问题					

（续表）

一级指标	二级指标	评价内容		需努力	合格	良好	优	说明
		低年级	中高年级					
Ⅲ 科学素质	Ⅲ－Ⅳ 生态保护	1.爱护校园及班级的一花一草	1.养护与管理校园、班级包括家庭里的一花一草					
		2.爱护与保护生态环境,从自身做起,拒绝鱼翅、象牙等濒危动植物制品,做绿色和平小使者	2.爱护与保护自燃生态环境,从自身做起,节能环保,拒绝鱼翅、象牙等濒危动植物制品,做绿色和平小使者					
	Ⅲ－Ⅴ 科技动态	1.每学期至少读1本科学类书籍	1.每学期至少读1本科学类书籍,培养细心观察周围生活的习惯,感受科学改变生活的细微变化					
		2.培养细心观察周围世界的习惯,感受科学改变生活的细微变化	2.主动对感兴趣的事物开展研究,会撰写研究小论文					
		3.能从大信息量中关注科技信息	3.关注世界科技发展的新动向,了解当年科技领域重大事件并主动探求未知					
	Ⅲ－Ⅵ 科学精神	1.具有挑战权威的意识,能大胆地提出自己的见解和主张	1.具有挑战权威的勇气,并能大胆地提出自己独到的见解和主张					
		2.主动对感兴趣的事物开展研究,会用照片记录研究过程	2.主动对感兴趣的事物开展研究,会将研究经过撰写成研究小论文					

（续表）

一级指标	二级指标	评价内容		需努力	合格	良好	优	说明
		低年级	中高年级					
Ⅳ 人文素养	Ⅰ-Ⅰ 合作意识	1. 在小组中明确自己的角色,乐于接受自己的任务,并尽力完成	1. 在小组中明确自己的角色,乐于接受自己的任务,并尽力完成					《护照》式测评记录:日常班班主任记录及任课老师评价;
		2. 主动和同伴一起完成任务,尊重、接受同伴提出的建议与意见	2. 能够合理分工,主动和同伴一起完成任务,尊重、接受同伴提出的建议与意见					
		3. 学会欣赏,学习伙伴的优点,对于合作伙伴取得成绩及时给予赞扬	3. 学会欣赏,积极学习伙伴的优点,对于合作伙伴取得成绩及时给予赞扬					"成长四季"实践活动考查;
		4. 乐于与合作伙伴交流沟通,发表自己的见解	4. 乐于与合作伙伴交流沟通,大胆发表自己的见解,敢于提出不同的意见					
		5. 在活动过程中能帮助同伴完成任务,自己遇到困难时能主动向同伴寻求帮助	5. 在活动过程中能帮助同伴完成任务,自己遇到困难时能主动向同伴寻求帮助					

（续表）

一级指标	二级指标	评价内容		需努力	合格	良好	优	说明
		低年级	中高年级					
Ⅳ 人文素养	Ⅰ-Ⅱ 公益慈善	1. 积极参加校内红领巾献爱心活动和校外各种公益活动	1. 积极主动参加校内红领巾献爱心活动和校外各种公益活动					志愿者活动记录;
		2. 担任礼仪执勤员和志愿者,回报社会,奉献爱心	2. 主动要求担任礼仪执勤员和志愿者,回报社会,奉献爱心					
	Ⅰ-Ⅲ 文化修养	1. 对自己负责,懂得管理,自己的事情自己做	1. 对自己负责,学会管理,自己的事情自己做					家长及学生问卷调查;
		2. 对他人负责,懂得约束,主动寻找自身问题	2. 对他人负责,学会约束,主动寻找自身问题					
		3. 对集体负责,懂得团结,有集体荣誉感,为集体争光添彩	3. 对集体负责,学会团结,有集体荣誉感,为集体增光添彩					
		4. 对家庭负责,懂得孝敬。听从父母、长辈教导,外出回家主动打招呼	4. 对家庭负责,学会孝敬。听从父母、长辈教导,外出回家主动打招呼					
		5. 对自然负责,懂得呵护。从我做起爱护花草、树木、庄稼	5. 对自然负责,学会呵护。爱护花草、树木、庄稼,从我做起,根治白色污染					班队活动考查;
		6. 对社会负责,懂得报答。真诚地去关心每一个人	6. 对社会负责,学会报答。心存感激,真诚地去关心每一个人					

（续表）

一级指标	二级指标	评价内容		需努力	合格	良好	优	说明
		低年级	中高年级					
Ⅳ 人文素养	Ⅰ-Ⅳ 岗位服务	1. 明确自己的班级小岗位工作,并认真做好	1. 积极担任班级以上小岗位工作,主动认真完成					
		2. 懂得关心帮助有困难的同伴	2. 主动关心帮助有困难的同学					
		3. 能承担班集体的服务工作	3. 主动承担学校执周、护绿、保洁等义务服务工作					
	Ⅰ-Ⅴ 国际理解	1. 主动了解国内外热点、大事,熟悉"世界和平日"、"国际和平年"的来历	1. 主动了解国内外热点、大事,熟悉"世界和平日"、"国际和平年"的来历,以及世界各国与之相关的特色活动					
	Ⅰ-Ⅵ 崇尚英雄	1. 查找有关资料,学习为和平事业做贡献的人物及其事迹,能够宣讲1-2个感人故事	1. 查找有关资料,学习为和平事业做贡献的人物及其事迹,能够宣讲2-3个感人故事					

第二节　评价原则与方法

将过程性和终结性评价相结合,探索建立基于市"绿色指标"、"课程标准"以及区"电子成长档案"的校本化"国际理解教育"课程评价指标体系。

一、评价原则

（一）系统性原则

主要是厘清四项一级指标之间的逻辑关系。以"坚守与吸纳"为理念的"国际理解教育"是一个起于"基本"成于"品质"，而又随年级逐步上升所呈现的一种螺旋式上升的逻辑系统。

1. 基本：规则礼仪

无论作为一个自然人还是社会人，我们认为，知晓礼仪规则、学会待人接物，是最为基本的、首要的、必不可少的生存能力。然而，这种最基本的要求，却被许多家庭和社会机构所忽视。现在之所以还没有因此而产生很大的问题，很大一部分原因与其家庭其他成员的照应有关，即孩子自身应该知晓的"规则礼仪"现在都由大人在前面打理着。实际上，许多孩子在家中的都是"太上皇"，衣来伸手、饭来张口，上学送，放学接。不讲规则、不讲礼仪、自我中心、唯我独大，心中只有"我"，没有"你"和"他人"概念、师长概念。在家人来疯，以哭闹取胜，在校小霸王，以吵闹、拳头取胜……

学生的礼仪素质是否周全，不仅显示其修养形象的好坏，而且直接影响到未来他们事业的成功与否。同时，良好的仪容仪表也是礼仪素质的一部分，一个外表邋遢的人是不可能受人欢迎的，衣着妆容首饰等都要符合场合。单单一句"符合场合"就包含多少需要注意的细节、需要学习的知识，还包括搭配的技巧、装饰的尺度……

爱默生说过："美好的行为比美好的外表更有力量。美好的行为，比形象和外貌更能带给人快乐，这是一种精美的人生艺术。""温良恭俭让"、"文质彬彬，然后君子"素为我国传统的行为准则。我们在坚持传统精华的基础上，用现代的理性的礼仪角度来规范自我，使礼仪成为我们生活中一种不可或缺的美德和操守，这是对我们作为一个完整的合格的现代社会建设者的要求。

据此，我们认为，培养学生懂得"规则礼仪"是作为"新时代小公民"最为基本的素养。

2. 灵魂:民族精神

知晓和具备基本的规则礼仪是自然人与社会人的基本品质,而是否能够在"世界多极化、经济全球化、文化多样化、社会信息化"的国际局面中,呈现出自信与淡定的品质,就取决于这个人的内心是否足够强大,是否有坚实的民族文化根基所凝练而成的强大灵魂。

"国际理解教育"不是对外来文化的盲目追逐,也不是在传统的民族文化的框架内进行修饰和完善,而是基于即将应对未来社会的"新时代小公民"所必须适应未来时代发展要求,而内生的从"毛毛虫"到"花蝴蝶"的蜕变过程。在这种蜕变中,原本中华传统文化的精髓及其所表现出来的民族精神,被以独特的民族文化的方式凝聚在"人"这一结构中,成为该结构的核心与灵魂。

对于一个民族来说,民族精神是这个民族在漫长的历史发展过程中铸造出来的、为大多数成员所认同和信守的民族品格、道德观念和价值准则的总和。相对于其他民族来说,民族精神是这个民族的自我意识和自我认同,是民族集体人格的体现,是这个民族区别于其他民族的精神特质。民族精神还是一个民族延续的血脉、发展的动力、崛起的支撑和挺立的基石。从这个意义上讲,民族精神就是国魂、民魂。一个民族如果没有高尚的民族品格、没有坚定的志向和远大的理想,就不能凝聚力量、成就伟业,更不可能傲立于世界民族之林。总之,民族精神是民族文化的核心和灵魂,民族精神是民族文化自信源泉,民族精神还是推动民族文化创新与发展的动力。[①]

3. 才能:科学素质

多元文化并存与发展,需要各国、各种族、各民族的相互理解、相互包容、相互分享、相互学习。中华民族作为世界上仅存的古文明发祥地民族,其曾经的灿烂与辉煌史,对世界文明的交流做出过巨大的贡献。尤其是古

---

① 崔爱民,高瑞鹏.民族精神是民族文化的核心和灵魂[J].党史文苑,2006,(02):72-74.

丝绸之路、郑和七次下西洋，开通了中华民族与西方之间的政治、文化、科技、经济、纺织、农林牧业等方面的友好交流与经贸交易，传递了和平、发展、友好的精神。明成祖的皇帝诏书曾向各国宣谕：各国之间不可以众欺寡，以强凌弱，要共享天下太平之福。如果奉召前来朝贡，则礼尚往来，一律从优赏赐。然而，清朝后期，闭关自守与世隔绝，使中国的科学技术与文化教育发展大大落后于西方国家，最后沦为任人宰割的地步。要重振中华，屹立于世界民族之林，就必须走"科学技术是第一生产力"之路，放下"夜郎自大"的架势，虚心向发达国家学习，大力培养世界性人才，以"一带一路"践行伟大"中国梦"。可见，通过"国际理解教育"提高人的科学素质尤其重要，这是人之为人的才识。

4. 品质：人文素养

中国作为当今世界上一个强大、稳定、举足轻重的世界经济实体，已无可非议，但是国际社会依然对中国人"不买账"，许多国家看重中国人的消费实力，却对中国人在他们国家的自由度设置了很多并不友好的障碍。究其原委，就是一些中国人仅仅只是一个"土豪"，腰缠万贯却举止粗鲁，不懂国际规则，缺少基本礼仪。如：乘坐国际航班时为争座打架，在餐馆饮食时暴打老板，商场抢购时如同蝗虫。所有这些与当今中国在国际舞台上，作为一个有担当、有责任、有义务、话语权的大国形象格格不入。因此，帮助学生追求善行，树立崇高信仰，学会理性思考，富有情感魅力，锻炼研究能力，爱好博览群书，养成良好习惯，不断提升自己的人生观、世界观和价值观是"国际理解教育"重要评价指标。

这四项指标起于基础，立于魂魄，成于才识，升于品质，而后在一个新的层面实现新一轮的螺旋式提升，有始而无终。生命不停升华不止。

（二）发展性原则

评价指标本身具发展性与动态性特点，能反映出对低、高两个年段的学生认知结构与行为表现方面的不同评价要求。同时，在实施过程中，及时对各年段的评价结果进行实质性分析,对无法测试与评价的部分,做出一定的动态调整,便于增加评价指标内容及数据分析的精准度和提高结果的可靠性。另外,评价指标体系内在的权重设置,也会在一、两轮评价的基础上作相应的指标间重新分配。

(三) 过程性原则

"国际理解教育"课程评价,不只是育人的结果评价,更重要的是课程育人的过程性评价。所以在指标的选择上,更关注动态性、过程性,重在学生的体验过程,以及结果后的感悟与分享。因此,在本评价指标的实施过程中,我们还会通过《师生问卷》、《家长问卷》等形式,对师生及家长进行"国际理解教育"的认识、感受以及建议的问卷调研,将分析的结果提供给课题组和学校管理层参考,为进一步作出调整和完善决策提供第一手资料。

二、测评方法

(一) 刚柔并济

所谓刚柔并济就是强调测评指标的刚性要求与测评过程的柔性掌控的有机融合。即指标在测评过程中的权威性不可动摇,而在达成指标的过程中,测评者可以让学生反复多次尝试达成指标要求,也可以给学生留出一定的时间,让他们慢慢达成指标要求,绝不以一次测评定终身,从而呈现出测评过程的柔韧性。其目的就是基于学生发展,体现对学生成长过程的尊重、包容与爱。所谓尊重,就是尊重孩子的个性,尊重他们的所思所想,因为即便是一个错误的想法,也是经过他们的头脑,产自他们的心灵;所谓包容,就是包容孩子们的差异,每一个学生都是不同枝头上的一朵小花,他们各有各的芬芳鲜艳,我们不能也不可能将他们修剪成一个样子,否则就会违背自然法则;爱,就是关爱孩子的成长,关爱他们在成长道路上发生的一切,分享他们成功的喜悦,分担他们失败的痛苦。

（二）以评促建

以评促建,就是通过对学生的评价来完善对学校开展"国际理解教育"课程建设成效的测量与评判。公正合理的测评,有利于学校决策层对顶层设计的调控。而衍生出的以评促教与以评促学,一是有利于提高教师实施"国际理解教育"课程的成效,激发教师创新研究,更好地教书育人;二是有利于学生在主动参与"国际理解教育"的活动中获得更多的体验与实践机会,实现"规则礼仪、民族精神、科学素质与人文素养"的有效提升。

（三）有限协商

有限协商就是指测评双方基于一定的评价原则的协商式测评,即:有原则限定的协商式测评,简称:"有限协商"。这是对无原则的"协商式测评"与"协商式教育"的一种反思与重建。"女儿逼母打胎这个事件,又一次宣告'与孩子交朋友'协商式教育的破产。"这是不久前在博客、微博、微信公众号上热传的一篇文章《千万不要与孩子交朋友》的疾呼。文中说:"单靠朋友关系,没有正确的权柄运用,根本无法做到真正的管教。作为父母,必须守住上帝赐给父母的权柄,好好行使对儿女的权柄。"①其实这是"无原则"的"协商式教育",充其量就是当下家庭教育异化的悲剧。因此为避免"协商式测评"也遭遇"破产"的下场,我们提出了"有限协商"的概念。

有限协商要求与学生的真实发展有机联系起来,这是协商式测评的前提,而引导学生思考与规划自身达成评价指标的方式。如:先借分的透支式达标、协商在有限的期限内"无息还分"或较长的期限内"有息还分"。所谓"有息"可以理解为学生呈现出未列入评价指标内的自己独特的专长与才华。

---

① 凤凰新闻.协商式教育的破产,你还在与孩子交朋友吗? 2017,05,28. ［EB/OL］. https://www.sohu.com/a/145898408_164169

有限协商还可以延伸至学生独有的具有创造性与实践性的个性化项目,且这些项目必须与某些评价评指标具有"近亲关系"。以此鼓励学生个性化的深度发展。

有限协商的实行可以不断孕育、完善评价指标,形成一种测评过程中的对话机制,有益于基于原则共识的协商文化的成型,呈现评价体系勃勃生机与活力。

(四) 重表现性

表现性测评是 20 世纪 90 年代在美国兴起的一种评价方式。是指"教师让学生在真实或模拟的生活环境中,运用先前获得的知识解决某个新问题或创造某种东西,以考查学生知识与技能的掌握程度,以及实践、问题解决、交流合作和批判性思考等多种复杂能力的发展状况"。①

其测评方式常常是通过客观测验以外的行动、表演、展示、操作、写作等更真实的表现来评价学生口头表达能力、文字表达能力、思维能力、创造能力、实践能力。这种注重过程的评价,在当下的课堂教学与评价中受到普遍的重视和推广。它通过观测学生在实际完成某项任务或一系列任务时的表现,不仅对学生在理解与技能方面的成就进行了测评,也对学生在具体的教学过程中,所真实呈现的学习态度、努力程度以及问题解决能力等一些传统测评几乎无法反映的深层学习指标进行了测评。这种形式的测评对教师的要求也很高,必须全神贯注地实时观察学生的行为或对其行为结果进行反思。如有一点马虎或走神,那么就会漏掉学生生成的稍纵即逝的精彩与真实表现。表现性测评能测量出工具性学科②纸笔测验所不能测量出的技能,如:学生应用知识的能力,学科之间内容整合的能力以及决策、交流、合作等能力。

---

① 赵德成,卢慕稚. 新课程与学生评价[M]. 北京:高等教育出版社,2004;69.
② 本文所述的工具性学科主要是指:小学的语文、数学、英语等。编者注。

第三节　实施评价及分析

一、测评案例

从传统评价方法来看,坚守与吸纳——小学生国际理解教育课程评价有许多途径和方法,但这些评价途径与方法不能够完整体测评出学生、教师以及学校诸方面在"国际理解教育"方面的真正教育成效与研究价值,因此必须需要有更加先进与科学以及人性化的观测与测评途径与方法来加以补充与完善。下面列举了几个典型案例,显示了我们的测评趋势与研究方向,但这些只是刚刚涉及,只是初步的尝试与实践,还有待于进一步的深化研究。

(一) 刚柔并济测评案例——成为最好的自己

2017 年明强小学"嬉夏季"之童心节暨"六·一"庆祝活动刚结束,五(11)班孩子们传递着刚刚颁到的晶莹剔透的特等奖奖杯别提有多高兴了,一会围着班主任拍合影,一会又三五成群拍小组照……谢昕颖,这位班主任独自陷入沉思:是啊,孩子们眼看就要毕业了! 这个奖杯是孩子们努力付出的成果,算是母校留给他们的一个难忘的毕业礼物,那他们该给母校奉献一个什么有意义的、难忘的大礼物呢?

周末,回家途中谢老师接到了搭班伙伴——英语曹老师电话。和孩子们一样,曹老师也异常兴奋,来电就是与谢老师述说心中的喜悦与自豪。还不忘一一夸奖那十个男孩的附加演唱,简直嗨翻整个演播中心。言谈中两人当然不会漏掉对每个男孩的评头论足。想象着电话尽头曹老师眉飞色舞的样子,谢老师随口提了一句:看你这么起劲,要不我们办一场十个男孩的专场演唱会吧! 没想到说者无心听者有意,就这么一句话,不仅激活了曹老师超人般的激情,更为意想不到的是还点燃了全班学生和家长的热情。而姚校长的"恩准",更是让演唱会的筹备工作如虎添翼,尽管处于紧张的毕业季教学周期中,五(11)班师生还是利用放学后的时间,一个一个地筛选、排练、彩排节目。班级家委会和十个男孩家长鼎力相助,主动协助老师和孩子挑选歌曲,还发挥各自的人脉资源:找导演、找服装、做道具……

2017年6月30日上午九点半,毕业典礼之日,明强历史上首个由学生、家长和教师发起的,全部由一个班级承担的,倾注了班主任、搭班老师、家长和全班学生心血的五(11)班十位男生组合"成为最好的自己"毕业专场演唱会在明强小学三楼会议中心盛大开演,实况演出随着直播信号惊艳了全校。

从《Rolling In The Deep》、《My Love》到脍炙人口的《Cool Kids》,从《We Will Rock You》到中文歌曲《夜空中最亮的星星》,从激情的摇滚到浪漫的抒情,从热力四射的小组组合到温暖动人的父子组合,舞台上的十位男生和助演的学姐学弟学妹们肆意挥洒、倾情演绎,将演唱会一次次推向高潮。

不到一个月的时间里,这些毫无舞蹈、演唱专业基础的孩子们凭着自己的兴趣和满腔热情,在准备演唱会的过程中爆发出奇迹般的学习力,最终在舞台上尽情绽放,成为了夜空中最亮的星星。他们说,我们把这场演唱会献给明强的每一位弟弟妹妹们,我们希望用自己的方式告诉他们,如何成为最好的自己。孩子们的热情让台下的观众和在教室里收看直播的几千名明强孩子们也一起沸腾,孩子们的勇气感染着明强的师生们继续勇敢前行。

而"成为最好的自己"的演唱会主题完美演绎了"让每一个孩子主动健康成长"的办学理念,演唱会终于成为献给母校的难忘礼物。

演唱会结束后,班主任谢老师为十名"功勋演员"留下了最为精彩的评价:

> 6月30日,是我们五年级在明强小学的最后一天,离开母校之前,我们11班有个不一般的男生群体,他们用自己的经历,自己的体验,自己的表演方式,给亲爱的母校以及所有的弟弟妹妹一份特别的礼物。演唱会中的所有男生在这个普通却又特别的集体中成长了五年,他们

中间有品学兼优的小学霸,更有让所有老师头疼的淘气包,还有时常稀里糊涂的小马虎……然而他们在我这个班主任的眼中,却都是独一无二的,最好的男生。我也希望能通过这次演出把我喜爱的他们介绍给大家:无论你是怎样的孩子,你都可以努力付出,自信前行,成为最好的自己……

Thomas—石卓鑫,石头是我们这个组合中的声音担当,他在唱歌时可以跨越三个八度,但是他却并不是合唱队的成员,因为,他似乎总是记不住每次合唱训练结束后的作业要求……石头非常聪明,在数学老师的眼中,他是班级中思维最缜密的孩子,这真是让人羡慕,但是在我语文老师的眼中呢,我叫他"视力表",因为他的书写总是大大小小,每一个笔画都不到位,常常还有涂改,尽管答案都是对的,但是他在一片杂乱的书写中,让我寻找正确的答案,这难道不是挑战为师视力的"视力表"? 好多次他都会得到重写的奖励,而他也总是欣然接受,第二天还是依然如此,那种怎样也讲不好的劲头,像不像一颗石头呢? 石头同学最喜欢沉浸在自己的世界中,看书思考,同学们常常会说,和他聊天简直聊不下去。石头吃饭的时候,常常忘带餐具;石头看书的时候,最爱啃指甲,简直啃得忘我……说到现在,各位,他像不像你们身边的某个同学呢? 这次的演唱表演中,有不少部分是需要边唱边跳,用石头妈妈的话来说,石头的协调性,天生带着 bug,但是这又何妨,石头用他的专注和努力,跟上了每一次的排练节奏,尽管动作不那么好看,但是他做到了最好的自己,在这次演出中,你将会听到石头如天籁般的童声演唱,请与我一同期待。

James—肖晟康,是这群男生中,最沉稳的一个,也是所有任课老师都喜欢的孩子,因为他聪明好学,谦虚努力,思维缜密,表达清晰,他不卑不亢,不疾不徐,不骄不躁……哇,这么多优点,的确,优秀的智商让他学习起来驾轻就熟,我最喜欢听他朗读课文,平静的表达中暗藏着力量,英语口语碾压原版,在这里我要特别介绍的是为什么他会如此优秀,当我们都津津乐道他的英语配音口音地道的时候,也许会说,他有半年美国游学的经历,可是你是否知道当你打开一个配音的网址,康康的配音记录已经达到了 800 多条,再好的口语也并非与生俱来,与生俱来的是他的执著,只有反复地操练,才能有从容的表现,这是康康的经历,也希望能给大家带来启示。康康的身体协调性不错,网球、足球、游泳等都是强项,只是舞蹈方面……大概缺少舞蹈细胞吧。最重要的是他不敢表现自己,特别放不开,在这次舞蹈排练中,刚开始每一遍转圈都会转错的就是他,但是他从不气馁,晚上对着视频反复训练,第二天的出色表现就让大家刮目相看,他也做到了最好的自己,从他的经历中,不知道给小朋友们怎样的启示呢?

Tiger—高博文,是一个长相非常清秀的男生,瘦瘦高高,有点单薄,我常会问他,你是一个长得像猫咪的老虎呢,还是像老虎的猫咪呢?他总是把眼睛一眯,跟我说,我是像猫咪的老虎。认识小高是在五年级开学前,也算是整个班级里最先认识的男生之一了,那时他来帮忙打扫教室,不声不响,十分安静,其他老师告诉我,小高在低年级的时候曾经生过一场大病,好长一段时间,他的状态都非常糟糕。虽然我没有陪伴孩子经历过这一段,但是我知道,每个孩子的长大都不容易。为了提高身体的素质,他参加了街舞的学习,用身体的律动来释放自己,尽管动作还稍显稚嫩,但并不妨碍他舞动的积极。尽管小高的口齿有时不够清晰,特别是平翘舌音总是分不清;别说唱英文歌了,这次的演出中,有大量的英文歌词要集中背诵,我看到他的歌词上做着很多的标记,那是他为了正确的发音,给自己做的特别的提醒。尽管他的英文发音依然不如别人清晰,但是这并不妨碍他大声唱歌的勇气。我常常回忆起第一次看见他的情景,我想,这一年来,小高同学的成长,清晰可见,每一次变化,都成为了他最好的自己。

Martin—杨天瑜,天瑜长得特别英俊,身材修长,尽管还有点娃娃脸的婴儿肥,但已经出落成了翩翩少年。作为老师首先夸娃长得好看,是不是有点过分啊? 嘿嘿,但是这也是实话啊! 好了夸完娃长得好看,那么我们就来认识一下真实的天瑜。在学习上,天瑜总是以马虎见长,这各种丢三落四的事情我就不举例了,大家可以展开想象。最近忙着排练,天瑜先是得了肺炎,还没有休息好,有因为去超市时,奔跑脚下一滑,脸撞到了货架上,当时就流血不止,送进医院嘴角缝针。在这里特别提醒一下小朋友们,千万不能奔跑啊,意外时时发生啊! 作为本组合中的综合担当,天瑜不仅有很多演唱的部分,还是开场表演的主秀,正当我们都替他担心,正在盘算是不是要换人替他的时候,天瑜坚持不同意,每天晚上,反复观看录下的老师的舞蹈教学视频,在家里对着镜子反复地练习,完全跟上了整个的排练进度。因为喜欢,就是凭着自己的喜欢,天瑜说再难也要坚持下去。作为老师,我自是十分感动,天瑜并没有任何的唱跳基础,也没有进行过相关的训练,就是凭着兴趣和喜欢,他坚持地做好了最好的自己! 一个明明可以用颜值取胜,偏偏用自己的努力来完胜的天瑜! 在这里,我想和天瑜和所有明强的弟弟妹妹说的是,只有凭着这样的勇气,才能勇往直前,无人能敌,无论是学习还是其他喜欢的事情。

　　Hero—郑远洲,小郑同学长得有点小肥,我曾经给他拍过一张照片,起名就是"在花一般的年纪,你却长成了多肉",小郑肤色黑黑的,这是他最不满意自己的地方,因为他有个妹妹,肌肤胜雪。小郑是个双鱼座男生,用她妈妈的话来说,情感特别细腻。的确如此,在班级里,别看他长得又高又大,但是一旦发生争执,哭的总是他。每次有同学笑他胖,腰上有一圈肥肉的时候,他就会特别伤心。小郑有的时候会特别淘气,有时候,会在美术课上和老师顶嘴,气得老师直跺脚,当责备他的时候,他也总是第一个落下眼泪,让人不忍再批评他。小郑讲话着急的时候,会有点结巴,所以和同学们斗嘴时,往往落到下风,斗不过别人,然后又会掉眼泪,这就是小郑,如此真实,如此有趣。在这次演唱表演中,你却能听到他一段长长的英语 RAP,纯正的口音,自信的表达。小郑是我非常喜欢的孩子,因为他的真实、自然,尽管还有很多让人操心的地方,可是因为他的认真、努力,他也一直在做最好的自己。

David—戴靖洋,凡是教过小戴的老师,都知道他是一个淘气包,从小到大,淘气的事情无数。五年级开学后,依然没有止住淘气。比如,和同学嬉闹的时候,淘气地扔鞋子;比如,因为嫌长得不高,在教室里练习跳跃,教室后排墙面上的钟面玻璃也因此落了个粉身碎骨的下场……大家读到这里,不知有什么感受,是不是觉得这个孩子真是淘气得无可救药。的确如此,但是这并不妨碍他对我的喜欢和崇拜,他知道错了,会乖好长一阵,敲碎了钟,立刻打扫干净,然后拨准了时间,再挂上墙,因为他知道,谢老师最在乎的不是钟有没有敲坏,而是更在意,更担心他会不会受伤,会不会伤到其他的同学。反正,每次淘气后,我会让他在中午的时候打扫卫生,他总是一个人完成所有的劳动任务,像像样样。虽然淘气得不得了,但是却真实得不得了,他爱憎分明,从不掩饰自己的喜好,他认真学习,很好地安排时间,课余时间,他还学习钢琴和围棋,他有超强模仿力,体育课上陆老师教完的动作,总是由他来示范。他也一样没有任何唱跳基础,但是所有舞蹈排练中,他的学习能力之强,让舞蹈老师也啧啧称赞,成为了舞台上最吸人眼球的一个。亦正亦邪,可萌可酷,十足的精灵,他是我最喜欢的小戴,最真实的小戴,最好的小戴。

Eric—龚浩博,浩浩也是当初五年级开学时最先见面的孩子之一,印象中就是一个肤色黑黑,挺腼腆的孩子。浩浩是班里劳技学科的课代表,课前,他会帮老师分发材料,课后,又会帮老师把各种材料工具搬回办公室。每次他总是轻轻地敲门,开门,放好东西,轻声地和办公室的老师打招呼。我觉得这孩子的家教好得不得了。浩浩的脾气特别好,总是笑眯眯的,一笑起来,眼睛眯成一条线,我常会去取笑他,浩浩,你能看全这幅画面吗?浩浩的平翘舌音,也发得不太清楚,我常会说,来浩浩,让我们一起说"四十四只石狮子来说《竹枝词》",然后他满嘴地说不清楚,我们也会哄笑起来。不过这些都不妨碍浩浩成为班中最受欢迎的男生,因为他是个街舞小王子。充满韵律的节奏感,充满力量的律动,协调的动作,帅气的表演,让人忍不住为他鼓掌。还记得去年九月,我们秋游的时候,同学们说浩浩会跳街舞,然而他腼腆地不愿意表演。现在的他洒脱自信,音乐一起,就自然律动。老师想告诉每一位羡慕浩浩的弟弟妹妹们,所有绚丽的舞台效果,都源于千百次在台下的努力练习,台上的浩浩有多帅,台下的练习就有多累。在这次排练的过程中,他是最自然的舞蹈担当,在舞台上,你们会看到一个帅气逼人,自然洒脱的浩浩,这就是我的浩浩,翩翩少年初长成。

　　Tony—安祝冬,说起小安,大家可能都不陌生,他是我们学校的大队委员,也是今年学校运动会上发言的运动员代表。大家认识的小安是一个英俊的全能运动选手,他从一年级开始,每个周末都参加足球训练,一直代表学校参加很多比赛。他喜欢打网球,每个充满阳光的周日,都在烈日下挥拍。他喜欢游泳,在泳池中如同一条飞鱼,自由嬉戏。他喜欢音乐,尤其爱唱英文歌,他的声音安静而带有磁性,足以打动你的心灵。说了那么多,你是不是觉得,这就是一个完美小孩呢? 好,现在开始爆料时间,数学课上,他总爱偷偷讲话,这可没少挨老师的批评,"你是小安啊,怎么能上课讲话?"可是每次保证完,下次又会忘记。寒假过后,沉迷"王者荣耀",可没让他爹妈少操过心,半夜还偷偷玩,弄得自己满满的黑眼圈,"小安怎么能这样啊,辜负父母期望?"。其实老师想告诉你的是,每个人都不是完美的,只要做自己,做最好的自己就好。我很喜欢现在的小安,不扭捏,不腼腆,能唱,能跳,虽然不够完美,只要足够投入,在这次表演中,你们一定会看到一个不一样的小安,那是我的小安,最好的小安。

　　William—洪维立,Kevin—王凯鸣。接下来的这两个孩子,必须放在一起介绍,因为他们是我们班上的小洪(小红)和小鸣(小明)。小红和小明一直是各种故事的主角,他们也不例外。以前。他们的座位隔一个走廊,两个人总是在上课的时候你一句,我一句,说得不亦乐乎。不过这是以前啦,自从有了我,他们俩,真是很乖很乖,因为他们知道,和我斗嘴,那真是败到了家。小洪的性格十分温暖,非常细心,看到老师在楼梯上拿着东西,他总是顺势接过。老师糊涂找不到东西的时候他。总会想办法,在你经过的地方,想办法帮你找到。他也是个游泳健将,多次参加比赛。他还参加了学校小乐队,有很多次表演的经历。这次的舞台上,他将用他的钢琴曲来与石头合作一首歌。听说最近小洪的钢琴老师特别高兴,因为他突然发现小洪近期的琴艺突飞猛进,悄悄问过小洪了,他说他想要把最好的琴声留给弟弟妹妹们。如此投入地练习,弹琴的状态当然很不一样。这是不是我们的眼中,最好的小洪呢?

最好的小鸣是怎样的呢?刚认识小鸣的时候,总觉得他和别的男生不一样。他不像其他男生那样淘气,行为举止有点腼腆,缺乏一点点的自信。有时遇到挑战怕做不好,怕不能得到大家的认可,总是想用搞笑的方式来得到大家的关注。我告诉他每个人都是要靠自己学习及做事的认真和专注,才能让自己变得与众不同,所谓认真的男孩最帅嘛!小鸣是聪明的小鸣,他知道我对他的喜欢和希望。在整个相处的一年间,他是变化最大的一个,渐渐地变得英俊,挺拔,更加积极和阳光,游泳、打球、棋类都逐渐成了他的强项。这是我们眼中心中最真实的小洪和小鸣,你是否也和我一样喜欢他们呢?

以上是我,班主任眼中最好的他们。他们不是完美小孩,还有很多不足的地方,这十个孩子中,还有啃指甲的,还有丢三落四的,还有小马虎的……但是他们每一个都在认真地过着自己的每一天。

这十个孩子中,有六个是小哥哥,他们对弟弟妹妹充满着宠爱,性格温暖。每次他们会告诉我在家里,自己的地位不如弟弟妹妹,那种懊丧的劲儿没有一丝难过,因为其实他们比爸爸妈妈更宠爱自己的弟弟妹妹。

如果你也和我一样喜欢《成为最好的自己》,你一定会相信这群自然、真实、温暖、美好的明强男生,他们虽然普通,但却闪闪发光,异常耀眼。

(二) 以评促建测评案例——小小爱迪生

"小小爱迪生"系列科技活动明确地将"人人参与实践,培育科学精神"作为核心理念,通过家校合作,有计划、有指导地为学生创造亲身感受、参与、体验科学的机会,让学生不再是科学研究的旁观者,使每个学生都能有机会"像科学家一样开展研究"。从自然科学课堂上学习科学知识这一传统模式以外,提供在家做科学实验这种新的科学教育补充途径,并聚焦学生科学素质的核心成分——科学精神。

明强"小小爱迪生"工作室是一个通过家校互动,帮助孩子开拓科学视野、动手触摸自然、用心感受科学、提升科学素质的、基于微信平台的学生成长空间。开办至今已经推出了91个动手小实验节目,既有教师的,也有学生的,还有家庭的。这些节目得到了学生的十分喜爱和积极响应,成为了没有硬性要求的学生最喜欢的家庭作业。微信通过关注"明强小小爱迪生"公众号,就可以查看这些喜闻乐见的小节目。

"小小爱迪生"科技活动自诞生以来获得了全校师生的喜爱,明强的科技团队和志愿者学生们努力为大家呈现一个个有趣的小实验。为了实验的科学性,我们将网上的小实验整理并一一尝试,能够成功的,操作安全的才会展示给全校师生,这背后其实还有不少小故事:

(1) 网络视频不可信

网络上著名的"曼妥思遇可乐产生喷泉"的实验相信大家都看过:曼妥思放入可乐,可乐随即产生喷泉效果。由于材料比较容易采购,又比较安全,效果又比较惊艳,所以我们一开始就选择了这个实验。老师们和志愿者们跃跃欲试想制造一个超大型可乐喷泉,我们还将网络上的实验方法进行了改进,目的就是让喷泉喷得更高,场面更加惊艳。为了不把实验室的墙壁弄脏喷得到处都是可乐,我们还把实验挪到了更为开阔的操场上,还准备了很多抹布拖把……然而,我们都想多了,万全的准备下却没有形成大型的可乐喷泉,曼妥思放进可乐中可乐只是略有一些泡沫起伏,比强烈摇晃之后瞬间打开可乐产生的泡沫还要少。一次尝试后,我们当然是不自信的,总觉得是我们自己实验没做好。所以我们开始找原因了,先从原理入手:薄荷糖里数以千计的小坑是形成二氧化碳泡沫的理想场所,使二氧化碳附着在小坑上快速释放,所以说曼妥思薄荷糖 + 可乐 = 可以让人发疯、快乐的喷泉。薄荷糖不是指薄荷味的糖,指糖果的一种类型,不是非曼妥思不可。根据原理,我们讨论出了失败的几个可能原因:第一,可能是我们买的可乐气不足也就是二氧化碳量不够。第二,问题也可能出在曼妥思上。第三,可能是薄荷糖的量太少。第四,可能需要大瓶碳酸饮料才能成功。依照我们提出的假设,志愿者和老师们带着必胜的决心再次跑去超市进行了大采购,我们买了可口可乐、百事可乐、非常可乐,总之市面上有的牌子都买了;我们还买了多种口味的美年达、雪碧、七喜市面上有的二氧化碳饮料都买了;我们还买了很多薄荷糖,学校边上的超市里的薄荷糖都被我们买光了……每个人手上都提着大大的购物袋,连个子小小的三年级志愿者同学也不甘示弱抄起两大瓶可乐就走,虽然手提重物步履蹒跚但还是兴致勃勃。

做好万全准备后,这时天空却飘起了小雨,可是这个实验必须在室外进行。几位科技老师为了保护学生提出暂缓实验。可几位学生却依旧不肯放弃,就这样大家冒着雨在操场上开始了一次又一次的制造喷泉。还好老天看到了我们科学探究的决心,雨一直都没有变大。我们试了可口可乐、又试了百事可乐,又试了美年达等碳酸饮料,都没有形成网络视频中的喷泉场景。接下来我们试了曼妥思、绿箭口香糖、炫迈,并没有因为薄荷糖品牌的变化而使得喷泉爆发。不信邪的我们加大了薄荷糖的量,饮料瓶中产生的泡沫变多了,但和网络视频中的喷泉规模还是相差太多。

天色渐晚,实验室里到处是飘着薄荷糖的碳酸饮料,累坏的志愿者和老师们望着那些饮料都在感叹:还不如给我们喝了呢!而且此后的一个学期科技办公室都有吃不完的各种薄荷糖。无奈这个实验最终没有呈现给大家通过这次经历也告诉我们网络中的视频并非一定可信,不过也有同学指出可能是外国的可乐比较好,那这个实验我们以后再去国外做一次吧!

(2) 冰棍棒多米诺

小小爱迪生一直致力于环保,所以环保材料一直是我们做实验的心头爱。用冰棒棍做一个多米诺骨牌的效果这个实验很快就吸引了我们。收集了棒子之后老师和同学们就开始跟着图解搭建了,可是网上看似容易的操作到了我们手上就艰难重重了。这个实验要求冰棒错落的一根接着一根压着就是一根冰棒的头尾被两根不同冰棒同时压住然后串联起来。在搭建的时候,整个实验室冰棍棒乱飞,这并不是夸张,只要一根没压好冰棍棒就会飞得到处都是。而且我们一开始采用的冰棍棒韧劲不够,所以还有好多冰棍棒被折断。

经过几次尝试的失败我们就开始犹豫了,老师和动手能力相对比较强的志愿者都频频失败,那其他同学真的能成功吗?这个实验适合我们明强的孩子吗?我们一度想放弃了,不过好在志愿者们的坚持:做实验一定要经历艰难,百折不挠的科研精神也正是我们想传递给全校师生的。所以这个实验再合适不过了。

平时自认为动手能力还是比较强的几位老师和同学这次还真是犯了难,几次失败过后,在劳技蒋老师的建议下我们决定换一种更长、韧劲更好的冰棍棒再来尝试。果然再更换了材料后,搭建起来变得容易了许多,终于在多次尝试之后第一个冰棍棒多米诺搭建完毕。搭建完只是第一步,它是否可以像多米诺骨牌一样连锁反应才是验证搭建是否成功的标志。大家都凝神屏直到一根根冰棍棒像多米诺骨牌一样一根更依次弹开,我们的实验终于成功了!

经过我们不懈的努力终于每个人都可以熟练地搭建冰棍棒多米诺了。但是最难的问题又出现了,如何让全校师生清楚地知道搭建的方法呢?网络上现成的图解并不是很清楚,用一色的冰棍棒展示图解很难描述。同学们和老师们很快抓住了重点,要让大家看得清楚,必须将搭建步骤分解得很细致再逐一拍摄下来;为了将搭建方法描述得更清楚,我们可以将冰棍棒进行染色。讨论好解决方案每个人都投入进了自己的工作中,有的帮忙染色,有的帮忙拍摄图解。就这样如火如荼地干了两个下午终于将冰棍棒多米诺的搭建图解完成。

这个实验经历告诉我们,看似简单未必简单。

(三) 有限协商测评案例——"坚守与吸纳"护照

有限协商测评最佳的实施渠道就是以《"坚守与吸纳"——国际理解教育课程护照》这一载体为平台。(下面简称《护照》)

(1)《护照》的设计背景与文化价值

《护照》原是一个国家的公民出入本国国境和到国外旅行或居留时,由本国发给的一种证明该公民国籍和身份的合法证件。护照(Passport)一词在英文中是口岸通行证的意思。也就是说,护照是公民旅行通过各国国际口岸的一种通行证明。

2010 年上海世博会制作了世博会专用护照,用它来收集各展馆纪念印章,以示"到此一游"的依据。它既是游客参观世博会的纪念,有世博组织方指定的唯一印章证明,又真实地记录了游客参观世博足迹,具有特别的纪念意义,更是让无数的游客了解与知晓了"护照"的另一番"非典型"的作用与价值。

由此,将《护照》这一"非典型"的作用与价值,移植到我们的"国际理解教育"测评之中,成为有限协商式测评的主要手段,通过让学生收集"国际理解教育"课程的学科渗透、专题教育、主题活动三方面的各项实践体验活动印章,激发学生主动积极投身于"国际理解教育课程"的学习过程,记录过程中每一个节点的成长痕迹。可见《护照》这一测评载体,不仅留给学生一本值得珍藏的纪念小册子,还让学生获得了主动的过程体验,学校也在有限协商式的测评中达成"国际理解教育"的课程育人目标。

本《护照》的使用还凸显其蕴含的文化价值。

一是"国际理解教育"的实施不只是简单的校园育人、学科育人，而有融入了更为丰富多元的社会体验与实践育人，呈现了文化育人的整体性。《护照》中"国际理解教育"测评的每一项内容都渗透着基于学生主动健康发展的办学理念、"审美·超越"的学校文化核心理念以及"两明两强"的校训内涵……

二是从《护照》的"文物"价值来看：一能增加学生对"国际理解教育"的认同感。当孩子都事业有成时，这份《护照》将帮助他们重温小学母校的学习生活，回忆师生友谊，辨认同窗好友。二是增添学生成长的历史感。成长是一个过程，小学阶段更是一个人生启航的起步阶段，这一过程的积累相当重要，永世难忘。和学业手册、毕业证书不同，《护照》将是七彩童年生活的历史积累。三能增强学生的生活体验感。《护照》会记载下每学年的"成长四季"校历活动、各年段学校丰富的校本节礼、成长履历、成长量表，体验与感受学校活动或学校生活的多样性与丰富性。

（2）《护照》的设计内容

《护照》内的签证内页，由规则礼仪、民族精神、科学素质、人文素养四个"国际理解教育课程"目标组成。每个目标内容又分为 6 个方面的测评内容。具体见下图。

（3）《护照》的应用策略

一是学生为主体的策略。《护照》是学生以自主行动书写自身成长的测评手册，因此，发挥学生的主体性是毋庸置疑的。以学生为主体应当具备以下几个特点：

日常化，就是将《护照》的测评过程可以灵活到学生随时达成一项就可立即盖印确认，而不一定是定时定地点。这样的日常化测评可以通过制度确定下来，使学生自觉养成主动积极的学习状态，且形成习惯。

有效化，是指学生发展部和少先队大队部，可以将《护照》中的测评结果列入明强少先队校本化争章活动项目，作为年度优秀少先队队员与中队

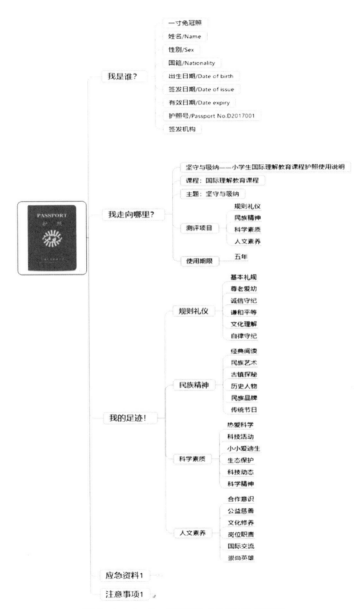

图 5 - 3 - 1 - 1 《护照》内容的基本架构

评选的必备项目,且定期开展《护照》记录展示活动,通过校级层面的展示,推进《护照》使用的有效化。

互动化,各班主任积极发挥班集体的特点,在班内开展《护照》使用的相互交流、学习活动。也可以创造性地挖掘《护照》手册的附加值效能,在班级互动交流中,培养生命自觉的主体精神和意识。

二是实践中生成的策略。《护照》作为一个新兴的测评载体,不仅对学生来说是新颖的形式,对教师来讲也是初次尝试。需要学校管理层和全体教师在实践的基础上,关注动态生成的资源。从教师中、从学生中、从家庭中发现、提炼、生成具有创造性应用的手段、途径与方式方法,发现《护照》在应用中产生的教育"附加值"。在生成与回应中,逐步形成系列和范式。将《护照》的使用真正要融入到孩子的心里,帮助他们记录好成长的快乐、童年的幸福。

三是家庭齐参与的策略。《护照》具有的现代教育理念和丰富、多样的内容,可以引导家长形成正确的教育观、学习观。关注孩子学业成就的单一性应当转变为关注孩子多元生活的丰富性与多样性。通过家长的帮助、支持和亲子活动,达成《护照》中的测评内容,而更深的意义在于家长在这一过程中,观念的潜移默化地转变。

四是过程中完善的策略。《护照》真正的意义是在于通过五年的使用,首先在学生、家长和教师心目中,形成"国际理解教育"的共识。其中包括:作为一名"新时代小公民"所应具备的"规则礼仪、民族精神、科学素质、人文素养",更有形成这些素养所必需奠定的明强特有的"自强不息"的文化精神,"审美·超越"的文化核心理念,"两明两强"的校训内涵等。要达成这一目的,就必须注重《护照》使用过程中的评价策略的研究。至少有这样几方面:

《护照》对增强学生"国际理解教育"认同感的作用。是否有做一名"新时代小公民"的生命自觉志向。《护照》对增强学生民族情怀与国际视野的作用。学生、教师、家长的智慧和素养在使用《护照》过程中产生出新的教育附加值。《护照》对增强"国际理解教育"评价体系的作用。变校方评价为学生、教师、家长共同参与评价的多元的新型评价范式。

（四）重表现性测评案例——低年级表现性测评

对低年级学生的表现性测评主要通过填写综合活动评价单来完成。学

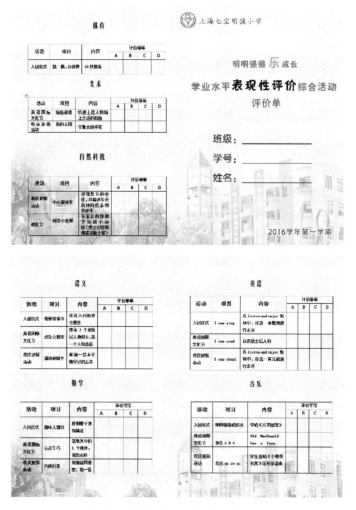

图 5 - 3 - 1 - 1　2016 年第一学期一年级学业水平表现性评价综合活动评价单

校在新学期伊始,确定语文、数学、英语、音乐、体育、美术、信息技术七门学科的特色项目或活动,明确活动内容,由相关任课教师或项目负责人对学生在活动中的行为表现给出等地评价。以 2016 年第一、二学期为例,下文呈现了这一阶段对低年级学生的综合活动评价内容及期末综合活动试题。

2016 学年第一学期一年级表现性评价期末综合活动试题:

一、闯关游戏:投掷骰子做加减法(3 人合作完成)

三位同学每人投掷一个骰子,老师分别出三道不同的加减法题目让学生进行计算。如骰子上的数是 2、3、6,请计算 2 + 3 + 6 = ?,6 - 2 + 3 = ? 6 - 2 - 3 = ?

二、心灵手巧:认识物体

根据老师的要求从篮子中选取正确的物体,并说出名称。

如:请找能向一个方向滚动的物品。学生找到圆柱体并说出名称。

三、能说会道:看图编数学故事,并列式。

四、入团仪式:

小朋友,你刚才进行了闯关活动,都过关了吗? 有什么想说的吗?

五、国际文化节:

你一定认识很多迪士尼卡通人物吧,老师这里有一些迪士尼卡通人物的名字,你能根据拼音读给我听吗?(随机抽选 2 个)

tánglǎoyā　　　mǐlǎoshǔ　　　báixuěgōngzhǔ　　　měirényú

xiǎoxióngwéiní　　xiǎolùbāi bi　　a lāding　　　shīziwáng

六、校庆迎新活动：

请你选择本学期学过的一首古诗背一背。

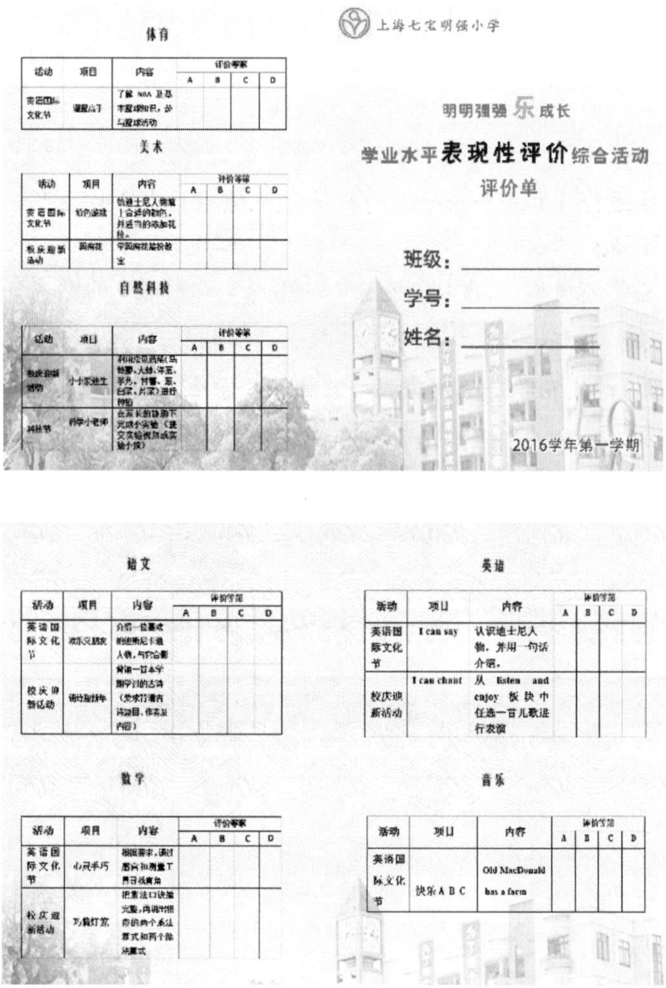

图5-3-1-2　2016年第一学期二年级学业水平表现性评价综合活动评价单

2016 学年第一学期二年级表现性评价综合活动试题

一、心灵手巧:找直角

找一找、验一验"梦幻迪士尼"这五个字中的直角

二、能说会道:编口诀,说算式

要求:把乘法口诀编完整,再说出相应的两个乘法算式和两个除法算式

口诀:六九_____

乘法算式:

除法算式:

三、国际文化节:

介绍一位迪士尼卡通人物。

你一定认识很多迪士尼卡通人物吧,请你选一个卡通人物介绍一下。

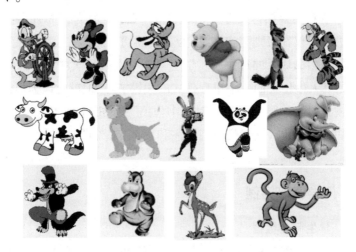

四、任选一位迪士尼卡通人物,合影留念。

五、校庆迎新活动:

请你选择本学期学过的一首古诗背一背。

（五）重表现性测评案例——高年级海外课堂体验测评

以学生的"海外课堂体验活动"为例。这方面的测评一是通过实地观测学生在海外课堂期间参与学习与活动状态；二是与学生随意交流，分享学生的活动感受与体验；三是通过学生在海外课堂体验过程中的日记与随笔，较深层的了解学生成长与发展；四是跟踪"海外课堂体验活动"后学生的后续发展状况。通过这些学生所呈现的真实表现，对学生在"海外课堂体验活动"就有了一个较为全面的测评，所得到的资料与数据为学校后续的"海外课堂体验活动"调整、完善、策划提供了有说服力的依据。

少则一星期，多则 20 天的"海外课堂体验活动"结束了，当我们把一个个活蹦乱跳的孩子交还给每一个家庭的时候，并不意味着充满艰辛与欣慰的"海外课堂体验活动"画上了句号。恰恰相反，这时才是"海外课堂"真正发挥其教育效应的开始，因为之前的海外学习、体验、培训就好比是埋下一颗"种子"，现在需要期待发芽、成长、开花、结果。因为，"海外课堂体验活动"的着力点不仅在策划与实施，更为重要的切入点落在"海外课堂体验活动"后的师生生命成长的过程中。学生参加一次或几次的海外课堂体验活动，固然是其人生历程的一个里程碑式的关键节点，但就此以为他们就具有了"国际视野与全球眼光"的"新时代小公民"意识是不现实的，还须要经历成长过程的长久历练，这就是我们关注和发挥"海外课堂"后续效应的真正思考。

二、问卷调研案例

（一）学生问卷数据

本次"国际理解教育"问卷对象为四年级部分学生，学生采取电脑答卷方式，共调查学生 191 名，问卷回收率 93.7%。

表 5 – 3 – 2 – 1　"国际理解教育"学生问卷

问卷题目	选项	比例
1. 你知道学校开设的"国际理解教育"课程吗?〔单选〕	知道	72.80%
	不知道	27.20%
2. 你认为"古镇探秘"活动是否是"国际理解教育"课程?〔单选〕	是	70.10%
	不是	29.90%
3. 你是否喜欢学校的"成长四季"——访春、嬉夏、品秋、暖冬(科技节、艺术节、体育节、春秋游、古镇探秘……)系列活动?〔单选〕	喜欢	97.10%
	不喜欢	2.90%
4. 你是否喜欢学校开展的澳洲、英国、韩国等"国际文化节"系列体验活动?〔单选〕	喜欢	93.80%
	不喜欢	6.20%
5. 你是否喜欢学校开设的"舞向未来"课程?〔单选〕	喜欢	82.00%
	不喜欢	18.00%
6. 你是否喜欢学校开设的"健康与幸福"课程?〔单选〕	喜欢	92.50%
	不喜欢	7.50%
7. 你是否喜欢学校开设的"小小爱迪生"课程?〔单选〕	喜欢	96.20%
	不喜欢	3.80%
8. 你是否喜欢上每周一次的外教课?〔单选〕	喜欢	87.50%
	不喜欢	12.50%
9. 你知道有哪个国家的小朋友到访过明强小学?〔多选〕	美国	21.00%
	英国	33.70%
	澳洲	15.80%
	韩国	70.20%
	加拿大	9.80%
	香港	5.80%

（续表）

问卷题目	选项	比例
10. 学校的"海外课堂体验课程"你有兴趣参加吗？（此题请未参加过"海外课堂体验"活动的学生填写）[单选]	有	84.40%
	没有	15.60%
11. 如果参加"海外课堂"，你最想去参加哪个国家的"海外课堂体验课程"？（此题请未参加过"海外课堂体验"活动的学生填写）[单选]	美国	36.60%
	英国	22.70%
	澳洲	13.80%
	韩国	7.30%
	加拿大	12.90%
	其他	6.70%
12. 你参加过哪些国家的"海外课堂体验课程"学习??（此题请参加过"海外课堂体验"活动的学生填写）[多选]	美国	33.20%
	英国	19.00%
	澳洲	11.70%
	韩国	32.80%
	加拿大	12.50%
13. 如果你再参加"海外课堂体验"活动，你最想去哪个国家？（此题请参加过"海外课堂体验"活动的学生填写）[单选]	美国	26.70%
	英国	24.00%
	澳洲	9.30%
	韩国	6.30%
	加拿大	10.70%
	其他	23.10%
14. 参加"海外课堂体验课程"你最感兴趣的是:（此题可多选）[多选]	交流学习	67.90%
	口语提升	65.70%
	了解文化	85.00%
	欣赏风景	66.40%

（二）家长问卷数据

本次"国际理解教育"问卷对象是四年级被调研学生对应家长,下发问卷191份,回收问卷173份,回收率90.6%。

表5-3-2-2　"国际理解教育"家长问卷

问卷题目	选项	比例
1.你知道学校开设的"国际理解教育"课程吗?〔单选〕	知道	81.60%
	不知道	18.40%
2.学校开展的"成长四季"——访春、嬉夏、品秋、暖冬(科技节、艺术节、体育节、春秋游、古镇探秘……)系列活动是否对您孩子的成长有帮助?〔单选〕	有	98.20%
	没有	1.80%
3.您是否了解学校每年年末相继开展过的澳洲、英国、韩国等"国际文化节"系列体验活动?〔单选〕	了解	90.00%
	不了解	10.00%
4.您是否了解学校开设的"舞向未来"课程?〔单选〕	了解	66.00%
	不了解	34.00%
5.您是否了解学校开设的"健康与幸福"课程?〔单选〕	了解	88.00%
	不了解	12.00%
6.您是否关注过明强"小小爱迪生"微信平台?〔单选〕	关注过	84.60%
	没有关注	15.40%
7.您是否和孩子一起完成过"小小爱迪生"微信平台上指导的小实验?〔单选〕	有	63.50%
	没有	36.50%
8.您觉得每周一次的外教课对您孩子的英语学习及口语提升有否帮助?〔单选〕	有	98.90%
	没有	1.10%
9.您愿意让孩子参加"海外课堂体验课程"活动吗?(此题请还未参加过"海外课堂体验"活动的家长填写)〔单选〕	愿意	85.60%
	不愿意	14.40%

（续表）

问卷题目	选项	比例
10. 如果您的孩子参加"海外课堂体验课程"，您最想让他参加哪个国家的？（此题请还未参加过"海外课堂体验"活动的家长填写）[单选]	美国	33.60%
	英国	28.70%
	澳洲	16.50%
	韩国	3.00%
	加拿大	9.50%
	其他	8.70%
11. 您孩子参加过哪些国家的"海外课堂体验课程"学习（此题请参加过"海外课堂体验"活动的家长填写）[多选]	美国	36.90%
	英国	21.10%
	澳洲	13.60%
	韩国	27.10%
	加拿大	8.10%
12. 如果您孩子再参加"海外课堂体验"活动，您最想让他去哪个国家？（此题请参加过"海外课堂体验"活动的家长填写）[单选]	美国	28.80%
	英国	27.10%
	澳洲	11.90%
	韩国	4.80%
	加拿大	9.40%
	其他	18.00%
13. 您最想关注孩子在"海外课堂体验课程"学习中的哪些方面收获:（此题可多选）[多选]	交流学习	82.70%
	口语提升	75.40%
	了解文化	86.60%
	欣赏风景	53.00%
14. 如果有外国孩子到明强小学交流学习，您是否愿意为提供住家服务？[单选]	愿意	84.60%
	不愿意	15.40%

参考文献

中文文献:

(一) 专著、论文集、报告

[3] 叶澜.世纪之交中国学校教育的文化使命[J].教育改革,1996,(05):1-7.

[4] 赵德成,卢慕稚.新课程与学生评价[M].北京:高等教育出版社,2004:69.

(六) 期刊

[9] 马勇琼.构建符合新课程的学生评价体系,促进学生个体发展[J].玉林师范学院学报(哲学社会科学),2006,27(1):163-165,175.

[10] 崔爱民,高瑞鹏.民族精神是民族文化的核心和灵魂[J].党史文苑,2006,(02):72-74.

(七) 学位论文

[1] 丁金泉.我国义务教育均衡发展问题研究[D].华东师范大学,2005.

(八) 电子文献

[3] 凤凰新闻.协商式教育的破产,你还在与孩子交朋友吗?2017,05,28.[EB/OL].https://www.sohu.com/a/145898408_164169.

第六章　校园新景观:营建和美校园之魅

在当代,文化在教育中的功能更被关注的将是形成学生对周围世界和自己的一种积极而理智的,富有情感和探索、创造、超越意识的态度与作用方式,是开发学生生命潜能的一种力量,在一定的意义上超越了原来只作为教育内容构成的定位,上升到目的层次。学校将不仅要求每一门课程而是要求整个学校生活的每一项活动,都应渗透、弥漫着文化气息和具有共同的文化追求。学校教育中的"文化"也要被作为动词来理解,文化在学校教育中将活化。①

——叶　澜

"坚守与吸纳"理念下的学校国际理解教育课程设计与实践,让校园呈现出一种新"景观",确切地说,是校园文化建设呈现的新面貌。校园文化一般由物质文化、制度文化和精神文化三方面组成。

校园的物质文化主要表现为两方面:一方面是学校外在环境面貌,如明强小学近年来重新装饰了教学楼、新建了师生成长综合大楼、更新与升级了学校教学硬件、活动硬件以及校内人文与自然环境硬件环境等;另一方面是学校内部物质资源的配置,如:图书馆充实了图书资料、专用教室进行了改建、艺科空间和普通教室内更新了信息化设备、电视台演播中心置换了设备等。

---

① 叶澜.世纪之交中国学校教育的文化使命[J].教育改革,1996,(05):1-7.

　　校园的制度文化实质是一种管理文化。作为一所百十年老校,已经形成了一整套适合自身,且被自身实践所证明可行的规章制度,以及这些规章制度在制定实施过程中所形成的制度文化。更为重要的是明强看重的不是制度所具有的约束人、管理人的功能,而是充分发挥制度文化的三大效应:育人——为每一位明强人提供自主发展的制度空间,使学校制度变成促使明强人"积极、主动地去做什么"的积极性制度;转化——将现代理念和学校的办学理念,转化为师生为人处世的日常性规则和行为;创新——使制度创新成为学校教育创新的突破口和发动机。

　　更深一层次的,是一所学校校园文化的核心、根本以及灵魂,它表现为一种特殊的文化环境和精神氛围。这种文化环境和精神氛围在明强就表现在"自强不息"四个字上,这一理念包含了丰富的内涵:一是为明强小学奠定办学特色和办学理念基础的学校文化核心理念——"审美·超越";二是以"明事理、明自我,强精神、强体魄"的"两明两强"校训为代表的学风、校风以及校歌等;三是明强小学的办学理念——"为了每一个学生主动健康成长"以及"为了每一位教师智慧幸福工作"。

一、校园十景

　　2015 年,在明强小学建校 110 周年之际,学生发展部倡议由全体学生评选明强小学"校园新十景"。经过层层选拔,筛选,最后评出了由"历史年轮""金桂飘香""源远流长""凌霄琴韵""勤耕细作""沙滩童话""健身广场""创意未来""银球飞舞""艺术空间"组成的明强"校园新十景",并由学生为每一景撰写了简要说明。

1. 历史年轮

校园，是启蒙我们的场所，更是充满生命活力的花园。这里四季飘香，绿草如茵，花团锦簇。进入明强首先映入眼帘的是一块刻着"百年明强"四个大字的巨石，耸立在万绿丛中。看到它，明强人独有的自豪之感油然而生。

这是一尊十分平常的巨石，它比不上太湖石那样玲珑，也比不上寿山石那样雍容，但我们每次上学都能领略到它的独特之处，风雨雷电洗礼下更显坚强，严寒酷暑肆虐下方见本色。它与校门的浮雕交相辉映，犹如百年明强的历史年轮，象征着明强百十年来的文化积淀，见证着明强人百十年风雨兼程的奋斗历程。

在明强妈妈110年诞生之际，我们更加感受到在明强妈妈的雨露滋润下的甜美，且百般珍惜同明强妈妈共同成长的每一天。

五（1）班　关茉君

2. 金桂飘香

明强小学的校园，少说也有100多株各色桂花树，有金桂、银桂、丹桂，还有四季开花的四季桂。这里向您介绍的可是一棵百年桂花树，它还有着一段感人的故事呢。

从前，七宝古镇浴堂街住了一位叫李锡堂的老爷爷，1918年，他在自家院子里栽了一棵金桂，金桂每年都会带来满园幽香。1994年，古镇改造，李家遇到了拆迁。乔迁之际，李家却对院子里的金桂树犯起了愁，想起每年金秋满院花香四溢，房主李宏正一家作出决定，将这棵近80高龄的金桂赠给同样是处于乔迁之际的明强小学，让它与明强的孩子一同成长，还每年支助护养费 200 元。这又一晃,20 多年过去了,百岁金桂越发生气勃勃。每到秋风吹起,金桂花香飘满整个校园。

五(5)班 施姝绘

3. 源远流长

一进明强径直走,你便会看到雄伟的钟楼,在它的左侧有一座人工垒砌的山水造型,它便是"源远流长"。

"源远流长"座高约四米,宽三米五,厚有二米五左右。规模比起真正的瀑布有些逊色,一旦它涌出源源不断的流水时,那"哗哗"的声音,就像山间小溪一样清脆,一样响亮……

潺潺流水让人倍感清爽;俊秀的假山让人精神抖擞;山石缝隙间攀爬出的常春藤沿石而挂,墨绿色的石苔上嫩叶撒落,像是夜空中的繁星点点,别有一番意境;山石坐落在一汪水潭之中,潭中锦鱼数十枚,欢快地摇头摆尾,怡然自得;潭底是鹅卵石,大小相宜,错落有致;还有无数水草相映成趣,好一幅世外田园似的生态。

钟楼依"山"坐,流水伴时光,精彩的人生就在其中闪光,这应是"源远流长"之意。

五(2)班 龚子心

4. 凌霄琴韵

穿过高大的钟楼,有一条幽静的小长廊,这里便是"凌霄琴韵"。

春天,温暖的阳光透过凌霄藤枝的缝隙洒下来,暖暖的。嫩绿的新芽没几天便能缠绕上木格,享受着阳光的滋养。夏天明晃晃的阳光穿过茂密的"棚顶",被木格滤成一缕一缕的,投射成斑驳的光影。火红的凌霄花,缀满在茂密的枝叶间。偶尔有几朵调皮的小花穿过密叶,从木格的缝隙下探出头来,向人们炫耀着校园的美丽;秋天,缠在木格上的藤叶子变黄了,变红了,秋风吹过,落叶飞舞着,飘落了,瞧不见那殷红的花了,但,柔和的红褐色叶却照样叫人心生愉悦;冬天,凌霄藤就整个只剩下光秃秃的枝干了,但这并不影响它的美,那虬曲盘旋的枝干缠绕着木制的格子,与长廊紧紧相依相偎,成了另一道别样的美丽的风景。

五(6)班　王晗桐

5. 勤耕细作

小小的,绿茵茵的,犹如一颗祖母绿宝石镶在教学楼之间,这便是"勤耕细作"。

看,那碧绿欲滴的"植物大观园":法国冬青作围栏,大叶黄杨为卫兵,

303

白玉兰树当旗杆。有的叶片呈针尖状,像一把宝剑直插远方;有的树冠呈绣球状,似一个小太阳散发着光芒;有的茎干呈卷曲状,就好像是被风吹乱的头发;金银丹三色桂花怒放金秋时节,幽香沁人心扉。

"勤耕细作"不但以绿清心,以勤立品,更有育人细无声之功效。"逢生麻中,不扶自直",绿化景美人,内涵润心境;生物多样性,孕育着"成长四季"的多元性;好的环境要靠文化景观去点睛升华,给人以启发,"勤耕"寓意着辛勤园丁勤耕不辍,灌溉不懈,言教身传,凝练品质。勤耕细作,一个优雅宁静的心灵港湾。

五(7)班　璩佳睿　杨　洋

6. 沙滩童话

散碎的沙子中点缀着亮晶晶的沙砾。在阳光的照射下,好似一片金色的海洋。散落着的海星、珊瑚、海藻、石子、木舟碎片与巨型仙人掌以及奇形怪状的多肉植物,让沙滩显得生机勃勃。

曾经,这里就是个沙坑,一个充满欢声笑语的"游乐场"。小伙伴喜欢在午间兴奋地跳进沙坑,就像在海边嬉戏一样。时而躺在沙子上,享受着日

光浴;时而一起堆沙堡、捏海星;时而把沙子抛到天空,好似天女散花般洒落下来,弄得满头满身都是沙子,少不了被老师与家长数落,但我们觉得欢乐无穷。

现在,这里变了样,由昔日的沙尘横飞变为现在的"沙滩童话"。越来越多的小伙伴们探索、阅读、交流着有关沙漠的知识:有关注沙漠能源的,有关注沙漠环境的,有关注沙漠旅游的。

"沙滩童话",一个充满童话的世界!

五(8)班 陈不染等

7. 健身广场

这里,充满了快乐,童真;这里,播撒下了梦想与希望;这里,承接了记忆中的汗水与泪水。这里,就是明强人的健身操场,一个小学生生涯中永生难忘的地方。

听,运动会的发令枪又在响起……布袋跳、结伴行、大脚丫、拔河、迎面接力等团体项目,及30米、50米、100米、200米、跳短绳、立定跳远、实心球等个人单项一一展开角逐。刹那间,运动场上加油声、呐喊声、鼓励声、祝贺

声此起彼落。

看，亲子运动会上小手牵大手父母与孩子齐运动共健身；班级家委会设计了极具个性的拉拉队队服；而身着红马甲的学生志愿者，坚守岗位，维持秩序，助人为乐的行为，理所当然不失为本次运动会比赛期间的最具亮丽的一道风景线。

"多会一好，让健康伴终身"的体育学科育人价值，唤起师生自主锻炼意识，让运动成为师生的生活方式。

五(9)班　陈希媛

8. 创意未来

慢慢卸下脚手架的就是即将封顶的师生综合成长大楼。不久的将来，这里会成为明强人智慧碰撞与创意无限的起锚地。

学生创意活动中心。拟建立"STEM + 科学技术工程数学融合课程实验室"、"Design and Technology 创客开源实验室"、"新媒体技术与未来智慧实验室。"

教师学术研究中心。开展国际理解教育、建立中外教育学术研究项目、

成立相关研究工作室、进行校本化师资培训。

师生体育运动中心。设有乒乓球训练馆、羽毛球训练馆、围棋室、健身房等室内体育运动设施。

师生演艺活动中心。建有 600 个座位,是集话剧、舞蹈、音乐、器乐、数字电影功能为一体的演艺中心。

校史课程展览中心。建有明强小学校史陈列室,坚持百年明强文化传承与发展的实践与探索;组建校本课程研究开发办,基于坚守与吸纳,研发国际理解教育课程。

9. 银球飞舞

有一种精神叫拼搏,有一种理念叫超越,有一种幸福叫体验,有一种文化叫交流,有一种生命叫成长……

与江嘉良对垒,分享当年的帅气与球技,每一个扣杀都是力与美的写意;

听郑敏之点拨,反思出击的时机与速度,每一次志在必得积淀自信蕴涵;

赏瓦尔德内尔,长青之树的执著与魅力,品味四两拨千斤的智慧与曼妙;

请佩尔森签名,永葆比赛的兴奋与沉稳,灵活机动不时生成战术的构想……

每一个冠军梦,从这里做起……

明强人用汗水、泪水、洗净着尊尊闪烁金光的奖杯,

明强人用水泡、茧子、印制着张张油墨芬香的证书,

明强人用智慧、坚守、涤荡着个个师生纯粹美好的心灵!

飞舞的小球,承载的哪里只是体育竞技的高超本领,更是明强人凝练人格、审美超越的清晰标志。

小小银球在历练我们球技的同时,更教我们做人的道理。

五(4)班　盛汶哲

10. 艺术空间

这里就是明强小学的艺术空间体验区。它坐落在校园西北角的二楼,与千年古镇七宝隔街相望。

"艺空间"是同学们多元体验的乐园。静态展示与动态创作相结合;艺术创作与艺术欣赏相结合;社团活动与个人体验相结合。

　　用巧手设计一件件美丽的作品,无论是木偶教具,还是一张普通卡片,顷刻之间就成了一个个鲜活、灵动、端庄、典雅的时装秀;无数的午间,从废报纸,废旧物中寻找最基本的"零件",为校园的艺空间创造童话和魔幻。每一个孩子带着新奇而来,满载成就而归;带着疑问而来,收获满意而归;带着担忧而来,充满自信而归。

　　"艺空间"笑纳着每个独特的个性,理解着每个成长的烦恼,保留着每个真心的故事,放大着每个点滴进步,让我们走近大师⋯⋯

五(10)班　黄羽佳

二、爸爸的书架①

　　一次,一位妈妈找到班主任唐红老师说,孩子要吵着离家出走到她爸爸那儿去。唐老师听后很奇怪,便问:"爸爸在哪里,为什么要到爸爸那儿去?"这位妈妈告诉唐老师,孩子的爸爸长期在外地工作,几乎没管过孩子。

---

① 选自唐红.爸爸的书架[J].现代教学·思想理论教育,2017,(5B):64 − 65.

孩子慢慢长大,嫌妈妈管的太严,就萌发了离家出走的念头。后来,在老师和家长的劝导下这个孩子才没有做出极端的事情。但这个现象引发了唐老师对父性教育缺失的思考。

班会课上,唐老师问学生:"平时爸爸在家都陪你们做些什么?"他们的回答令唐老师担忧:爸爸每天忙着工作,很晚回家,有时几天都不跟我讲过一句话;爸爸回到家就捧着个手机,没时间管我;爸爸经常答应我做这做那,可一忙起来就忘了……可见,爸爸都很"忙",似乎都忘记了自己在孩子成长中的角色。事实也是如此:每次开家长会,总是妈妈居多;学校搞活动,也是妈妈最积极;找家长谈话,有的爸爸就以孩子主要是妈妈在管为理由推脱。

父亲在家庭教育中的缺失,在当下已成为一个社会问题。大多数家庭中的父亲忙于工作,把教育孩子的重任全部交给了母亲,致使父亲在孩子成长过程中的作用逐渐被弱化,成了"影子爸爸"、"隐形爸爸"。这种"亲情关系向母性群体倾斜"的现象,不仅会阻碍良好家庭关系的建立,更不利于孩子身心的健康发展。在孩子的成长过程中,父亲是不可缺失的,随着孩子的长大,父性教育的作用会日益凸显。父亲是孩子最重要的游戏伙伴,也是儿童积极情感的满足者,父爱有助于促进儿童智力的发展和良好个性品质的形成。所以,作为班主任,近几年来,唐老师一直尝试着通过读书活动架起父亲和孩子之间沟通的桥梁。每接一个新班,唐老师会根据年段的特点、学生的需求、家庭的教育现状等对班级的读书活动做一个整体的策划,"爸爸的书架"就是在此背景下应运而生的。

1. 写一封信,沟通情感

"爸爸家长会"开启了"爸爸的书架"的序幕,会上唐老师请爸爸们完成一份亲子阅读的调查问卷,很多爸爸坦言自己很少陪伴孩子,更不用说亲子阅读了。在"父性教育在孩子成长中的独特价值"的小论坛中,几个做得比较好的爸爸交流了经验,给其他爸爸很多启发。会后,唐老师希望每个爸爸给孩子写一封信,跟孩子以书信的方式好好聊一聊,再推荐一本好书进行亲子共读,沟通彼此的情感。

很快孩子们收到了爸爸的来信,其中有一个爸爸写道:"小伊,这是爸爸第一次给你写信,虽然爸爸忙于工作,经常不在你身边,但爸爸真的很爱你……你或许觉得妈妈对你太严厉,可你要知道妈妈多辛苦,爸爸要推荐一本书给你,这本书的名字叫《爱心树》……"爸爸们的信有的幽默风趣,有的启迪智慧,有的笑谈人生,很多孩子是第一次读到爸爸的信,都流下了感动的泪水。

2. 亲子共读,温情陪伴

亲子共读是"爸爸的书架"的主旋律。爸爸们从书店为自己的孩子精心挑选了好书,有的把自己小时候看过的连环画推荐给孩子看,有的针对孩子身上的问题,找来相关的书籍给孩子读。唐老师要求爸爸们必须每天保证半小时和孩子一起共读推荐的好书,大部分爸爸们都能推掉应酬,缩短加班的时间来陪伴孩子。渐渐的,爸爸们感觉到了陪孩子读书所收到的意想不到的效果。跟孩子亲近了,发现孩子身上更多美好的品质,孩子有问题可以及时疏导,孩子们也更多地愿意跟爸爸分享各种事情。一位爸爸在交流经验时说道:"孩子以前特别不会和小朋友相处,怎么教也教不会,很令他烦恼。他发现《纽伯瑞获奖作品》中关于弱势群体、人际交往问题、人与动物和谐共生等主题非常适合孩子读,于是他每天和孩子一起共读一个主题,有时他们会选取其中的内容进行讨论,有时会联系孩子的实际问题进行探讨,孩子在一次次思想的碰撞、重组中,社会性交往能力逐步提高了,这令他非常高兴。"更多的爸爸意识到,读书就是陪伴,有温度有质量的陪伴,比讲千言万语更有用。

3. 图书漂流,共同成长

为了让爸爸的书漂流起来,唐老师专门在教室里开辟了一个地方,也命名为"爸爸的书架",把爸爸们推荐的书放在书架上。一年下来,几乎每一个孩子都读了所有爸爸推荐的书,也从贴在扉页上的信中明白了更多的道理。爸爸的书架上,不仅有爸爸推荐的书,还有孩子和老师推荐给爸爸的书。一个孩子在给爸爸的信中写到："爸爸,我和您一样喜欢看探秘的书籍,我觉得《中国未解之谜》很适合我们一起看……"也有直接给爸爸提意见的:"爸爸,有时我做错了事,您会对我发脾气,还会责骂我。我给您买了一本《骂孩子的艺术》,里面有很多亲子教育方法,希望您有空拿出来看一看……"孩子们把这些书借阅回家给爸爸看,有个爸爸向唐老师反馈说:"读了孩子给我推荐的书,我真的很惭愧,以前只想到给孩子多创造更多的财富就是爱他,忽视了和孩子的交流,和孩子一起亲子阅读后,我明白了很多,感谢'爸爸的书架'这个活动,让我没有错失陪伴孩子成长的过程。"这位爸爸的话代表了很多家长的心声,是啊,孩子的成长只有一次,不可重来也不能复制,在孩子需要的时候,做父亲应该做的事,在陪伴孩子成长的同时,也是成就了自己。

"爸爸的书架"活动给孩子、家长、老师带来的影响出乎我们的意料,尤其明显的是推动了父性教育,使之发挥了独特的作用。

首先,更新了父亲的教育理念。在"爸爸的书架"策划前期的调查表中发现,10%的爸爸每天陪伴孩子的时间为零,只有26%的爸爸每天最多有一小时的时间陪伴孩子。在对"为什么没有陪伴孩子"的回答中,最多的是"工作忙、没时间、妈妈管就可以了……"有相当一部分爸爸没有意识到,对孩子的教育也是自己应该承担的责任。他们以工作忙,没时间为理由,把孩子的学习、生活压在妈妈一个人身上。这种教育观念已经落后于现在的教育形式,不能适应孩子的发展和社会的需求。在此背景下,"爸爸的书架"是一个助推器,推动着爸爸们不得不更新自己的教育理念,改变自己的教育方式,在亲子阅读的活动中,蹲下身子,挤出时间,陪伴孩子。起初可能是被动的,但随着活动的持续发展,他们的态度由被动逐渐转化为主动,渐渐意识到陪伴孩子成长是自己不可推卸的责任。

其次,提升了父亲的育子能力。每个爸爸都爱自己的孩子,但不是每个爸爸都会教自己的孩子。很多爸爸坦言自己不知道怎样跟孩子相处,特别是遇到问题时有时无从下手。"爸爸的书架"创设了一个亲子互动的机会,让爸爸和孩子每天在一起读读书、聊聊天、讨论讨论问题,爸爸广博的知识面、缜密的思维、看待世界的方式,都给孩子很多启发。爸爸们从原来不会讲故事、不知道孩子喜欢什么书,到了解孩子的喜好、知道怎样通过阅读去解决孩子成长中的问题,沟通彼此的情感。亲子共读,读的不仅是书,更是生活和人生。孩子们说越来越喜欢和爸爸在一起,喜欢和爸爸谈天说地、喜欢有爸爸在家的日子。可见,爸爸在家庭教育中的回归,让孩子有了更多的安全感和幸福感,孩子们深切地体会到了父爱的温暖。爸爸们的教育能力在逐步提升,带着孩子游戏、运动、旅游……更加主动地参与到孩子的教育中来,作用于孩子的成长过程。

　　第三,加大了家校合作的力度。家校合作是形成教育合力的重要渠道,但以往的家长会、班级开放日、家长志愿者活动等都是以妈妈为主,很少有爸爸主动参与。自从"爸爸的书架"活动开展后,这种状况明显改观,爸爸参加班级活动的积极性大大提高:运动会上有爸爸和孩子一起努力拼搏的身影,小队活动中有爸爸的保驾护航,故事会时有爸爸的倾情演出。现在"爸爸故事会"、"爸爸的专业"已经成为班级的特色家长课程,每一次课程都是由爸爸们一手策划和组织。爸爸们独特的讲述方式,精彩的课程内容,给孩子们拓宽了视野,让孩子们增长了见识。每一次有爸爸来上课,那一天就像过节一样,孩子们会因为爸爸的到来而欢呼、骄傲。在爸爸的课堂上,孩子的求知欲、创造性被点燃、被激发,可见爸爸的影响力是妈妈和老师不可比拟的。唐老师很庆幸找到了这样一个家校合作的结合点,以"爸爸的书架"为载体,架构起家庭教育、学校教育、孩子成长三者之间的有机融通。

三、午间"微社团"①

　　小学生天性活泼好动,缺乏一定自制力,且模仿能力强,极易受到外界

---

　　①　叶喜.基于"规准"的小学生午间微社团建设的实践与探索[J].基础教育参考,2017,(7):37-38.

因素的干扰,加之当前一些社会媒介不够规范,很容易对学生的举止和行为造成直接或间接的影响。

尽管学校的行规教育反复进行,午会尽管学校着力开展行规教育,在午会、班会、校会期间对学生见缝插针地进行引导。但是如果社会、家庭的影响过大,学校的教育力量就会显得苍白无力。学生午间不断模仿,追逐、吵闹、甚至搏斗,小则影响他人休息,大则造成安全事故。而说教式的引导显然已无力改变这一现状,此时,以安全、文明、有意义为目标的午间休息活动的开展就显得尤为重要。根据实际情况,我们把安全、文明、有意义的目标具体化为:不追逐打闹、不大声喧哗、不在教室里和走廊上及扶梯上做不安全游戏,积极开展能促进文明行为规范养成的团队活动。为此,寻找突破点,让"午间文明休息"在师生间达成共识显得至关重要。那么,为了达到这样一个目标,应该构建怎么样的载体,通过什么样的程序,才能建立午间文明休息的"规准"呢?

1. 载体:建立班级微社团

首先,我们认为应从满足学生的需求入手。应该说午休是学生缓解疲劳、放松身心的有效途径,同时午休也是学生活动较为积极活跃的时刻。其次,实现午休过程的安全、文明、有意义是培养学生"规则礼仪好"的具体需求。第三,从教师的教育管理考虑,课堂上可以通过教学调整每一个学生投入的状态,午休期间,班级里的孩子都分散在四处,怎么才能关注到每一个学生呢?

在不断地摸索中我们发现,不少同学喜欢三三两两聚在一起,有的看书、有的画画、有的玩游戏。他们因为志趣相投,所以在一起休息做事也格外安静、文明,互不影响,互不干扰。这给了我们很大的启发,可以以此为基础创设各班的微社团。

在实践中采取的方法是,以班级为大单位,班级中的若干成员以相同的志趣集结成一个个小单位,在课间和午间开展相关的活动,这就是微社团。我们根据学生们的意见,制订了微社团活动的相关"规准":第一,微社团活动由 4 – 6 人组成较为适宜;第二,微社团成员一般包含一位社长,并建议实行社长轮换制;第三,微社团活动内容适宜在午间进行;第四,微社团活动内容可以一阶段一更改。第五,微社团的辅导员可以聘请老师,也可以由家长志愿者担任。

应该说这个载体的建设依据是学生的年龄特点、身心需求,并在育人价值观上充分体现以学生为主体的德育理念。因此,午休时间开展各班"微社团"活动也得到了学生们和老师们的充分肯定。

2. 基于午休"规准"的组建与实施

教育教学实践表明,达成共识的"规准"最容易得到有效的执行。但在执行过程中因为各种因素,总会出现各种各样的问题。比如有些微社团的组建没有真正落实孩子的兴趣点;活动过程中出现目标偏差;活动过程的持续性不长,效果不佳等等。针对以上问题,我们从目标、过程、实施方式等方面进一步深化探索:

(1) 强调微社团的民主性

微社团的建设必须遵从民意,尊重学生的选择。在创建微社团的过程中,采取了学生推荐、老师主导、学生补充的方法,即学生根据自己的兴趣先推荐几个社团,老师根据班级实际情况和学生一起创建几个主要的微社团,再由学生投票、补充,最终确定班级内的若干微社团。每个学生选择一个社团,如果所在社团的人数较少,也可以另外再加入一个社团。这样,可以确保学生自愿参加各个社团。在微社团组织方面,一个社团推举两个负责、有号召力的学生作为社长,由他们组织、带领微社团的开展。

(2) 强调微社团的持续性

微社团存在的意义就是要让学生有组织地活动,同时在活动的时候提升自己的能力。如何让孩子在开展微社团的时候做到有效,持续,班主任的引导非常重要。所以作为班主任一定要去观察微社团开展的动向,及时做一些反馈与建议。比如学生缺少规则意识,课间的休息就会有一定的不安全因素,将报名社团的人员姓名做好记录,划分为几个小组,实行社团定期轮换活动的机制,这样学生们既能参加到自己热爱的活动,也能体验到多个社团的活动,更能锻炼到自我管理的能力。同时,在微社团交流方面,选定礼拜一为交流日,每周由一个社团的几名学生交流,比如讲故事社的孩子可以给全班讲一个故事;魔方社的孩子可以表演花式魔方秀;折纸社可以教全班如何折一个小动物等等。这样,既增加每一位成员在社团中的成就感,又促进社团的持续运作。

(3)强调微社团的灵动性

为避免因部分同学补作业而造成社团活动无法进行的情况,我们可以安排一些随机的、临时的社团,使得那些无所事事、四处奔跑的孩子有去处。对于另外一些比较有个性的孩子,更应该做一些积极的引导,可以特地给他们一些任务,让孩子去尝试完成一些小项目,让他们体会成功的喜悦,从而激发他们内心的火花。同时,社长能力的高低也是一个社团能否组织好的重要原因,当发现社长在组织过程中遇到能力问题,老师和家长可以及时干预,适当地给社长们作辅导和培训,让他们更加有效地组织好自己的社团,同时也锻炼了他们的能力。

(4)强调微社团的互通性

微社团的创建与发起,不应该只是闭门造车,我们要迈出足,打开眼,去发现其他班级微社团的开展情况,观摩其他班级的微社团。这样一来,取长补短,既开拓了思路,也使学生们有了更多的选择,活动更加丰富。

这几个方面我们在平时的午休微社团活动中不断落实,反复推进,逐渐就形成了一套程序和规范,随着活动后续的开展,我们还可以进一步细化程序。

3. 午休"规准"建设的成效

常有人认为标准化的东西制约了孩子的创造性,似乎"创新"和"规范"是一对矛盾。但我们可以这样定义"标准":恰恰是这些"标准"成为了学生创新最基础的文化土壤,两者不是相互矛盾的。在明确了午休的目标,落实了午休的有效工具——微社团活动,并且形成了一定的合理程序之后,"午休规准"的建立也产生了良好的效应：

（1）午间：文明、安全、有义

因为几乎每一个孩子都有了自己的团队，所以午间活动变成了一种有组织有管理的活动，相比较之前的自管自，漫无目的地玩耍更多了一份约束和纪律。同时，又因为是以兴趣集结的社团，哪怕是原来的那些小调皮鬼们，也可以凑在一起开展"淘气包"表演微社团的活动。午间休息的安全性得到了很大的保障，这也就是我们一直在遵循和追求的"疏导"原则。

（2）强化了社团集体意识

一个微社团就是一个集体，在这个小小的集体中，任何特殊或者不和谐的因素都会被这个集体所淘汰。所以，学生们在活动中无论是自觉的，还是被动的，都逐渐开始规范集体意识。互相帮助，共同进步，是团队意识最鲜明的表现。以剪纸社团为例，有同学不会剪纸，但他有兴趣参加这个社团，那么会剪纸的孩子就手把手教不会剪纸的，一来二学，慢慢也能摸出点门道来，剪出个花样来。在这剪与学之间，帮助与被帮助之间，友谊在滋生，合作能力在发芽。

（3）养成了规划时间意识

因为微社团的活动都是在午间进行的，相对来说，活动的时间比较有限。所以，同学们必须寻找、改编、创造适宜的游戏和活动，就产生了大量短时、有趣、生动的微社团活动，比如光影剪纸，彩带编织等。同时，因为活动内容丰富有趣，也迫使一些平时学习动作比较慢的同学，必须提高学习的效率，才能保证有时间参与到整个活动过程中。同学们在无意中抓紧时间的观念加强了，规划时间的意识正在逐步形成中。

（4）发展了协同合作能力

以往散乱的个体以团队的形式开始活动，队员之间合作的机会就会越来越多。比如，同样是玩魔尺，本来是一个人折各种形状，现在有一群人在一起切磋。你掰一个恐龙，我掰一个老虎，他掰一棵树，组合起来，不就是一个现场版的"侏罗纪公园"吗？再拿着手中的成品一起来演一演，乐一乐，这种滋味单凭一个人玩肯定是无法体会的。这是小合作,确是真合作,大家把自己的能力贡献出来,一起体验成功的滋味就是合作成功了。或许我们建立微社团的初衷只是希望同学们在午间休息的时候可以文明一点,安静一点,礼貌一点,安全一点。不期然间,在小小的活动中,不断闪现的是同学们的追求、努力、创意和智慧;小小微社团,秀出智慧无限,精彩无限……

同时,班级微社团活动的开展也促进了班级文化的整体建设,校园文化更加丰富多彩,为打造"七彩校园"增添了更靓丽的风采。班级微社团里的骨干队员同时也成为校级社团的中坚力量:皮影社团在区里、市里的舞台上绽放光彩;朗诵社团的成员大都来自各个班级的朗诵微社团、他们在各级各类比赛中过关斩将,一路高歌,尽显明强风采;舞蹈队员的舞姿不但吸引着班级里每一个同学的目光,也在各类舞台彰显社团成果。微社团活动、学校社团活动得到了各级各类领导、专家和同行的肯定和赞许。

四、校园学生电视台①

2017 年 5 月 2 日,"明强校园学生电视台"装饰一新的演播中心开播仪式正式举行。校长姚凤强调:"明强校园学生电视台"正式开播。对明强112 年的办学历程而言,对明强 4600 多名师生而言,透过校园学生电视台这个平台和空间,明强人可以创造和记录更多的审美一刻和超越一刻,电视台必将成为明强校园文化建设又一道亮丽的风景线。同时,姚校长提出了三个愿望:一是"明强校园学生电视台"作为由学生自己当家作主的校园学生电视台,从节目的自导自演、自录自播、自编自创,期待有更多的同学和老师主动参与;二是相信在信息科技部老师的引领下,"明强校园学生电视台"一定能建设成为师生的良师益友和精神家园,真正为每一位师生服务;三是希望"明强校园学生电视台"要进一步发挥电视台独特的育人功能和价值,打造具有"明需求,明发展,强对话,强分享"的明强特色的媒体文化,

---

① 选自明强小学教师吴顺军论文《基于自主发展的学生社会角色体验》。

成为精神文明建设乃至"创全"工作的重要媒介。

把学生电视台的工作放在基于自主发展的学生社会角色体验中的建设与思考是对明强始终致力于以学生为本的教育理念的又一具体实践。校园学生电视台不仅是丰富学生校园生活的手段,也是培养学生综合素质的重要渠道,有着其他学科教学所没有的不可替代的、独特的育人价值。200平方米的演播厅,装备了专业的灯光系统,配备了多机位摄像机。旁边的主控编辑室,配备了全套的非线性编辑电脑以及特技机、调音台、录制机等硬件设施。节目的策划、制作、直播等技术性工作均有学生独立完成,学校信息科技部具体在宣传导向和宣传口径上提供辅导、帮助与把关。

由于移动网络媒体技术与产品的不断成熟,造成了近年来近年来,移动网络媒介技术与产品不断成熟,给校园学生电视台的传统功能带了一定的冲击。如何发掘校园学生电视台自身独特的育人优势,为学校教育的转型性变革实践服务,为以生为本的教育理念及新的课程改革服务,让校园学生电视台成为学校内涵发展新的生长点,明强人是这样思考与这样实践的:

1. 育人——校园学生电视台的价值所在

(1) 培养学生主动关心校园生活的意识

叶澜老师说过:"教育是充满生命的事业,学校是洒满阳光的花园,校园是小学生成长的摇篮。"但是受目前某些家庭以及社会的功利现象的干扰与影响,学生平时的学习行为常常被圈在小小的课堂中,知识的习得过程常常局限在课堂书本上,而充满生命力的"百草园"——校园环境生活,常常与学生的学校生活无关。如何让学生在课堂学习之余能够主动关心校园生活,关注课余休闲生活,关注发生在周边的细小的校园事件,从而达成丰富学生的多样化的校园生活,充实学生的成长四季,光靠学校、教师的营造还很不够,必须引导学生,把学生的眼光、手脚、心境从课内和书本上解脱出来,成为校园的主人。而校园学生电视台就具备了这样一个独特的功能。

每一个到访明强的来宾,都有这样的感受:校园大气,绿化环境优良。的确,明强的校园环境非常优美,各类景点也不断以学生为本,进行翻新与建设。但有时对于学生来说，偌大一个校园，他未必能了解到整个校园的变化。为此，学校开展了明强"校园新十景"评选与推荐活动，校园学生电视台也把评选出的新十景拍摄成宣传视频，美丽动人的画面，激发更多的学生主动关心朝夕相处校园，为美丽的校园增添新的人文景点。

（2）培养学生发现与捕捉校园新闻的意识

随着学生主动关心校园生活的意识不断提升，我们会发现，有越来越多的学生会主动的来寻找老师，找到学生部、信息部，甚至校长，表达他们的意愿、发现。这些学生，正是我们电视台要寻找的好苗子！

明强校园学生电视台虽然刚刚正式启动，其中第一批五位小记者，其实就是在以往"强强红领巾电视台"日常运作中挖掘到的，所以在校园学生电视台启动仪式上，学校也隆重地为他们颁发了聘书与工作马甲。这是对这类学生的一种肯定，他们就是在那批主动关心校园生活中，更具有进一步发现和捕捉校园新闻意识的学生，他们不仅以童趣的视角成为校园新闻素材的提供者，具有独有的新闻专业意识，对于问题能进一步的思考与探索，这就是我们需要培养的更进一步的意识。

比如，同样还是校园景观，他们就发现了这些景观经过校园学生电视台的宣传之后，有很多同学都去参观游玩，但其中也存在一定的安全隐患。于是，他们提出了进一步建议，希望能拍摄一部安全游玩这些景点的宣传片。

（3）培养校园新闻宣传的正面导向意识

明强从不会忽视当今学生的想法，他们的眼界与以前的孩子有着截然不同的时代特点，因为社会不断进步、科技不断发展，一切都在翻天覆地的变化中。现在的学生常常会发现自身周围的一些具有新闻价值的事件，如：午饭食物浪费的问题，电瓶车废电瓶的处理问题，共享单车损坏问题等等。

比如有学生发现校园中有些不文明现象，主动拍摄了一个小短片交给老师，希望作为学校进行宣传教育的播放内容。我们后来稍作了处理，加上了马赛克后再对事件进行针对性教育。当然，我们辅导老师需要对学生提交上来的新闻内容加以必要的筛选引导，以正面宣传替代负面批评，以正面引导替代过多指责。为此校园学生电视台制作了校园行为规范宣传片。

可见，我们的学生如果自小就能培养出自主关心、观察生活、并能主动自发去提出问题、解决问题的意识，那么他们将来长大成人走向社会时，也将体现出相应的职业素养。

2. 机制——校园学生电视台的生命所在

校园学生电视台的演播厅虽然是今年5月正式启用，实际在此之前，明强的"强强红领巾电视台"也一直在进行各类节目的录制或活动直播，也有很多学生已经参与到了电视台的一些日常工作之中。如今，专业平台搭建，需要完善新的运行机制，不断在这一平台上，实现育人价值。

（1）完善与健全已有的特色栏目

明强校园学生电视台已有较为成熟的常态栏目：强强演播，校区小舞台、英语社团展示、小小爱迪生、乐言故事、健康与幸福（卫生保健类宣传）、学生社团展示、家长课程展示等，都会不定期的结合学校的中心工作开设现场直播与转播节目。如日立公司与学校合作开设的环保课程在周三进行全校直播、东航集团空乘人员为学校学生传授礼仪知识课程等等。

结合区级层面要求，核心年级开设不少于5门课程，每门不少8课时，总课时不少于50课时，800人以上学生参与率不低于3%，开发相应校本核心课程：摄像，记者，编导，主持四类培训班。明强小学2009年被评为上海市摄影特色校，在拓展型课程中已经有相应摄影、摄像两个课程。2017年又被评为"全国百佳校园电视台"，根据明强师资、家长资源特点，有区内经验丰富的主持人老师，有上海电视台新闻综合频道当家主持人，有区闵行电台学生家长，有著名广播电台播音员等，学校有足够资源来支持小记者、小主持的培训课程实施，这也是学校后续将开展的重点课程。

（2）坚持以学生为主教师为辅的原则

学生是校园的主体，也是校园的主人，校园因学生的存在而充满生命活力。这就决定了校园学生电视台的服务对象是学生，而服务者更是学生，教师则是学生成长过程中的点拨者和辅导员。刚接触电视台工作的学生常常很兴奋又很茫然,这就要求教师教给学生方法,如引导学生平时注意观察、注意积累、善于发现切入点并且深入思考,认真挖掘事件的原因、内涵。

让学生在教师的指导下,深入校园的每一个角落,甚至走到了社会活动中,寻找素材,报道制作新闻。在活动中,正确引导又完全信任,大胆放手,让学生在校园学生电视台发挥自己的创新意识和创新能力。校内外有机结合,有效促进学生的自主发展,在一定程度上说,学生在校园学生电视台的成长过程中,获得了一定的社会角色体验,也为未来职业兴趣埋下了一颗希望种子。

（3）确保为学校核心工作服务的职能

学校任何一项工作核心都是为了学生的主动健康发展,而校园学生电视台确保服务学校的核心工作就是体现了为每一个学生的主动健康发展服务。因此,在校园学生电视台建设的这些年中,紧紧围绕学校"智慧领导、成长四季、幸福教师、和美课堂"四项核心项目工程,主动服务,创新工作,为学校核心工作的开展起到锦上添花的作用。

比如:2015 年百十年校庆之际,校园学生电视台,首次通过微信向海内外明强校友直播庆典活动的实况;2016 与 2017 两次校级春季运动会实现了现场直播。类似的还有两校区融合微信直播,六一节庆典直播、近期闵行区创全工作宣传活动等等。

第七章　成长新故事：点亮生命成长之光

　　用创造学校新生活的理念开展日常教育活动,使师生成为学校生活的主动创造者。教育的意义不只是在未来,它就在当下创造生命成长的、丰富的各项学校活动中。

——叶　澜①

一、在明礼强行中习规则礼仪

　　规则礼仪是明强小学以"坚守与吸纳"为理念的国际理解教育课程育人目标之一。其基本途径是通过五千年中华传统礼仪的传承、坚守和在国际交往过程中的应知应会的基本规则、礼仪文化的理解、吸纳,加以实施。下面通过几则案例故事来佐证。

　　"规则礼仪"教育作为《坚守与吸纳——小学生国际理解教育课程设计与实践》的重要培养内容,已经在明强小学全面推开。学生部成立了明强小学学生礼仪队。为了能让队员接受专业的培训,也对全校的学生在礼仪行规方面有一个规范化的要求,学校特聘请全国儿童礼仪协会上海市分会副会长张颖老师担任明强小学学生礼仪队的总指导老师,开设明强礼仪教育大课堂,强化学生礼仪教育,提高全体学生的礼仪规范与素养。

　　礼仪教育大课堂采用专业礼仪队培训和全校校会集体普及培训相结合的方式开展活动。共分四个阶段进行:第一阶段是对仪容、仪表、仪态礼仪

---

① 叶澜."生命·实践"教育的信条[N].光明日报,2017 年 02 月 21 日(13).

（包括站姿、行姿、蹲姿）等方面的培训；第二阶段是对手势礼仪的培训；第三阶段是对坐姿礼仪的培训；第四阶段是对演讲礼仪的培训，包括说话的仪态、声音以及互相聆听的重要性等。

礼仪教育大课堂，让每位同学意识到礼仪是一个人内在素养的外在表现，是人际交往中的一种艺术，也是人际交往中的重要沟通技巧。在礼仪教育大课堂中明强学子不断浸染、熏陶，一代知书达礼的谦谦君子将从明强走出。

以下是明强师生眼中规则礼仪教育，以教师案例描述、学生日记、通讯稿等形式来阐述这些典型案例。

（一）谦谦君子　知书达礼[①]

坚守与吸纳——小学生国际理解教育课程设计与实践的研究过程中，明强在以往教师礼仪培训的基础上，由学生部成立了明强小学学生礼仪队。为了能让队员接受专业的培训，也对全校的学生在礼仪行规方面有一个规范化的要求，学校特聘请全国儿童礼仪协会上海市分会副会长张颖老师担任明强小学学生礼仪队的总指导老师，开设明强礼仪教育大课堂，强化学生礼仪教育，提高全体学生的礼仪规范与素养。

礼仪教育大课堂采用专业礼仪队培训和全校校会集体普及培训相结合的方式开展活动。共分四个阶段进行：

第一阶段是对仪容、仪表、仪态礼仪（包括站姿、行姿、蹲姿）等方面的培训。以仪态礼仪为例，张老师对队员进行了站姿训练，十一点靠墙，头顶书的练习方式让队员体会到良好的仪态并非一日练成，需要长时间坚持不懈的训练。张老师还让孩子们演示一下平日习惯的蹲姿，可谓千姿百态。为了让孩子们清楚知道自己目前动作如何不雅，张老师模仿了每一个动作，孩子们在笑声中知道原来一个简单的蹲姿也有如此多的讲究。于是，张老

---

① 叶喜.谦谦君子　知书达礼［J］.上海教育，2016，（2AB）：75.

师用简单、扼要的口令,边带领动作边喊口令,教会孩子们怎样让自己蹲出自信、蹲出优雅。孩子们一遍遍地练习,脚酸了,咬咬牙坚持着,孩子们个个都能蹲出标准的蹲姿。

第二阶段是对手势礼仪的培训。手势礼仪是接待礼仪中的重中之重。教会孩子们前摆式、上摆式和下摆式,告诉孩子每个手势的用途和注意事项。在培训过程中孩子们经常习惯用一根手指指认,而且直指对方的脸部,张老师用模仿行为、切身体验、儿歌根据、动作学习等方式告诉孩子们:指人不可用一根手指,能用右手不用左手,手掌指示表示尊重,邀请手势显示有礼。

第三阶段是对坐姿礼仪的培训。头正、肩平、目视前方、面带微笑、腰杆挺直。随着张老师的口令,孩子们从镜面反射中看着自己的坐姿和同学的坐姿,不断纠正自己不正确的坐姿,张老师要求孩子们在听课期间也尽可能地注意自己的坐姿,因为只有坚持才能养成良好的习惯。

第四阶段是对演讲礼仪的培训。包括了说话的仪态,声音,互相聆听的重要性。张老师还结合名人演讲的实况录像启发同学们善于模仿,勇于表达。

礼仪教育大课堂,让每位同学意识到礼仪是一个人内在素养的外在表现,是人际交往中的一种艺术,也是人际交往中的重要沟通技巧。在礼仪教育大课堂中明强学子不断浸染、熏陶,一代知书达礼的谦谦君子将从明强走出。

(二) 艺术与成长①

坚守与吸纳的国际理解教育课程理念,渴望在学校艺术教育领域内中打造一个彰显独特个性与发展自信的生命体,一个找到适合自身发展平台而幸福满满的生命体,一个拥有自己成长"话语权"的生命体……

---

① 王晓."生命·实践",我眼中的艺术教育[J].上海教育,2017,(2AB):126 – 127.

随着轻快的伴奏曲响起,"舞向未来"①开始了……

在领舞老师的带动下,孩子伴随着节奏开始了律动。几个八拍的基本练习后,老师便将领舞的角色委托给了一个学生,小老师则以自己对舞曲旋律与律动节奏的独特理解,自信满满的担起了"重任"。而每两个八拍,正方形的边队,就来一次顺(或逆)转,八个八拍完成一个轮。随后新的舞曲与新的节奏继续着新的舞姿和领舞者的变换,不断地展示出多元、独特的,有张力、有创意的动作。队形的不断变换,真正且深层的立意却是在不断改变的边队中,每一个孩子都得到最佳的亮相机会,让孩子们在尽情舞蹈中诠释自己对音乐、对节奏、对舞蹈的独自理解。舞出自信,舞出美丽,舞出生命魅力。而每一次在这种课堂氛围的感染下,校长、老师都不由自主加入到孩子的队伍中与之互动共舞。整节课说少练多,队形旋转,我先你后,音乐与舞蹈得到充分的诠释,几乎每一个孩子都表现的主动、热情、兴趣浓厚。

以平静的眼神,赏析着这群朝夕相处的孩子,当下所彰显的是难得一见的生命张力。视野在不经意间从领舞的身影转移到了孩子身上;思维在不知不觉中从"教"转移到"学",更确切地说是被学生"主动创生、自信创造"的热情深深吸引……突然发觉眼眶湿润了,我坦言,我真切地流出了感动之泪。作为观摩者,我深吸一口气,努力保持着理性的心态,竭力控制住自己的情感而不至于太失态……

3月,生机盎然的季节。午间,我在校护导,经过一段宽阔的廊厅,眼前的一幕令我驻足欣赏:几个三年级的小女孩,正在排练歌舞。指挥的是一个大脸盘女孩,只见她满头大汗地忙前忙后,认真纠正着每个小伙伴的动作位置,全然不顾有个局外人正在凝视她,那股认真劲,那股投入度,那股自信心,俨然似一位叱咤风云的大牌导演。一问才知道,她们是准备参加即将开始的校园"十佳英语小歌手"海选活动。和小女孩们道别后,内心忽然有一

---

① 由上海市闵行区教育局、中国福利会少年宫与全美舞蹈协会(简称 NDI)在闵行区部分试验校实施推进的一项学校艺术教育领域的海外引进课程。

种欣慰:要是还是按照过往的"规则":想进校舞蹈队,没有出众相貌,一定没门。试想:由此我们"扼杀"了多少酷爱歌舞,酷爱表演,酷爱表现的孩子的天赋? 或许一个天才由此被湮灭。幸好我们及时意识到这种不合理现象,继而在几年前就着手开放"七彩童年"、"成长四季"与"强强小舞台",这些系列平台有效编织和磨砺了孩子们的校园生活,更多的、原生态的"校园舞精灵"、"校园百灵鸟"应运而生,自主追求艺术、追求美成为挥手之间的事。

果不其然,那几个从廊厅中一路走来的小女孩们自编、自排、自导的节目,挺进了前二十名,站到了角逐"十佳"的 PK 现场。那天我负责安排节目候场,但当那群小女孩上场时,我还是"擅自离岗"偷偷地跑到观众席,欣赏她们的演出。蔚蓝色的舞裙、超级的兴奋、豆大的汗珠、满满的自信,让我又一次热泪盈眶。此刻我坚信结果不是最重要的,最重要的是她们有了自己的"粉丝",最重要的是她们得到了专业评委的注视,她们用自己或许并不专业的肢体语言诠释了对歌曲与舞蹈的理解,她们向全校师生发出了她们热爱艺术、追求艺术的庄重声明。

随着国际理解教育课程设计与实践研究的不断推进,"生命·实践"教育学理论越发深入人心,明强孩子身上出现了三大有目共睹的变化:

一是每一个生命体变得越来越独特而又自信。

以"舞向未来"为例。这一课程将现代舞语汇融入日常少儿舞蹈教学,用"团队合作、分享教育"为活动形式,积极鼓励为主,强调平等,让每一个来自不同家庭背景、文化背景的孩子,均在舞蹈中获得自信与快乐;而提升想象力、创造力、坚毅性与协作性等品质,最大限度地激发学生在舞蹈学习中的自主、自觉与对艺术的个性化解读。由于师生融为一体,分享教学激情,感悟舞蹈魅力,释放生命活力,它很快成为每一个孩子最爱的课程之一。无独有偶,一次,德国柏林自由大学基础教育课程与教学研究中心 Ramseger 主任在明强观看"舞向未来"课程时,与陪同观课的明强校长同时泪如泉涌,无比激动。

这样的情景一次次再现,不禁使我们得到这样的启示:"生命·实践"教育学让明强小学的艺术课堂,在传授艺术知识与技能的同时,还激发与顺应学生生命成长必需的个性发展、自信创作与幸福体验需求,其中还点缀着当今教育中或缺耐挫力与成长烦恼的体验。正如赫尔巴特所说的:我们"不可能要求那些在监督压制下成长的人们机智敏捷,具有创造能力,具有果敢精神和自信行为。"孩子,只要给他们阳光,他们就会绽放生命的精彩,张扬个性与自信,对于孩子的潜质,任何大胆的预测都不为过。

2012年6月,明强小学受邀参加第二十三届澳大利亚悉尼国际音乐节,但在组队集训时发生了意想不到的困难:因为这次出国经费需要孩子家庭自理,原先合唱社团的成员,绝大多数无法成行。眼看就要失去一次难得的国际音乐交流比赛的机会,在这困难关头,校长与音乐教师决定在四、五年级公开招募赴澳合唱交流比赛选手。这样大胆的举措,不仅是对明强日常合唱教学质量的自信,更是对明强孩子特有的自强不息学校精神与独特个性的自信。经过一个多月的临阵培训,一支由42人组成、且三分之二为"民间"选手的合唱队成立了。在暑假期间,他们带着用日文、英文、中文演绎的五首具有各地文化特色的歌曲,自信满满地登上了澳大利亚天使音乐厅、悉尼市政厅、圣安德鲁大教堂以及悉尼歌剧院四大国际音乐舞台,绽放精彩,征服了评委和观众,获得了明强合唱团的第一个国际音乐节的银奖。消息传回国内,老师和家长热泪盈眶,大家知道,这是一支组队时间最短、平均年龄最小的队伍。

二是每一个生命体几乎找到适合自己成长的平台。

"全国学校艺术教育先进单位"与"上海市艺术教育特色学校"的双重身份,让明强深知孩子喜欢艺术活动不仅是其儿童成长心理特点所决定的,也是艺术学科本身的魅力所致。

明强小学共有94个教学班、4400名学生,平均每班48人。面对这样一种大班额的现状,明强的做法是:一方面构建体现"活、和、灵、美"的和美课堂,在艺术教学设计中留有开放空间,活化教学过程;另一方面整合已有的"七彩童年",有节律地纳入"访春、嬉夏、品秋、暖冬"的"成长四季"校历之中,打造适合明强学生个性成长需求的育人体验空间,增强校级主题活动的育人价值和活动的整体系列,提升每一次活动对于生命的成长意义,变"让每一堵墙说话"为"与每一堵墙对话",师生共同打造了科技长廊、艺空间、种植园等多个生命实践专题体验区,校园各角落已成为师生工作、学习、生活有机相融的开放式育人场所。喜欢读书的学生随时能在走廊书架上拿到一本书,爱好美术的学生能在艺空间办个人画展,各班级"微社团"更是层出不穷……满足不同个性差异学生的成长选择。如:"校园舞精灵"、"十佳英语小歌手"、"校园十佳主持人"等海选比赛。这种不经意的流淌,让学生的现代公民素养在一张一弛中得到良好提升。

为了真真切切打造适合学生自己成长的平台,明强在每一次校级活动之后,都由学校质量调研与反馈中心进行抽样调查问卷,从学生中获取有价值的反馈数据,以便从学生的需要出发,进一步调整完善活动方案。"校园十大英语小歌手"活动结束后,学校从各年级各班获取了 170 个样本。经对全部问卷进行阅读、统计、分析后,我们得到了如下信息:

99.5% 的孩子喜欢此次"校园十大英语歌手"海选活动;

95.75% 的孩子觉得"校园十大英语歌手"海选活动对自己的英语兴趣有促进作用。

可见,学校艺术教育活动都深受学生们的喜爱,也真正起到了以学习提升学习兴趣的积极作用。

三是每一个生命体拥有了表达自己心声的话语权。

"生命·实践"的艺术平台,让每一个学生享有了对自身成长的话语权。他们不再"人云我云",而是按照自己的兴趣爱好选择自己的发展;他们不再拘泥于老师的解答,而是真实的、自由地表达自己对艺术的感知与理解;他们不再安逸于大人为他们设计的学习园地,而对自己学习生活、休闲生活的校园提出自己的想法与观点。

校园"十佳英语小歌手"活动后,学生就今后还可以开展怎样的英语活动提出了自己的想法,如:十大英语故事比赛等、英语小话剧、英语课本剧比赛、英语单词拼写大赛或词语接龙、英语写作比赛、英语游园会、英语片段配音比赛、英语猜谜比赛、英语歌曲大联唱、英语朗诵比赛、英语绕口令比赛等。

让孩子拥有了"话语权"的实质就是老师不仅要倾听孩子在课堂学习中的话语,还要倾听其在校园文化建设中的话语,甚至是自身成长选择中的话语……

在校园"十大英语小歌手"决赛中,学校邀请了上海市小学英语教学领域的泰斗级人物以及外籍教师担任评委与主持人。每一支队伍表演结束,评委都以英语进行认真地点评与对话。这不仅让孩子们具有在市级专家面前表达思想的话语权,也让孩子们享受这种隆重的仪式体验。尤其是在他们自己的艺术创编过程中,体验到尊重、平等与绝对至上的话语权。

当学生由对某件事产生了浓厚的兴趣,那么他们自然就对与这件事相关的因素(环境、同伴、指导者、衍生知识等)产生了自觉求索的欲望。如:"强强小舞台"上,常常看见三五成群的孩子在策划自己的表演节目,他们的脸上常常洋溢着自信的笑容。在这里孩子们自己策划、编排,展示她们的精彩创意,台上的小演员全心投入,台下的小观众热情喝彩,在这片欢乐的海洋中,他们真正拥有了自己做主的体验。这种体验的震撼力,对于孩子来讲,绝不亚于好莱坞星光大道上的明星风采。

(三) 万圣节变变变①

记得万圣节前两天,我戴着一顶扎着粉色绸带的黑色女巫高帽子,通过校园强强电视台播送了即将举办的 Halloween Party 的简短通知。在一秒钟突然的沉寂之后,耳边外来雷鸣般的响声,整个校园炸开了锅。

——英语组邓茜老师

---

① 选自明强小学教师邓茜的案例《万圣节变变变》。

　　的确,作为一所历经百年、面向社区居民的公办学校,不仅是学生,连老师也大都来自七宝镇周边地区,淳朴善良、稳重内敛是我们共同的特点。然而,中西文化差异中非常明显的是幽默夸张、个性张扬的表达方式。让学生感受到这样的文化差异,"由内而外"突破传统形象是国际理解教育的第一步。一起过一次洋节,会让我们发生怎样的改变呢?

　　英语组的老师首先根据计划引导学生了解相关的节日文化活动,学习相应的英语表达,介绍 Costume 化装舞会的道具,学唱主题歌曲等等。一堂 Halloween 节日的文化课为过节作了充分而必要的准备。

　　10 月 31 日一大早,小朋友们就兴致勃勃"盛装"到校。课间,小精灵、小女巫、小王子们穿梭在各个办公室讨糖。第一次举办这样的活动,有不少孩子"无备而来",看到别人穿着奇装异服,他们也按捺不住,悄悄"变形"。有个男生,把纸盒子剪了两个洞当做眼睛,又画了个鼻子和弯弯的嘴巴,套住脑袋,变身为"纸盒人"。还有的,索性剪个黑色圆片盖住一个眼睛,成了"小海盗";女孩子则放下头发,把彩色头绳头花围在额头上,立刻化身为"希腊女神"。盛装讨糖的队伍不断壮大,每一节下课,校园就成了欢乐的海洋。午会时间,各种奇装异服的小朋友们跟教师代表一起举行了 Halloween Party,并进行全校直播。外教老师带领一群由老师们扮演的 Halloween 主题人物上台。老师们用夸张的动作和语言作自我介绍,逗得小朋友们哈哈大笑。然后,中外老师一起进行现场的 Halloween 传统活动"Trick or treat"掀起热潮。最后,一曲"Knock,knock. Trick or treat?"将整个活动再推向高潮。台上台下,老师同学,"精灵鬼怪",一起又唱又跳,活力四射。

　　之后,Halloween 万圣节派对成了国际文化节的传统序曲。教材里读到了万圣节,终于能亲身参与和体验。我们原本的"基因"悄然发生了变化。套上自制面具的孩子,用创新的灵感化解了没有准备的尴尬;敲开一个个办公室的门,跟不熟悉的老师说"Trick or treat?"的孩子克服了原本的羞涩;拿到糖,礼貌地跟老师说"Thank you"的孩子已经沉浸在西方文化氛围里;把一天的"讨糖成果"带回家、跟家人分享讨糖经历的孩子"把满满的幸福和欢乐带回了家"。万圣节活动,让我们抛开了原本固着在我们思想上、行为上的自我保护罩,投入其中,唤醒内心的激情。

(四) 第一次提意见①

学会表达、学会与人坦诚交流是现代社会对人才培养的要求。明强小学也越来越注重对学生表达能力和交际能力的培养,尤其当身处异国他乡,学生如何坦诚、勇敢、自信与住家交流自己的真实想法,沟通相关信息显得相当重要,这不仅是一种英语交流能力的锻炼,更是一种彬彬有礼,不卑不亢的礼节。以下是学生易霏在 2017 年赴澳海外课堂体验活动中的一次经历,体现了明强学子在规则礼仪教育中与人交往素养的提升。

这是我第一次来到澳大利亚,第一次吃正宗的西餐,第一次住在外国人的家里……很多事情对于我来说都很新鲜,特别是在住家的时候,成千上万个问题在我脑袋里转悠着:为什么他们的中饭是三明治和饼干? 为什么他们吃得如此少? 为什么……就是因为这些问题,所以我才会在澳大利亚住家家里发生了一些他们认为不太合理的事情。

昨天中午,当我看到我的午餐:两个三明治、一瓶果汁、两个饼干、一个苹果的时候,突然感觉我并不想吃饭了。竟然吃三明治,我很想告诉住家妈妈自己并不喜欢三明治,但是又怕英文说得不好,他们听不懂,也不想让他们感觉我很麻烦……尽管我想推迟到第二天再说,但一想万一第二天的伙食仍然不合我胃口,我决定还是当天晚上就说。时间过得飞快,不一会儿就到了吃晚饭的时间,我慢慢吞吞地吃完了晚饭,回到了房间,准备好了一切之后,我很庄严地走下了楼梯。我从未感觉我如此庄重过,当我快走到一楼时,我的心脏在快速地跳动着,我紧张地想住家妈妈会不会愿意呢? 如果不愿意的话会不会赶走我? 总之我在做一件很紧张的事情时,我总会想些很奇怪的想法。过了好长时间,我终于下定决心,去向住家妈妈说。我很紧张

---

① 选自明强小学 2017 年赴澳海外课堂体验活动学员易霏的周记。

地说:"Excuse me. . . can I eat more tommorrow?"终于说出了这句话,我松了口气。住家妈妈的反应却超乎我的预料,只见她温柔地低下头,用手摸着我的头说:"You wanna have more tomorrow?"我轻轻地点了点头,装作平静地走出了厨房。等到住家妈妈看不到我时,我做了一个"Yes"的手势。

第二天住家只是给我添了一根香蕉,我这才意识到我的英语表达有问题,让住家妈妈以为我想吃更多东西而不是换食物。尽管只多了一根香蕉,但我却感觉吃得饱饱的,这是因为我终于克服了恐惧,战胜了自己,第一次向住家提出意见,并且他们答应了。

(五)　最后一天①

以下是学生邹馨怡2017年赴澳参加海外课堂体验活动制作感谢卡的经历,明强学子的感恩意识也在丰富多彩的活动中得到提升。

今天是在John Paul College的最后一天。真留恋这儿呢!留恋这里明亮漂亮的教室,留恋这里宽阔青翠的大草坪,留恋这里友好的学生们和时刻带着灿烂微笑的老师们……每天,我们都在这里做许多有趣的事情。而今天,我们又做了一些什么事呢?

早晨,来到郁郁葱葱的校园,阳光格外明媚,可室外温度却异常低。在没有阳光的阴暗处,冷得就像冰天雪地。从车上下来,我就不停地打寒颤。但即使这样,也抑制不住我激动的心情。因为外教老师说,今天我们可以为住家做感谢卡以及我喜爱的手工制作。今天一定非常开心!我这样想着。

在考拉班的教室里,我们开始制作手工和感谢卡。首先,我做起了前天去电影世界和天堂农庄的游记。我从海报和地图上剪下一些图片和景点介绍,贴在一本白纸订成的本子上,制作成类似剪报本的游记。我以前做过剪报本,所以这一点儿都难不倒我,我很快就做好了一本不错的游记。看看其他人怎么做的:有的做得比我还好,受到了老师大大的表扬;有的中英文不

---

① 选自明强小学2017年赴澳海外课堂体验活动学员邹馨怡周记。

分,又写中文又写英文;有的剪得坑坑洼洼、凹凸不平;有的趴在地上找胶水、找尺子;还有的竟然拿起了颜料刷……正因为同学们的搞怪和调皮,教室里洋溢着满满的欢乐。

接下来就是制作感谢卡了。我的眼睛突然变得挑剔起来,讲台上一堆五花八门的装饰品我左挑右选,就是选不出满意的一件。这可是送给照顾我们五天的亲爱的住家们的感谢卡啊!当然得做得精致一些。身边的同学们一改之前的调皮淘气,开始认真起来。即使平时手工做得再差,英语水平再低,他们都格外认真。我贴上了一个小翻页,背后写着:I love you!这样更有创意。我还在卡片上画了熊猫和袋鼠(分别代表中国和澳大利亚)以及五星红旗和澳大利亚国旗(代表两国之间的友谊)。我抬头看了看周围,大家都埋头写着、画着。我也努力着做出一张真心诚意的感谢卡。

在我们的教室里,Mrs. C给我们"正式"地颁发了John Paul College的"毕业证书"。我真的好高兴,因为我觉得自己成为了"国际学生",有种说不出的荣誉感。在学校的这几天里,我学到了澳大利亚动物的习性和外貌、澳大利亚的钱币、澳洲土著人怎样画画……在这里学习,我感到圆满而快乐。在这个像森林公园一样的校园里,我觉得自己身边充满了生机,也感受到了温暖。真不舍得离开这儿呢!我跟我们亲爱的Mrs. C紧紧地拥抱着。

我永远不会忘记在这里留下的美好记忆!I'll remember you, John Paul College!

(六) 我和我的淘气包们①

班里相对调皮的孩子更加需要通过规则礼仪教育加以规范行为,以下案例是学校教师郭亚熙的大胆尝试,也取得了良好效果。

我发现,孩子们进入四年级后,更喜欢群体活动了,班级中自然形成了各种小团体。怎么把这些小团体引导到积极健康的方向上去呢?受到美国

---

① 选自明强小学教师郭亚熙的同名案例。

最佳教师雷夫的启发,我在班级开始组建各种有意义的社团。

读了金子美玲的《向着明亮那方》这本书后,班中喜欢诗歌的几位同学自发组织了第一个社团——夕霞诗社。此后,一个个社团接连诞生了:气质优雅的蒲公英合唱团、体现七宝本地特色的强强皮影社团、还有活力四射的月亮舞蹈团……丰富多彩的社团活动开展起来了。

大部分孩子都加入了自己喜欢的社团,但是班里还有几个孩子被剩下了,没有一个社团愿意接受他们,那就是班里几个有名的调皮大王。

做老师的都有体会,每个班级都会有这样让老师头痛、让同学厌烦的淘气包,我们班也不例外。

来看看我们班的几个超人气淘气包——

小陶:调皮大王,教室里只要有他在,就鸡犬不宁,人仰马翻。每天的作业要拖拉到深夜12点。爸爸性格暴躁,每次小陶做了错事,往往先把儿子劈头盖脸的骂上一通,然后痛打一顿。

小张:调皮二王,特别好动,管不住自己。他特别喜欢模仿别人的语言、动作,因为这,经常有同学认为小张欺负他们,到我这儿来告他的状。

小谢:属于典型的"没头脑",做事无原则,别人认为做某件事后果不好,就让他做,他肯定二话不说,保证完成,结果可想而知。

这三人在班中形成了"铁三角"的关系,围绕在他们身边的,还有三四个"小喽喽",这几个人每天在班中惹是生非,兴风作浪,让我这个做班主任的每天过得都很充实,因为要忙着平息他们造成的各种风波。

这不,事情又来了。有同学来办公室向我报告:小陶和小谢各自把手前后门,他们躲在门背后,看见同学来了,就把门猛地一关,一个男孩被门撞到了,痛得在教室外面哭。一个女孩虽然没撞到,但被吓哭了。我一听,火冒三丈,类似的事情以前就发生过,也是他们两个,还向别人赔礼道歉过,这么快又故伎重演了?

走在教室的路上,我思考着:为什么他们屡教不改呢?有什么方式可以改变他们呢?现在机会终于来了。何不利用社团活动来影响他们呢?让他们也尽快融入到班级的社团活动中去。

淘气包们因为没有一个社团愿意收他们。他们受到了冷落,开始几天他们还装得满不在乎,但过了几天就开始坐立不安了。看着别的同学都忙着社团活动,他们显得很失望、很失落。

终于有一天,小张熬不住了,带着几个调皮蛋到我办公室,小声说:"老师,我们几个是不是也能成立一个剧团啊?"

我一听,正中下怀,说:好啊!你们打算成立什么剧团呢?

小张说:"我们想成立一个童话剧团。""你们剧团叫什么名字呢?"

几个调皮蛋直挠头,没招了。我说:"干脆,你们几个小淘气,就叫'淘气包剧团'吧!不是有一本书叫《淘气包马小跳》吗?"

他们一听,个个喜形于色。哎!终于找到组织了。

小张又问:"我们演什么呢?"我灵机一动,说:"你们就把前几天关门的情景演出来,重点要演好关门后的各种后果。一个星期后,在快乐队会上表演。好吗?"

淘气包都赞同,高高兴兴地走了。

之后的一个星期,教室里风平浪静,我也变得悠闲多了,因为只要淘气包们有一点点时间,就被小张拉去排练了。快乐队会到了,淘气包们在全班面前第一次亮相,表演他们精心准备的节目《关门》。让大家吃惊的是淘气包们表演是那样投入,那样有趣,而且富有想象力。他们设想了关门带来的各种后果:有的同学被门撞破了鼻子,鲜血直流;有的被门夹住了胳膊,痛的大呼小叫;有的被吓得心脏病发作,送往了医院。同学们被他们的表演逗得哈哈大笑。演完了,同学们给予他们热烈的喝彩和叫好。更让我意料不到的是,从此以后,关门事件再也没发生过。

淘气包剧团让淘气包们找到了感觉。就此,淘气包剧团闪亮登场。

经过这次表演,淘气包剧团士气高涨。六一节快到了,每个班要准备一台节目在全校现场直播。为了让全班同学参与其中,我让每个剧团都拿出一个节目,最后让全班同学投票选拔。淘气包剧团自告奋勇说要表演课本剧。他们准备的节目是一个阿凡提的故事《饭钱》。我私下鼓励淘气包们：这可是一个难得的展示机会，一定要加油啊！

淘气包们非常珍惜这次机会。白天，他们利用学习的间隙时间排练；放学了，在团长的带领下到操场上去排练；双休日，他们约好到附近的体育公园去排练。

淘气包们变了，整个班级情况也变了，下课再也听不到追逐打闹声，办公室里也少了对他们的控诉，我也能静下心来干自己的事。最终，经过同学们的投票，他们的节目被选上了，代表班级参加学校的红领巾广播。

演出这天，我和全班其他同学都聚在班级，收看他们的直播演出。他们绘声绘色的表演获得了全校师生的赞扬。当他们凯旋时，班级同学夹道欢迎，热烈鼓掌。此刻，一贯被人厌烦的淘气包们，在同学们眼里，俨然成了班级的英雄。再看几个淘气包们，个个精神焕发，脸上写满了自豪。

淘气包剧团让淘气包们找到了自信。

几个淘气包们共同的特点就是作业拖拉，让他们写作文更是比登天还难。但是，我发现，他们在改编故事剧本时，兴致却非常高。

临近期末考试，淘气包剧团排练的热情不减。我鼓励他们说：如果你们演得好，就请你们剧团在期末家长会上演出。家长们期望可都很高，你们可要拿出一个高水平的节目啊！最好能先写出剧本，再根据剧本排练，这样就万无一失了。淘气包们很看重这次演出，积极准备起来。

这次他们选了阿凡提的另外一个故事——《卖树荫》。对他们来说，这次演出充满了更大的挑战，故事很长，又没有剧本，怎么办？团长想了一个主意：把整幕剧分成几个片段，让每个成员分头写剧本，然后再合起来讨论修改，形成统一的剧本。淘气包们忙开了，先分头写剧本，再上网找《卖树荫》的视频，认真观看，了解剧情，记录下视频里每个人物说的话，接着和小伙伴一起，商讨人物对话的语气、动作、神态，最后，由团长统筹安排，分配给每个成员一个适合的角色。那段时间，他们除了复习，其余所有时间和精力花在了这个节目上，写剧本，背台词，还要反复排练。

变化在淘气包们的身上悄悄发生着。

期末考试结束的那一天,淘气包们留下来继续排练。我来到操场,看到了这样一幕:小陶正在维持排练的纪律。而在不久之前,他还是一个管不住自己的人。因为屡次不守纪律,被剧团撤掉了副团长的职务。他正在劝告另外一位不听指挥的同伴,还拉着他一起,到一个角落里背台词。

小谢,以前的"没头脑",现在变得会思考问题了。一天,排练中缺少一把道具斧头,大家都没想出办法。没想到,第二天一早,小谢兴高采烈地拿着一把用硬纸板折成的斧头来了! 他说,他花了好长时间才把这把斧头做好。大家一看这把像模像样的纸斧头,都夸他爱动脑筋了。

最开心的是淘气包们的家长们了!

小陶的妈妈打电话给我:以前,小陶因为淘气,三天两头都要被他爸爸揍一顿。现在,孩子作业不拖拉,也不淘气了,整天想着排练。整个家庭氛围都变了。

小张的妈妈对自己儿子做剧团团长非常自豪。一天,一位同学的妈妈在公园遇到她,对她说:"听说,自从小陶做了淘气包剧团的团长,进步非常大啊!"小张妈妈立刻反驳说:"小陶是副团长,我儿子才是团长呢!"

确实,小张自从当上了团长后,真的好像变了一个人。以前他是家里的小皇帝,连书包都不愿意理,遇到一点事就哭鼻子,现在变得像个小大人了。因为是剧团团长,是总指挥,他的责任感可强了。为了把节目演好,他要考虑的事情很多——怎样选择剧目,怎样构思剧情,怎样分配角色,怎样筹备道具,都需要他的协调调度,每天忙得不亦乐乎。

期末考试成绩出来了,我们班在年级 14 个班中名列第一。最让我欣慰的是,我的淘气包们学习成绩都有了明显的提高。有的由原来的倒数,进入了班级中等,进步最大的是调皮大王小陶,原来每次考试勉强及格的他,这次考了两个 A,一个 B,他妈妈高兴地说真是破纪录了。

淘气包们的变化,同学们看在眼里,慢慢改变了对淘气包们的看法。他们不再是同学们厌烦的对象,而变成了班级的香饽饽了。有几个男孩甚至因为想加入淘气包剧团,还要向淘气包们献殷勤呢!

淘气包们的进步给了我很大的触动,是什么神奇的魔力让这些调皮大王有了如此大的改变呢? 我觉得:

首先,淘气包剧团让孩子们找到了生活目标。

淘气包们最大的特点,就是没有目标,精力都分散在各种低级的恶作剧上,自己却全然不知。社团活动给他们搭建了一个很好的舞台,让他们把精力都集中起来,去做有意义的事情,并从中得到锻炼。

其次,淘气包剧团让孩子们找到了自身的价值。

正是在淘气包剧团中,这些小调皮们找到了做好孩子的感觉。我想,不论多调皮的孩子,都会有自身的亮点。苏霍姆林斯基说:"每个孩子的内心都有做好孩子的愿望!"我们教师的责任,就是保护他们这种美好的愿望,发现他们身上潜藏的亮点,并帮助他们把这些亮点发扬光大!

最后,学生社团给孩子提供了一个发挥自我潜能的舞台。淘气包剧团,让我深刻意识到,单一的课堂教学,单一的传授书本知识,不可能发挥每个孩子的个性特长。只有给学生创造更多的舞台,才能让每个孩子找到自己的特长,发挥自身的潜能。而学生社团就是一个绝佳的舞台。孩子们在积极健康的社团活动中,能够充分展示自我,发现自己的生命亮点。

说到教师成长,我觉得教育培训、听专家讲座等都是我们成长的途径。但是,与孩子共同学习,共同成长,何尝不也是我们教师成长的一条重要途径呢。孔子说:"教学相长"。在和我的淘气包们相处的日子里,从他们的点滴进步中,我感悟到很多的教育真谛,也感受到作为人师的成功和幸福。我要深深感谢我的淘气包们!

二、在文化传承中强民族精神

习近平总书记在第十二届全国人民代表大会第一次会议的闭幕会上发表讲话,强调实现中国梦必须弘扬中国精神。中国精神就是以爱国主义为核心的民族精神和以改革创新为核心的时代精神。这种精神是凝心聚力的兴国之魂、强国之魄。无魂的精神没有价值追求,无魄的精神缺少生命的活力。将这一民族精神、时代精神与明强小学自身的发展实际相结合,我们开展了经典伴成长、结绳记事、皮影澳洲之行等一系列活动,在活动中培养学生的民族精神。

(一) 经典伴成长①

"人之初,性本善,性相近,习相远……"这脍炙人口的《三字经》对刚入小学的一年级孩子来说是再熟悉不过了。孩子们的课外阅读就是从熊老师让他们诵读《三字经》开始的。语文课的前两分钟的诵读篇目就是《三字经》,每天一小段一小段地诵读着,渐渐地,一学期下来,班上的孩子们人人都能背诵了,为了让孩子们读得更有节奏感,熊老师还给配上了音乐。伴着和谐的韵律,孩子们诵读《三字经》是朗朗上口,别有一番情趣。

在诵读中,熊老师把孩子们的阅读视野从《三字经》逐步引申到阅读中华民族传统经典故事上,《孟母三迁》《黄香温席》《孔融让梨》等都是隐藏在《三字经》中的经典故事,孩子们在阅读故事中增长了智慧,明白了道理。不过,在学生阅读经典小故事的同时,老师也发现:要培养学生的核心素养,体现课外阅读的育人价值,仅仅靠这些经典小故事,那似乎是太肤浅了。《语文新课程标准》中也指出:语文在基本能力培养的过程中,要注重优秀文化对学生的熏染。让学生的情感、态度、价值观,以及道德修养、审美情趣得到提升,良好的个性和健全的人格得到培养。小学阶段,是人的核心素养发展的启蒙阶段,属于"种子时期",给孩子播下什么样的种子,孩子就可能收获什么样的未来。低年级孩子的识字量不大,直观形象思维占主导,孩子们对直观的东西比较感兴趣,特别是有色彩的图画。于是,熊老师把目光投向了国内外一些经典绘本。

绘本,也称"图画书"。用著名作家彭懿的话来说,"图画书是用图画与

---

① 选自明强小学教师熊美兰论文《国际视野下的低年段绘本阅读》。

文字共同叙述一个完整的故事,是'图文合奏'的书。"绘本中的每一幅图可谓是匠心独运。中国早期的绘本我们称之为连环画,像张乐平的《三毛流浪记》《三毛从军记》《东郭先生》,丰子恺的儿童漫画等,既是我国连环漫画的代表作,更是本土绘本的开拓性作品。后来,《小马过河》《团圆》《龟兔赛跑》《一团青菜成了精》等绘本,也深深地吸引着孩子们的目光,成为家喻户晓的经典之作。近几年,随着国外绘本的大量涌入,孩子们的绘本阅读也从国内走向国外,中外经典绘本为孩子们的阅读提供了更丰盛、更多样的"阅读大餐"。

当今的世界呈现多元化发展趋势,老师在坚守民族情怀,弘扬民族文化的同时,也要吸纳多元化的文化精髓,全面提升学生的阅读品味和人文素养。在引导低年级学生阅读传统文化经典的同时,老师将国内外经典绘本进行有机整合,让学生在感受祖国文化魅力时也了解到了世界不同区域的文化,促进学生对异文化的理解与包容。

（1）根据多元主题精选适合低段年龄特点的绘本

进入识字阶段的孩子,好奇心很强,对书中内容已经有一定的理解和分析能力,但是耐心还不够,这一阶段的孩子需要的是能引发他们兴趣的读物,情节和语句比较简单,同时,又有一定的内涵可供他们思考和想象。所以,在绘本的选择、主题的确定上,老师精选了适合低年段学生阅读的世界经典绘本,从学生的自身出发,设计了生活常规、自我认同、节日礼仪、喜爱阅读、珍惜友谊、家庭情谊、科学常识等阅读主题。孩子们在阅读与这些主题有关的绘本时,也体验了不同区域的文化内涵。有的即使是同一主题的作品,其思想文化内涵也是不一样的。比如以"家庭情谊"为主题的,老师选用的我国经典绘本《团圆》和法国绘本《小兔汤姆系列》,《团圆》的封面向我们呈现的是一家三口,孩子很开心地睡在父母的中间,父母也是一脸满足地看着孩子,多么温馨的画面呀！这温馨的画面也是我们中国很多家庭所拥有的现状。再看看《小兔汤姆》中,汤姆因为噩梦想去妈妈大床上睡.妈妈没同意,而是躺在小汤姆身边,一手握着他的小手,给他唱儿歌,哄着他入睡。如果汤姆是出生在中国家庭，可能已躺在妈妈温暖的被窝中了，可在外国人的眼中，孩子是个独立的个体，应该自己单独一个人睡。这就是一种文化差异。老师们在为孩子讲述这两个故事的过程中，引导学生尊重、理解和包容这种差异。正如汤姆去一个外国黑人小朋友家做客时说的最后一句："我们家和你家在饮食、生活方面有很多很多不同，但抬头看看天上的月亮吧，它照耀着所有人呢！"像这样，同主题表达不同文化内涵的中外优秀绘本还有许多，在阅读的过程中让学生进行对比阅读，他们会发现原来世界是这么的奇妙，这么的美好！

（2）利用绘本开展丰富多彩的教学活动

绘本，超越语言，跨越文化，为读者提供了一个尤为宽广的想象世界。阅读绘本，可以开阔孩子们的视野，丰富他们的生活经验，激发他们进行创造性的思考和学习。在这个多元化的现代社会，我们老师重视个别差异，同时也强调孩子们多元智能的均衡发展，这一发展性目标也是世界上每一个地区共同的目标。绘本阅读，不只是让学生读一个故事那么简单，它可以以活动为载体，通过相关的活动教学，将多元智能融入活动中，以此来唤醒或强化孩子某种内在的潜能，促进其多元智能的发展。比如：《是谁嗯嗯在我头上》这本绘本，其中就包含了语言表达、逻辑思维、空间视觉、人际、自然这几个方面的智能，根据这几个方面的智能，老师设计"辨一辨，连一连""小小辩论会""动物农庄""认识小鼹鼠"这几个活动版块，让孩子们选择自己喜欢的版块进行活动，在互动式的活动中，孩子们运用自己的优势智能体验成功，增强了自信，借此唤醒其弱势智能，孩子在参与多元化的活动中，展现了本身具有的内在生命力。有的绘本是纯图画的，可以让学生运用已知已会的储备知识和经验来解读图像，或是说一个属于自己的独特故事，或是进行一次有趣的社会实践，或是完成一篇极具创意的调查报告。而图文并茂的绘本，则提供儿童在图像阅读之余，敏感于文字的存在，了解口头语言与文字符号之间的关联性。如此，教师运用绘本进行课本内容的相关概念和事物的延伸，就更有助于学生多元思考和多元学习了。

（3）引导学生挖掘中外绘本中的各种元素

中外绘本,除了所共同拥有的教育元素外,还有些细微元素需要教师引导孩子在阅读的过程用心发现并依次着手进行探索,只有这样,孩子们才能够真正地读懂绘本,感受绘本的魅力所在,在探究发现中体验绘本阅读所带来的乐趣。一般来说,大多数绘本的图文存在一一对应的关系,在图画旁边有简洁、较大的文字说明,便于学生在看图时又能积极地认读文字。可有的绘本图画和文字有着冲突和矛盾,如果阅读时忽略了其中的细节就不能够把故事完全读懂;还有的绘本在文字的编排上会发生变化等。在这些细节的变化在国外的绘本中体现较多,中国的绘本在绘画和文字的设计上还是比较传统的,这也是西方诸多绘本备受青睐的原因之一。阅读无国界,老师在做到坚守本土文化经典的同时吸纳西方各国的精髓,实现多元化的文化包容,可谓是一举两得的好事。如《我的兔子朋友》在图与文字的设计上就很巧妙,这本绘本的文字很少,按常理来说,文字一直是横着排列的,但是在"叠罗汉"这一处的图画旁的一段文字却是和叠罗汉一样,竖着写的。对于这一点微妙的变化,基本没有学生发现,经过老师的点拨,绘本阅读就变得更清晰有趣了。还有的细微之处隐藏在环衬、封底等处,这些易被孩子忽略的细微处,在阅读中需要我们老师的指导,从而提高孩子的综合审美能力。

（二）明强,我回来了①

在于天翼读四年级的这个学年（2014.7—2015.8）,他随着去美国新泽西州 Montclair State University 访学的妈妈,在 Montclair 学区的 Edgemont School 读四年级。一年后,他回到母校明强时,给校长写了一封《感谢信》,感谢明强的学习生活让他具备了适应美国小学学习生活的基本能力。下面是他的内容选登。

Edgemont School 有 ESL 课程,帮助母语不是英语的孩子提高英语水

---

① 选自于天翼(Terry)明强小学 2016 届毕业生写给校长的《感谢信》。

平。我在入学测试时取得了将近满分的成绩,被告知不需要参加 ESL 课程,可直接与美国孩子同班上课,这样会进步得更快。果然,在经过一个月的适应期后,我迅速融入学校生活,像美国当地孩子一样参与学校各项活动。

美国的老师、同学和家长都非常好奇,以为我在上海就读的是国际学校,每逢这时我就自豪地向他们介绍明强小学,一所优质的上海百年公办名校。我在课间的时候教美国同学简单的中文对话,介绍中国传统节日,大家都听得津津有味,我也很高兴能成为"文化小使者"。

在明强小学的三年学习为我打下了扎实的数学基础,学校在三年级开设的电脑信息课更是让我受益匪浅,我一开始就在美国的这两门课上遥遥领先。学年结束时我荣获美国"数学大联盟"比赛小学组个人金奖和电脑编程全校第一的佳绩。

如果说在数学和电脑课上的领先是因为在明强的知识积累,那么在英语语言上的快速进步则体现了明强对我学习能力的培养。我参加学校组织的词汇比赛也获了奖。

本着明强"明事理"、"明自我"和"强精神"校训,我勇于挑战自己,报名参加学校辩论队并成功入选,经过一系列的学习和选拔,代表学校参加 Montclair 学区的小学辩论赛获得大奖!

从第二学期开始,我就成了 Edgemont School 校报小记者,积极地在网络校刊上投稿并有多篇"大作"发表。其中不乏新闻,评论,中国文化,读书推荐等。特别是那篇写给即将升入四年级的三年级同学的建议让很多低年级同学认识了我,我成为校园小名人。我在小小得意的同时,也体会到了分享的乐趣。作为小记者,我可不是新人。

由于我在校报的出色工作,指导老师和校长都给我发了感谢信,让我深受鼓舞,并且也体会到明强语文教学的成功。正是语文课上学到的阅读写作知识转化成了英语写作能力,我意识到只有学好母语中文才能学好外语。

我还参加校合唱队多次参与学校、学区、社区的各项演出,培养了团队精神。这也是得益于明强的艺术教育,音乐本来就是世界通用的语言嘛。

当一学年结束时,我和 Edgemont School 的老师同学都依依不舍,校长 Ms. Hopper 感慨于我全面发展,完全融入美国学习生活的同时,也对明强小学充满了好奇:究竟是怎样的一所神奇的小学能培养出像我这样的"世界小公民"。她叮嘱我回上海后和她保持联系,如果有机会的话再多组织一些明强的学生和 Edgemont School 的学生成为笔友。

我觉得自己能顺利融入美国学校的学习,愉快地度过这一年要特别感谢明强的校长与班主任老师。

"国际理解教育课程"实践不仅让我完成了最基本的外语语言积累,更重要的是培养了我的学习能力,还让我了解了一些国际规则及礼仪,使我能够谦和、平等地与美国老师和同学进行文化、艺术、科学方面的交流。

我在美国学校里充分展现了明强学子的风采:班级里做小老师教美国同学数学及简单的中文对话;在学校校刊上介绍中国新年、报道校内新闻、推荐新书;入选校辩论队,代表学校参加学区里的比赛并获大奖;获美国数学大联盟比赛小学组金奖……因为我在美国也始终记得在三年级下学期的开学典礼上,顾校长鼓励我们当好"世界小公民",要求我们能够立足本土,放眼世界,拓宽国际视野,提升国际交往能力。我现在可以大声地说:"我做到了!"

班主任卢老师不仅教学经验丰富,更像一个对我们关怀备至的妈妈。在她的三年教导下,我打下了坚实的中文基础,还学会了很多阅读写作的技巧。学好母语才有可能学好外语,而语言方面阅读写作的技巧更是相通的。正是有了这样的语言功底,我才能在美国小学里担任小记者并在同学中传播中国文化。卢老师深知语言学习的连贯性,鼓励我在美国也继续学习中文。她把每周的教学重点记录下来,还为我留下两份周末卷,一份空白的给我练习,一份写上答案供我参考。每次当爸爸来美国看我,把卢老师精心准备的学习资料交给我时,我看着那娟秀熟悉的字体都会感动得热泪盈眶。当我在语文自学中遇到困难时,也会通过微信向卢老师请教,每一次卢老师都不厌其烦地仔细解释。卢妈妈,我回来了,马上就能坐在您的课堂里亲耳聆听您的教导,一想到这些我就万分激动。

(三) 走进黔东南 传递明强情①

爱心传递活动也是我校民族精神教育的重要组成部分,带领学生通过夏令营活动,向需要帮助和关爱的朋友伸出援手,让学生在帮助他人的过程中学会分享,学会关爱。本案例选自学校教师陈骁炯的同名报道。

2017 年 7 月 1 日,七宝明强小学师生一行 28 人千里迢迢来到贵州省黔东南苗族侗族自治区施秉县小河村希望小学进行为期 6 天的爱心传递夏令营活动,与当地的学生一起体验苗家人的生活,感受苗族的风俗,开展"情系山区小伙伴,爱与爱携手同行"的手拉手活动。

小河村希望小学坐落在距离施秉县城 5 公里的地方,1996 年从山里迁出,整个学校 7 个班级(1 – 6 年级加一个学前班),共计在校学生 312 人,95.6% 都是少数民族,以苗族为主。学校 60% 的孩子都是留守儿童,其中特困生有 40 多人。

车子一到希望小学,就看见校门口小河村的师生已经排列成苗家特有的仪式欢迎明强师生的到来。他们吹奏着苗家芦笙,穿着民族盛装,为我们挂上了红蛋,敲上了红印,还喝上了苗族自酿的米酒,这一刻让我们充分感受到小河村全体师生的热情。

欢迎仪式上,我们把带来的礼物——90 个书包,送给大山里的孩子们,孩子们把书包背在身上,乐不可支。接着,明强的孩子和大山里的孩子手拉手,结对子,互相介绍自己,26 个孩子有了 26 个结对的小伙伴,虽然希望小学小伙伴们被日头晒得黑黝黝的,有的年龄也比我们的孩子还小一点,但是他们的淳朴和善良都闪耀在腼腆的笑脸里。

午餐是在学校和小伙伴们一起用的,一碗米饭,浇上土豆,若干肉丝。在

---

① 选自明强小学教师陈骁炯的同名报道。

当地的孩子看来已经是很好的营养大餐了,我们的孩子也觉得口味还不错。

午后,明强小学体育老师张旭给一百多个孩子上了一堂精彩的体育课。张老师坦言,从来没有一次给100多个学生上过一堂体育课,并且给他准备的时间也只有10分钟。尽管如此,张老师还是凭借着智慧的设计,让孩子们在体育的课堂上既体验到了运动的快乐,游戏的精彩,还促进了结对子的小伙伴之间进一步的认识和了解。尽管此时正是烈日炎炎,操场上却久久回荡着孩子们的欢笑声,彼此更加熟悉了。

该回家啦!因为山里大巴开不进去,明强孩子必须得自己背着行囊一路向山坳坳里进发。尽管山路有点崎岖,有点坑洼,山里的孩子们拉着明强孩子的手,一路上大家用普通话进行交流,不知不觉走到了山里的住家。

从沿海大城市来到西部山村,一切都是陌生与简陋。明强孩子睡觉的房间基本就是一张床和一张桌子。有的房子只有一层,有的房子有两层——上头住人,下面关猪,牛,羊。明强孩子好奇地走进这些小动物,它们也不闹,温顺地看着这些远道而来的小客人,就连刚才还在欢吠的小狗在主人的抚慰下也摇起了尾巴,摸它的头也不怕,山里的人是热情的,山里的动物也是通人性的。

一天的劳累随着小山里的日落和月出,逐渐安静下来了,孩子们也不怕生,伴随着潺潺的溪水声,风吹竹叶的飒飒声,很快进入了梦想。

第二天,小河村在雄鸡的报鸣声中醒来。明强的孩子们在简单的洗漱之后就开始了和小伙伴们同吃,同住,同劳动,感受和体验真正的山村农家生活。他们把自己生活经历写成日记,用文字记录下这段令人难忘的独特经历。

> 和我结对子的同学叫吴桐羽,吃完午饭,我们一起回家。一路上都是崎岖的山路,要走一个小时左右。他家虽然是二层楼房,但是没有粉刷装潢,房间里也是空荡荡的,只有简单的家具和电器。在吴桐羽家我一共住了2个晚上,白天我和小伙伴们一起到小溪里捉小鱼小虾,在地里摘了玉米……中午回家,他妈妈给我们准备了可口的饭菜,还把我们

刚摘回来的新鲜玉米烤给我们吃，真是又香又甜啊！晚上，小河村举办了盛大的长桌宴篝火晚会，村民们和夏令营员共计200多人大家载歌载舞，欢聚一堂。我们品尝了美食，欣赏了当地特色的板凳舞、踩高跷等，我们上海同学也表演了唱歌、跳舞、魔术等，我表演了《十道黑》。山区的苗族人民真的很好客，晚会一直持续到很晚才结束。

——西校三(3)班　江坤豪

七月三号，是我在乡村生活的第二天，由于住家没有什么好吃的，结对的同学建议我们买点零食。在去买零食的路上"扑"的一声，同伴不小心和泥潭来了个"亲密接触"，她差点哭鼻子。这时，跟她结对的孩子说："没关系，我们经常走泥路，摔一跤没啥的，村子前面就有个冲水池，我带你去。"洗完脚和鞋，经过长途跋涉，我们来到小卖部，里面东西真不算多，可是对山里的孩子来说已经是很丰富了。我们买了很多吃的回去，结果一算账，只要二十五元。我对结对字的同学说："城市里买这些东西，起码要一百五十元呢"小伙伴们听后目瞪口呆，对她们来说，一百五十元是一年的零花钱。

——西校三(2)班　李安晴

我在这儿结识了小河村希望小学的苗族小伙伴田梦凝，他是一个皮肤黝黑，身强力壮的人。我到小河村就住在他家。和他一起回家的路上，许多女同学齐声抱怨起来，一些小个子的男生也附和着。因坐落在山里的小河村都是颠簸的土路，不像平时我们走的柏油马路一样平坦，虽然身边景色如画，但学校往家走的路渐渐变得很漫长。我一边喘气一边问苗族小伙伴："还有多远才能到呀？"他指着不远处说："瞧，能看到这个清泉就说明快到了。你们累不累？来，喝一口这泉水，可甜了！"大伙儿都凑过来，喝水解乏。不知谁说了一声："农夫山泉有点甜。"大家都哈哈得笑成了一团。就这样，我们终于到达了村子，后来我听田梦凝讲，他们每天都像这样徒步上学，我想：真不容易啊！比起他们来，我们可真幸福多了！住在小伙伴家中的两天时间里，我跟他学习砍柴、烧水、做饭……比起我的笨手笨脚，他干起活儿来，可利索了！他还带我去田里认识了许多农作物。

——东校四（11）班 陆子昀

大部分的孩子家里没有网络、没有空调、电视机、没有基本洗浴设备，洗澡时"浴室"内没有灯，需要靠手电筒照明，但山里的孩子仍像一支支燃烧的红色蜡烛，充满热情，给人生活的希望。白天太阳透过大树中枝叶间的缝隙，阳光洒落在山村孩子黝黑友善的笑脸上，让我们不禁羡慕他们的率真。

走进山村，来到住家，村里的小伙伴带着我们沿着村里的小河漫步。田间的道路并没有树荫庇护，午后的阳光虽没有上海的毒辣，但慢慢的也觉着嗓子起了丝丝烟火。看着我不时吞咽口水，吴昌明似乎发现了什么。他不声不响地走进路边一家小店，掏出 2 元钱买了一瓶水给我。事后，在和其他村民聊天的时候得知，2 元钱相当于当地富裕人家孩子一天的零花钱标准，通常孩子们还要省着用，以便给长辈们买礼物。这不禁地让我感到内疚，早知道我该把自己的零花钱随身带着。

小河村爱心传递活动虽然已经结束，但我仍能深深地感受到从大山里传递出来的热情。那种热情犹如在小河村双脚踩在被太阳晒过的湿软的泥巴里，温和绵软。走出大山后，我希望能通过我们的感受、记录、设想架起希望的彩虹，让山里的孩子也能走出山区，来到上海。

——西校四（1）班 陈珈妮

白天，明强孩子和山里的小伙伴一起干农活，做家务，体验田园和乡村生活；晚上，一起聊天、数星星，感受乡村的宁静和凉爽。小河村的生活经历让上海来的孩子们感悟深刻：山里的生活的辛劳，山里的人淳朴和善良。明强孩子说："相比较山里小伙伴们的生活，我们太幸福了！简直就是生活在蜜罐里，所以我们更加要珍惜！回家以后，不但要学会和提高生活和学习的自理能力，还要懂得帮助爸爸妈妈做一些力所能及的事情，感恩父母。"

愉快的小河村之行即将结束,最后一天的篝火晚会上,明强孩子还体验了苗族特有的稻田抓鱼,品尝了难得一见的长桌宴,欣赏了山里小伙伴踩高跷表演,领略了苗家歌舞的多姿多彩,这都是小河村的村民和孩子们送给明强孩子最好的礼物。明强孩子也将早已准备好的零用钱悄悄送给了结对的小伙伴们,虽然是微薄的力量希望能够给他们的学习和生活助上一臂之力。

当欢笑声过后,离别的芦笙又悄悄地吹响了,孩子们互相拥抱,互相勉励,苗族的孩子们还给我们送来了苗族花帽,围裙,甚至是刚刚才地里掰下的玉米,母鸡刚刚产生的热乎乎的鸡蛋。相信这份虽然只有短短的几天的友谊,必将让明强的孩子刻骨铭心,也会让明强的孩子在走出黔东南之后,更懂得如何关爱别人,如何让爱心更好的传递给每一个人。

(四) 小香咕上皮影

位于上海市郊的儿童公益阅读基地——"小香咕阅读之家"成立于2011 年。"小香咕"是著名儿童文学作家秦文君女士创作的"小香咕"系列儿童小说的主人公,是个聪明伶俐的小女孩。小说问世以来,深受广大小读者的热爱,而秦文君女士也因格外珍爱这个自己笔下诞生的小女孩,并将国内首家实验性公益儿童阅读基地之际,命名为"小香咕阅读之家"。

2012 年10 月下旬的一个下午,"强强皮影社团"的孩子接到秦文君阿姨的秋之邀约,来到"小香咕阅读之家",参加由上海作家协会与上海少儿读物促进会联合举办的缤纷美丽的阅读节日活动。瑞典作家培德·理德贝克先生、旅美华人作家冰子先生、沪上著名儿童文学评论家刘绪源先生、儿童文学作家张成新先生,以及北京同心出版社的李朵女士等多位嘉宾参加了这次活动。明强孩子将小香咕的俏皮故事搬上了海派皮影戏的光影时空,成为本次活动引人瞩目的焦点,演绎出传统与当代相结合的童真趣味,令在场嘉宾连连赞叹。

两年来,"小香咕阅读之家"联合社会各界关爱儿童阅读的力量,举办了多场理念新颖、形式浪漫的阅读活动,将作家、孩子、出版方、阅读推广者与学校聚集在一起,碰撞出了独一无二的阅读火花。此次"秋之邀约——小香咕的皮影奇境"活动的举办,亦是以再现儿童阅读场景,孩子亲身参与故事、专家解读互动为宗旨的一次实验阅读活动。

在活动现场,远道而来的同心出版社送给明强孩子最新出版的《小香咕全传》。孩子们还在秦文君女士的带领下参观了"小香咕阅读之家"。温馨浪漫的花卉布景和情景道具再现了书中"小香咕"童真有趣的成长环境,建造了一个属于小香咕和读她的孩子们共有的梦幻空间。

这次,明强"强强皮影剧团"的孩子带到现场的《小香咕和软软的心事》皮影戏,将当代儿童故事与传统皮影表演艺术形式相结合,演绎了小香咕和她的表姐表妹为了使大白猫免遭遗弃的命运,用爷爷的染发膏将大白猫变成了大花猫,瞒天过海骗过姑姑的童趣故事,取得了意想不到的戏剧效果。儿童文学评论家刘绪源先生在现场评价说,孩子们表演将秦文君女士充满童趣的笔调淋漓尽致地表现出来了,"小香咕"系列是"纯粹的儿童文学",将其"放入世界儿童文学之林,哪怕是放在大名鼎鼎的诺索夫或林格伦面前,也不会显得如何逊色"。而秦文君女士也表示,孩子们的表扬令她惊喜,小香咕的故事酝酿了很多年,自2001年开始创作以来,流传在读者中间的有几个版本,小香咕的粉丝们一直在追问着小香咕系列故事的大结局。而整理创作出《小香咕全传》,倾情描绘小香咕的心语和梦想一直是萦绕在作家心头的愿望,"希望能写出孩子能够察觉又难以倾诉、成人却早已遗忘的美妙感知。"参与这样的作家研讨会,对明强校长、老师和孩子来讲都是第一次,大家都全情投入,非常快乐。同时纷纷表示,希望有更多的机会参加这样的活动,让孩子的童年充满成长感和自豪感,同时提高孩子将文本转化为皮影表演的二度创作的兴趣与能力。

（五）　结绳记事①

《经久不衰的古老文字》是四年级第二学期《品德与社会》第二单元《千

---

① 　选自明强小学教师陈骁炯的同名案例。

年文明 独具风韵》中第一课《独特文字》的第一课时。在课程标准中,对于相关内容所做的建议是:知道我国在人类历史上有重要影响的发明创造,弘扬民族的优良传统,激发民族自尊心与自豪感。

对于四年级的学生来说,早就储备了足够的常用汉字,但大多停留在音形义的表面认识上,对于汉字背后所蕴含的文化了解不多。许多学生对于汉字的起源、演变仅停留在点状的模糊认知范围,对其隐含的重要文化价值缺乏认识和思考,对学好用好汉字的必要性意识淡薄,也较难从中激发强烈的爱国心、民族情。同时,在观察分析文字现象、收集整理文字资料方面,大部分学生具备一定的信息加工和处理的能力,但是对于探究和解读文明发展的方法上缺乏清晰、系统的认识,没有形成系统地认识汉字起源、汉字演变、汉字影响的意识,发现问题,对问题进行批判性思考的能力有待提高。

因此在课堂上设计"结绳记事"的情境体验活动,在动手操作、动脑猜测及讨论分析中,穿插师生评价,有助于课堂教学活动的有效开展,帮助学生感受汉字的产生、发展、演变中处处体现的祖先的智慧,催生学生要学好用好这种古老文字的情感。

细节实录:

本堂课创设的一个情景就是"结绳记事"。孩子们天生有一种追根溯源的好奇心,特别是讲到文字,自然会想到文字产生之前,我们的祖先如何记事。很多同学通过平时知识的积累已经知道,不仅有结绳,还有堆石子、刻符号等方式帮助祖先记录事件。但仅知道名称还不足以感受这种方式的优劣,也无法体会文字的出现究竟有多么重大的意义。所以我们通过让几个学生组成小组——临时部落,来共同商量出一件事并通过打绳结的方式记录下来,然后请其他部落的成员来猜一猜,绳结所表示的意思。在整个活动后,引发学生思考该种方式的优劣,从而体会到汉字产生的重大意义。

（1）课堂对话

师:汉字没有产生之前,祖先靠什么来记事呢?

生交流(结绳记事、刻画符号、堆小石子等)。

图示结绳记事。

师:大家看,聪明的祖先用打结的方式来记录事件。你们想不想也尝试一下呢?

生:当然想。

师:请六位同学组成一个临时部落,共同商量一件事,在一根绳子上用打结来表示。注意不要让其他部落知道你们的秘密。

（分小组,交流并操作。）

师:请每个部落的酋长上来展示你们的绳结,并请其他部落成员来猜一猜绳结的意思。

（面对一个大结两个小结的绳子,由大家来猜测。）

生1:有三个结,是不是说明他们午饭吃了三个馒头?

师:你会从结数上入手考虑问题,很有头脑。

生2:我看到是一个大结两个小结,应该是指吃了一大碗米饭和两个小菜。

师:你的观察更仔细了,绳结的大小不同一定表示不同的意思,你的分析很有道理。

（没有同学猜出,由该组公布答案:下午有三节课。）

师:那为什么用大小不同的绳结来表示呢?

生:因为一节语文是主课,其他两节是副课。

师:知识也分主要和次要吗?

生:不是的。

师:那怎么会有主课和副课的区别呢? 每一门课程都可以让大家获得知识,锻炼能力,我们都应该认真对待,好吗?

生:嗯,好的。

（学生的猜测无一准确，由展示的同学公布答案。并把 8 个小组的绳结一字排开挂在黑板下沿，模仿祖先的记事方式。）

师：大家通过刚才的尝试，能否交流一下这种记事方式的优点和不足。

生 1：这种方式别人不知道所记的事情，保密性很好。

生 2：但同一个部落的人也可能不清楚意思，没法推广。而且时间长了，很容易忘记究竟记了什么事。

师：是呀，那就失去了记事的意义了。

生 3：一根绳子只能记简单的一件事，要详细记录事情，可能需要好多绳子。

生 4：从原本没有办法记录到用绳结记事，是一个创造，说明祖先很聪明。

师：说得太好了，从无到有就是个创举，我们为祖先而骄傲！

生 5：绳子挂在那里，时间长了会损坏，图上的绳结就是破破烂烂的。

师：你不仅观察仔细，更能根据生活实际做出推断，了不起！

（教师根据学生交流，分优点和不足两方面来简单板书。）

师：大家在动手操作的基础上通过小组讨论，从优点和不足两个方面来分析，知道了结绳记事存在很大的局限性，于是聪明的祖先就用刻画符号来记录事情，逐渐形成了甲骨文。

（2）教师反思

在这个环节中，我希望通过情景的创设，把同学们带入远古的部落生活，亲自感受一下结绳记事。从实际操作中来看，同学们的参与度与积极性都比较高，说明这样的情景创设是受到他们欢迎的。而且在猜测绳结的意思上，学生能根据绳结的数量、大小等因素来展开合理想象，不仅培养了他们的观察能力，更锻炼了他们收集、分析信息的能力，学生学习的自主性也同时得到体现。通过商量、操作、猜测、讨论到分析此种记事方式的优劣，让学生从动手实践到伙伴交流再到引发思考，促进了学生与伙伴合作，共享学习成果。

在进行操作、猜测的过程中，大家对于结绳记事有了更充分的认识，于是对于此种记事方法的辨析就有了基础。事实也证明了学生们不仅看到了结绳的局限性，更难得的是认识到此种方式是祖先的创造，是值得肯定与骄傲的。这样的思辨过程，有利于促使学生形成辩证的唯物主义价值观，有助于培养学生对于任何事物都要有一分为二来看待的意识。看到同学们的认识逐步加深、能力逐渐提高、情感不断升华，作为教师，我是由衷的高兴。

（3）教例评析

《品德与社会课程标准》中要求中高年级学生"知道我国在人类历史上有重要影响的发明创造、文化成果，激发民族自尊心与自豪感，立志弘扬中华民族勤劳勇敢的优良传统，发扬开拓创新精神。"回到课堂中，教师应从学生的认知发展规律组织有效的教学活动，关注学生的视角，研究学生的心理，传统文化才能真正走进学生内心。

① 情景体验带动情感体验

从世界角度来说，中华文化并不是起源最早、流传最广的，但确是从产生至今唯一不曾中断过的文明。这其中固然有国体、政体等因素，但很重要的是我们的汉字不曾中断过，始终是在不断使用、不断进化中的。这样的文化符号的存在，为我们的孩子触摸民族的文化搭起了绿色通道。比如这堂课中，我创设结绳记事的实践情景，就是希望拉近时空玩"穿越"，充分调动、利用学生已有的生活经验来践行祖先的记事方式。从外在表现上让学生模拟祖先的记事方式，从内在隐性中激发学生将之与文字记事的方式来进行比对，对两种记事方式产生初步的辨析，再用猜测绳结意思的方法来进一步强化两种方式的差异。为学生讨论、归纳结绳记事的优点与不足做好铺垫。同时这样的情景创设也激发了探究兴趣、加强了古今联系，让学生对汉字的古老及经久不衰有了更深层次的认识。

② 思辨行为催生价值观念

在猜测绳结意思和讨论结绳方式优劣的环节中，教师都适时加入评论和追问，就是希望引发学生的深层次思考。比如课堂中评论"你的观察更仔细了，绳结的大小不同一定表示不同的意思，你的分析很有道理。"不仅肯定了这位同学的发言,也对其他同学的思维方式起到积极的暗示作用。再如"说得太好了,从无到有就是个创举,我们为祖先而骄傲!"在对结绳记事方式的一片缺点声中,有一位同学提出了不同的观点,认为这样的记事方式首先是个创造,值得赞扬。教师也及时肯定了他的想法,并且大力表扬,鼓励学生的求异思维,并引导他们感知祖先的伟大创造力。在这堂课中,教师通过有效评价与指导,不断拓展和提升学生的认知水平,并最终在思维的碰撞中催生正确的价值判断。这样的过程不仅培养了学生的兴趣及能力,亦在潜移默化中激发了学生民族的自尊心与自豪感。

值得注意的是,在交流过程中出现了意外的"主课与副课"的声音,这应该是孩子们潜意识中认同的错误观念,我们的学习首先应该对课程一视同仁,这才能走向真正的全面发展。虽然这不在本堂课的教学范围内,但引导学生对于一种观点进行有效的辨析,培养学生正确的价值观,就是德育课程的主要目的。而在本堂课上教师也确实适时抓住这一教学资源进行及时的纠正,让孩子充分认识到每一门课程都有它的独特性。这几分钟与孩子对话时间的花费非常有其价值。

但在整个"结绳记事"环节的最后,教师没有把之前学生提出的"刻画符号"、"堆小石子"等记事方式作一回应,是有失偏颇的,是对提出这些方式的同学的一种忽视。教师其实只需要在辨析了结绳记事的优劣之后只需再加一句"大家现在来看看刻画符号和堆小石子的方式是否可行呢?"学生们很快就会意识到堆小石子与结绳记事是相近的方式,而刻画符号则会更形象具体的表明所记事物,也能自然地引出下一环节——甲骨文。这样的提问同样可以引发学生的思考,辨析不同记事方式的区别,加深认识。

汉字博大精深,中华文化更是浩如烟海,我们根本无法通过一节课来说清楚讲明白。但我们可以让孩子感受到每天使用的汉字不仅凝聚着无数先辈们的智慧,更蕴藏着中华民族数千年的文明密码;可以通过创设情境、引导思辨的有效教学,激发他们的民族使命感,鼓励他们主动去成为民族文化的继承者、传递者、发扬者。

（六）七宝皮影走进约翰保罗课堂①

下面不妨通过明强小学 2017 年海外课堂体验活动赴澳团成员一九届学生李英瑞、徐思涵日记来回顾一下七宝皮影澳洲之行。

"It's very interesting." 我们的耳边依然回响着澳洲小朋友惊讶的赞叹声。

那是 2017 年暑假的澳洲海外课堂之行,我们来到了 John Paul international College。在为时一周的海外课堂体验活动中,我们在 John Paul 老师的带领下,不仅学习了纯正的英语,还了解了澳洲原住民富有传奇色彩的独特文化,但最令我印象深刻的却是与带着 John Paul 的学生一起走近我们的非物质文化遗产——七宝皮影。

那天,我们身着校园电视台小记者的红色马夹,手拿皮影道具在老师的带领下来到了 John Paul 的学生图书馆,一进阅览室,就见那一双双蓝色眼睛睁得滚圆,一脸好奇的模样。郭老师向 John Paul 同学们简单介绍说七宝皮影是中国的传统艺术之一,也是上海非物质文化遗产之一,在明强有学生自己的皮影社团。此时李英瑞的原本平静的心立马提到了嗓子眼,怦怦直跳起来。心想:马上要轮到我介绍操作皮影道具了,自己的英语水平能向 John Paul 的学生讲清楚皮影道具的操作要领吗? 正当她犹豫不前时,一旁的老师推了推她,示意她上场,只见她拿着皮影道具,慢慢地走上讲台,轻声说:"Hello, every one! DO you know, what's this?"话音刚落,一个个金色的小脑袋都摇得像拨浪鼓一样。李英瑞顿时自信起来:"This is a shadow puppet. As the intangible cultural heritage, we should inherit and carry forward……"李英瑞认真地讲述,徐思涵拿起一匹如蝉翼般的透明、造型优美、色彩艳丽的精美大马在旁边作现场演示。John Paul 的学生听得非常认真,当知道我们邀请他们亲身体验时皮影道具时,现场 John Paul 的学生个个跃跃欲试,

---

① 选自明强小学 2017 年海外课堂体验活动赴澳团成员一九届学生李英瑞、徐思涵日记。

高高地举起了小手。我们手把手一连指导了好几批外国孩子来玩皮影。John Paul 的老师还自告奋勇帮我们找来了一块白布,用应急灯手电筒打光,让我们示范给在场的 John Paul 的学生看。当灯光亮起,站在幕布后的我们不慌不忙地运用十指操纵起各关节处的操纵杆,瞬时活灵活现的一匹骏马在幕布上奔驰起来⋯⋯幕布前的 John Paul 的学生不约而同地发出了啧啧的赞叹。请上几个 John Paul 的学生在幕后体验当然是重头戏。只见一头金发的男孩拿起大马皮影,手上一个翻转,大马瞬间就翻了个身,幕前观看的 John Paul 的学生情不自禁地叫好。看着他们这么兴奋,我们的心里比吃了蜜糖还甜,强烈的民族自豪感油然而生。

这样的海外课堂体验活动对于我们来说还是第一次,期间满满的收获是一言难尽的,但看到七宝皮影走进 John Paul international College 的课堂,确实使我们激动不已。就像老师说的:多元文化的理解是双向的,不仅有我们理解与包容国外文化,更有中国传统文化走向世界,进入每个外国友人的心间。在中国迎来世界之际,更有世界迎来中国。

三、在探索创新中育科学素质

21 世纪国家与国家之间的竞争,主要表现为综合国力的竞争,但实质上是科学、人才的竞争。如果说科学技术是第一生产力、人力资源是第一资源,那么公众科学素养就是第一国力,必须不断提高公民的科学素养,才能为自主创新提供不竭的源泉。围绕学校国际理解教育中科学素质这一致力于培养学生探索求知精神与创新实践素质的教学目标,明强教师引导学生开展了一系列活动。

(一) 电瓶车的电瓶到哪里去了[①]

在这样一个大背景下,我们学校的学生也积极响应开展了一系列的活

[①] 选自明强小学教师吴顺军辅导的《"电瓶车的废旧电瓶到哪里去了"》研究项目。

动,其中有一个"电瓶车的电瓶到哪里去了"这样一个题目脱颖而出,使我们眼前一亮! 这是由四年级一个 10 人小组所组成的调查小队。

1. 调查课题的由来及内容

我们的学生在思考低碳生活的时候,敏锐地注意到一个与我们生活息息相关的对象:交通工具。在日常生活中,人们的出行一般有步行、自行车、电瓶车、摩托车、汽车、地铁等。而对于使用汽油柴油的交通工具,他们的排碳量是目前全世界关注的对象,这些交通工具正由政府机构、汽车市场厂商努力思考低碳的开发使用。而电瓶车这一个近年来保有量、使用率飞速增长的一个交通工具,它是否也存在的排碳量这个问题呢? 当学生向我们提出调查电瓶车这一活动后,我们非常高兴的发现我们的学生的的确确在思考探索。特此,我们成立这样一个调查小队,并安排专门的老师作为指导者。

起初我们对电瓶车提出的研究设想包含了很多方面,有安全交通方面;有噪音污染方面;有是否真正环保等等。根据这么多可研究的内容,我们对这些方面做了一些阶段性的调查安排:

第一阶段:调查电瓶车的电瓶问题;

第二阶段:调查电瓶车的噪音污染问题;

第三阶段:调查电瓶车的安全问题;

2. 调查过程与方法

(1) 确定主题

我们在 3 月份确定了本次调查研究的第一项内容:电瓶车的电瓶。为何会瞄准电瓶车的电瓶去思考呢? 我们的学生提出,目前人们基本上家家户户都有电瓶车了,骑自行车的人数相对以前已经大大减少。据新闻、媒体、网上得到的统计资料"2005 年成都电动自行车的保有量已经突破 100 万辆,2006 年主城区上牌的电动车数量超过 80 万辆。相比成都,上海的电动车数量更为庞大。""截止到 2006 年年底,上海市的电动自行车数量将近 200 万辆。""2009 年济南电动自行车保有量已突破 130 万辆,年淘汰废旧电池 40 万组,其中 80% 以上的是铅酸电池。今年 1 至 8 月份,我国电动车产量为 445.5 万辆,同比增长 8.7%。"……由这些报道,我们得到这样一个信息,电瓶车的电瓶对于环保是一个非常大的隐患。当初,在电瓶车的推广之时,外界厂商对于这个交通工具冠以的是环保交通的理念。但时至今日,人们都忽视了一个问题,那就是废电瓶,它们去了哪里?

（2）确定调查方法

为此,我们的学生进行了一次次讨论,设计了"环保小卫士—电瓶车相关问卷调查",此问卷共设计了 10 个小题目,并且此套问卷分为网络版和街道版。所谓网络版就是将问卷发布至网上,向校内的所有学生、家长及老师发出问卷邀请,请他们完成这份问卷的填写。街道版则是在老师带领下,10 人小队在街上进行路人随机问卷调查,同时还有针对一些车行的相关问卷。另外部分成员负责完成网上搜索任务,搜集电瓶车电瓶内组成部分的相关内容。

（3）确定调查时间

我们于 4 月 11 日公布了在线问卷调查的网址,截止时间为 4 月 14 日晚。并于 4 月 13 日进行街道问卷调查。

3. 调查的结果和分析

（1）网络调查问卷情况（http://www.diaochapai.com/survey531229）

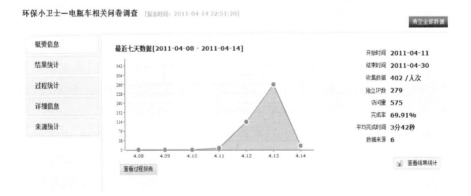

（2）统计数据结果

从 4 月 11 日到 14 日,一共有 402 人次参与了本次网络调查,以下为本次调查的统计数据:

表 1　环保小卫士—电瓶车相关问卷调查

1. 您在使用电瓶车吗? 查看图表

选项	数量	百分比
A. 曾经使用过	131	32.59%
B. 正在使用中	191	47.51%
C. 考虑购买	80	19.9%
合计	402	

2. 您所使用的电瓶车充满电后,实际行驶距离与宣传行驶距离是否一致? 查看图表

选项	数量	百分比
A. 比宣传行驶距离更远	12	2.99%
B. 基本一致	297	73.88%
C. 比宣传行驶距离差	93	23.13%
合计	402	

3. 充满电后,您的电瓶车最多能行驶多少距离? 查看图表

选项	数量	百分比
A. 50 公里内	188	46.77%
B. 50 - 100 公里内	192	47.76%
C. 100 公里以上	22	5.47%
合计	402	

4. 您的电瓶车电瓶使用寿命大概是多久？查看图表

选项	数量	百分比
A. 1 年内	40	9.95%
B. 1－2 年	200	49.75%
C. 2－3 年	162	40.3%
合计	402	

5. 如果需要更换电瓶，您会从何处更换购买新电瓶？查看图表

选项	数量	百分比
A.正规电瓶车车行	354	88.06%
B.小型维修铺	45	11.19%
C.路边摊	3	0.75%
合计	402	

6. 更换电瓶后，原废电瓶您是如何处理的？查看图表

选项	数量	百分比
A.直接留在车行	265	65.92%
B.直接留在小型维修铺	64	15.92%
C.卖给收废品者	63	15.67%
D.自己扔掉	10	2.49%
合计	402	

7. 你认为以下哪个方法处理旧电瓶比较好？查看图表

选项	数量	百分比
A.正规厂方或商店回收	377	93.78%
B.卖给收旧货的	9	2.24%
C.直接丢在垃圾桶	1	0.25%
D.留在小型车行	6	1.49%
合计	393	

8. 您知道废电瓶被收购后,他们可能会如何处理?（多选）查看图表

选项	数量	百分比
A.卖给电瓶厂商	235	58.46%
B.直接翻新,以旧充新	183	45.52%
C.拆开后提取有用部分,其他扔掉	208	51.74%
D.其他:查看答案	10	2.49%
合计	636	

9. 您知道废电瓶对环境是否有危害? 查看图表

选项	数量	百分比
A.有	368	91.54%
B.没有	7	1.74%
C.不清楚	27	6.72%
合计	402	

10. 您知道废电瓶对环境的危害程度有多大吗? 查看图表

选项	数量	百分比
A.很大	345	85.82%
B.一般	45	11.19%
C.无危害	3	0.75%
D.您所知道的危害:查看答案	9	2.24%

网络版调查问卷可以很清晰直观地告诉我们相关的数据，比如：

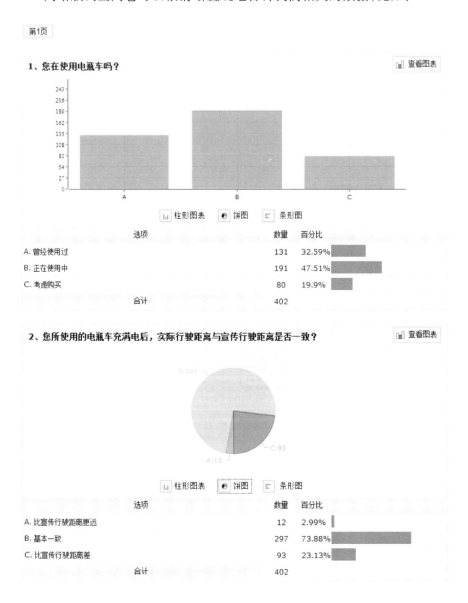

（3）数据分析

从第一个问题可以看出,目前社会上家庭中使用电瓶车比例是非常巨大的,在 402 人次中,曾经用过或者现在仍在使用中的占到 80%,说明人们的确是接收并在使用电瓶车,不过如果更进一步调查,我们将会调查曾经用过而现在不再使用电瓶车的人,里面或许又可以有一些新的发现。

从第二题,我们可以得出,73.95% 的用户觉得自己的电瓶车买来后实际使用可靠度与厂家宣传的一致,但是也有超过 20% 的用户觉得不足宣传效果,导致这一问题的原因可能有:不同的品牌,不同的电池,不同的电瓶功率等。

再看第三题,我们可以发现,非机动车的最高行驶距离在 50km 内与 100km 内各占一半的量,这个情况的出现估计原因与第二题相类似,因为不同品牌的电瓶,及电瓶组的电压、电流不同,会直接导致行驶的公里数不同。

第四题的结果分析显示,电瓶车的电瓶寿命相对比较长久,这样可以减少对一辆电瓶车的后期投入费用。不过也有一些人告诉我们,由于电瓶车在使用中途被盗,有些电瓶根本没有用到寿命殆尽。第五题的数据统计结果显示,有近 90% 的人们愿意从正规电瓶车车行更换新电瓶,少数会从小型维修铺购买,说明人们还是比较相信正规途径的电瓶。

第六题的数据有点出乎我们的意料,有 15.88% 的人会将原废弃电瓶车留在小型维修铺,其中和第五题对比,数据存在矛盾之处,我们猜测,这可能是因为有些人电瓶是从正规车行购买的,但是后面电瓶的更换还是选择去了小店铺。有 15.63% 的人表示会将电瓶直接卖给收废品的,还有 10 人选择直接自己扔掉,根据这些数据我们总结,有超过 30% 的电瓶在报废后,没有得到恰当的处理。

第七题的结果,让我们对废电瓶的处理情况持有较为积极乐观的态度,有 93.8% 的人表示愿意将废旧电瓶送回正规厂方,这也可以间接性地反映出目前社会的环保宣传效果较为不错。在设计第八题时,参与项目的学生,甚至指导老师,都对废电瓶处理相关知识知之甚少。因而在设计此题时,我们进行了一些先期的调查,在咨询几家电瓶车销售商后我们最终得出了这三个选项。从本次的答案,我们可以发现,普通百姓对于废电瓶的处理方法了解不多,在其他选项中也没有给出更多的处理方法。让我们感到比较惊讶的是,有将近46%的人认为自己电瓶车在被收购后会"直接翻新,以旧充新"我们猜测,这或许与许多人在更换电瓶时都买到了翻新电瓶有关。对于 C 选项,我们特意去联络一些收废品的人进行深入了解,目前市面上使用的电瓶车的电瓶中,仍含有"铅"金属的成分,所以会有一些地方专门去拆除电瓶,提炼其中的铅。那哪些没被利用的部分呢?它们又是如何被处理的?它们是否也有很大的污染危害呢?对于这些问题,我们还将进行更深入的调查研究。

第九题与第十题,问题比较接近,这两题都意在从环保层次了解人们对电瓶车废电瓶的认识。大多人知道废电瓶有危害,而大部分人也认为有很大的危害。但是具体的危害是什么?我们可能了解的还是很少。

4. 研究成果与思考

(1) 进一步加强环保意识的宣传

当电动车这种省时、省力的代步车慢慢为人们接受时,关于电动车的维修、保养也成了人们关心的话题,尤其是使用期限只有 2 年的电动车电瓶,到了使用寿命后该怎么处理?这种处理会不会给我们的环境带来影响?如果有大量的环保意识宣传,向人们介绍电瓶车的特点,注意事项等等,将会给电瓶车用户指出一个明确的处理方向。

同时,环保意识的宣传,不能光光针对使用者。对于电瓶生产厂家也好,还是处理厂家,同样对他们也需要进行更大更专业的环保意识宣传。作为厂家不能仅仅把利益放在第一,环保的态度与实际的生产结果,将会给普通用户、社会乃至国家更大的信心——我们能做好、能做到真正的环保!

(2) 电瓶车电瓶的生产制度缺乏管理监控

"电动自行车电池普遍含镉!上海年产废旧电动车电池 1.6 万吨!大量研究表明,镉具有致癌性。国际癌症研究署把镉归类为第一类人类致癌物,美国国家毒理学计划也把镉确认为人类致癌物。""从环境保护的角度来看,不允许铅酸蓄电池中含有镉这样的重金属。""目前,95%的电动车蓄电池采用铅酸蓄电池,纯铅酸蓄电池的寿命不如铅合金长,单纯的铅酸蓄电池的使用寿命大概为1年,而添加了镉可能达到一年半。"再加上,目前国家有关政策并没有明文强制规定"电动自行车的铅酸蓄电池不允许含镉",因而市场上的许多电瓶名义上说是铅酸蓄电池,很多企业在生产过程中都会添加镉等重金属以延长电动车的寿命,即使是一些大的厂家,也会在生产过程中使用好几种重金属如镉等,差别在于量的多和少。

据此,我们对电瓶车电瓶带来的环保隐患感到深深的担忧,整个上海、乃至中国使用电瓶车的人数不胜数,若电瓶车普遍使用有害物质,将给环境保护带来多大的压力?据此,我们建议,政府一定要出台更为严格的生产条例,对电瓶生产商给予严格的限定,同时加大对电瓶成分的抽样检查,切实将限制电瓶车电瓶原材料限制工作落到实处。

(3) 当今社会缺乏有效的废电瓶处理途径

据悉,一辆简易款电动自行车所需三节电池的重量共12公斤,一辆电摩的4节电池有32公斤重,现在电瓶普遍寿命约为一年半,根据200万辆推算,即使上海市的电动自行车全部为简易款,一年产生的废旧蓄电池也达到了1.6万吨,环境压力非常大。

根据我们的调查了解,目前电瓶车所大量使用的铅酸蓄电池中所含的铅,也是重金属的一种,对环境污染程度不容小觑。因而,铅酸蓄电池对环境污染程度不容小觑。铅酸蓄电池的生产过程和回收处理过程的处置不当都会给环境带来重创,而现在的蓄电池回收过程存在很大的问题,许多回收站采取拆开蓄电池,倒掉对环境有污染的酸液,私自拆卸回收铅,再高价卖给一些小冶炼厂或者小作坊,这种毫无专业可言的处理方式。我们建议,政府一方面应当建设更多有资质的回收、处理站点,另一方面,应当鼓励研发污染更小的新型电池,例如用锂电池替代铅酸电池。

2013年元旦,中国少年科学院、中国青少年发展服务中心举办的2012

年度中国少年科学院"小院士"课题研究成果展示交流活动在首都北京隆重举行。明强小学四位课题研究代表参加了专家答辩活动，经过激烈的角逐，课题《电动自行车电瓶的环保研究》在全国一千多个研究课题中脱颖而出，荣获一等奖，徐介已同学荣获中国少年科学院"小院士"称号，张御行、王程逸、刘雨帆同学荣获中国少年科学院"预备小院士"称号。

（二）柠檬果皮的妙用①

"叮咚……"伴随着熟悉的上课铃声，学生们陆续拿出自己的自然课本，只见他的课桌如一面镜子般，没有任何的东西。

第一次知道他的名字也是因为他没有带课本。

终于我还是忍不住问他："你的自然课本呢？为什么不带？"他的双眼直直地看着我，停顿了许久，微微动了动嘴唇："忘带了。"周围的学生告诉我，他一直忘带课本，有时还不带作业，而且成绩也不太好。

我一直认为，一个学生不带课本，是很不认真的学习行为。但是，那天下课，正当我整理课本准备离开教室时，一个身影出现在看我的面前，是他。

"张老师，你刚刚上课说柠檬是一种很特别的水果，而且它有种独特的芳香。那柠檬的香味是不是可以除臭呢？"还是那双眼睛直直地看着我，还泛着微微的光亮。

"……额……是的是的，你说得很好呀，其实柠檬全身都是宝，枝叶和花果均含有特殊的芳香油。如果我们能使用天然的柠檬果皮来提取香精，那环保又有利于健康。"我一时不知道说什么来回应他的话，既兴奋又怀疑地看着他，面前的这个个子高高、发型夸张的学生还是我认识的那个他吗？还是说这才是那个真是的他呢？

之后的好几次，可能是出于对柠檬的好奇心，他一连好几次下课来问我问题。"那张老师，我可以在家里做这个柠檬提取香精的实验吗？可是我

---

① 选自明强小学教师蔡亚男教学案例两则。

没有实验器材,你能借我一些材料吗?"我笑着说:"我们生活中,其实有很多材料,同样可以做实验,比如,利用课上学过的蒸馏法来获取精油,在家里做实验时,可以和妈妈一起用微波蒸馏法来提取精油。"

"我家里有电磁炉,还有厨房的搅拌棒和蒸屉是不是也可以代替蒸发实验的仪器呢?""当然,你的想法很可行。"

渐渐地,我发现,他在课上举手的次数变多了,学生也很乐意和他分在一组做实验。11 月份,正值学校科技节期间,要求每个班级推选出一份制作优秀的科技小报或者是科学小短片。我正好是科技节的负责老师之一,看到自己班级的作品,忍不住打开文件夹看看到底是哪个学生的作品被推选出来的。

"柠檬果皮的妙用"短线后面的署名是锦华。

是他! 真是是他。

实在忍不住想看看他会制作出怎样的实验呢?"我选择了澳洲生产的新鲜一级黄柠檬。洗净,擦干后用水果刀削取果皮,我发现原来柠檬的果皮是分为外层和内层两种果皮。" 他在实验中还特别强调了我们要选用简单、易操作的材料和工具,就地取材来进行实验。

果然,他的实验小短片被评选为"优秀小视频短片"。学校科技组的老师们计划在科技节闭幕式上邀请 4 组学生和家长,作为场外嘉宾来现场展示实验。学生锦华也在名单中。一下课,我就奔向他的教室,想立刻告诉他这个好消息。只见他正在和其他老师谈话,他的头微低,不一会儿,他就坐到了自己的位子上,只见他手上翻着一本厚厚的书。

"锦华,你过来一下","你的科技节小视频被评选为优秀了,所以希望你和你的爸爸妈妈来学校科技节闭幕式现场表演,你愿意吗?"

"是真的吗? 好呀! 好呀……"

"其实我之前做这个实验的时候,一直没有从柠檬果皮中提取出香精,还觉得可能是实验装置有问题的……可是我后来还是想试试看不同的方法,发现我的另一份柠檬果皮用手持搅拌棒粉碎后,竟然提炼出精油了!"

从他的说话中,我感受到的是他对科学的热爱,更多的是他的付诸实践的用心。

"很好呀,你在家多做几次,然后给大家展示看看你的发现吧。"

"行",他带着坚定的口气,嘴角微微扬起地说道。

科技节闭幕式开始了,他一丝不苟地和在场的学生讲道:"按照果皮和水1:5的比例,取750克水置于锅中,待油水分层后,将玻璃瓶放入冰箱的冷冻层,30分钟后再取出……我发现柠檬果皮粉碎的那组得到的精油多,原来柠檬果皮搅拌粉碎的颗粒越小,越有利于提取精油。"

"……"

台下学生们纷纷鼓掌,尖叫声此起彼伏。在台上的他,是光彩夺目的。那一刻,我发现一个学生,不能单用成绩来判定他的好与不好,也不能根据他一时的行为来判断他的态度,只要他有一颗热爱科学、渴望求知的心,难道还有比这更可贵的吗?

(三) 环保大课堂①

2017年9月18日下午,"全国科普日"系列活动之环保大课堂活动在师生成长综合大楼会议中心举行,本次活动的主题是"低碳环保,绿色校园"。活动由张李奕老师主持,部分四年级班级及家长志愿者近300余人参与了现场活动,活动对全校进行了现场直播。

活动伊始,明强小学姚校长宣布2017七宝明强小学"全国科普日"活动开幕。本次明强环保大课堂共呈现五节别具特色的环保课。

1. "环保数学课"

第一节是刘依婷老师的"环保数学课"。

刘老师用一条应用题开始了这节与众不同的数学课:"地球上现存的水资源是1400000000000000000000升,全球人口约为70亿人,那么人均可

---

① 选自明强小学教师刘依婷报道《低碳环保 绿色校园》。

以分到多少亿升的水?"。

接着刘老师开始引导大家进一步思考"地球水资源的总量非常大,可是为什么说水资源是地球上最稀缺的资源之一呢?"这个问题引发了在场师生们的热烈讨论。为给予师生直观的感受,刘老师在现场进行了实验演示,用1升装的冰红茶来代表地球上所有的水资源,减去97%的海洋或盐水湖中的咸水,再减去80&被冰封在冰盖和冰川中的固态水,再减去75%被深埋在地底深处难以取到的地下水,最后还要去除掉被人类活动污染的水,最后可以被人类直接使用的淡水资源就只有一滴水。直观的实验现象,让学生深刻感知到水资源的宝贵,纷纷表示会用实际行动来节约用水。

2."环保语文课"

第二节环保课堂为"环保语文课",由四(6)班的周文皓和他的妈妈带来。他们通过诗歌朗诵《会说话的水》,告诉大家水对人类非常重要,节约每一滴水是为了我们的未来,世界的未来。

两节课之间,主持人张李奕老师与现场的师生一起玩起了猜谜游戏,谜底是一个个常见的家用电器,张老师希望通过猜谜游戏告诉大家,我们已经离不开这些能为我们的生活提供便利的电器设备了,但在使用中需要主动做到低碳环保、节约用电。

3."环保体育课"

在第三节"环保体育课"上,四(4)班的李锦华、王子蘅以及他们的妈妈用快板的形式带来了《低碳生活从我做起》,台上欢快的快板声,引发台下师生们也纷纷"运动"起来拍手响应。"倡导低碳新生活,绿色家园要保护。树立环保好习惯,人人争做低碳族!"这对环保的呼吁亦随着快板声被大家牢牢记在心里。

4."环保音乐课"

第四节是由徐翊菲、王子蘅和李锦华带来的"环保音乐课"。在美妙的歌声中,让我们再回到从前,让我们的世界少一些污染,"气候在渐渐的变暖,冰山慢慢消失不见,不要当一切,成为了回忆,才懂得珍惜眼前"。

5."环保自然课"

最后一节"环保自然课"上,来自四(5)班的韩家簏、陆弈桢和他的爸爸告诉我们在生活中通过不再乱扔果皮纸屑,不再随意践踏花草,不再使用一次性筷子等方式做到低碳环保,让明强的孩子们携手一起,将绿色进行到底。

自从开展"坚守与吸纳"国际理解教育课题设计与实践以来,七宝明强小学持续开展了各种全校性的科普活动,为提升师生的"科学素养"提供了一次又一次的实践与体验平台。而此次的明强环保大课堂是 2017 年 9 月份学校为期一周的"全国科普日"活动的一个重要部分。我们还将继续开展"环保科普阅读"、"高年级环保科普知识竞赛"等一系列线上线下的活动,不仅让师生们认识到环境保护的重要性、紧迫性,也增强了师生们的社会使命感和责任感,引导全校师生增强低碳环保和资源节约意识,营造低碳环保的和谐绿色校园。

(四) 英语文化小达人①

对于低年段的孩子来说,在他们接触英语的初期,就根据孩子的年龄特点,适时渗透一定的语言文化知识,对于今后孩子更自主、更专业的学习英语是很有帮助的。但文化知识的学习相对较枯燥与难懂,我一直坚持以不同形式的评价活动来渗透。但切记,"坚持"忌照本宣读,枯燥重复,"坚持"宜关注热点,以多样的形式,激发学生学习兴趣。在这个活动中,我看到了每个孩子的生命成长,他们既在学习语言的过程中感受到了语言文化的魅力,同时,也增强了对学习英语的兴趣与信心,班级中形成了浓浓的学习英语氛围。这样的评价活动在高年级段也同样进行着。今年的寒假作业一改往日的简单机械背默,尝试进行我最喜欢的 10 大英语语篇评选活动。希望

---

① 选自明强小学教师黄鹂琳的同名案例。

通过这个评价活动,来提升孩子们口语表达的能力与兴趣,提升文化理解力。

　　一次偶然的机会,我们班的一号捣蛋鬼小朱同学在下课后,兴致勃勃地问我:"老师,你看达人秀吗? 昨天晚上的达人秀有个小男孩跳舞跳得可棒了! 我觉得他就该是这次中国达人秀的冠军。"他的话音刚落,我的周围呼啦一声,围拢了一群孩子,他们都热情地讨论着昨晚的达人秀,各自预测着他们心中的达人冠军。我从很多孩子的眼中,发现了在课堂中从未见过的光芒,他们的兴趣是这样的高涨,脸上的表情是那样的神采飞扬。我一下子就想到了自己最近的一大困惑,是否可以将语言的文化渗透以达人秀的形式展开呢? 于是,我在小学牛津英语 2A 和 2B 的教材中,选取了一系列蕴含英语国家文化背景和知识的章节,适时导入与学生日常生活密切相关的语言文化,布置了一系列的多形式的活动,开展了主题为"我是英语文化小达人"的评价活动。评价活动从英语教学中的礼仪文化,背景文化,词汇文化入手,布置了学生 6 个课堂衍生性小任务,并分别给予学生不同名称小达人的称号。其中,既有渗透礼仪文化的礼仪小达人,也有蕴含了英语词汇文化的搜索小达人,缤纷小达人,更有具有西方国家背景文化的实践小达人和传播小达人。帮助学生在自主完成任务的同时,在班级达人秀的舞台上,成为一名名闪亮的"英语文化小达人"。

　　这样的活动对于学生的吸引力是莫大的。在学期末的英语文化小达人的颁奖典礼上,有的孩子得到了 6 个达人称号,班里最少的一个同学也得了三个小达人的称号。虽然这只是老师自行印发的证书,不具备任何的官方意义,但孩子们却尤为珍惜。孩子们学习英语的状态也在慢慢发生着改变:在英语课堂上,听不到孩子们沉闷的朗读声了,取而代之的是轻重结合,流利好听的英语儿歌和歌曲声。孩子们也更喜欢绘声绘色地进行英语小片段的表演了。在教室的学习园地里,贴满了孩子自己收集整理的英语负载词示意图。回到家,他们也喜欢尝试用英语和爸爸妈妈作简单地问候交流。连外教也称赞我们班的孩子上课积极性最高,思维最活跃,表达最流畅!

（五）家长眼中的"STEM + 嘉年华"①

一年一度的"科技节"是明强小学成长四季之暖冬季的重要活动之一。作为上海市长周期实证教育研究基地学校,全方位推进 STEM + 教育的课程实践,也是达成"国际理解教育"课程目标——提高学生"科学素质"的重要途径之一。为了更为有效发挥科技节活动的教育效益,建立起一支家长科技活动志愿者队伍尤为重要。为此,学校专门组织家长科技节活动志愿者进行了两次专题培训,从观念上、行为上、知识储备与能力提升上打下坚实的基础。2017 年 11 月份主题为"快乐科技 + ,梦想 STEM + "校园科技节暨 STEM + 嘉年华活动正式启动,下面是参与这次活动的一年级 11 班家长发至微信的感悟。

2017 非一般的飞一班年 11 月 21 日至 24 日,为期四天的"指尖上的 STEM + 嘉年华"——明强小学校园科技节学生主题体验活动隆重举行。

科技节是啥? 为啥科技节搞得这么隆重? 明强小学为我们这些"科技节家长志愿者"举行了《"快乐科技 + ,梦想 STEM + "》第一次专题讲座。

不知你有没有听说过有一句话:"你在教育链上鄙视别人家孩子,人工智能站在食物链顶端鄙视你!" 确实,只灌输知识的教育方式,可能会让孩子未来落后于时代——科学技术,比如人工智能的飞速发展,谁也不知道未来哪些知识已经过期,哪些知识会被输入程序的机器人取代,但有一些思维方式却是可以受益匪浅的。因此,科技节嘉年华的第一站邀请了上海市史坦默国际科学教育研究中心为我们带来 STEM + 培训:《如何学习才能赢在未来——致家长的四条重要的 STEM 教育建议》。

这门课程已经得到国家和上海市的高度重视,而中国教育部发布《中

---

① 选自明强小学"飞一班家长科技志愿者"的微信《赶上非一般的发展浪潮:飞一班的科技节嘉年华很精彩》。

小学综合实践活动课程指导纲要》,也指出这是一门跨学科,实践课程,从真实生活和发展需要出发,注重引导学生在实践中学习,在探究、服务、制作、体验中学习,分析和解决现实问题。

研究表明,如果父母经常和孩子沟通数学和科技的相关信息,会在潜移默化中帮助孩子提高学习竞争力和对此类职业的兴趣。提供给父母"如何有效传达 STEM 重要性"的方法后,他们孩子在数学和科学 ACT 的成绩上升了 12% ,这一方面凸显了 STEM 的影响力之大,另一方面也告诉我们真正做好 STEM 需要学校的持续努力 + 父母的正确参与。

不要以为父母必须是科技高手才能够支持孩子 STEM 学习,其实父母真正支持孩子 STEM 学习应该不是整晚都在家中做大量的科学、数学作业,也不需要做大规模的科技项目,或把父母练成 STEM 专家。而是从根本上支持孩子们的 STEM 学习,将 STEM 与他们的日常生活捆绑,在日常情况下引导孩子的好奇心,多向孩子问"wh"(why、who、what、when、where)方面的问题。

于是,科技志愿者们更有参与的兴趣了。第二次是培训课。

第三次,就是正式的嘉年华了。

正式上场之前,班主任牟老师还做了预热:

为给科技节活动做铺垫,牟老师利用活动开始前一天的下午班会课的时间,给孩子们讲了牛顿、霍金、居里夫人、钱学森、华罗庚等科学家的故事。孩子们都很感兴趣。除此之外,牟老师还鼓励孩子们去搜集科学家的小故事和书籍看看。从右图家长的反馈中可以看出,孩子们热情高涨。

家长微信群截图

到了 21 号,终于等来了激动人心的嘉年华!首先,我们来看看飞一班的孩子们带来的展示。

他们有的在跟着机器人起舞,有的在搭建结构模型,有的配置玩吹泡泡液,在他们的操作下,泡泡真的全都飞起来!"酷玩科学"板块,是孩子们最喜爱的活动项目之一。项目包含了瓶中的彩虹、吸管上的风车、空中的陀螺、牵线纸偶、看得见的声音、环保泡泡水、会动的关节、啄木鸟的羽毛等趣味实验。

再看飞一班的志愿者家长们,家长们也热情高涨,有的甚至到的比志愿者还早。他们分为两队分别守在吸管上的风车和牵线纸偶两个板块。其实孩子们体验的高科技背后是大量的人工重复劳动:吸管上的风车这一组,为了避免孩子们烫伤,家长们的任务就是焊焊焊;另一组则是叠叠粘粘。两组都要不停地说,介绍难度,这次活动让家长志愿者们深深体会到了教师行业的不易,以及成功后的荣光。

最后孩子们玩嗨了,志愿者家长们也激动了,好多家长志愿者都发表了自己的感想。

董 ZH 爸爸:

少年强,则中国强。党的十九大把科教兴国战略作为决胜全面建成小康社会的重要战略,百年明强小学举办这次活动也反映出十九大后教育改革的新气象!作为学生家长,亲身经历志愿活动,亲眼见证孩子快乐地畅游在科技的海洋中,寓教于乐的方式充分诠释了素质教育的丰富内涵。我们为学校的活动点一个大大的赞!也为自己家有儿女在该校读书学习而庆幸!在此,衷心祝愿我校不断培养出锐意创新的快乐梦想家!

程 SJ 妈妈:

早就听闻明强小学的活动丰富多彩,这次身临其境地体验还是颇为震撼和感动的。

震撼活动形式的多样,从酷玩科学到工程建构到智趣思维,每一个环节都有很多有趣的活动提供给小朋友们。

震撼校方对于活动的支持力度,这个活动持续大半周,按不同时间点各班级停课分批进入场地活动,这对于整个学校的正常教学是有很大冲击的,学校非常好地协调组织,使得活动进展的紧张有序。

感动于教学理念的家校培训到位,家长志愿者的培训从理念到实践到实地培训,将 STEM + 的理念很好地渗透给每一位家长志愿者,从而使活动开展时能够达到最佳的效果。

感动这么大体量的学校组织活动能够让每一位小朋友全员全程地参与,非常不易! 充分说明了明强小学关注每一位孩子的成长!

非常羡慕明强的小学生们能有这么好的学校环境,非常庆幸我是一名明强小学的家长!

付 WH 妈妈:

非常幸运作为学生家长参加了百年明强小学的 STEM 科技节活动。活动开始主办方介绍的 STEM 的教育理念,让我印象颇为深刻。传统的填鸭式教育方式已难以激发孩子学习的兴趣,及培养孩子的创新能力。面对瞬息万变的社会发展,只有具备了良好的沟通合作能力,实践能力,耐挫能力,应变能力,思维能力,才能顺应时代对人才的培养需要,而这些能力的养成,需要从小学生抓起,这也为我们学生家长拓宽了教育视野。此外,科技节的活动丰富多彩,安排合理。活动能根据小朋友年龄设置不同层次的活动内容,让每个年龄阶段的小朋友都能够积极参与,开动脑筋,尤其是机器人的舞蹈表演、拳击和赛跑等,极大激发了小朋友对科技的热爱。我们家小朋友活动后就兴致勃勃的要求自己在家搭建电路积木,自己做机器人。每当他自己动脑动手做出一个作品时,都会非常有成就感。感谢百年明强小学组织的这次活动,感谢为此次活动辛勤付出的老师员工们!

喻 EQ 妈妈:

感谢学校组织本次科技节,在做志愿者的过程中能跟这么多可爱的孩子相处很开心,虽然科技节没有我们成人想象的那样高大上,但能将生活中普通的用品通过我们的想象力变成好玩、有价值的东西这是最有意义的,能大大激发小朋友们的创造力、能手能力、团队合作能力。愿学校多组织类似活动。

汤 ZX 妈妈:

作为当天的志愿者跟着孩子们一起参加了科技节,走进科技节让我感受到了与时俱进的明强。如今是人工智能和高科技的年代,如 alpha go 赢了世界围棋冠军柯洁,它的下一代 alpha zero 仅仅以三天的自我学习轻易打败 alpha go,无人驾驶运用在飞机、轿车和卡车,人工智能代替律师等等,第一位机器人在中东获得了公民身份……史无前例的科技巨变,每天都在改变我们的生活方式。无法想象,二十年后我们的孩子长大的那一天科技发展到什么程度。学校跟着时代一起进步给孩子们播撒科学的种子,让这颗小种子在孩子们心里生根发芽。我更希望每个孩子都有科学精神去面对学习,保持对事物的好奇心,钻研,探究精神,爱提问题。感谢明强给孩子们创造机会,感谢我们班主任牟老师,在科技节的前一天给孩子们普及了科学家的故事,也感谢培训了三次的一年级每一位志愿者家长,他们能很熟练的告诉孩子们自己负责人内容。祝愿孩子们拥有快乐的童年!

张 GQ 妈妈:

在这次活动中我主要负责牵线纸偶项目。这是老师精心设计的一个项目,虽然材料平常,就是纸、笔、双面胶、一次性筷子等,但需要孩子们具备手工、创意、简单力学、耐心等多项素质,而经过实际考量,我们这个展台几个家长一合计,为了让更多孩子更快体验,让两个孩子一组共同完成一个纸偶,这就又给这个项目加入了团队协调力。即便合作,还是很考验孩子们,志愿者也边指导边协助。而当中班级交换间隙,又准备材料,方便孩子们快一点完成。虽然几乎没有停顿,但很高兴看到孩子们在其中表现得出人意料:有的孩子创造性给纸偶加上了耳机,用的也是常规性材料;有的孩子则表现出很高的团队合作精神,两人配合默契,很快完成指定任务;还有的孩子因为搭档半途被别的项目吸引,独自耐心把这个做完。其实如果说课堂教学主要在于知识的教授的话,那么这样的大型活动,则更能体现孩子们的多项技能,比如规划组合,选择好自己最喜欢的项目优先顺序,以及团队合作等。因此从纸偶这个项目而言,虽然并不像机器人那么具有十分明显的高科技元素,但蕴含的内在考察也并不少。孩子回家,也兴高采烈地讲述了机器人、结构搭建等她觉得有意思的活动。

通过做志愿者,参加学校的活动,进一步了解学校思路,我们家长对于如何配合好学校,结合孩子自身特点,进行的教育也进一步明晰了。

对于这次活动,班主任牟老师也向学生传递了自己的寄语与期望:

亲爱的宝贝们,真高兴你们能够在进入明强小学的第一学期就有机会参与如此精彩丰富的科技节,和你们站在一起的时候能感受到无忧无虑的快乐。我特别喜欢看着你们带着憧憬,展开想象,大胆探索,积极参与的身影和眼神。

也许,你们的作品暂时还不精彩,你们的探索暂时还充满着困难,你们的思想还缠绕着疑惑。但是,请你们一定要鼓起勇气行动起来,因为,一天又一天的积累,一次又一次的尝试背后,正孕育着属于你们自己的成功和梦想!

老师永远支持你们!

四、在多元舞台中修人文素养

国际理解教育中的人文素养主要是指国际规则意识与人文艺术涵养,将人类优秀的文化成果通过知识传授、环境熏陶使其内化为人的气质、人格和修养,使其成为受教育者内在的相对稳定的品质。人文素养教育对于提高学生综合素质至关重要,也是建设社会主义和谐社会的基本要求。在这一理念指导下,我校开展了艺术阔空间、强强小舞台等一系列活动。

(一) 澳洲随感[①]

1. 美丽的城市——悉尼

悉尼,一座美丽的滨海城市。上海,一座国际化大都市,两者何须取舍。为见证不同风景和文化,我们澳大利亚团从上海出发,经过香港转机,一共在飞机上度过 14 个小时,来到了异国他乡。一下飞机,刚从睡梦中醒来,如梦初醒般的吸了一口气,竟然清凉舒爽。我向窗外看去,湛蓝的天空里没有一朵云,我脱口而出的问了一句话:"这是天空吗?"我边向外走出去,边回头看着窗外,一种惬意油然而生。

在机场拿完行李出来后,就上了大巴,就这样很简单地开启了我的游学之旅。我看着大巴窗外,渐渐地对外面的美景入了迷,以至于手机差一点掉了都没发现,那是一种什么样的感觉啊!就是你一直盯着它,哪怕是马上看完就忘了也要看着它,就好像看着马上要离开的老朋友一样。我目不转睛的看着它,就好像生怕看完它之后就没有机会再看到它一样。

午餐,我们在汉堡王随便吃了几口,就和大部队一起出发去了 Bondi Beach。踩水、踏浪、捡贝壳、拍照,大家都在玩,此刻对于我来说好像时间已经停止了、画面已经静止了!我用手机四面八方拍了好久,就为记住这一难忘的时刻、记住这一美好的地方。

悉尼歌剧院是悉尼这座城市标志性的建筑。我们来到了这里,聆听着来自世界各地表演者的美妙音乐。当然,这其中也有我们学校的合唱队,多么令人陶醉。听着听着,我仿佛进入了一个梦幻仙境,我徜徉在这样的音乐天堂,时间在不知不觉中流逝。

悉尼奥运会场馆被奉为澳大利亚的奥林匹克运动圣地,所有场馆和奥林匹克公园都世界闻名。在这里,我们看到了所有获奖选手的名牌,看到了

---

① 选自明强小学 2017 年海外课堂体验活动赴澳团学生一七届毕业生陈奕扬日记。

圣火架,仿佛见证了悉尼奥林匹克运动会的圆满落幕。穿过大半个悉尼,我们来到了一座天主教堂,看到西方人信仰与中国人信仰的不同之处,望着五彩斑斓玻璃和宏大的建筑,我心中暗自惊叹人类文明之伟大。澳洲的人文景观不仅体现在宗教信仰上,悉尼大学也是一个很令人赞叹的地方,在我眼里它与剑桥大学一样漂亮。

当我们坐在游船上,微风袭来,看着远处的悉尼歌剧院、悉尼大桥,仰望蓝天,远眺大海,多美的城市啊!晚上,在市政厅,我们一行小伙伴见证了明强合唱团的精彩表演,他们在世界比赛中获得了银奖,我们见证了明强人在异国他乡用天籁之音创造的辉煌。

转眼,我们就要告别悉尼了,在我心底深处,好想对你说一句:悉尼,你真的好美丽!

2. 心中的铃铛

7月16日,我们来到了布里斯班,茂密的树林,美丽的城市,热情的土地。可能是第三次海外游学了,出发前,我已经早早的做好了功课,下载好了城市的地图,我要把这里的景、这里的人都一一记录在脑海中,深藏在记忆里。

下飞机后,坐大巴去往市中心,看到了与英国类似的哥特式的建筑群,一种亲切感涌上心头。古老的建筑与现代的艺术组成了一道靓丽的城市风景线,美丽的就像外滩,就像南京路。在昆士兰博物馆,我学到了很多知识,知道了世界上最毒的蜘蛛——黑寡妇,以及考拉是怎么做到睡觉不跌下树的。

在 John Paul College,我见到了前来接我的澳妈,和蔼、亲切的 Stewart 太太,我和小伙伴一起来到了住家——一座漂亮、气派的农场。住在 Stewart 家,治安官先生和太太以及 16 岁的儿子伊莱热情地接待了我们,每天给我们做好吃的 Morning Tea,Lunch,送我们上学。我每到一个国家总有个习惯,收集一个当地的铃铛留作纪念。来澳洲好几天了,我一直在寻寻觅觅我的铃铛。在 Stewart 家里,我看到了一个银色的手摇铃铛,静静地躺在餐桌上。我好想跟伊来说,这个我能买下来吗?但是,每次当我想开口时,总像有谁暗中拉住我似的,难以启齿。直到有一天,听到清脆的铃声在老奶奶的房间响起,我才明白这不是一个普通的铃铛,这个铃铛只属于这个充满爱意的家庭。原来,Stewart 家有位上了年纪的老奶奶,腿脚不方便,平时几乎不出房间,需要吃饭、喝水或者要人照顾了,她就会摇响这个铃铛。家人听到这个清脆的铃声就会马上飞奔到老奶奶的身边。看到这一幕幕生活中的场景,突然让我非常想念远在崇明的爷爷奶奶。在与老奶奶交流的时候,我竟然尾音有些哽咽。

虽然我远在千里之外的澳洲,但每当我看到这个铃铛,我心中就有一种感慨:我们中国是有着上下五千年悠久文化的千年古国,在中国提倡百善孝为先,更有赞美孝道的诗句"羊有跪乳之恩,鸦有反哺之义",然而在澳大利亚小小的铃铛也折射出了澳洲人对自己年迈长辈的孝心。这一刻,我感觉到了在不同文化背景下的孝道,更觉得游学的经历让我明白了很多人生的道理。这个银色的铃铛,将永远留在我的心里。

3. 丛林童子军

大巴开到山上,睡觉后睁开朦胧的双眼,我发觉天已经不再是蓝色,绿树环绕,让人眼花缭乱,应接不暇。原本以为我会和小伙伴们一起住在自己搭的小木屋里,但当我看到一排已经搭好的小木屋时,不禁有点失望。我四处张望,只见小河、树林在身边缠绕,鸟儿在枝头鸣叫,我心中暗自窃喜,这下早上可以不用闹钟了。

整理完之后,我们进行了真人 CS 团队作战游戏,感觉很爽,每次向前冲时,我都杀了不少人,就这样一个"敢死队的小男孩"就这么诞生了。

篝火晚会上,大家又唱又跳,看着满天的繁星,用手电在漆黑的夜里划出道道蓝光,特别的开心。

第二天,我们把棉花糖包裹在面团里面,用火烧,做成了小点心;我们用一堆鸟食喂鸟,弄的大家身上一团糟,但却也玩得不亦乐乎。晚上看完电影,大家躺在带来的睡袋里,一边看,一边进入了甜美的梦香。最好玩的要数上山搭房子。早上,我们准备好水壶,徒步上山。途中,山路崎岖,不太好走。当我们登上山顶的时候,大家都累得气喘吁吁。我们分成两组,开始造屋,你捡木头,我拿树枝,我们绕着一棵树,四处搭起树枝,在里面铺上树叶,很快两个建筑物初现雏形。一座三角体建筑是我们组的杰作,那个长方体的建筑是另一队的杰作。看着各自的作品,大家的自豪感瞬间爆棚。

快乐的时光总是那么短暂,转眼要离开澳大利亚的丛林了,真的有点不舍,有点难过。总之,有着一片生机的你,真的很赞喔!

（二）E-mail 往来①

How are you doing these days? We have no contact for a long time. It's cold but have been raining all these days. I hate raining day.

I recently took a trip to Hangzhou with my parents. We drove to Hangzhou. Do you know Hangzhou? It is a beautiful city in China. It isnot far from Shanghai. Drive about five to six hours. There are mountains and rivers in it. We went rafting in Hangzhou Qiandao lake. Please look at my pictures. We felt very cold Because it was raining. We are still very happy. It's so exciting.

I went fishing with my mother, grandma and grandpa yesterday. Look! We caught a lot of fish. We are so lucky.

I miss you.

Best Wishes!

Billy

这些天你过得如何? 我们有很长一段时间没联系了。这里很冷,但这些天我们这里一直在下雨。我讨厌下雨的天气。

最近,我和父母去杭州旅行了一次。我们是开车去的。你知道杭州吗? 这是中国非常美丽的一个城市,离上海不远。从上海开车大约五到六个小

---

① 选自明强小学 2014 年海外课堂体验活动赴澳团成员一五届毕业生季信毅(比利)与澳妈的几封 Email。

时就可以到了。有山有水,我们在杭州千岛湖上漂流。这是我的照片。虽然因为下雨我们觉得很冷,但我们仍然很高兴,这非常令人兴奋。

昨天我和妈妈,爷爷奶奶去钓鱼。看！我们钓了很多鱼。我们太幸运了。我想念你的。

致最美好的祝福！

比利

2014 年 8 月 23 日

Billy

How lovely to hear from you again. I very much enjoyed seeing the wonderful photographs of you and your family. Hangzhou looks like a very pretty place and you are all having such fun in the raft. You are a very lucky boy to have parents that take you to such wonderful, exciting places.

You are also very lucky to have Grandparents who take you fishing. We have taken Gryff fishing a few times but we have only ever caught small fish. Nothing like those lovely fish you have caught.

You did not tell me how your trumpet exam went. Did you try your best?

Are you back at school yet? When do you start? We have just three weeks left of school before we have two weeks holiday. Then we are back at school for eight weeks before Gryff has eight weeks holiday.

Recently, Gryff had to dress as a 'book character' for a parade at school. He wanted to go as a knight so I made him a costume. I thought you would like to see a picture of him in his costume. He looks very nice, don't you think?

Please give your family our best wishes and I look forward to hearing from you again soon.

All the best

Susan

比利:

可爱的孩子,又读到你的邮件。我非常喜欢发来的你和你的家人的照片。杭州看上去是一个非常漂亮的地方,你漂流玩的这么开心!你是一个幸福的孩子,父母带你去如此美妙和令人兴奋的地方。

你的祖父母能带你钓鱼真是太幸运了。我们也带 Gryff 去钓过几次鱼,只钓到一些小鱼,没有你们那些鱼漂亮。

你没有告诉我你的小号考试怎样了。你尽力了吗?

你开学了吗?什么时候开始?我们离开学只有三周了,之后我们有两周的假期。然后我们回到学校进行为期八周的学习,之前 Gryff 已经过了八周的假期。

最近,Gryff 一直在准备学校的化装游行。他想扮一名骑士,所以我为他准备了戏服。你看他穿骑士装的照片。你不觉得那样很帅吗?

请代我向你的家人致以最好的祝福,我期待再次看到你的邮件。

愿一切都好!

苏珊

2014 年 08 月 25 日

11 点 25 分

(三) 悉尼歌剧院演出①

作为明强小学合唱团的一员,能参加悉尼音乐节演出,是我的梦想,这个梦想终于在暑假实现了。

7 月 11 日下午,我们合唱团抵达了悉尼,开始了为期一周的演出与比赛。我印象最难忘的演出并不是最后的比赛会场——悉尼歌剧院,而是,我们抵达悉尼后的第一场演出,是在一所教堂里。那晚,教堂里挤满了观众,来自于世界各地的合唱团,都将在那里进行第一场演出。

---

① 选自明强小学 2017 年海外课堂体验活动赴澳合唱团成员郝婧如日记。

当我们作为最后一个表演的合唱团站在观众面前时,我紧张极了,我怕自己表现不好,会影响团队的效果。可是,当看到我们的指挥王老师手中的指挥棒,我告诉自己要镇静,我要把训练时的最佳状态展现出来。跟随着指挥王老师,我们演唱了四首歌曲。

也许,刻苦的训练必然会带来最好的表现;也许,每一个明强人,都希望在观众面前展现我们最好的一面;也许教堂里特有的建筑设计使和声更加出色……当我们演唱最后一首曲子后半部的时候,全场的观众跟着我们一起打拍子。

当那整齐的节拍声、观众的赞美声、与我们合唱团的歌声一起回荡在教堂上空的时候,当观众赞许的目光与微笑映入我眼帘的时候,我真的很开心,我非常享受那一刻合唱带给我的快乐。

回想起连日来辛苦的训练,长途飞行带来的疲惫,以及演出前的紧张与焦虑……所有的付出都化为此刻的成就感,那一刻,是我悉尼之行最难忘的瞬间。

在悉尼音乐节合唱比赛中,虽然我们是所有参赛队伍中平均年龄最小的一队,但我们依然通过辛苦的训练,取得了银奖这个好成绩,我们把我们的歌声留在了悉尼,我们把我们的成长带回了明强。

谢谢合唱团王老师、陈老师给予我们长期来的指导与训练,谢谢所有带队老师在悉尼对我们的照顾,谢谢明强小学所有的老师对我们的栽培!

(四) 强强小舞台①

我们的校园幽静,自然。安静中不乏韵味,教学楼的四个楼层以"访春、嬉夏、品秋、暖冬"四个季节为主题,用孩子自己写的小诗、创作的手工、泥塑、剪纸等艺术作品,绿色小植物来装点,校园环境非常温馨,我们还充分利用各个角落,给孩子创设自主游戏的空间,这里没有老师的安排,只要你

---

① 选自明强小学教师谢晖教育案例。

愿意都可以到这里度过你的课余时间,棋艺世界——孩子们课间对弈的好地方;奇思妙想——在这里七巧板、橡皮泥、魔方等益智玩具一应俱全;琴声飞扬——各种小乐器是孩子们的最爱,不管弹奏出什么音乐都能让他们非常的陶醉……一个良好的校园环境对孩子的影响一定是"随风潜入夜,润物细无声的"的,因此我们还非常注重少先队阵地的宣传作用,除了常规的橱窗、墙面布置、红领巾广播等等,我们还有一个特殊的阵地——"强强小舞台"。

也因为校园不大,怕孩子能够展现自己的舞台不够多,因此我们在户外搭建了一个小小的展示空间——强强小舞台。她的背景设计极富童趣,彩虹、绿树、玩耍孩子的剪影、"七彩童年,成长四季"背景图文生动再现了童年的欢乐,寓意这里是成长的乐园。每月这里至少有两场演出,面向所有学生开放,学生可以在台上排练,可以自己组织表演,每个孩子只要提起"强强小舞台"都会两眼放光充满期待。

强强小舞台每次的节目全部是由孩子自发组织,自己报名、自己选拔、自己排练。开学初我们下发了节目申报表,孩子们根据自己意愿填报节目单,可以是个人申报,也可以班级、社团等申报形式。大队部对节目进行梳理,老师和学生一起做评委评选节目,安排演出时间表,完全实现了学生的自主管理。我们还设计了 VIP 入场券,由班主任老师发给近期行为习惯有进步的学生。期间队长们也得到了很多锻炼的机会,他们每次都主动按时地过来,穿上志愿者马甲,检票,安排座位,维持现场纪律,老师们则作为观众,在台下观看表演。

小舞台的演出形式丰富多彩,校合唱团的展示让孩子们感受到艺术的魅力;鼓号队的小号队员也进行了表演,谁能想到这一期的表演让我们接下来的小号招生变得异常火爆,孩子们都非常惊奇原来小号还能演奏出那么多的曲子,轻快的《小星星》、温柔的《雪绒花》,让台下的小观众耳目一新;魔术秀表演,五年级的魔术社团全权负责,魔术小达人担任了评委,从挑选节目到节目彩排,全都安排得井井有条,魔术秀表演后校园里掀起了魔术热,到处都能看到课间孩子们苦练魔术技艺的场景。印象最深刻的是三(5)中队的一群孩子,他们强烈要求申报专场,每天利用中午休息时间排练,没想到家长们的热情也很高涨,给孩子买了统一的服装,当他们的专场展示时,家长代表和辅导员老师都说小舞台让她们看到自己班级孩子不一样的侧面。每一期的节目很真实很简短,因为是孩子自己申报编排,自导自演的,所以更多了一份期盼,在他们身上迸发出一种正能量,这是一种开朗、自信,大胆展现自我的能量,孩子也在自主感受体验的过程中获得了丰富的经历。这也是明强校训,两明两强希望孩子的七彩童年能获得更多不同的体验。强强小舞台只是学生工作中的一颗小水滴,但这颗小水滴却能折射出明强给孩子成长带来的七彩阳光。

每当看到孩子们愉快的目光,感受孩子们自豪的心情,分享着孩子们灿烂的笑容,我们都觉得少先队的每次活动只要关注学生的成长需求就会收到成效,例如我们的小黄帽护校,也是着眼于学生发展,组织的这样一种自我管理、自我促进的学生发展模式。学生的成长很立体和完整,你给他多少有利的成长空间,他就可以成长得多好。我想,我们学校的孩子一定可以带着这种正能量通过一个个"小舞台"走向"世界大舞台"。

(六) 麦汀与校庆

2015 年的深秋,一个星期六的下午,解放报业大厦,"TheMET 麦汀"的露天庭院内,十来个人三五成群地围坐在一起品味咖啡,惬意优雅的环境和温馨的氛围,让人们忽略那一丝的寒意,反倒使人觉得更为神清气爽。

紧靠沿街灌木丛旁的一张桌子旁,围坐的是校长,副校长,信息部主任,以及这次聚会的临时召集人科研主任。"明强小学百十年庆典活动方案设计"一行文字,在信息科技部主任手指与键盘清脆的敲击声中,呈现在笔记本电脑上……

眼下很多学校都在举办校庆纪念活动,虽分布在大、中、小学,但基本的庆典方式大同小异,基本的主旨也是相对集中。十年前明强一百年华诞宏大的庆典还历历在目,气度非凡,呈现了明强厚实的文化积淀,更有其独特的悠久革命历史,这是明强人最为骄傲的一笔。

今年迎来的是明强110年的校庆,应当以05年百年校庆这一节点为起点,梳理、总结、呈现这十年明强致力于文化传承与内涵发展之后的师生状态,让每一个老师以此为契机,在自身发展中明方向,在深度变革中强思辨;让每一个孩子以此为平台,做校庆的主人,过一个终生难忘的校庆。校长首先谈了自己的想法。

"最近我在关注外面的各种校庆活动。很多庆典形式其实明强在十年前百年校庆盛典就呈现过了,当时在七宝镇及学生和家长中产生了很大的反响,用现在的话说是'高大上'。现在我们怎样改才有新突破?"小吴问。

"这就是说,我们必须想清楚:为何办校庆? 为谁办校庆? 怎样办校庆?"科研主任老王直奔主题。

"国庆长假中,学生部已经要求每一名学生利用国庆长假,寻访明强校友、退休教师,自制校庆贺卡,收集成长信物……孩子们参与其中,乐在其中,一次又一次回味着学校发展的每一个重要节点,内心不断喷涌出对明强的尊敬与爱意。"副校长兼学生部主任小郭感悟着。

"哒——……"一阵刺耳欲聋的噪音,打断了大家的讨论。只见灌木丛一个花木工,手提着一台燃油切割机,十分认真地修剪花木。一时让整个"TheMET麦汀"的露天庭院充斥讨厌的嘈杂声。咖吧服务员急忙从店里跑出来与花木工打招呼,示意不要在这里干活,会影响"TheMET麦汀"的生意,再说这里还有外宾,不要丢中国人的脸。不说则罢,这一说花木工更来劲了,当场质问服务员:"我靠劳动吃饭,不偷不抢,怎么就丢中国人的脸了? 这里的活都是合同上写好的,今天下午必须干完,怎么就允许你们营业,不允许我干活,我干的活难道低人一等吗?"

于是,两个人就争执起来了。原来迷人、温暖、惬意的环境与经典的恺撒沙拉、麦汀当家BBQ猪肋排、奶香番茄汁三文鱼意面、法国传统尼斯色拉相得益彰,现在全没了,一些客户便从户外转移到了室内。而我们不仅没动反而产生了一些灵动。

"看来,相互理解十分重要。"

"没想到时时处处都存在'国际理解教育'的案例。"

"没错,110年的校庆,应该呈现我们'国际理解教育'的内容,我们可以邀请内蒙古、韩国等国内外的姊妹校一块来与明强孩子共度校庆。"

当这位一脸饱经风霜的花木工,来到我们旁边切割时,我们默默地给予主动配合,他也迅速干完活,离开时他向我们投来歉意的眼神,我们则轻轻挥手祝他好运。

选择"TheMET 麦汀"来商量校庆庆典方案,是希望通过改变环境来改变大家的思维方式,偶遇的"粗犷"与"文明"风波,犹如一滴水掉入热油锅中,让大家迸发出灵感朵朵。

整整一个下午,明强百十年校庆的庆典方案思路在你言我语中逐渐清晰起来,即一个庆典两次活动:一是为孩子们举办"我的学习我做主"活动;而是为校友、离退休教师、在职教工家属以及一直关心、帮助、支持明强小学发展的各级领导和社会各界朋友举办"童心聚明强"活动。校庆活动旨在呈现百年老校文化传承与发展成果中,成就学校与师生发展的新形态;为全体明强学子、教职员工以及关心帮助支持明强发展的各界朋友提供明强校园深度体验机会;借助信息化技术,通过官微公告、官微报名以及微信直播平台向海内外校友及关心、帮助、支持明强小学发展的各界朋友实时呈现校庆动态,追忆心路历程,分享成长体验,畅想未来之梦……

2015 年 12 月 18 日,"1905—2015 沐百十年风华,携手赴前程……"中国·上海庆祝闵行区七宝明强小学诞辰 110 周年庆典系列活动之一:"我的学习我做主"隆重举行。四千五百多位明强师生及家委会代表欢聚在东、西两个校区,众多家长、各界朋友还通过微信关注庆典直播。

上午 9 点,题为《明强的昨天、今天和明天》让全体师生再次接受了明强悠久校史的洗礼;《听校长奶奶讲故事》由四位老校长与孩子们细细拉家常,穿越时间隧道,回忆明强的学哥、学姐,探索七彩童年的那些事;《中外儿童共庆 110 周年》,来自内蒙古科尔沁大草原巴彦呼舒第五小学六年级金凯同学的马头琴独奏《初升的太阳》,套特格、吴秀花老师的歌舞《鸿雁》,韩国梨泰院小学的同学表演的传统歌舞《羌羌水越来》,以及明强小学孩子的民族风情,欢快歌舞,使现场每一个人,沐浴在浓浓的喜悦中,也在多元文化体验中,品味民族情怀,感受国际理解。

下午 1 点,两百多项精品课程分别在东、西两校区同时展开,四千多名学生根据自己事先选定的学习菜单,参加《精彩 110 学习生活新体验》。

作为明强小学 110 周年校庆庆典系列首场——"我的学习我做主",追忆昨天、把握今天和展望明天,让每一个孩子乐此不疲,更历练了每一个学生的"自主学习实践能力",夯实了家校双方的"全员儿童立场",引导每一个明强学子主动健康成长。

12 月 20 日,离退休老教师来了,在职教职员工家属来了,始终关心、帮助、支持明强小学教育发展的各界领导与朋友以及通过微信报名的各届校友来了,国内姊妹校的教育同伴以及韩国、英国等海外姊妹校的同行也来了。大家相聚明强校园,假明强学子身份,畅叙校友结情,体验校园新生活,感受明强变革与师生成长风貌。整个活动过程通过明强小学官微向全球直播。

《明强的昨天、今天和明天》专题片,激荡起现场每一个人的心灵;杨德妹副区长的贺词,字字句句如数家珍;为现场的历任老领导献花,永存敬重之心;校园十大新景点揭幕,处处润物无声;给集团企业赠荣誉奖杯,不负江东父老;优秀教师走上红毯,风采绝伦;顾校长的答谢词,真情流露。

专题活动场馆体验开始了,朋友、嘉宾根据自己的爱好自主选择主题参与活动。"教师独唱音乐会",通过歌声与乐器与大家分享校庆的快乐;"学生钢琴演奏会",展露小荷尖尖的潜质;"师生画展、摄影艺术展"体现了师生闲暇之余的人文追求;"教育新生活体验区",则是呈现出课堂研究的经典环节;"师生成长视频演播室",以一系列专题片、艺术片以及电视采访片,形象揭示了明强走过的教育变革实践之路;"教育发展微论坛",则由市、区教育同行、学生家长以及姊妹校领导与专家,共叙明强发展愿景。

主要参考文献

［１］ 施永达. 中、日、韩国际理解教育发展比较［Ｊ］. 外国中小学教育,2009,（11）:
42 － 45.

［２］ 余蓝. 跨文化交流视野下的校园特色文化建设［Ｊ］. 中国科技信息,2005,（13）:
219 － 220.

［３］ 郑彩华. 教科文组织视域中的国际理解教育课程［Ｊ］. 外国中小学教育,2013,
（8）:1 － 7.

［４］ 孟嫘娜. "国际理解教育"校本课程开发与实施研究［Ｊ］. 上海教育科研,2014,
（10）:80 － 81.

［５］ 王艳红. 国际化视野下我国高校校园文化发展研究［Ｄ］. 华中师范大学:华中师范
大学,2012.1 － 42.

［６］ 榊原康男. 关于国际理解教育的新意——联合国教科文组织专家会议的报告［Ｚ］.
日本:时事通讯（内外教育）,1976.

［７］ 榊原康男. 国际理解教育的新方向［Ｚ］日本:文部时报,1974.

［８］ 郝建平. 从中华民族思维方式看中华文明［Ｊ］. 新疆社会科学,2004,（5）:81 － 85.

［９］ 孟嫘娜. "国际理解教育"校孟嫘娜本课程开发与实施研究［Ｊ］. 上海教育科研,
2014,（10）:80 － 81.

［10］ 徐友珍.20 世纪两次世界大战发生的历史反思——兼论反法西斯战争的历史地位
［Ｊ］. 武汉大学学报（人文科学版）,2015,（04）:23 － 33.

［11］ 靳文卿. 澳大利亚中小学国际理解教育发展历程、特点及启示［Ｊ］. 教育与教学研
究,2017,31（2）:42 － 49.

［12］ 马勇琼. 构建符合新课程的学生评价体系,促进学生个体发展［Ｊ］. 玉林师范学院
学报（哲学社会科学）,2006,27（1）:163 － 165.

［13］ 苏珊·斯克拉法妮,田毅松翻译. 美国青少年国际理解教育现状［Ｃ］. 北京:北京
2006 年青少年学生公民教育国际论坛会议论文,2006.101 － 105.

［14］ 刘洪文. 国际理解教育的定义内涵初探［Ｊ］. 江西青年职业学院学报,2006,（2）:
16 － 17.

[15] 翁文艳.国际理解教育课程的构建[J].北京:《课程·教材·教法》出版社,2004 – 11 – 20.

[16] 张静静.小学国际理解教育课程实施:问题与建议——基于 S 小学的个案研究[J].广东:《现代教育论丛》出版社,2011 – 08 – 15.

[17] 张跃进.为国际理解教育搭建课程资源平台[J].上海:《上海教育科研》出版社,2011 – 01 – 15.

[18] 洪文梅.当代日本国际理解教育的考察与思考[D].太原:西北师范大学,2005.

后 记

从 2012 年始,我们结合学校文化持续发展的特点规划了《基于文化包容理念的小学"一体双翼"国际理解教育路径的研究》的区级重点课题,2013 年又以《"坚守"与"吸纳"——小学生国际理解教育课程设计与实践》为题申报市重点课题,同年 9 月获批。到今天终于付诸刊印,六年的探索实践有了一个清晰可循的研究路径。雁过留声,文过留思,本书满载着的是明强人对国际理解教育本土实践的一路且行且思且悟且成长。

作为一所经历了 113 个年头教育教学变革转型历程的老校,在经历了从只有几百名学生的乡村学校合并,到今日九十四个班级四千四百多名学生的超大规模,得益于学校始终坚守"审美·超越"的文化核心理念,得益于学校近十多年来致力于叶澜教授领衔的"新基础教育"实践,积极探索百年学校文化的传承与发展,实现了从传统型学校向现代型学校的变革与转型,成为了"生命·实践"教育学合作研究校。学校始终关注对百年老校自身厚重的文化积淀的传承和发扬,使百年老校在教育转型性变革实践的大浪潮中始终与时俱进,始终保持着一所百年老校高端稳定发展的向上局面。身处上海国际化大都市,在闵行区教育国际化的集结号下,学校以未来教育的发展战略思想,勇当排头兵,积极探索坚守厚重的传统文化的同时,更要在学校传统文化的土壤中吸纳国际化新元素,让明强的师生身处世界多元文化的大家庭中,绽放民族自信,海纳国际百川,在文化尊重、文化理解的前提下,实现文化包容,培养具有国际视野和全球眼光的新时代小公民的国际理解教育路径。

在《坚守与吸纳——小学生国际理解教育课程设计与实践》中,明强人始终以"探究·悦纳·共生"的心态前行着,明知路难行,却明此行意。探究是我们设计与实施国际理解课程的基本方式,悦纳表明我们对世界文化的尊重与包容,共生是我们开设"国际理解教育"这一课程的终极追求。六年来的研究与实践之路,并非一路坦途,期间我们经历了从课题方案到落地实践的不少困惑,我们克服了公办学校课程设置的诸多束缚,我们正视了师资流动的困难现状,我们渡过了新老校长交替的特殊阶段。我们有过迷茫、有过停滞、有过调整、有过完善,我们始终在反思中重建我们预定的研究内容,我们庆幸因为明强人自强不息的精神指引,我们始终坚定地行走在这条研究实践之路上,我们逐渐达成了我们预定的研究目标,取得了我们预期的研究成果:从理论层面而言,我们形成了基于明强校情的小学生国际理解教育的本土推进策略;从实践层面而言,我们开展了明强特色的"国际理解教育"校本课程设计与实施;从结论层面而言,我们取得了满足于明强学生发展需求的显著成效及新的讨论价值。

本书的撰写过程,是明强人六年集体探索的智慧结晶过程,是明强人再一次围绕学校未来发展的明学校自我的清思过程。回眸和反思中,我们清晰地认识到研究中还有一些困惑及后续需要进一步改进的问题,借此机会可以和读者有更多地共鸣启迪和探讨完善。同时,我们也清晰地认识到要感谢每一位明强人为此所付出的无私奉献和智慧火花,要感谢每一位管理团队成员为此所提供的各种帮助和指导,尤其要感谢学校科研室主任王晓老师从课题申报、实践探索、中期评估、结题报告到书稿付梓中始终如一的专业坚守和无私付出,正是因为王老师六年中始终致力于发现、挖掘、收集、整理和提升明强师生在国际理解教育探索中的实践点滴,才有了今天书稿字里行间传递的真研究和真实践的气息。

在此,也要特别感谢华东师大基础教育改革与发展研究所所长杨小微教授,始终陪伴着明强在小学国际理解教育本土化实践探索之路上,无论是最初的实践方案,还是最后的书稿修改,杨教授和他的研究生团队给予了我们最为坚实的指导和支持,最终使我们得以有机会将一所百十年公办小学基于未来教育的国际理解教育本土化实践呈现给各位读者,有机会向广大读者致敬,并期待在这样的分享中有更新的思维碰撞。

姚 凤

2018 年 1 月 15 日

图书在版编目（CIP）数据

坚守与吸纳：小学生国际理解教育课程设计与实践／姚凤、王晓等著.
—上海：上海三联书店,2018
ISBN 978 – 7 – 5426 – 6243 – 9

Ⅰ.①坚…　Ⅱ.①姚…　Ⅲ.①小学－教学研究－文集

Ⅳ.①G632.0－53

中国版本图书馆 CIP 数据核字（2018）第 059794 号

坚守与吸纳
——小学生国际理解教育课程设计与实践

著　　者　姚　凤　王　晓　等

责任编辑　钱震华
装帧设计　陈益平

出版发行　上海三联书店
　　　　　　（201199）中国上海市都市路 4855 号
印　　刷　上海昌鑫龙印务有限公司

版　　次　2018 年 6 月第 1 版
印　　次　2018 年 6 月第 1 次印刷
开　　本　787×1092　1/16
字　　数　350 千字
印　　张　25.5
书　　号　ISBN 978 – 7 – 5426 – 6243 – 9/G·1490
定　　价　78.00 元